FORSCHUNGSBEITRÄGE ZUR LANDESKUNDE
SÜD- UND SÜDOSTASIENS

ERDKUNDLICHES WISSEN

SCHRIFTENREIHE FÜR FORSCHUNG UND PRAXIS
HERAUSGEGEBEN VON ADOLF LEIDLMAIR,
EMIL MEYNEN UND ERNST PLEWE

HEFT 58

GEOGRAPHISCHE ZEITSCHRIFT · BEIHEFTE

FRANZ STEINER VERLAG GMBH WIESBADEN
1982

FORSCHUNGSBEITRÄGE ZUR LANDESKUNDE SÜD- UND SÜDOSTASIENS

FESTSCHRIFT FÜR HARALD UHLIG
ZU SEINEM 60. GEBURTSTAG

HERAUSGEGEBEN VON
E. MEYNEN UND E. PLEWE

IN GEMEINSCHAFT
MIT DEN KOLLEGEN DES GEOGRAPHISCHEN INSTITUTS
DER J. LIEBIG-UNIVERSITÄT GIESSEN

BAND 1

FRANZ STEINER VERLAG GMBH WIESBADEN
1982

CIP-Kurztitelaufnahme der Deutschen Bibliothek

Festschrift für Harald Uhlig zu seinem 60. [sechzigsten] Geburtstag / hrsg. von E. Meynen u. E. Plewe. In Gemeinschaft mit d. Kollegen d. Geograph. Inst. d. J.-Liebig-Univ. Gießen. – Wiesbaden : Steiner
(Erdkundliches Wissen; . . .) (Geographische Zeitschrift : Beih.)
ISBN 3-515-03779-9
NE: Meynen, Emil [Hrsg.]; Uhlig, Harald: Festschrift
Bd. 1. → Forschungsbeiträge zur Landeskunde Süd- und Südostasiens

Forschungsbeiträge zur Landeskunde Süd- und Südostasiens / hrsg. von E. Meynen u. E. Plewe. In Gemeinschaft mit d. Kollegen d. Geograph. Inst. d. J.-Liebig-Univ. Gießen. – Wiesbaden : Steiner, 1982.
(Festschrift für Harald Uhlig zu seinem 60. Geburtstag; Bd. 1) (Erdkundliches Wissen; H. 58) (Geographische Zeitschrift : Beih.)
ISBN 3-515-03743-8
NE: Meynen, Emil [Hrsg.]; 2. GT

Alle Rechte vorbehalten
Ohne ausdrückliche Genehmigung des Verlages ist es auch nicht gestattet, das Werk oder einzelne Teile daraus nachzudrucken oder auf photomechanischem Wege (Photokopie, Mikrokopie usw.) zu vervielfältigen. © 1982 by Franz Steiner Verlag GmbH, Wiesbaden.
Printed in Germany

INHALTSVERZEICHNIS

Verzeichnis der wissenschaftlichen Veröffentlichungen von Harald Uhlig VII
A. Karger: Harald Uhlig – Leben und Werk, eine Zwischenbilanz 1
M. Rahman: Green Revolution and Paddy Culture in Pakistan 29
U. Müller: Reisbau und Ritual bei den Newar im Kathmandu-Tal 49
H.-G. Bohle: Das Cauvery Delta. Entwicklung und Struktur einer
    südindischen Reisbauregion 58
M. Domrös: Das natur- und kulturgeographische Fremdenverkehrspotential
    für den europäischen Ferntourismus in Sri Lanka 74
V. Surarerks: Conflicts in Large vs. Small Scale Irrigation 95
U. Scholz: Die Ablösung und Wiederausbreitung des Brandrodungswanderfeldbaus
    in den südostasiatischen Tropen – Beispiele aus Sumatra und Thailand 105
E. Löffler: Übersichtsuntersuchungen zur Erfassung von Landresourcen
    in West Kalimantan, Indonesien 122
W. Röll u. A. Leemann: Lombok: Staatlich gelenkte inner- und inter-insulare
    Umsiedlungsmaßnahmen. Ein Beitrag zum Transmigrationsproblem
    in Indonesien 132
K. Horstmann: Stadtregionen auf Java? Erste Annäherung 146
A. Kolb: Südostasien und die Westpazifische Region 157
D. Bronger: Zentrale Orte und Entwicklungszentren in ihrer Bedeutung
    für die regionale Entwicklungsplanung in Ländern der Dritten Welt –
    Das Beispiel der Philippinen 165
R. D. Hill: Land Use and the Environment in Hong Kong 194
U. Freitag: Geschichte der Kartographie von Thailand 213
H.-J. Nitz: Bewässerungssysteme im semiariden Südostindien –
    Das Beispiel des Tambraparni-Gebietes 233

VERZEICHNIS DER WISSENSCHAFTLICHEN VERÖFFENTLICHUNGEN VON HARALD UHLIG

1. Das Werden der Partnachklamm. In: Der Bergsteiger, 1950, S. 1–4
2. Die Halligen im Wattenmeer. In: Leben und Umwelt (Verein Schweizerischer Naturwissenschaftslehrer), 1951, S. 188–193, 4 Abb.
3. Wandlungen der industriellen Standortbildung und des Kohlenbergbaues in Großbritannien. In: Erdkunde VI, S. 270–277, 1 K., 1952
4. How to study Geography in Germany. In: The Journal of the King's College Geogr. Society, Newcastle upon Tyne, 4, S. 26–28, 1952
5. Dissertation: Die Altformen des Wettersteingebirges — mit Vergleichen in den Allgäuer und Lechtaler Alpen (Diss. Heidelberg 1950) — Bd. 79 d. „Forschungen zur deutschen Landeskunde", 103 S., 18 Prof., Remagen 1954
6. Luftbildauswertung zur Erforschung der Kulturlandschaft (dargestellt am Beispiel Nordost-Englands). In: Deutscher Geographentag, Essen 1953, Tagungsbericht u. wissenschaftl. Abh. 228–239, 4 Abb., Wiesbaden 1954
7. Der Landkreis Kreuznach. (Die Landkreise von Rheinland-Pfalz, Bd. 1; Handbuch „Die deutschen Landkreise"), 342 S., 54 K., 13 Abb., 8 Bildtaf., Speyer 1954
8. Handbuch der Naturräumlichen Gliederung Deutschlands. (Zentralausschuß f. dt. Landeskunde), Lieferung III/IV. Artikel 103 Glan-Alsenz-Bergland — 228 Unteres Naheland — 194 Oberes Nahebergland — 195 Soonwald-Vorstufe —227 Alzeyer Hügelland — 240 Soonwald. Remagen 1956
9. Habil.-Schrift: Die Kulturlandschaft — Methoden der Forschung und das Beispiel Nordost-England. Kölner Geogr. Arbeiten 9/10, 355 S., 56 Abb., 2 K., 1956
10. Der Stand der Erforschung der alten Verebnungsreste in den Deutschen und Österreichischen Alpen. In: Union Geogr. Internat., Premier Rapp. de la Comm. pour l'Etude et la Correktion des Niveaux d'Erosion et des Surfaces d'Aplanissement autour de l'Atlantique; Compl. tome II, p. 1–14, New York 1956
11. Langstreifenfluren in Nordengland, Wales und Schottland. In: Tagungsber. u. wiss. Abh., Dt. Geogr. Tag Würzburg 1957, S. 399–410, 2 Abb., 3 K., Wiesbaden 1958
12. Die Britischen Inseln. In: Großer-Herder-Atlas (Hg. C. Troll), Freiburg/Br., 1958, S. 366–372
13. Artikel Belgien, „Allg. Landeskunde" und „Bevölkerung und Sozialstruktur"; und Großbritannien, „Allg. Landeskunde" und „Bevölkerung und Sozialstruktur". In: Staatslexikon, Freiburg/Br., 1958 ff.
14. Zur Methodik der regionalen Struktur- und Wirtschaftsforschung. In: Erdkunde XII, 1958, S. 319–322
15. Belgien — Entwicklung, Struktur und räumliche Gliederung seiner Bevölkerung. In: Geogr. Taschenbuch 1958/59, S. 373–390, 1 K., Wiesbaden 1958
16. Die Eisen- und Stahlindustrie Großbritanniens. In: Geogr. Rundschau 1958, S. 410–418
17. Die ländliche Kulturlandschaft der Hebriden und der westschottischen Hochlande. In: Erdkunde XII, 1959, 1, S. 22–46, 16 Abb., 5 Fig.

18. Type kleinbäuerlicher Siedlungen auf den Hebriden. In: Erdkunde XII, 1959, 2, S. 98–124, 16 Abb., 7 Fig.
19. Revier über Grenzen: das Aachen-Limburg-Kempen-Kohlenfeld. In: Wirtschafts- und sozialgeographische Themen zur Landeskunde Deutschlands. Festschr. f. Th. Kraus, Bad Godesberg 1959, S. 255–278, 1 K.
20. Das Gefüge niederrheinischer Siedlungen im Luftbild. In: Das Luftbild in seiner landschaftlichen Aussage, H. 3, „Landeskundliche Luftbildauswertung im mitteleurop. Raum". Bad Godesberg 1960, S. 41–50, 5 Abb.
21. Old Hamlets with Infield and Outfield Systems in Western and Central Europe. In: Geografiska Annaler XLIII, 1961, H. 1/2, S. 285–312, 2 K.
21a. Reprint in: Readings in Rural Settlement Geography; ed. R. L. Singh, National Geogr. Soc. of India, Varanasi, 1975
22. Indien – Probleme und geographische Differenzierung eines Entwicklungslandes. In: Nachr. d. Gießener Hochschulge. 30, 1961, S. 76–113, 16 Abb., 7 K.; zugleich, in: Gießener Geogr. Schr., H. 2, 1962, öff. Antrittsvorlesung Gießen
23. Typen der Bergbauern und Wanderhirten in Kaschmir und Jaunsar-Bawar. In: Deutscher Geogr. Tag Köln 1961, Tagungsber. u. wiss. Abh., S. 211–225, 2 K., 2 Diagr., 4 Abb., Wiesbaden 1962
24. Tiroler Etschtal und Kaschmir-Becken. Ein Beitrag zur vergleichenden Geographie der Hochgebirge. In: (Beiträge zur Landeskunde Südtirols) Festschr. f. F. Dörrenhaus, 1962, S. 113–134, 3 Fig.
25. Kaschmir (Bilderläuterungen, 2 K., 1 Prof., 8 Abb.). In: Geogr. Rundschau, Jg. 14, 1962, S. 457–460
26. Some Remarks in Comparative Research in Settlement Structures. In: Scottish Studies, vol. 6, Edinburgh 1962, S. 181–183
27. Kaschmir (Länderkundlicher Strukturbericht). In: Geogr. Taschenbuch 1962/63, S. 158–170, 2 K.
28. Die Volksgruppen und ihre Gesellschafts- und Wirtschaftsentwicklung als Gestalter der Kulturlandschaft in Malaya. In: Mitt. d. Österr. Geogr. Ges., Bd. 105, H. I/II, 1962, S. 65–94, 3 Taf., 8 Bilder (Bobek-Festschr.)
29. Malaysien – Die Struktur des jüngsten Staates in Südostasien. In: Geogr. Rundschau, 16. Jg., S. 129–159, 8 Abb., 1964
30. Die Britischen Hochlande. In: Geogr. Rundschau, 16. Jg., S. 259–286, 8 Abb., 1964
31. La Geografía en Alemania. In: Revista de la Academia Colombiana de Ciencias Exactas, Fisicas y Naturales, Vol. XII, No. 46, S. 147–151, Bogotá 1964
32. Naturräumliche Gliederung Deutschlands 1: 200 000. Die naturräumlichen Einheiten auf Blatt 150, Mainz (Text u. Karte), Bad Godesberg 1965
33. Die geographischen Grundlagen der Weidewirtschaft in den Trockengebieten der Tropen und Subtropen. In: Gießener Beitr. z. Entwicklungsforsch., Schriftenr. d. Tropen-Inst. d. Justus Liebig-Univ. Gießen, Reihe I (Symposien), Bd. 1, 28 S., 11 Abb., 1 Taf., Stuttgart 1965
34. Das Neue Schloß als Geographisches Institut – Die Gießener Geographen Robert von Schlagintweit und Wilhelm Sievers. In: Gießener Geogr. Schr., 6, S. 87–108, 19 Abb., Gießen 1965

35. Besprechungsaufsatz zu U. Schweinfurth: Zur horizontalen und vertikalen Verbreitung der Vegetation im Himalaya. In: Geogr. Zeitschr. 53, S. 197–202, 1965
36. Die Ausbildung des Diplom-Geographen für die Angewandte Geographie. In: Angewandte Geographie (Festschr. E. Scheu), Nürnberger Wirtschafts- und Sozialgeographische Arbeiten, 1966
37. Die Anwendung der Photographie in der geographischen Wissenschaft. In: Photo-Technik und -Wirtschaft, 17. Jg., H. 7, Berlin-Frankfurt/M. 1966, S. 295–298, 11 Abb.
38. Bevölkerungsgruppen und Kulturlandschaften in Nord-Borneo. In: Heidelberger Geogr. Arb. 15 (Festschr. G. Pfeifer), S. 265–296, 3 Fig., 1 Tab., 6 Abb., Wiesbaden 1966
39. Die Sierra Nevada de Santa Marta (Kolumbien). In: Natur und Museum, Bd. 96, S. 50–59, 7 Abb., Frankfurt/M. 1966
40. Der indische Subkontinent – Teil II, Land und Wirtschaft. Informationen zur politischen Bildung, 117 (hg. Bundeszentrale für politische Bildung, Bonn), Wiesbaden 1966
41. Methodische Begriffe der Geographie (besonders der Landschaftskunde). In: Westermann Lexikon der Geographie, 138 Sp., Braunschweig 1968 (s. Anlage S. XIII).
42. Die Naturräumliche Gliederung – Methoden, Erfahrungen, Anwendungen und ihr Stand in der Bundesrepublik Deutschland. In: Wiss. Abb. d. Georg. Ges. d. DDR, Bd. 6 (Symposium Naturräumliche Gliederung, Leipzig 1965), S. 161–215, Leipzig 1967
43. Die Entstehung und einige Erläuterungen zum Entwurf für eine Systematik und Terminologie der Flurformen. In: „Flur und Flurformen", Materialien zur Terminologie der Agrarlandschaft I (ed. H. Uhlig u. C. Lienau), Gießen 1967, S. 15–30; Bearbeitung des „Terminologischen Rahmensystems" Flurformen mit mehreren Co-Autoren.
44. „Probleme und Aufgaben der internationalen Arbeitsgruppe für die Terminologie der Agrarlandschaft". In: Beiträge zur Genese der Siedlungs- und Agrarlandschaft in Europa, Geogr. Zeitschr., Beihefte, S. 176–187, Wiesbaden 1968
45. Gemeinsam mit G. Mertins: La Region de Santa Marta, Colombia, una vista geografica general. In: Revista Geografica 68, S. 33–62, Rio de Janeiro 1968
46. The Terminology of the Agricultural Landscape and its Relation to Land Classification in the Pacific Region. Vortrag 11th Pacific Science Congress, Tokio 1966. Kurzfassung. In: General Report of Symposium 8, „Land Classification"; In: Ochanomizu University Studies in Arts and Culture, vol. 21., p. 26–27, Tokyo 1968
47. Bodenplastik und Naturräume Westfalens – ein Markstein der Methodik und der Landeskunde. (Besprechungsaufsatz zu W. Müller-Wille), Erdkunde 1969, S. 59–61
48. Hill Tribes and Rice Farmers in the Himalayas and South East Asia; Problems of the Social and Ecological Differentiation of Agricultural Landscape Types, In: The Institute of British Geographers; Transact. and Papers, 47, S. 1–23, London 1969

49. Gemeinsam mit W. Moewes und V. Seifert: Vorbericht zur Raumordnung für die Allgemeine Planungsgemeinschaft Oberhessen. Gießen 1969 (mimeo).
50. Die Agrarlandschaften des Chenab-Tales in Jammu und Kaschmir. In: Tübinger Geographische Studien, 34, S. 309–329, 1970 (Wilhelmy-Festschr.)
51. Draft Presentation of a Framework for the Geographical Terminology of Rice-Cultivation. (gemeinsam mit R. D. Hill). Vortrag, Pacific Science Organisation, Inter Congress Meeting, Kuala Lumpur 1969; In: Modernization of the Pacific Region, Inter Congress Meeting of the Standing Committee on Geography, Pacific Science Association (Kuala Lumpur) Tokyo, 1969, S. 69–76
52. Naturraum und Kulturlandschaft im mittleren Hessen. In: „Gießen und seine Landschaft", S. 221–268, 20 K. u. Abb., Gießen 1970 (hrsg. G. Neumann).
53. Organisationsplan und System der Geographie. In: Geoforum, H. 1, 1970, S. 19–52
54. Methodik der Anthropogeographie. In: Enzyklopädie der geisteswissenschaftlichen Arbeitsmethoden. R. Oldenbourg, München und Wien, Liefg. 9, 1973, S. 205–266
55. Die Ablösung des Brandrodungs-Wanderfeldbaues – Wirtschafts- und sozialgeographische Wandlungen der asiatischen Tropen am Beispiel von Sabah und Sarawak (Malaysia). In: Deutsche Geogr. Forsch. in d. Welt von heute. (Festschrift E. Gentz), Kiel 1970
56. Agrarlandschaften im westlichen Himalaya: Kulu – Mandi – Kangra (Himachal Pradesh). In: Festschrift K. Kayser, Kölner Geogr. Arb., Sonderbd., Köln 1971, 458–481, 8 Abb., 1 K., 2 Diagr.
57. Fields and Field Systems. In: Man and his Habitat, London 1971, S. 93–125 (Festschrif. E. Evans).
58. Bäuerliche Sozialgruppen als Gegenstand agrargeographischer Forschung bei Leo Waibel und die von dessen Arbeiten ausgehenden methodischen Anregungen (Waibel-Symposium 1968). In: Heidelberger Geogr. Arb. 36, 1971, S. 68–79
59. Die Geographie in der Grundlagenforschung und Raumplanung der Entwicklungsländer – und ihre Behandlung im Unterricht. In: Der bisherige Beitrag der Geographie zu Fragen der räumlichen Umweltgestaltung (Tutzinger Curriculum Tagung). In: Der Erdkunde-Unterricht, Sonderheft, Stuttgart 1971
60. Organization and System of Geography. In: Geoforum 7, 1971, S. 7–38
61. Überlegungen zum Standort der Sozialgeographie. In: Kon. Ned. Aardr. Gen. Geogr. Tijdschr. V, 1971, S. 304–311 (de Vries Reilingh Festschrift)
62. Kambodscha. Beitrag zur gegenwartsbezogenen Länderkunde eines Krisenherdes in Südostasien. In: Geogr. Rundschau, 1971, S. 41–55, 18 Abb.
63. Südostasien (Länder – Völker – Wirtschaft). Informationen zur politischen Bildung, 148, 28 S., 16 K., Bonn 1972
64. Gemeinsam mit mehreren Co-Autoren: Terminolog. Rahmen für die Geographie der ländlichen Siedlungen (Funktion, Sozialökonomische Struktur, Form, Genese, zukünftige Entwicklung) Materiallien zur Terminologie der Agrarlandschaft, Vol. II, ed. H. Uhlig und C. Lienau, Gießen 1972
65. Die Reisbaugebiete Australiens. In: Geographie heute – Einheit und Vielfalt (Festschrift E. Plewe) Geogr. Zeitschr., Beihefte, 1973, S. 411–424, 2 K., 5 Bilder
66. Der Reisbau im Himalaya (S. 77–104, 12 Phot., 1 Diagr.)

67. Zelgenwirtschaften und mehrgliedrige Siedlungs- und Anbausysteme (S. 10–22, 8 Phot.)
68. Wanderhirten im westlichen Himalaya (S. 157–167, 1 Diagr., 10 Phot.). In: Vergleich. Kulturgeographie der Hochgebirge des südl. Asien. Erdwissenschaftl. Forschg. V (Akad. d. Wiss. u. d. Lit., Mainz) Hg.: C. Rathjens, C. Troll u. H. Uhlig, Wiesbaden 1973
69. Kleine Geographie Indonesiens. In: Das Parlament, 1973, Nr. 16/17
70. Indonesien (gemeinsam mit W. Imber). (Bildband mit landeskundlicher Einführung), Bern 1973. Kapitel: Die Naturräume, Die Kulturlandschaft, Die Bevölkerung und die Grundlagen ihrer Geschichte und Kultur
71. Indonesié. Französ. Ausgabe, Bern – Paris – Brüssel 1975
72. Länderartikel: Laos, Kambodscha, Süd-Vietnam. In: Meyers Kontinente und Meere, Bd. Asien, Mannheim 1973
73. Kambodscha. In: Völker-Länder-Kontinente III, Bertelsmann, Gütersloh 1974, S. 204–211; Überarbeitete Neuauflage, Gütersloh 1977
74. Südostasien – Austral-pazifischer Raum. Fischer Länderkunde, Bd. 3, Fischer Taschenbuch Verlag, Frankfurt/Main 1975 (Hg. u. Hauptautor)
75. Le Remplacement de la Culture Itinerante sur Brulis. Etude géographique des transformations économiques et sociales en Asie tropicale: L'example de Sabah et Sarawak (Malasie). In: Travaux et Documents de Géographie Tropicale, p. 373–389, Bordeaux 1975 (= franz. Ausgabe von „Die Ablösung des Brandrodungs-Wanderfeldbaues..." Kiel 1970)
76. Bergbauern und Hirten im Himalaya – Höhenschichtung und Staffelsysteme – ein Beitrag zur Vergleichenden Kulturgeographie der Hochgebirge. In: 40. Deutscher Geographentag, Innsbruck 1975. Wiesbaden 1976, S. 549–586
77. „Landschaftsökologie" (aus Westermann Lexikon der Geographie, Bd. III 1970) und „Formales und Funktionales Gefüge der Kulturlandschaft" (aus: Die Kulturlandschaft-Methoden der Forschg. u. das Beispiel NO-England, Kölner Geogr. Arb. 9/10, 1956). Nachdruck in „Das Wesen der Landschaft" Hrsg. K. H. Paffen. In: „Wege der Forschung", Darmstadt, 1973, S. 268–285 u. S. 367–391
78. Rice Cultivation in the Himalayas. In: German Scholars on India, II, New Delhi 1976, p. 296–326
79. Ordnende Beobachtung und verbindende Deutung. Wilhelm Müller-Wille zum 70. Geburtstag. In: Mensch und Erde, Festschrift für W. Müller-Wille. Westfäl. Geograph. Studien 33, Münster 1976, S. 1–20
80. Die Agrarlandschaft im Tropenkarst. Beispiele ihrer geo-ökologischen Differenzierung aus Java und Sulawesi. In: Geografski Glasnik 38 (Zagreb), 1976. Engl. Übersetzung: „Agricultural Landscapes in Tropical Karst Regions". In: Applied Geography and Development, vol. 15, 1979
81. Gemeinsam mit J. Blenck und D. Bronger: Südasien. Fischer Länderkunde, Bd. 2, Frankfurt/Main 1977
82. Die Naturräumliche Gliederung. Methoden, Anwendung und Bedeutung für die Regionalplanung, mit Beispielen aus d. Bereich d. LAG Hessen/Rheinland-Pfalz/ Saarland. Akademie für Raumforschung und Landesplanung, Hannover 1977 (Vortrag 1970).

83. Rice Cultivation in Australia. In: Man, Culture and Settlement. Festschrift f. R. L. Sing, New Delhi – Ludhiana, 1977, p. 176–184 (engl. Übersetzung von No. 65)
84. Geoecological Controls on High-Altitude Rice Cultivation in the Himalayas and Mountains Regions of Southeast Asia. In: Proc. of the IGU Commission High Altitude Geoecology, 1976. In: Journal of Artic and Alpine Research, 10, 1978, p. 519–529 Boulder (Col.)
85. „Völkerschichtung und Völkerbewegungen" in den Gebirgen Thailands im Umbruch der modernen Entwicklung. In: Innsbrucker Geogr. Studien, 5, 1979, S. 265–291 (Leidlmair-Festschrift)
86. Geplante und spontane Neusiedlung in Südost-Asien. In: Konflikte durch Veränderungen in der Raumnutzung. Schriften d. Zentrums f. Regionale Entwicklungsforsch. d. Univ. Gießen, Bd. II Saarbrücken, Fort Lauderdale, 1979, p. 116–182
87. Wassersiedlungen in Monsun-Asien. In: Siedlungsgeogr. Studien (Festschr. G. Schwarz) Berlin-New York, 1979, S. 273–305
88. Der Naturraum; Bevölkerungsverteilung und ethnische Differenzierung des ländlichen Siedlungsraumes und Siedlungsformen. In: Indonesien, Hrsg. H. Kötter, K. H. Junghans, O. G. Roeder Tübingen und Basel, 1979
89. Geographie und Hochschulpolitik. Wolfgang Meckelein zum 60. Geburtstag. In: Festschrift f. Wolfgang Meckelein (Hrsg. Ch. Borcherdt. u. R. Grotz) Stuttgarter Geogr. Studien, 93, 1979, S. 7–13
90. Naturraum und Kulturlandschaft in der Sächsischen Schweiz. In: Hasse, D. u. H. L. Stutte (Hrsg.): Felsenheimat Elbsandsteingebirge (Ein Jahrhundert Sächsisches Bergsteigen) Wolfratshausen (Obb.), 1979, S. 6–35
91. Man and Tropical Karst in Southeast Asia (Geo-ecological Differentiation, Land Use and Rural Development Potential in Indonesia and other Regions). In: Geo-Journal 4, 1, Wiesbaden, 1980, p. 31–44
92. Problems of Land Use and Recent Settlement in Thailand's Highland – Lowland Transition Zone. In: „Conservation and Development in Northern Thailand", Proceedings of a Programmatic Workshop, Chiang Mai, Nov. 1978 ed. J. D. Ives, S. Sabhasri, P. Voraurai, United Nations University Tokyo, 1980, p. 33–42
93. Traditionelle Reisbausiedlungen in Südostasien. In: „Recherches de Géographie rurale" 2 Vol., presenté à Frans Dussart Liège, 1980, p. 205–226
94. Der Anbau an den Höhengrenzen der Gebirge Süd- und Südostasiens. (Colloqu. „Höhengrenzen in Hochgebirgen") Arbeiten aus dem Geographischen Institut des Saarlandes, Bd. 29, Saarbrücken, 1980
95. Geo-ecological differentiation of high-altitude cultivation in the Himalayan-Tibetan System and SE-Asia. In: Proceedings of the Symposium on Quinghai-Xizang (Tibet) Plateau Beijing, 1980, 8 p. (im Druck)
96. Der Reisanbau mit natürlicher Wasserzufuhr in Süd- und Südost-Asien. Überlegungen zur Bedeutung, Gliederung, Verbreitung und Terminologie. In: Festschr. f. F. Monheim, Aachen, 1981
97. Innovationen im Reisbau – als Träger der ländlichen Entwicklung in Südostasien. In: Röll-Scholz-Uhlig (Hrsg.): Der Wandel bäuerlicher Lebensformen in Südostasien. Symposium, Gießen, 1979 (Gießener Geogr. Schriften, No. 48, 1980), 42 S.
98. Gedanken zur Entwicklung der Vergleichenden Hochgebirgsforschung. Vortr.,

Symposium zur Wirtschaftsgeographie außereuropäischer Gebirge, Frankfurt, 1980, Hrsg. W. Lutz. In: Frankfurter Wirtschafts- und Sozialgeographische Schriften, H. 36, 1981

99. Die Entwicklung der wissenschaftlichen und professionellen Geographie in den U.S.A.: Die ersten 75 Jahre American Association of Geographers. In: Geographische Zeitschrift, Jg. 69, H. 3, 1981, S. 228–233

100. Gießener Geographischer Exkursionsführer „Mittleres Hessen". Herausgeber (gemeinsam mit W. Schulze+) und Verf. der Artikel bzw. Exkursionen:
Die Kulturlandschaft — ihre Genese, Struktur und Dynamik im Mittleren Hessen (Bd. I: Regionale Einführung in das Mittlere Hessen)
Einführende Übersichtsexkursion Gleiberg, der Gießener Raum und die Stadt Gießen (Bd. II: Gießen und Umgebung, Wetterau, nordöstlicher Taunus)
Stadtexkursionen Gießen, Teil 1 (Bd. II)
Gießener Becken (Bd. II)
Der Gießen-Marburger Übergangsraum westlich der Lahn (unter besonderer Berücksichtigung der agrar- und sozialgeographischen Auswirkungen der Erbrechtsgrenzen) (Bd. II)
Lahntal Weilburg-Limburg (gemeinsam mit M. Geis) (Bd. I)
Stadtexkursion Limburg und Limburger Becken (gemeinsam mit B. Turba) (Bd. I)
Anfahrtsvariante Westerwald von Weilburg über Merenberg — Knoten — Beilstein (gem. mit W. Pfeiffer) (Bd. I)
Krofdorfer Forst (gem. mit J. Leib) (bd. II)
Hüttenberg — nordöstlicher Taunus — Butzbach (gem. mit B. Turba) (Bd. II)
Die Städte und Residenzen Lich — Hungen — Laubach — Grünberg und der Vordere Vogelsberg (gem. mit F. Jäger) (Bd. III: Vogelsberg, Rhön und nördliches Mittelhessen)

101. Einleitung zum Band: Zur Entwicklung der Vergleichenden Geographie der Hochgebirge. Wege der Forschung — Wiss. Buchgemeinschaft (gemeinsam mit W. Haffner), Herausgeber: H. Uhlig u. W. Haffner, Im Druck, Darmstadt 1982.

ANLAGE

Von H. Uhlig im „Westermann Lexikon der Geographie" (Braunschweig, 1970) (3 Bde.) (siehe Nr. 41) u. a. folgende Artikel (insges. 138 Sp.) (Sonderdruck 1967):

Allgemeine Geographie
Angewandte Geographie
Anthropogeographie
Biotop
Catena-Komplex
Choren
Chorologie
Determinismus
Dominanten (-lehre; -landschaften)

Dreidimensionaler Landschaftsaufbau der Erde
Erdkunde
Erdoberfläche
Fernwirkungen
Fliesen
Funktionale Kräfte und Räume
Geofaktoren
Geographie

Geographische Zonen (-lehre)
Geographischer Formenwandel
Geosphäre
Grenzgürtelmethode
Grundkategorien und Betrachtungsweisen der Geographie
Integration
Kulturgemeinschaften und Kulturstufen der Erde, Kulturerdteile
Kulturlandschaft
Kulturräumliche Grundeinheiten
Lage
Land
Länderkunde
Landeskunde
Landesnatur
Landschaft
Landschaftsentwicklung
Landschaftsgefüge
Landschaftsgliederung
Landschaftskunde
Landschaftsmorphologie
Landschaftsökologie
Landschaftstypen
Landschaftszonen der Erde
Landschaftszonen der Erde der russischen Geographie
Major Natural Regions
Naturlandschaft
Natürliche Landschaften
Naturräumliche Gliederung
Neue Geographie
Ökotopen
Physiotop
Physische Anthropogeographie
Physische Geographie
Raum
region
regional science
Régions Géographiques
Reine Geographie
System der Geographie
Topen
Urlandschaft
Wirtschaftsformation

(MIT-) HERAUSGEBER:

1956–1960:	Kölner Geographische Arbeiten
seit 1960:	Gießener Geographische Schriften
seit 1967:	Materialien zur Terminologie der Agrarlandschaft – Basic Material for the Terminology of the Agricultural Landscape – Matériaux pour la Terminologie du Paysage Agraire (gemeinsam mit C. Lienau)
1968:	Beiträge zur Genese der Siedlungs- und Agrarlandschaft in Europa. (Rundgespräch der Deutschen Forschungsgemeinschaft, 1966 in Würzburg) (gemeinsam mit H. Jäger u. A. Krenzlin). „Erdkundl. Wissen" – Beihefte zur Geogr. Zeitschr. 18
1970–1975:	Geoforum (Member, Editorial Board) (acting editor: 1/1970 u. 7/1971: „System and Theory of Geoscience", I u. II)
1973:	Vergleichende Kulturgeographie der Hochgebirge des südlichen Asien. (Colloquium der Akademie für Wissenschaft und Literatur, Mainz, 1970). Erdwiss. Forschung, Bd. V, Wiesbaden 1973 (gemeinsam mit C. Rathjens u. C. Troll)
1975:	Erstes deutsch-englisches Symposium zur Angewandten Geographie – First German-English Symposium on Applied Geography.

	Gießen – Würzburg – München, 1973. Gießener Geographische Schriften, 35, 1975 (gemeinsam mit C. Lienau)
1975:	Fischer Länderkunde (Bd. 3): Südostasien – Austral-pazifischer Raum Frankfurt/M., 1975 (vgl. No. 74)
1976:	Tagungsbericht und wissenschaftliche Abhandlungen, 40. Deutscher Geographentag, Innsbruck, 1975, Wiesbaden, 1976 (gemeinsam mit E. Ehlers)
1977:	Fischer Länderkunde (Bd. 2): Südasien (gemeinsam mit J. Blenck u. D. Bronger) Frankfurt/M., 1977 (vgl. No. 81)
seit 1977:	GeoJournal (Member, Editorial Board) (acting editor: 4,1 1980: „South East Asia")
1980:	Wandlungen bäuerlicher Lebensformen in Südostasien. Symposium, Gießen, 1979 (Deutsche Gesellschaft für Ost- und Südostasienkunde). Gießener Geographische Schriften, 48, 1980 (gemeinsam mit W. Röll u. U. Scholz)
im Druck:	Zur Geographie der Vergleichenden Hochgebirgsforschung. Wege der Forschung (Wiss. Buchgem., Darmstadt) (gemeinsam mit W. Haffner), 1982

BEI HERRN PROF. DR. HARALD UHLIG

HABEN PROMOVIERT:

Prof. Dr. G. Mertins
Prof. Dr. R. Herrmann
Prof. Dr. U. Freitag
Prof. Dr. W. Röll
Prof. Dr. K. Engelhardt
Prof. Dr. D. Beckmann
Prof. Dr. J. Küchler
Prof. Dr. W. Moewes
Prof. Dr. V. Seifert
Dr. A. Simms

Prof. Dr. H.-J. Wenzel
Dr. R. Danneberg
Dr. Jürgen Leib
Dr. A. Stremplat
Dr. K. Schliephake
Dr. Vanpen Surarerks
Dr. U. Scholz
Dr. M. Kohl
Dr. P. Janisch

HABEN SICH HABILITIERT:

Prof. Dr. K. Hottes
Prof. Dr. A. Karger
Prof. Dr. R. Herrmann

Prof. Dr. G. Mertins
Prof. Dr. C. Lienau
Prof. Dr. W. Moewes

Prof. Dr. Harald Uhlig während eines Geländepraktikums 1976 in Südtirol

HARALD UHLIG
LEBEN UND WERK, EINE ZWISCHENBILANZ

VON ADOLF KARGER, TÜBINGEN

Laudatio heißt bekanntlich „Lobrede". Das Wort wurde auch im Sinne von „günstige Zeugenaussage" gebraucht. Als „laudatio funebris" bezeichnete man, so ist im Kleinen Pauly nachzulesen, im alten Rom die Reden, mit denen auf dem Forum Verdienst und Tugend der Verstorbenen ins rechte – möglicherweise aber doch nicht immer ganz richtige – Licht gesetzt wurden.

Die Vorbemerkung macht deutlich, wie sehr auch die lauterste Absicht einer laudatio mit Fußangeln garniert ist. Vom Loben zum Lobhudeln ist es oft nur eine kleiner Schritt. Das bewußt günstige Zeugnis liegt oft nahe dem – möglicherweise unbewußtem – falschen. Und was die laudatio funebris der alten Römer anbetrifft, so ist ihre Vaterschaft an der modernen laudatio unserer Tage in der Regel in fataler Weise zu erkennen: mit dem natürlich retrospektiv zu lobenden Werk gerät in der Regel auch der zu Lobende in die Retrospektive. So, als ob das Werk abgeschlossen wäre, der zu Lobende nur noch im Licht der Vergangenheit zu erscheinen hätte, in der Gegenwart allenfalls zu feiern sei und man in der Zukunft nichts mehr von ihm zu erwarten hätte.

Die Kenntnis von Art und Lage solcher Fußangeln hilft, sie zu vermeiden. Lassen Sie uns, liebe Gäste und Kollegen und laß' uns, lieber Harald, Stil und Steifheit herkömmlicher laudationes ebenso vermeiden wie die einer „hochansehnlichen Festversammlung". Es genügt wohl, wenn wir uns als das fühlen, was wir tatsächlich sind: der sicher nicht zufällig außerordentlich große Freundeskreis von Harald Uhlig, der mit ihm seinen 60. Geburtstag *nach*feiern will (daß Feste im Hause Uhlig öfter gefeiert werden als sie tatsächlich fallen, hat eine lange Tradition). Ein Kreis von Fachkollegen, die in einem Festcolloquium Harald Uhlig ehren möchte.

Lassen Sie mich die laudatio daher nicht als Lobpreisung verstehen, sondern mehr als würdigende Zwischenbilanz seiner wissenschaftlichen Leistung über mehr als dreißig Jahre hinweg. Und wenn es nun aber doch so etwas wie eine „günstige Zeugenaussage" werden sollte, dann liegt das eben in Persönlichkeit und Werk von Harald Uhlig. Und es liegt sicher nicht an meiner ganz persönlichen Sympathie und Freundschaft, meiner Dankbarkeit und Wertschätzung, die ich hier sehr gerne zum Ausdruck bringe und die uns wohl alle verbindet.

Das Denken in Raum und Zeit ist uns vom Fach her geläufig. Lassen Sie uns diese Kategorien wenigstens auf einige Grunddaten der Biographie Harald Uhligs anwenden. Nicht durchgängig, systematisch, mehr skizzenhaft. Zunächst auf das Geburtsjahr 1922 und auf seinen Geburtsort Dresden, wo er seine Jugend verbrachte.

Das Jahr 1922. Sicher assoziiert jede Generation bei der Nennung dieses Jahres etwas anderes. Der heute mittleren Generation fällt hierzu eigentlich nicht das Jahr, sondern der Geburtsjahrgang 1922 ein – und dessen Schicksal. Sie sieht den Jahrgang 1922 als 17jährige Jungen zu Beginn des Zweiten Weltkrieges, als 18jährige Abiturienten und

Soldaten, mit 19 Jahren im Rußlandfeldzug — und von dann ab als einen der beiden über allen Kriegsschauplätzen Europas und darüberhinaus am stärksten verschlissenen Kriegsjahrgänge. Nur wenige Angehörige des dezimierten Jahrganges kamen 1945, damals erst 23jährig, in das zerstörte Deutschland zurück. Es sind die Jahrgänge, die die Schule gerade noch zu Kriegsbeginn beendet hatten, deren zentrales Jugenderlebnis der Krieg war. Es waren die Noch-einmal-Davongekommenen — wenn sie es waren.

Harald Uhlig wurde in Dresden geboren und wuchs in der Familie eines selbständigen Geschäftsmannes auf. In einer sehr sport- und wanderfreudigen, insofern einer recht sächsischen Familie. Man muß in diesem Zusammenhang wegen unserer schon etwas einseitig gewordenen, westdeutschen Perspektive daran erinnern, daß sich unsere Schwaben die Palme begeisterter Wanderlust gesamtdeutsch mit unseren sächsischen Landsleuten teilen müßten. Es waren die typischen Dresdener Ausflugsgebiete (übrigens damals wie heute), die Harald Uhlig die ersten Eindrücke von der großen Welt vermittelten: die Sächsische Schweiz, das Erzgebirge, ganz selbstverständlich seine sächsische und seine böhmische Seite, das Böhmische Mittelgebirge, insbesondere natürlich der Elbdurchbruch. Und es war die für Sachsen ja nicht ganz untypische Neugierde auf das, „was hinter den Bergen liegt", auch wohl sächsische Umtriebigkeit, die ihn bald weiter führte, nach Mecklenburg und Ostpreußen, ins Egerland und nach Franken, nach Österreich und Slowenien.

Zu den Anregungen des Elternhauses und des weltoffen-wanderfreudigen Milieus kamen Anregungen aus der Schule. Harald Uhlig hatte das Glück eines ausgezeichneten Geographielehrers, wie sie ja in Sachsen der Zwischenkriegszeit nicht selten waren. Er hatte das Geschick, Schulausflüge zu geographisch-geologisch-botanischen Exkursionen zu gestalten. Er lockte seine interessierten Schüler durch Freikarten in die Vorträge des Dresdener Vereins für Erdkunde. Nicht, daß eine solche räumliche wie familiäre oder schulische Umwelt Harald Uhlig zum zukünftigen Geowissenschaftler determiniert hätte — auch hier sind typische Fußangeln rückblickender laudationes zu vermeiden. Aber es ist schon so, daß Anregungen wie die Begeisterung und Freude an der Entdeckung und am Verständnis einer sich weitenden Umwelt, seinem späteren beruflichen Lebenslauf eine frühe Schubkraft verliehen haben.

Das ist nicht nur Vermutung. Einige seiner frühen Wandergebiete hat er später mit seinen Gießener Studenten wieder aufgesucht. Dabei wurde deutlich, wie genau — bis ins topographische Detail — seine Erinnerungen daran noch waren. Wichtiger noch, in diese Erinnerung war die Fähigkeit eingeschlossen, junge Leute anzuregen, zu begeistern und in unaufdringlicher Weise zum Verständnis zu führen. Die Sportbegeisterung, die Kletterei in der Sächsischen Schweiz, Skifahren (Harald Uhlig war — trotz einer Kriegsverletzung — 1948 deutscher Studentenmeister in der Nordischen Kombination!) und Bergsteigen in den Alpen, all das kam ihm auf seinen späteren Reisen und Expeditionen in den unterschiedlichsten Hochgebirgen der Erde zugute. Harald Uhlig hielt auch später immer den Kontakt zu seiner Heimat so eng, als das in den widrigen Zeitläufen nur möglich war. Er hat sich gleichsam bei der Sächsischen Schweiz mit einem Aufsatz über ihren Naturraum und ihre Kulturlandschaft bedankt. Und als er 1979 ehrenvolle Aufnahme in die Deutsche Akademie der Naturforscher, Leopoldina, fand, mag er es neben aller wissenschaftlichen Ehrung auch etwas als Anerkennungsgeste seiner mitteldeutschen Heimat empfunden haben. Aber hiermit greifen wir den Ereignissen weit vor. Wir müssen zurück zum Schicksal des Jahrganges 1922.

Und das Schicksal hieß damals Krieg, für Harald Uhlig fünf Jahre als Gebirgsjäger in tiroler und bayerischen Regimentern. Krieg, das hieß nach einigen Monaten Ausbildung in den Alpen ein Jahr lang in den Tundren der Eismeerfront an der Murmanküste, das waren die Wälder Finnlands, die Steppen des Kaukasusvorlandes und der Karst Montenegros. Krieg, das waren drei Verwundungen an der Ostfront, eine davon so schwer, daß sie ein Semester Studium 1944 in Dresden ermöglichte. Krieg, das bedeutete schließlich die Zerstörung seiner Dresdener Heimat, des Elternhauses, der elterlichen Existenz. Das freilich war nur die eine Seite des Kriegserlebnisses. Von der anderen ist heute nur schwer zu sprechen, weil hier das Verständnis, insbesondere Jüngeren gegenüber, schwer wird. Krieg, das bedeutete auch, daß damals die jungen Leute, die ihn hinter sich brachten, mit Eigenschaften ausgestattet waren, die ihnen das Fortkommen auch im Zivilleben erleichterten: Kraft und Energie, mehr Reife als das den Jahren entsprach, und vor allem das, was sich heute für jüngere Leute so schwer umschreiben läßt, weil das Wort Kameradschaft verpönt ist. Und gerade diese Haltung war es, die das Zusammenarbeiten mit dieser Generation so problemlos machte. Darauf ist später zurückzukommen.

Das Kriegsende erlebte Harald Uhlig auf einer abgelegenen Hütte in den Alpen – in sicherer Höhendistanz zu den großen Tälern und damit zu den Amerikanern. Hierin zeigt sich nicht nur seine sehr praktische Landeskenntnis, sondern vielleicht auch etwas, was er in seiner kurzen Prager Arbeitsdienstzeit der – damals verbotenen – Lektüre des braven Soldaten Schwejk verdankte. Damals war Harald Uhlig schon verheiratet. Wenn man seine nächsten, entscheidenden Lebensjahre, die Heidelberger Studienzeit auch nur ganz kurz schildern will, müßte auch und müßte wohl sehr viel von seiner ersten Frau Sieglinde die Rede sein. Viele von uns kannten sie gut – und haben sie 1974 zu Grabe getragen. Und wer sie kannte, weiß, welchen Anteil sie an Harald Uhligs Leben hatte: sie half das Geld verdienen, kümmerte sich um die beiden 1947 und 1951 geborenen Kinder, hielt ihm den Rücken für das Studium frei und sorgte überdies für das ganz unverwechselbar menschlich-heitere Klima in der Familie. Auch hierauf müssen wir später noch zurückkommen.

Harald Uhlig begann sein eigentliches Studium – nach einem mehr orientierenden Dresdener Kriegssemester im Sinne eines Studium Generale – 1946 in Heidelberg. Es ist das typische Studium der Kriegs- und der ersten Nachkriegsstudentengeneration: man studierte unter miserablen materiellen Bedingungen, aber es tat sich vor der damaligen Studentengeneration wieder die ganze Breite der geistigen Möglichkeiten auf. Man konnte sich der vollen Breite seiner Interessen hingeben, weil die schmale Schiene einer beruflichen „Laufbahn" ohnehin nicht in Sicht war. Obgleich man für die Zukunft keine sehr konkreten Chancen sah, studierte man in der Regel zielstrebig und energisch. Man ließ sich von Schwierigkeiten nicht sonderlich beeindrucken, man war Schlimmeres gewohnt. So etwa die allgemeine Szenerie, die Harald Uhlig damals vorfand, in die er hineinpaßte, aus der er das beste machte – mit 35.– RM Barschaft in der Tasche und mit einem Universitätsstipendium von 100.– RM pro Semester.

Außer Geographie, Geologie und Volkswirtschaft, den Promotionsfächern von 1950, studierte Harald Uhlig noch Geschichte, Kunstgeschichte und Germanistik. Was er in den Wanderjahren seiner Jugend mehr naiv gesehen und während des Krieges nur flüchtig erfahren hatte, das trachtete er jetzt tiefer zu verstehen. Das Instrumentarium hierzu sollte so vielseitig als möglich greifen. So hat ihm die Breite seiner Ausbildung auch ein breites Spektrum in seiner wissenschaftlichen Arbeit ermöglicht. Sein historisches Interesse findet sich nicht nur in den ausgesprochen kulturlandschaftsgenetischen Arbeiten wie etwa im zweiten Teil der Nordost-England-Arbeit. Auch in vielen seiner regionalen Arbeiten führt er das Verständnis gegenwärtiger Probleme auch auf solche der Vergangenheit zurück. Er gibt dem Verständnis damit eine Basis, die Tragfähigkeit auch über den Tag hinaus verspricht. Der, wenn schon nicht „durchaus" studierte, so doch gut trainierte Germanist gab sich fortan durch souveräne Beherrschung des Wortes zu erkennen. In gelegentlichen journalistisch-schriftstellerischen Ausflügen trug das zum mageren Familienbudget bei. Wichtiger aber: was hätte Harald Uhlig wohl gemacht, wenn ihm — etwa im Exkursionsgespräch mit Studenten — in seinem Drang, möglichst viel zu zeigen, zu erklären, anzuregen, durch raum-zeitlichen Vergleich zu verdeutlichen und methodisch einzubinden, hierzu nicht eine verständliche, einprägsame Sprache verfügbar gewesen wäre?

Zurück nach Heidelberg und in das Jahr 1946. Das Geographische Institut ist von Amerikanern besetzt. Der Lehrstuhl ist vakant. Professor Tuckermann wird aus der Mannheimer Emeritierung zurückgerufen, er war damals schon von Krankheit gezeichnet. Die Ausbildung der Studierenden leistete der de jure nur vertretungsweise beauftragte Ernst Plewe daher im wesentlichen. Der Geologie Ludwig Rüger kümmerte sich ebenfalls um die Geographen. Später kommt F. Monheim als erster planmäßiger Assistent nach Heidelberg. Plewes Kollegs und Seminare fesselten Harald Uhlig, sie begeisterten ihn für das Fach Geographie — und so steht wohl mancher von uns, der wiederum Uhligs Begeisterung erfahren, aufgenommen und weitergegeben hat, in der Schuld von Ernst Plewe. Rüger erwies sich als väterlicher Freund der Geographiestudenten. Monheim, nur wenig älter als die Nachkriegsstudenten, vermittelte die ersten Exkursionserlebnisse (und wer je Gelegenheit hatte, an Uhligschen Exkursionen teilzunehmen ahnt, daß auch hier ein Band der Dankbarkeit über ihn hinaus bis Monheim reichen müßte), Anregungen in der Siedlungs-, Agrar- und Vegetationsgeographie.

So liefen viele Linien in dem Entschluß einer Promotion im Bereich der Alpenmorphologie mit dem Thema „Die Altformen des Wettersteingebirges mit Vergleichen in den Lechtaler und Allgäuer Alpen" zusammen: Anregungen zur Geomorphologie von E. Plewe, eine gute geologische Ausbildung, sehr gute Kenntnisse der Alpen, ja schon so etwas wie die Liebe zur zweiten Heimat zu ihnen aus alten Wander- und Bergsteigertagen und schließlich Freude an einer Arbeit, bei der sich Forschung und Wissenschaft mit der Befriedigung einer nur schwer stillbaren Wanderlust verbinden ließen. Wir finden gerade dieses Motiv häufig, wenn es Harald Uhlig darum ging, seine Arbeitsgebiete mit immer größer werdenden Radien zu verlegen. Das Thema der Arbeit war selbst gewählt, die Arbeit hatte keinen Betreuer, Uhlig keinen „Doktorvater" im herkömmlichen Sinn. Aber hier half Uhlig seine Kontaktstärke — auch sie ja ein Charaktermerkmal, das in Sachsen häufig ist — über die Unbilden dieser Zeit. Bald zeigten C. Rathjens (damals in München) und C. Troll Interesse an dem Heidelberger Doktoranden und seiner Arbeit.

Als G. Pfeifer 1949 endlich als neuer Ordinarius nach Heidelberg berufen wurde, lag die Arbeit fertig auf dem Tisch, Uhlig wurde der erste Heidelberger Doktorand von G. Pfeifer. H. Uhlig war immer nett genug, seinen eigenen Schülern und Mitarbeitern jene gutgemeinten, aber oft nicht gern gehörten Ratschläge weiterzugeben, die er früher selbst erhielt. Daher hörten wir von der Pfeiferschen Entrüstung darüber, daß

Uhlig, ohne sich durch ein Staatsexamen für den Schuldienst abzusichern, unmittelbar die Promotion und darüberhinaus die Hochschullaufbahn anstrebte. Zwar wußte Professor Pfeifer damals vermutlich nicht, daß am Tage von Harald Uhligs Promotion eine von Frau Uhlig wiederaufgebaute Firma ins Heidelberger Handelsregister eingetragen wurde und sich so die Familie knapp über Wasser halten konnte – im übrigen hatte G. Pfeifer schon recht: nach der Promotion wurde Harald Uhlig erst einmal arbeitslos. Auch 1949 waren die Zeiten noch miserabel, es gab keine Assistentenstellen, an anderweitige Beschäftigung für Geographen war damals kaum zu denken. In dieser Situation stellt der Auftrag, die amtliche Kreisbeschreibung für den Kreis Kreuznach zu übernehmen und ein British Council-Stipendium nach England die Weichen um.

Hier ist der ebenso reizvollen wie zeitraubenden Versuchung zu widerstehen, Leben und wissenschaftlichen Werdegang von Harald Uhlig in voller Breite und auf zeitgeschichtlichem Hintergrund weiter zu erzählen. Andererseits ist sein Werk, die Impulse, die er gegeben oder aufgenommen und verstärkt weitergegeben hat, an verständlichsten in biographischer Reihenfolge zu erklären. Vielleicht ist der epischen Breite durch den Zeitraffer einiger einzustreuender Marginalien und Episoden beizukommen. Freilich mußten es solche sein, die den Geist der Zeit erkennen lassen, der Harald Uhlig geprägt hat – und etwa davon, wie er seinerseits mit den ja damals miserablen Zeiten fertig wurde.

In diesem Sinne muß noch ein Heidelberger Komplex angesprochen sein, der „Verein der Studenten und Förderer der Geographie an der Universität Heidelberg". Das nicht nur, weil Harald Uhlig zu seinen Gründern gehörte, weil er der erste Vorsitzende war und dem Verein viel an Erlebnissen, Anregungen und Kontakten verdankte. Sicher auch nicht nur, weil Harald Uhlig viel und gerne von dem Verein zu erzählen pflegte und das nicht ohne Stolz tat. Die Gründung des Vereins ist auch für uns in der Gegenwart lehrreich. Sie zeigt, welcher Art „studentischer Aktionen" man sich vor etwa 35 Jahren einfallen ließ, auf welche Art von „studentischer Selbsthilfe" man damals kam, wenn die Geographischen Institute personell unterbesetzt waren, wenn es kein Geld dafür gab, die Studenten so gut wie es notwendig war auszubilden. Sie zeigt auch, wie damals die große Mehrheit der Professorenschaft reagierte.

Freilich war der Verein auch damals etwas Einmaliges. Wissensdurstige, intensiv und begeistert studierende Kriegsheimkehrer wehren sich gegen Lehrstuhlvakanzen. Sie gründen einen Verein, über den sie die bekanntesten Fachvertreter Deutschlands zu Vorträgen einladen. Alle Heidelberger Geographen fördern das Unternehmen. Viele Professoren der Nachbarfächer schließen sich der Förderung an. Darunter sind so berühmte Persönlichkeiten wie der Begründer der Geomedizin Ernst Rodenwaldt, der Psychologe und gewesene Politiker Willy Hellpach, dessen Thesen zur Geopsyche ihn mit der Geographie verbanden, der Vorgeschichtler Ernst Wahle, der über die Siedlungsarchäologie Verbindung zur Geographie hatte und viele andere. Was in der deutschen Geographie Rang und Namen hatte, folgte den Einladungen des Vereins, unter anderen H. Louis, H. Bobek, C. Troll, H. Lautensach, J. Büdel, J. Schmithüsen und Fr. Metz, um nur einige zu nennen. Dazu namhafte Vertreter der Nachbarwissenschaften. Und sie kamen ohne Honorar und sie mußten mit einer einfachen Bleibe vorlieb nehmen. Daß bei dem einen oder anderen die Hoffnung auf den Heidelberger Lehrstuhl die Bereitschaft, der Einladung zu entsprechen, gefördert haben mag, ahnten die harmlosen Studenten damals nicht. Es tut auch der Zusammenarbeit zwischen Studenten und Professoren grundsätzlich wohl keinen Abbruch. Es gehört zu den Standardvorwürfen der unglücklichen Spätsechziger- und Frühsiebzigerjahre, daß die ältere Geographengeneration den angewandten Aspekt der Geographie völlig übersehen und Berührungsangst gegenüber dem politischen Zeitgeschehen gehabt hatte. Abgesehen von der Bierweisheit, daß sich jede Wissenschaft nun eben einfach auch weiterentwickelt, ist in den Blättern des Vereins nachzulesen, daß etwa Fr. Metz damals einen Vortrag über geographische Aspekte des Südwest-Staates hielt — Politiker waren eingeladen und diskutierten vor vollem Hörsaal. H. Lautensach sprach aus aktuellem Anlaß über Korea usw. Der Verein führte Studentenexkursionen durch, für die es keinerlei Universitätszuschüsse gab. Auswärtige Universitätslehrer stellten sich zu örtlichen Führungen zur Verfügung: H. Mortensen und J. Büdel in Göttingen, E. Obst, K. Kayser und G. Schwarz in Hannover (bei dieser Gelegenheit lernte H. Uhlig seinen späteren Chef, Kollegen und Freund K. Kayser kennen), H. Schmitthenner und H. Blume in Marburg, der Geologe Klüpfel in Gießen — das war wohl die erste bewußte Begegnung mit der Stadt seines jetzigen Wirkens.

Vielleicht noch ein Blick in die Zeit, um die Atmosphäre durch das ja auch zu anderen Zeiten aktuelle Dreiecksverhältnis von Studenten, Polizei und Universitätsrektor zu charakterisieren. Kurz vor der Währungsreform, 1948, demonstrieren die Heidelberger Studenten gegen die Wohnungsnot und die sonstige üble soziale Situation der Studenten. Am Nachmittag brennt die Neue Universität; wie sich später herausstellt, von amerikanischen Soldaten durch Unachtsamkeit angesteckt. Die Studenten stürzen in das benachbarte Institut, um vorsichtshalber die Bibliothek zu evakuieren. Die amerikanische Militärpolizei wird aktiv und verhaftet Harald Uhlig „als Brandstifter und Plünderer"! Jetzt schleicht sich Frank Ahnert (auch einer der damaligen Heidelberger Studentenmannschaft, den ein langer Umweg über die Vereinigten Staaten schließlich nach Aachen führte) in das Arrestlokal und stellt sich gleichsam als Geisel, um Uhlig den aufklärenden Weg zum Rektor zu ermöglichen. Es ist von den Mitakteuren nicht überliefert, ob der amerikanische Polizeiobere ein Tyrann war, ein Dionys war er nicht. Er fühlte offenbar kein „menschliches Rühren" und ließ sich auf den Handel nicht ein. Trotzdem gelang es später Ahnert, Uhlig herauszupauken. Der Heidelberger Rektor erwirkte die Freilassung. Diese Episode hat Harald Uhlig später öfters erzählt, freilich in Situationen, in denen Rektoren und Studenten nicht mehr an einem Strang zogen.

Zurück zum arbeitslosen Alpenmorphologen und in das Jahr 1950. Er vertritt F. Monheim für ein Semester als Assistent, dann wieder nichts. Immer noch sind die Zeiten schlecht und die Stellen rar. In dieser Situation erhält Harald Uhlig den Auftrag vom damaligen Amt für Landeskunde unter E. Meynen für die Reihe „Die deutschen Landkreise" den Landkreis Kreuznach zu bearbeiten. Diese Arbeit sollte eineinhalb Jahre dauern — sie wurde mit DM 1500.— honoriert, in Raten auszahlbar. Immerhin lag das Arbeitsgebiet wenigstens im Fahrradradius von Heidelberg. Aber diese Arbeit (1951 abgeschlossen, aber wegen Geldmangels erst 1954 veröffentlicht) wurde für Harald Uhlig mehr als die Überbrückung aus einer miserablen Gegenwart in eine höchst unsichere Zukunft.

Der Auftrag erwies sich als eine überaus förderliche und schulende Aufgabe. Er bereicherte Harald Uhligs Erfahrungen, fächerte seine Interessen breiter auf und führte auch schon zu ersten konzeptionellen Überzeugungen, die er später weiter ausbaute, durch weitere Anwendung in der Forschungspraxis absicherte und in seinen methodischen Schriften immer griffiger formulierte. Von der Alpenmorphologie weitete sich sein Interesse zum gesamten Naturraum. Über die naturräumliche Gliederung des Arbeitsgebietes stößt er zur Gruppe der Fachkollegen, die das umfängliche Werk der Naturräumlichen Gliederung anpackten und auch vollendeten. Aber es ist weniger der Naturraum „an sich", der ihn interessiert, es sind die naturräumlichen Grundlagen des kulturräumlichen Prozesses. Der breitangelegte landeskundliche Aspekt der Kreisbeschreibung führte ihn zur Anthropogeographie, insbesondere zur Siedlungs- und Agrargeographie. Zunächst noch im herkömmlichen Sinn. Aber bald schon sieht er die einzelnen Zweige der Anthropogeographie unter dem Aspekt der Veränderungen von Raumstrukturen. Nicht nur rückblickend in die Vergangenheit, sondern auch in der Zukunft. Das ist ein erster Schritt in Richtung Angewandte Geographie und Regionalplanung. Schließlich das Konzept: in der Zu- und Zusammenordnung einer Unmenge von Einzelfakten, wie sie in amtlichen Kreisbeschreibungen nun einmal gefordert werden, findet sich der Anfang des roten Fadens, der sich durch alle seine späteren Arbeiten ziehen wird. Es ist das Konzept vom Ökosystem Mensch/Erde, das es zu verstehen gilt, soweit als notwendig für die Vergangenheit, sicher für die Gegenwart und soweit als möglich für die Zukunft — und immer in seiner regionalen Differenzierung. Dieses Konzept, insbesondere den Aspekt der Differenzierung, hat sich Uhlig gleichsam als Arbeitsplan für die Zukunft vorgenommen. Er füllt es in den nächsten dreißig Jahren aus, in Forschung und Lehre.

Mit einem British Council-Stipendium nach Newcastle on Tyne werden 1951/52 weitere Weichen gestellt. Sie führen regional nach England, Schottland und Wales bis zum hebridischen Saum Europas, in die Bretagne nach Belgien und in die Niederlande. Neben das Interesse an der ländlichen Kulturlandschaft tritt nun — unter dem Einfluß der klassischen Bühnen der industriellen Revolution — das Interesse an Industrieräumen und der Industriegeographie. Seine methodischen Überzeugungen klären sich weiter und schlagen sich im zentralen Ergebnis des Englandaufenthaltes nieder. Es ist dies die umfangreiche Monographie „Die Kulturlandschaft — Methoden der Forschung und das Beispiel Nordost-England". Mit dieser Arbeit habilitierte sich Harald Uhlig 1955 in Köln bei K. Kayser, wo er seit 1952 eine Assistentenstelle gefunden hatte.

Die Anregung zu einer Arbeit dieser Ausrichtung gaben viele der damals führenden Fachkollegen. Die Auswahl von Namen wie Plewe und Pfeifer, Credner und Troll, Bobek und Müller-Wille ist sicher zu eng, umfaßt aber wohl die einflußreichsten der Anreger. Aber, daß es dann endlich eigentlich zwei aufeinander bezogene Arbeiten wurden, ging auf eine provozierende Frage und eine skeptische Bemerkung zurück. Beide gehörten lange zum Fundus Uhligscher Erzählungen im Studenten- und Kollegenkreis. M. R. G. Conzen, damals Uhligs „Mentor" in Newcastle, seither Freund der Familie und noch jährlicher Besucher der Bundesrepublik, stellte seinem Schützling die Frage, die vor- wie nachher schon manche Befragten zur Verzweiflung gebracht hat: was ist eigentlich eine Landschaft? Uhlig brauchte für die Antwort etwa hundert dicht geschriebene Seiten, den ersten Teil der Habilschrift, als Antwort auf die Vier-Worte-Frage. Und dieser, der methodische Teil der Arbeit, wäre beinahe schon die ganze Habilarbeit geworden, wenn nicht die skeptische Bemerkung dazugekommen wäre. Sie stammt von Th. Kraus. Und sie muß wohl in seinem ruhig-väterlichen Ton gefallen sein, der immer etwas von einem „letzten Wort" hatte: „Lieber Herr Kollege, solche theoretischen Fragen sollte man erst als Emeritus angehen — vorher übersieht man sie nicht!"

Harald Uhlig hat dann die bekannte Arbeit vorgelegt, in der er die methodischen Gedanken der Zeit zusammenfaßte, in einem sehr ausführlichen Teil der eigenen methodischen Forderungen einlöste und im praktischen Teil eine Fülle von weiteren Anregungen gab. Bei der gegenwärtigen Lektüre des vor 25 Jahren geschriebenen Buches drängt sich eine Formel auf, die sich auch sonst über das Werk Harald Uhligs stellen läßt und der seinen Beitrag zur gegenwärtigen Geographie kurz charakterisiert. Die Kurzformel könnte lauten: bewahren und weiterentwickeln. Was Harald Uhlig an der traditionellen Geographie für vernünftig und aussichtsreich hielt, half er — mit Erfolg — zu bewahren. Er hat, auch in der Lehre und in Ratschlägen an jüngere Kollegen, gelegentlich ziemlich ungeniert alte Zöpfe abgeschnitten. Aber er hat nie Bilder gestürmt. Wohl hat er alles, was damals entwicklungsfähig in der Luft lag, aufgenommen und an der Weiterentwicklung mitgearbeitet.

In der Nordost-Englandarbeit finden sich viele Beispiele dafür. So enthält etwa das Konzept der „Schichtung" der Kulturlandschaft — jede „Schicht" ist geprägt von „geistigen, wirtschaftlichen und sozialen Motiven . . . dem jeweiligen technischen Vermögen entsprechend" — viele Ansätze, die später die sich stürmisch entwickelnde Sozialgeographie aufnimmt. Uhlig gehört nicht nur durch diese Arbeit zur frühen Generation der Sozialgeographie. Der regionale Teil der Arbeit wird durch eine formale und genetische Kartierung der Kulturlandschaft im Maßstab der „one inch" -Karte zusammengefaßt, also etwa 1:63 000. Sie geht auf Luftbildauswertung und Überprüfung im Gelände zurück. Schon früher sind Luftbilder für die geographische Forschung eingesetzt worden, aber in der Kulturgeographie noch nie in so systematischer Weise und in so breiter Flächendeckung. Auch hiervon gingen weitere Impulse aus. Es hängt sicher mit der kulturgeographischen Dynamik des nordostenglischen Arbeitsgebietes wie mit Harald Uhligs Gegenwartssinn und seinem Gespür für neue Ansätze in der Wissenschaft zusammen, daß er die Analyse der Kulturlandschaftsgenese bis in die unmittelbare Gegenwart durchzieht. Hier werden nun „slum-clearing", „urban sprawl", „Depressed Areas" und „Trading Estates" Gegenstand geographischer Forschung. Das mag heute selbstverständlich sein, damals war es das nicht. Wieder erreicht Uhlig hier die Grenze der Angewandten Geographie. Das, viel gefördert durch viele englische Kontakte in den 50er Jahren. Die Verbindung hat bis in die Gegenwart gehalten. Die Einrichtung des „Anglo-German Symposium on Applied Geography", erstmals 1973 in Gießen, geht auf diese Verbindungen zurück.

Nach dem England-Aufenthalt zerschlugen sich zunächst die Aussichten auf Assistentenstellen in Heidelberg und Braunschweig — aber dann fand sich Ende 1952 doch eine, wenn auch nur vertretungsweise. Aus Köln war H. Louis nach München weggegangen, E. Weigt kam vertretungsweise nach Köln — und eine zunächst nur vertretungsweise übertragene Assistentenstelle brachte H. Uhlig das erste regelmäßig Einkommen. Er blieb acht Jahre in Köln, ab 1954 als planmäßiger Assistent bei K. Kayser, später als Privat- und Diätendozent, bis er 1960 den Ruf nach Gießen erhielt. Wir haben Harald Uhlig als jungen Wissenschaftler kennengelernt, lassen Sie uns ihn als jungen Universitätslehrer beobachten.

Das Kölner Institut war damals noch das übliche Ein-Lehrstuhl-Institut. Ein Ordinarius und ein Assistent hatten 600 Studenten zu versorgen. Es gab anfangs nicht einmal eine Institutssekretärin und zunächst nur eine wissenschaftliche Hilfskraft, dann deren drei — die jetzigen Professoren Zschocke, Hermes und Birkenhauer. Diese Situation gab die außerordentlich strapaziöse Gelegenheit, den Beruf eines Hochschullehreres von der Pike auf und zwölf Stunden am Tag zu erlernen. Hier sei zur Kennzeichnung seiner organisatorischen Aktivitäten im Institut das Wort „beängstigend" nur deshalb noch nicht eingesetzt, wei es zur Umschreibung seiner frühen Gießener Tätigkeit noch zu brauchen sein wird. Aber Harald Uhlig füllte nicht nur die Rolle eines Mädchens für alles mit Bravour aus. Er bestimmte schon als junger Mann, als Assistent und später als Dozent den Geist und das geistige Klima des Kölner Institutes mit. Das lag sicher an seinem Format als Wissenschaftler, an seinem, wie sich jetzt herausstellte, Naturtalent als akademischer Lehrer und an der kameradschaftlichen Zuwendung zu den Studenten — jedenfalls zu den interessierten von ihnen. Das lag aber auch an der liberalen Großzügigkeit seiner damaligen Chefs und älteren Kollegen E. Weigt, H. Schlenger als Gastprofessor für ein Jahr und K. Kayser, zu dem er trotz sehr unterschiedlicher Temperamente ein herzliches Verhältnis fand. Von dem zu Th. Kraus war andeutungsweise schon die Rede.

Harald Uhligs Lehrveranstaltungen in Köln waren, was man so unter Studenten als „Geheimtips" handelt. Und da das bald jedermann wußte, waren sie meist schon nach den ersten Stunden hoffnungslos überfüllt. Man merkte jeder Stunde an, daß sie keine Routine waren, man merkte das Engagement das Vortragenden und er merkte wohl auch, daß die Studenten nicht nur mitschrieben, sondern auch mitdachten und mitgingen. Es kamen viele Hörer, die keine Geographiestudenten waren. Zunächst waren es engbegrenzte Spezialthemen, typische „Privatdozententhemen" wie die Britischen Inseln oder die Alpen, später — in Vertretung der Professoren Kayser und Kraus, auch als Direktoren der beiden Kölner Institute — „Hauptvorlesungen" allgemeinen und regionalen Zuschnitts.

Besonders beliebt und anregend, daher in der Regel überfüllt, waren seine Exkursionen. Sie führten in das nähere und fernere Umfeld von Köln, so in die Ville, ins Bergische Land oder ins Ruhrgebiet, weiter nach Belgien und in die Niederlande. Glanzpunkt des jährlichen Exkursionsbetriebes waren die „großen" Exkursionen in Arbeitsteilung mit K. Kayser, unter anderem einmal zu den Britischen Inseln und mehrfach nach Jugoslawien. Was an den Uhligschen Exkursionen faszinierte, war wohl in erster Linie die Art, an kleinen, immer zielsicher ausgewählten Beispielen, Erklärungen zu geben, die weit über die Objekte hinaus Gültigkeit hatten. Das ging immer in einer zwar anspruchsvollen, aber unprätentiösen Weise vor sich — und erst viel später wurde den Studenten bewußt, daß so selbstverständlich Vorgetragenes oft das Ergebnis langen Nachdenkens etwa über das Problem „Typus und Individuum" in der Geographie war. Nach dem modischen Sprachgebrauch der Gegenwart würde man wohl sagen, diese Art Exkursionen boten eine „Geographie zum Anfassen". Erst kamen die Dinge, dann erst die Begriffe. Erst nachdem die Quellmulde „saß", kam der Begriff des Ökotops hinzu. Ein Querschnitt durch das Ruhrgebiet ergab mit Selbstverständlichkeit, daß die moderne Geographie auch des sozialgeographischen Instrumentariums bedurfte, über dessen Notwendigkeit damals noch keineswegs Einmütigkeit bestand. Auch in der Lehre galt ihm die Formel vom Bewahren und Weiterentwickeln. Sicher gab es auch damals in Köln gelegentlich Unterschiede in der Auffassung des Faches, auch der Methoden in der Lehre, die ältere und jüngere Generation trennte. Aber sie wurden in Gesprächen ausgetragen und begründet, die in großer Toleranz und ohne jede Schärfe geführt wurden. Sie waren für die interessierten Studenten außerordentlich lehrreich.

In der Belastung durch ein studentenreiches und personell unterbesetztes Institut und zugleich mit seinen auf diese Weise sehr ernst genommenen Lehraufgaben, formulierte er die England-Ergebnisse zur Habilitationsarbeit. Daneben führte er zahlreiche kürzere Reisen nach Westeuropa durch und erweiterte die aus England mitgebrachten Erfahrungen. Aus dem Bereich der Siedlungs- und Agrargeographie folgen Arbeiten über Nordengland, Wales und Schottland, über die Hebriden und vergleichend über West- und Mitteleuropa. Auch hier ist der Grundgedanke des Bewahrens und Weiterentwickelns unverkennbar. Bewahrt wird der Ausgang vom formalen Aspekt der ländlichen Kulturlandschaft, weiterentwickelt deren sozialgeographische Erklärung und Bedingung. Dasselbe gilt für Arbeiten zur Industriegeographie, wovon das „Revier über Grenzen", ein Beitrag in der Festschrift für Th. Kraus über das Aachen-Limburg-Kempener Kohlenrevier, ein Kabinettstück ist.

Um die Mitte der 50er Jahre beruhigte sich die Situation in Köln, die Institutsarbeit verteilte sich auf zwei neueingestellte Assistenten. H. Uhlig fand die Zeit, an die Verwirklichung eines Jugendtraumes zu gehen: mit einer ersten Himalaya-Reise. Auch abgesehen von den Kletterpartien in der Sächsischen Schweiz und der ernsthaften Bergsteigerei in den Alpen reicht die Vorgeschichte dieser Reise weit in die Heidelberger Zeit zurück. Auf dem ersten Nachkriegsgeographentag war Harald Uhlig 1948 mit W. Credner in Kontakt gekommen. Er hatte damals schon den Ruf nach Heidelberg. Es schien wahrscheinlich, daß W. Credner den jungen Doktoranden auf seinen südostasiatischen Weg geführt hätte. Auf einer Herbstexkursion in den Rheinlanden erfuhr eine Heidelberger Exkursionsgruppe, daß W. Credner den Ruf angenommen hatte. Am nächsten Tag, die Gruppe war bis Bonn gekommen, kam die Nachricht vom plötzlichen Tod Credners. In dersleben Nacht, als Uhlig einen möglichen Förderer seiner damals noch eher im Reich der Phantasie und Hoffnungen liegenden Pläne verlor, gewann er einen neuen. Der Zufall wollte es, daß Harald Uhlig in Bonn in das Privatquartier zu C. Troll kam. Man verbrachte den Abend damit, gesammelte Hagebutten zum Kochen des Wintervorrates an Marmelade für die große Trollsche Familie zu präparieren. Und wenn auch diese Beschäftigung die miserable Situation der Gegenwart charakterisierte, so drehte sich doch das Gespräch schon wieder um eine hoffnungsvollere Zukunft: „man müßte doch bald wieder mit der Himalaya-Forschung weitermachen". Der Heidelberger Student sah in solchen Bemerkungen Ansporn und Hoffnungen für die Zukunft. Noch zwei Chancen zur Teilnahme an entsprechenden Expeditionen, so zum Beispiel an der Frankfurter Karakorum-Expedition von 1956, konnte er wegen anderer Verpflichtungen nicht wahrnehmen.

Endlich war es 1959 soweit. Zwar war es keine Expedition, an der er hätte teilnehmen können – aber der Alpinist war auch an Alleingänge gewöhnt. Überdies hatte er Glück. Deutsche Forscher hatten in Indien damals noch den Wert von Raritäten, man gab sich noch viel Mühe mit ihrer Unterstützung. Das galt für die deutsche Botschaft und insbesondere für den von der Botschaft vermittelten indischen Forstdienst. Indische Forstleute sorgten für Begleitung, für Träger und Lasttiere, für Dolmetscher und Quartiere – und vor allem für den Zugang zur Bevölkerung. Auf diese Weise gelangte Harald Uhlig zu Einsichten, die – man darf in der Formulierung wohl so hoch greifen – bahnbrechend für die weitere geographische Himalayaforschung wurden. Das gilt insbesondere für zwei seiner damaligen Arbeitsgebiete, das Jaunsar-Bawar im Vorderen Garhwal Himalaya und für das Kaschmirbecken mit seinen Randgebirgen. Im Unterschied zur älteren deutschen Himalayaforschung konzentrierte sich die Tätigkeit Harald Uhligs auf die Kulturgeographie. Freilich eine Kulturgeographie wie er sie verstand: nicht determiniert abhängig, aber doch sehr eng verbunden mit ihren naturräumlichen Grundlagen, abhängig von sozialgeographischen Prozessen der Vergangenheit und Gegenwart. Eines der Kabinettstücke einer solcher Art aufgefaßten Hochgebirgs-Kulturgeographie war die Darstellung der Höhenschichtung der Kulturlandschaft im Jaunsar-Bawar. Sie wurde verstanden aus nicht weniger als fünffach gestaffelten Wirtschaftsformen vom Reisbau in den subtropischen Tälern des Gebirgsvorlandes bis zur sommerlichen Schafweide auf den Hochgebirgsmatten des Vorderen Himalaya. Beobachtungen zur naturräumlichen Gliederung des Hochgebirgsraumes, zur ethnisch-sozialen Struktur der Bevölkerung und zum sozialgeographischen Prozeß werden in das faszinierende Bild eingebaut. Dieselben Probleme werden im Kaschmir-Becken und den Randgebirgen untersucht und dargestellt. Hier reicht die Höhenschichtung der Kulturlandschaft vom Boden des Kaschmirbeckens bis zum Hauptkamm des Himalaya hinauf, die Wirtschaftsstaffeln vom „See"- und Reisbauerntum über das Kaschmiri-Bergbauerntum bis zum Vollnomadentum der Bakerwals, die mit ihren Ziegenherden über den Hauptkamm des Gebirges bis Ladakh kommen. Bis dorthin, in das damals für Fremde verbotene Ladakh, stieß auch Harald Uhlig vor. Die Ergebnisse der Himalaya-Forschung wurden erst in den Tagungsberichten des Kölner Geographentags, also 1961, veröffentlicht. Aber sie fanden schon unmittelbar nach Uhligs Rückkehr lebhafte Resonanz durch eine Reihe eindrucksvoller Vorträge. Auch hierbei zeigt sich Harald Uhlig als Meister der Darstellung. Dabei wurde der komplizierte Sachverhalt mit Hilfe von „Landschaftsprofilen" verständlich aufbereitet und strukturiert. Die Landschaftsprofile sind später verändert und angereichert worden und bildeten den Grundstock einer ganzen Reihe von Modellen zur Höhenschichtung der Kulturlandschaft, in der naturräumliche Parameter, die formalen Kulturlandschaftselemente, Lebens- und Wirtschaftsformen in Höhenschichtung und Wirtschaftsstaffelung vergleichend dargestellt wurden. Einer dieser Himalaya-Vorträge brachte Harald Uhlig den Ruf nach Gießen ein.

Das Gießener Geographische Institut — wie wir später sagten, das alte, Klutesche Institut, war in den Bombennächten des Dezember 1944 untergegangen. Die Universität Gießen ging in reduzierter Form als Justus Liebig-Hochschule für Bodenkultur und Veterinärmedizin in die Nachkriegs- und Wiederaufbaujahre — zunächst ohne ein Geographisches Institut. Freilich hatte man langfristig nicht auf die Geographie verzichten wollen. Prof. Bartsch, der dem Gießener Institut schon seit der Vorkriegszeit angehört hatte, hielt mit einem Lehrauftrag von Weilburg aus gleichsam die Tür für die Wiederbegründung des geographischen Lehrstuhls offen. Der von ihm angeschaffte Bücherschrank — ein paar Handbücher, darunter natürlich „der Klute" — auf einem der Korridore im Universitätshauptgebäude war der, zunächst eher symbolische Ausdruck für dieses Bestreben. Der Transport von etwa zwei bis drei laufenden Metern an Fachliteratur aus dem Hauptgebäude hinüber in die Notunterkunft des Institutes in die Ludwigstraße war die erste Amtshandlung des ersten Assistenten im neuen Institut.

Die Wiederbegründung des Gießener Lehrstuhls — ab Herbst 1960 — war für Harald Uhlig Chance und Herausforderung zugleich. Hier ließen sich seine Vorstellungen vom

Aufbau und der Funktionsweise eines zeitgerechten Institutes ohne Rücksicht auf eingefahrene Geleise verwirklichen. Hier ließen sich aussichtsreiche Forschungseinrichtungen wie der Beitrag der Geographie zur Regionalplanung, zur Entwicklungsländer- und Osteuropaforschung anregen, ansiedeln und fördern. Hier ließ sich ein Netz von Verbindungen zu den Nachbarfächern und -instituten umso leichter knüpfen, als auch diese in vielen Fällen neu in Gießen etabliert waren und an solchen Verbindungen interessiert waren. Beispiele hierfür waren etwa die Geologie (R. Weyl), die Agrarsoziologie (H. Kötter), die Bodenkunde (E. Schönhals), das Tropeninstitut (W. Kraus u.a.), das Institut für kontinentale Agrar- und Wirtschaftsforschung (H. Ludat) und noch viele andere Verbindungen. Der Versuch, noch weiter auszugreifen und Völkerkunde sowie Meteorologie als Fächer in Gießen zu etablieren, ist fehlgeschlagen. Aber als Lehrbeauftragte bzw. Honorarprofessoren blieben die Herren Lindig aus Frankfurt und Pfau und Schirmer aus Offenburg dem Institut lange verbunden. Das damals geknüpfte Netz hat bis in die Gegenwart Bestand, wenn auch die persönliche Trägerschaft in manchen Fällen gewechselt hat.

Zu den Chancen eines Neubeginnes gehörte auch die Vorstellung, durch möglichst viele und intensive Verbindungen zu Persönlichkeiten und Institutionen außerhalb der Universität das Institut von vornherein auch außerhalb der Gefahrenzone allzu starker akademischer Isolation anzusiedeln. Die Gästeliste des Festkolloquiums „100 Jahre Geographie in Gießen", mit dem 1965 der Umzug in das Gießener Neue Schloß gewürdigt wurde, zeigt den Erfolg dieses Bemühens. Eine der hervorragenden Fähigkeiten H. Uhligs ist die, Freundschaften zu schliessen und an solchen festzuhalten. Es ist wohl auch diesem Grundzug seines Verhaltens zu danken, daß das Institut in einem festen Netz von Verbindungen innerhalb und außerhalb der Universität rasch und gut gedeihen konnte.

Die zentrale und zugleich nachhaltigste Chance des Gießener Neubeginns war neben der wissenschaftlichen Ausrichtung der Geist, den Harald Uhlig für das neue Institut vom ersten Tag an vorgab, der Umgangston unter den Kollegen und zwischen diesen und den Studierenden. Hiervon muß in unserem Zusammenhang nicht nur aus Chronistenpflicht die Rede sein. Es besteht heute, insbesondere bei jüngeren Leuten ohne eigene einschlägige Erfahrung die Neigung, das akademische Leben der frühen 60er Jahre – also der Zeit vor den Universitäts- und Studienreformen – aus der Perspektive derer zu sehen, die sich am Ende der 60er Jahre anschickten, dieses akademische Leben radikal zu verändern. Damit ist die Tendenz verbunden, die Kampfsprache der späten 60er Jahre inhaltlich ernst zu nehmen und das, was sie karikaturhaft und gelegentlich auch böswillig verzerrt darstellte, für bare Münze. Dieses Phänomen unserer Zeit- und Geistesgeschichte (eine Art sich selbst erfüllender Prophezeiungen – in die Vergangenheit hinein!) ist noch nicht aufgearbeitet. Aber für die Gießener Anfangsjahre, die noch zu den letzten Jahren der „alten" Universität gehören, ist schlicht festzuhalten, daß keiner der Pauschalvorwürfe, mit denen man später eben jene alte Universität überschüttete, auch nur teilweise zutraf.

Das Gießener Institut der frühen 60er Jahre war ein „Ordinarieninstitut" allenfalls in dem Sinne, daß der Direktor es nach außen hin – höchst erfolgreich – vertrat. Im übrigen gab es keine Entscheidung von Belang einschließlich Einstellungen und Berufungen, die nicht vorher auch mit den jüngeren Kollegen besprochen und beraten wurden. Es herrschte Toleranz im Bezug auf Arbeitsrichtungen und -methoden, freundliche Hilfsbereitschaft auch in der Durchführung von Arbeiten, die nicht unbedingt in der Arbeitsrichtung von H. Uhlig lagen. Toleranz auch in der internen Verteilung von Mitteln. Politische Toleranz war so selbstverständlich, daß darüber damals kein Wort verloren wurde. Auch den geübtesten Schnüfflern wäre es zu dieser Zeit schwer gefallen, den später so oft zitierten und allenthalben gewitterten „Mief von 100 Jahren" im Gießener Institut aufzuspüren oder den Pauschalvorwurf akademischer Weltferne tatsächlich zu erhärten.

Im Gegenteil: kaum war das Institut gegründet, schaltete es sich in die Bearbeitung von Raumforschungsthemen mit brandaktuellen Bezügen in Oberhessen ein. Absolut lächerlich wäre gegenüber Harald Uhlig der später ja ebenso häufig wie pauschal gegenüber der ganzen Zunft der Professoren erhobene Vorwurf „elitär-professoralen" Gehabes. Was immer dieser Vorwurf später im einzelnen bedeuten mochte, sollten es doch nur perfid-repressive Ordinarien-Tricks gewesen sein, wenn Harald Uhlig sich jeden Sommer einmal mit seinen Studenten im nächtlichen Wald zum „Rehbock-Essen" (später war es nur Schweinebraten) traf, wenn er mit ihnen in derselben Mannschaft semesterlang Faustball spielte, wenn er ihnen auf Alpenexkursionen buchstäblich „über den Berg" half. Sicher kann man solche Verhaltensweisen auch ignorieren, abstreiten oder, wie man heute modisch sagen würde, relativieren. Aber man kann das wohl nicht ohne die Palmström-Logik, wonach nicht sein kann, was nicht sein darf. Jedenfalls herrschte damals am neu eröffneten Gießener Institut ein Ton des gegenseitigen Verständnisses, eine Atmosphäre des Lernens. Es wurde viel, sehr viel Arbeit in den Aufbau des Instituts gesteckt — und zwar gemeinsame Arbeit. Es herrschte nach den ersten Aufbaujahren ein gewisser Stolz auf die gemeinsame Leistung.

In die frühen Gießener Jahre fielen natürlich nicht nur weichenstellende Entscheidungen über den zukünftigen wissenschaftlichen Weg des Institutes, sondern auch viele von mehr technischer Art. Vielleicht sollte wenigstens eine von ihnen, die um die räumliche Unterbringung des Institutes, in Stichworten hier festgehalten werden, weil sie den räumlichen Rahmen der zukünftigen Arbeit von H. Uhlig und aller folgenden Gießener Geographen festlegte.

In den Vorverhandlungen wurden für die Unterbringung des Institutes drei Möglichkeiten eröffnet: ein Schloß, ein Gefängnis und das Dachgeschoß eines Hinterhauses gegenüber dem Universitätshauptgebäude in der Ludwigstraße. Die etwas arg abschüssige soziale Topographie von Schloß und Gefängnis setzte sich auch in der (damals gerade abklingenden) Funktion des Hauses in der Ludwigstraße fort. Kurz und nur andeutungsweise, es hatte einen ziemlich zweideutigen Ruf. Es braucht hier nicht, soll aber betont werden, daß der zukünftige Direktor des Geographischen Institutes bei der Wahl der Ludwigstraße diesen Ruf noch nicht kannte — auch war damals das Neue Schloß noch anderweitig genutzt und das Gefängnis hätte auch nicht kurzfristig seiner ursprünglichen Bestimmung entfremdet werden können. Es blieb also zunächst nur „Ludwigs Hinterhaus" mitsamt seinem schlechten Leumund. Gleichsam in Klammern sei noch hinzugefügt: es gab unter den Gießener Zeitungslesern ein Riesengelächter, als das Institut per Inserat eine Mitarbeiterin suchte und sie zur Vorstellung ausgerechnet in das Haus in der Ludwigstraße bat, dessen horizontales Gewerbe noch im allgemeinen Gedächtnis war. Das Institut hat diesen etwas verunglückten Start in das allgemeine Bewußtsein rasch verkraftet.

Nach einem äußerst arbeitsreichen Provisorium von vier Jahren in der Ludwigstraße, zog das Institut im Januar 1965 in das Neue Schloß um. Es war vorher mit großem finanziellen Aufwand und nach meiner Erinnerung immer mit dem wohlwollenden Verständnis des Staatsbauamtes und der Universität für die Belange des Institutes adaptiert worden. Die Fähigkeit langfristiger Vorausplanung wie zur kurzfristigen Improvisation haben H. Uhlig immer ausgezeichnet. Daher gingen dem feierlich begangenen Umzug eifrige Recherchen in Literatur und Archiven voraus, um die Ahnengalerie der Gießener Geographie zu erhellen. Man wurde fündig. Es ergab sich, daß auch die Gießener Geographie einen ausreichend langen Mantel an Tradition aufzuweisen hatte, um die Blöße allzu großer Jugend zu verdecken: schon 1864 wurde in Gießen für Robert von Schlagintweit, dem jüngsten der drei forschungsreisenden Schlagintweit-Brüder, eine – wenn auch nur außerordentliche – Professur eingerichtet. Daher das Motto des schon genannten Festkolloquiums „100 Jahre Geographie in Gießen", auf dem Harald Uhlig dann auch noch eine viel längere Ahnenreihe präsentieren konnte. Sie begann mit dem ordentlichen Professor für Theologie und Naturwissenschaften, David Christiani (ab 1650), der ja in der Geschichte des Faches als Vorläufer von Bernhard Varenius bekannt ist.

Mit dem Umzug in das Neue Schloß gewann das Institut nicht nur an äußerer Statur. Kurz vorher war Prof. Manshard aus Köln nach Gießen auf einen hier eingerichteten zweiten Lehrstuhl gekommen. Leider blieb er nicht allzu lang in Gießen. Neben der Aufbauarbeit am Institut hatte die erste Generation der Gießener Assistenten ab Mitte der 60er Jahre ihre Dissertationen und Habilitationen abgeschlossen. Die im ersten Band (schon 1957) noch von G. Bartsch herausgegebene Reihe der Gießener Geographischen Schriften erreichte noch vor Ende der 60er Jahre zwanzig Bände. Die meisten davon waren von Harald Uhlig angeregte und betreute Dissertationen.

Die Themen der frühen Arbeiten waren zunächst noch solche aus dem Bereich der genetischen Kulturlandschaftsforschung (G. Mertins, Westliches Ruhrgebiet; W. Röll, Fuldaer Land; K. Engelhardt, Nördliches Waldeck). Es folgten solche mit angewandter Thematik aus Oberhessen (W. Moewes, Nördlicher Vogelsberg; V. Seifert, Landkreis Gießen), die zugleich methodische Beiträge zur Angewandten Geographie und Regionalplanung waren. Es folgten weiter Oberes Dillgebiet (M. Kohl) oder unter stärker funktionellen Aspekten der Raum Gelsenkirchen (D. Beckmann), das Märkische Sauerland (H. J. Wenzel) und, zeitlich schon weit im Vorgriff, die Dissertation seines gegenwärtigen wissenschaftlichen Mitarbeiters P. Janisch über die historische Funktionalität von Weilburg. Die Dissertation von J. Leib über das Problem der Nachbarschaftsgemeinde am Beispiel Krofdorf-Gleiberg/Vetzberg ist zugleich ein Beitrag zum Problem ehemaliger Burgsiedlungen. Und sie ist damit ein typisches Beispiel: in fast allen Dissertationen, die H. Uhlig vergeben und betreut hat, steckt ein auch über den regionalen Einzelfall hinausweisender Kern von allgemeiner Bedeutung. Viele andere Dissertationen gingen über die engeren Interessengebiet von H. Uhlig weit hinaus. So die Arbeiten von R. Herrmann zur Hydrographie des Taunus und von U. Freitag über Verkehrskarten, die verkehrsgeographische Arbeit von K. Schliephake oder die von A. Stremplat über Flächenbilanzen. Dasselbe gilt von den Habilitationsarbeiten von H. Hottes über die Natursteinindustrie, von A. Karger über Moskau, Leningrad/St. Petersburg und Kiev und von C. Lienau über Griechenland.

In dem Maße sich Harald Uhlig in Gießen persönlich und wissenschaftlich etablierte, in demselben Maße wuchs auch das Institut in neue Aufgaben hinein. Ein Beispiel hierfür ist die Einrichtung der Forschungsstation Santa Marta in Kolumbien. Dieser war

1963 eine Reise von fünf an Südamerika interessierten Gießener Wissenschaftlern vorausgegangen (der Geologe R. Weyl, die Biologen W. E. Ankel, D. von Denffer, der Mediziner von Uexküll), zu denen der neuberufene Geograph schon mit Selbstverständlichkeit gehörte. Es war Uhligs erste Begegnung mit der Neuen Welt. Sie beeindruckte ihn sehr, fesselte ihn aber nicht so wie seine Arbeitsgebiete in Süd- und Südostasien, auf die er sich in Zukunft immer bewußter konzentrierte. Die von Harald Uhlig mitbegründete Station in Santa Marta war bald auf das engste mit dem Geographischen Institut verbunden. Die kolumbianischen Verbindungen wurden bald von einer Vielzahl deutscher Institute genutzt wie die vielen Kontakte, die von Santa Marta aus geknüpft wurden. Hier seien als Beispiel nur die herzlichen Beziehungen zu Ernst Guhl aus Bogotá genannt. Daß Harald Uhlig in der Sierra Nevada de Santa Marta auf den Spuren von W. Sievers, einer seiner Gießener Vorgänger, reiste, mag Zufall gewesen sein. Daß die Gießener geographische Forschung nach etwa achtzig Jahren an der Sierra fußfassen konnte, ist unter anderem dem Organisationstalent von Harald Uhlig zu danken. Das Ergebnis der Forschungen in Santa Marta waren unter anderen die Habilarbeiten von G. Mertins und R. Herrmann.

Der damalige Gießener Mittelbau, der fast ohne Ausnahme aus Schülern und Doktoranden von Harald Uhlig bestand, ist gegenwärtig über die ganze Bundesrepublik hinweg verstreut tätig. Daß Uhligs junge Leute von damals heute ausnahmslos Professorenstellen – in Tübingen und Berlin, in Wuppertal und Bayreuth, in Münster und Freiburg, in Dublin und natürlich nahe oder gar am Ort ihrer Ausbildung in Gießen, Marburg und Kassel – innehaben, ist vielleicht auch nicht nur Folge einer günstigen Konjunktur.

Die 60er Jahre, also die Gießener Aufbau- und frühen Konsolidierungsjahre, gehörten aus sehr vielen und sehr unterschiedlichen Gründen zu den wohl glücklichsten seines Lebens. Zu diesen gehörte sicher die Freude und der berechtigte Stolz darauf, daß das Gießener Institut so rasch wuchs und so gut gedieh und daß es im wesentlichen seine Vorstellungen waren, nach denen es sich so erfreulich entwickelte. Das wiederum konnte nur so sein, weil der Kreis von Mitarbeitern im Institut und von fördernden Universitätskollegen außerhalb des Instituts einander entweder freundschaftlich oder jedenfalls in sehr wohlwollender Kollegialität verbunden waren. Harald Uhlig stand im Zentrum dieses Freundes- und Kollegenkreises. Es war auch sicher kein Zufall, daß er schon kurze Zeit nach seiner Berufung nach Gießen zum Dekan der damaligen „Naturwissenschaftlich-Philosophischen Fakultät" gewählt wurde (1963/64). Es war übrigens das letzte Dekanatsjahr dieser integralen und integrierenden Fakultät, die ein ausgezeichneter Nährboden für Freundschafts- und Kollegialitätsbeziehungen der angedeuteten Art war.

Die Gießener Tätigkeit in den 60er Jahren brachte Harald Uhlig – mehr als das vorher in Köln hat der Fall sein können – die notwendige Unabhängigkeit für weitere Forschungsreisen, die nun immer größere Kreise zogen und immer schärfer angesprochenen Fragestellungen dienten. Trotz der ständigen Klage über Zeitmangel zur Darstellung der Ergebnisse wächst die Zahl an Publikationen über Süd- und Südostasien. Regionale Stichworte zu recht unterschiedlichen Aspekten der Kulturlandschaft sind – in Auswahl – Indien, Kaschmir, Malaya und Malaysien, Nord-Borneo, die Sierra Nevada de Santa Marta, die ersten Arbeiten zur Geographie des Reisbaues. Zur selben Zeit reifen die Gedanken zur Fachmethodik, insbesondere zur geographischen Landschaftsforschung, weiter. Daß diese Gedanken dann auch tatsächlich und sehr zeitraubend für „Westermanns Lexikon der Geographie" formuliert wurden, ist auch Folge und Verdienst des ebenso freundlichen wie permanenten und starken Drucks, den Freund und Landsmann W. Tietze ausübte. Ein vorläufiger, systematisierender Abschluß dieser Gedanken ist der vielbeachtete Eröffnungsaufsatz für Geoforum (1/1970) über „Organisationsplan und System der Geographie". Es ist hier nicht der Ort, das Werk der 60er Jahre zu referieren, zu dem eine wesentlich breitere Palette von Themen gehört wie die Arbeiten zur Terminologie der Agrarlandschaft (in langjähriger Zusammenarbeit mit C. Lienau, heute Professor in Münster), zur Regionalplanung in Oberhessen (zusammen mit den langjährigen Mitarbeitern W. Moewes und V. Seifert) zur Ausbildung von Diplom-Geographen, um nur einige stichwortartig zu nennen. Hier ist nur festzuhalten, daß eine geradezu überschäumende Kraft zur wissenschaftlichen Arbeit zu seinem Glück gehörte und daß diese Arbeit selbst damals so zu seinem Lebenselixier wurde, daß er sich immer mehr von ihr vornahm und zutraute – auch später, als sich einige Rahmenbedingungen geändert hatten.

Zu seinem Lebenselixier gehörte sicher auch der Umgang mit seinen Studenten, in der täglichen Lehre aber auch – wie schon angedeutet – gelegentlich weit darüber hinaus. Begünstigt wurde der Erfolg der Lehre durch die – jedenfalls anfänglich – noch überschaubaren Studentenzahlen. Höhepunkt der Lehre und des Studienjahres waren die damals noch jährlich durchgeführten großen Exkursionen. Ziele waren Jugoslawien, Griechenland, Böhmen und Mähren, Frankreich, Italien, die Alpenländer. Von Uhligs „packender" Exkursionsmethodik war schon die Rede. Besonders anregend waren die großen Exkursionen, wenn dazu Experten für die entsprechenden Exkursionsgebiete eingeladen waren wie J. Roglić aus Zagreb für Jugoslawien, H. Eggers, damals noch Freiburg, für die griechische Inselwelt, oder F. Dörrenhaus für Südtirol und die Toscana. Mit F. Dörrenhaus verband Harald Uhlig übrigens eine langjährige Freundschaft schon seit der Kölner Zeit. Und nicht nur das. Mir scheint, daß F. Dörrenhaus zu den bedeutendsten Anregern Harald Uhligs gehört – wie ja vieler anderer Geographen auch. Mag sein, daß die Geländepraktika, die Harald Uhlig später in Südtirol durchführte, damit zusammenhingen. Was die Faszination Dörrenhaus'scher Vorträge und insbesondere seiner Exkursionen ausmachte, die Klärung und Erklärung kulturgeographischer Fakten und Prozesse auf dem breiten und tiefen Hintergrund der Geschichte, der Kultur- und Geistes-, der Wirtschafts- und Sozialgeschichte zumeist, das waren auch immer wieder Elemente Uhligscher Exkursionen. Damit wurden diese Exkursionen über das im engeren Sinn Fachliche hinaus zu jährlichen Bildungsreisen. Es gehört zu den veränderten Rahmenbedingungen unseres Bildungswesens, daß heute diese Art Exkursionen nur noch von einem sehr geringen Teil unserer Studenten verstanden werden oder würden. Im übrigen waren die großen Exkursionen durchweg das, was eine gespreizte Erziehungsterminologie späterer Jahre wohl „sozial-integrativ" genannt hätte. Mit schlichteren Worten, es war ganz selbstverständlich, daß auch der Exkursionsleiter im Zelt oder in miserablen Unterkünften schlief, daß jedermann ohne großes Aufhebens an seinem Kaffee partizipierte, kurz, daß es keine künstlich aufgebauten Schranken zwischen Professor und Studenten gab – schon gar nicht am Ende eines in der Regel harten Exkursionstages.

Zum Verständnis von Leben und Schaffen Harald Uhligs in den 60er Jahren ist noch die Kenntnis der Rahmenbedingungen nachzutragen, die von der Universität Gießen vorgegeben wurden, von ihrem geistigen und sozialen Klima, auch von ihren materiellen und organisatorischen Möglichkeiten. Und es muß hier wenigstens einiges über den Rückhalt gesagt werden, den sein Schaffen in seiner Familie fand.

Es ist schon angedeutet worden, daß das Klima in der Gießener Universität und am Geographischen Institut in keinem seiner Elemente der Karikatur von der deutschen Universität in der Vor-Reformzeit entsprach, die man später der Öffentlichkeit so lange und so nachhaltig als Realität darstellte, bis die — freilich von der Universität selbst nur sehr unzureichend aufgeklärte — Öffentlichkeit Karikatur und Realität verwechselte. Es war schon von der im wesentlichen freundlichen bis freundschaftlichen Grundstimmung die Rede, die zwischen Kollegen außerhalb und innerhalb des Institutes herrschte. Es sei hier, um Mißverständnisse zu vermeiden, hinzugefügt, daß diese Grundstimmung völlig unabhängig von der Position in der Universitätshierarchie herrschte. Kurz, es war die Zeit, in der es weder das Wort noch den Begriff der Gruppenuniversität gab und die Zugehörigkeit zu einer der Gruppen noch nicht die Erwartung eines Gruppenbewußtseins und einer entsprechenden Kampfstellung einschloß. Oder einfacher ausgedrückt: wenn man unvermutet auf der Uhligschen Terrasse zum Nachmittagskaffee eintraf, konnte dort schon „der Herr Dekan", aber sicher auch der eine oder andere Student sitzen. Weder der eine noch der andere fand diese Situation besonders aufregend. Jeder sagte im Gespräch war er wollte, gelegentlich gab es Einvernehmen, gelegentlich nicht — kurz, man benahm sich völlig normal! Die Entscheidungsstränge waren damals kürzer als sie es heute zu sein pflegen — das bedeutete aber keineswegs, daß Institute durch Befehl und Befehlsausführen zusammengehalten wurden. Mit anderen Worten: jahrelang begann der Dienst im Institut mit Gesprächen zwischen dem Chef und seinen Mitarbeitern. Es wurde dabei die beste der Lösungen angestrebt und es war ziemlich gleichgültig, wer diese vorgeschlagen hatte. Ich könnte mich kaum an etwas von Belang erinnern, was Harald Uhlig brachial und nur mit der Machtvollkommenheit des Ordinarius durchgesetzt hätte — oder hätte durchsetzen müssen. Was wir jüngeren Mitarbeiter anerkannten, war sein Vorbild, seine Leistung und seine Erfahrung.

Selbstverständlich gab es auch damals eine Bürokratie und selbstverständlich wurde über sie gestöhnt. Und die Geschichte — wahr oder unwahr sei dahingestellt — vom abgelehnten Spiegel und vom genehmigten Humanreflektor machte die Runde. Aber ich erinnere mich keiner kleinlichen Verwaltungsentscheidung, die um ihrer selbst willen getroffen worden wäre und die Entwicklungsmöglichkeiten des Instituts eingeschränkt hätte. Und es gab ziemlich häufig jenes Augenzwinkern der Verwaltung, das einem zu verstehen gab, hier seien die Spielregeln der Verwaltung arg strapaziert, man wisse das, sähe das nicht gerne — habe es aber im übrigen nicht gesehen. Nach meiner Erinnerung diente damals die Universitätsverwaltung in erster Linie und für jedermann erkenntlich dem Wohl der Institute. Kurz, nach meiner Erinnerung herrschte damals in Universität und Institut das, was der Gärtner ein Gedeihklima nennt.

Es ist hier Sieglinde Uhlig zu gedenken. Jedermann kannte sie, der Harald Uhlig kannte. Alle waren wir ihr auf vielfältige Weise verbunden und zu Dank verpflichtet. Der kleine Krofdorfer Friedhof reichte für die erschütterte Trauergemeinde nicht aus, als wir sie an einem schönen Sommertag des Jahres 1974 zu Grabe trugen. Sie war damals dreißig Jahre mit Harald Uhlig verheiratet, hatte ihn seit dem Kriegsende begleitet, ihm die familiären Sorgen abgenommen — weit über das damals noch übliche, reichliche Maß hinaus. Es fällt schwer, muß aber gleichwohl ein Stück einer ernstgemeinten Laudatio sein, ihrer hier öffentlich zu gedenken. Aber es fällt jetzt doch schon wieder etwas leichter, seitdem Harald Uhlig wieder eine Gemahlin gefunden hat und sich mit ihr zusammen wieder eine neue Lebensumwelt aufgebaut hat.

Frau Irmgard gehört ja inzwischen auch zur geographischen Gemeinde. Und wir alle sind froh darüber. Froh auch, daß sie ein so lebhaftes Interesse an der wissenschaftlichen Arbeit von Harald Uhlig gefunden hat, daß sie ihn noch mit jugendlichem Elan begleitet und während wie nach seiner schweren Erkrankung aufopfernd umsorgte.

Die Erinnerung an Sieglinde verliert an Trauer und Schmerz in Gedanken an ein Gespräch, das wir vor Jahren auf einer Exkursion in Böhmen geführt hatten. Es ging um die dort so häufigen und besonders lebensvollen Barockfiguren — denen gleichwohl ein leicht zerstörbarer Sandstein den Keim früher Vergänglichkeit eingab. Es waren das keine typischen Gespräche. Sieglinde Uhlig wirkte durch ihren jugendlichen Charme. Mit ihrem heiteren Gemüt und ihrem eher unakademischen Lebensstil war sie die Seele des Hauses Uhlig. Ob das Haus nun eine Heidelberger Studentenbude war, eine universitätsnahe (und schon deshalb vielbesuchte) Wohnung in Köln, oder die beiden Häuser am Gleiberg. Auch für Sieglinde Uhlig waren wohl die 60er Jahre ein Höhepunkt ihres Lebens. Die Not und die Sorgen der Nachkriegszeit waren vorbei — aber nicht vergessen. Auch ihr brachten die Gießener Jahre ihre Chance. Heute nennt man das Selbstverwirklichung. Zu ihr gehörte die Anteilnahme und das Interesse an Harald Uhligs Arbiet, die Teilnahme an Exkursionen und Vortragsreisen und eben die Führung und der Stil des Hauses Uhlig: gastfreundlich und offen für jedermann, bekannt für seinen guten Kaffee wie für seine guten Gespräche, für seine Gemütlichkeit wie für die vielfältigen Anregungen, die man von dort mitnahm. — Mit dem Tod von Sieglinde mußte es um Harald Uhlig düster und einsam werden. Das war wohl der Preis, den er dem Schicksal schuldig war.

Die 70er Jahre waren für Harald Uhlig in mancher Hinsicht keine glücklichen. Am Anfang standen die Auseinandersetzungen an den deutschen Universitäten, 1974 starb Sieglinde Uhlig nach langer Krankheit. Und kaum hatte er das Glück, in Frau Irmgard wieder eine Ehefrau und Interessensgefährten gefunden zu haben, da packte ihn ein übler Herzinfarkt. Es waren eher Jahre der Bewährung.

Mit der Politisierung der Universität und mit der Reform ihrer Strukturen veränderten sich die Bestimmungsgrößen des akademischen Lebens profund. Und wenn das auch in Gießen behutsamer geschah als anderswo, auch anderswo in Hessen, so war das doch für eine Persönlichkeit vom Typ Harald Uhligs nur schwer zu ertragen. Wer aus dem festen Grund von persönlichen Bindungen, Freundschaften und Loyalitäten heraus lebt, läßt sich nun einmal nicht gern „institutionalisieren". Wer nach Herkunft und Lebensstil nun so gar nichts mit der Karikatur zu tun hatte, als die man die Vorreformuniversität nun abbildete, der sieht sich nun einmal ganz besonders ungern in die kollektive Verunglimpfung solcher Pauschalkarikaturen einbezogen. Wessen soziale Bindungen innerhalb und außerhalb der Universität ebenso stark wie weitreichend waren, der mußte sich durch die dekretierte Enge der Gruppenuniversität einfach reduziert fühlen. Wer im organisatorischen Bereich neben der Erhaltung des als richtig Erkannten mit großen Selbstverständlichkeit und mit Erfolg Erneuerung und Verbesserung praktiziert, der läßt sich natürlich nur ungern zu Reformen auch dort verdonnern, wo sie wenig sinnvoll erscheinen.

Diese generell unbefriedigende, sich aber auch gelegentlich ins Schizophrene steigernde oder ins Ridiküle abgleitende Situation stellte die Hochschullehrer vom Persönlichkeitstyp Harald Uhligs in ein System von Reibungen und Spannungen, von Friktionen und Fraktionen, das unzumutbar war. Sicher physisch unzumutbar, vermutlich auch psychisch und möglicherweise auch gesundheitlich. Mancher Hochschullehrer verlor damals die Freude (nach damaliger Sprachregelung der curricularen insider die Motivation) an der akademischen Lehre. Das wohl auch, weil sich bei der Lautstärke weniger studentische Schreier schweigende studentische Mehrheit noch schweigsamer ausnahm. Mancher Hochschullehrer reduzierte den vorher ganz selbstverständlichen Kontakt zu „seinen" Studenten, die Intensität und den Schwung, mit dem er vorher am Universitäts- und Institutsleben ganz selbstverständlich teilgenommen hatte. Etwas war wohl damals auch Harald Uhlig in den Sog dieser Resignation geraten. Und wenn diese Resignation nicht tiefgreifender ausfiel, dann ist das sicher seiner Freude am Fach Geographie zu danken. Auch wohl seinem eher grundsätzlich auf Aktivität hin angelegten Naturell, das mit profunder Resignation wohl ohnehin nicht ganz vereinbar war. Auch sind in diesem Zusammenhang die jüngeren Gießener Kollegen zu nennen, mit denen er sich gut verstand und jetzt die Verantwortung für das Institut teilte: E. Ehlers als Vertretung von W. Manshard, dann E. Giese auf dem Lehrstuhl für Wirtschaftsgeographie und W. Haffner auf dem für Physische Geographie.

Ziehen wir über die 70er Jahre hinweg eine Zwischensumme durch Harald Uhligs wissenschaftliche Arbeit und Leistung, so sind — auch wenn wir wie bisher nur stichpunktartig verfahren und wegen der konzentrierenden Darstellung vieler randlicher Arbeiten nicht gedacht werden kann — viele Einzelrechnungen aufzumachen. Überdies solche, die einander überschneiden. Bei äußerster Konzentration auf das Wesentliche sind es wohl vier:

— seine Beiträge zur Geographie Süd- und Südostasiens;
— zur Geographie, auch zur vergleichenden Geographie, der Hochgebirge mit dem Schwerpunkt der Himalaya-Forschung;
— zur Geographie der europäischen Agrarlandschaft, einschließlich ihrer Fixierung in der wissenschaftlichen Terminologie;
— schließlich seine Beiträge zur methodischen Fundamentierung unseres Faches.

Daß man aber auch ganz anders formulieren könnte, nämlich kulturlandschaftsgenetisch oder sozialgeographisch, generell auf die Spur einer mehr allgemeinen „Kräftelehre" in der Geographie der Kulturlandschaft hinauslaufend, das zeigen seine Arbeiten zur Geographie Süd- und Südostasiens. Ihre Summe liegt in den mehr länderkundlichen Zusammenfassungen vor. In ausführlicheren wie den Fischer-Länderkunden Südasien und Südostasien — Australien (in Zusammenarbeit mit anderen Fachkollegen), von denen eine Neuauflage (nur Südostasien) von Harald Uhlig als alleinigen Autor in Vorbereitung ist. Kürzere Zusammenfassungen sind die Indien- oder Südostasienhefte in der Reihe der Informationen zur politischen Bildung und kürzere oder längere Aufsätze zu vielen Einzelländern. Es sind dies keine Allerweltsländerkunden, sondern sie verfolgen einen „sozialgeographisch-problemorientierten" Ansatz, den freilich nicht im luftleeren Raum vorgegebener Theorien oder Ideologien. Sie wollen, wie es im Vorwort zu „Südasien" weiter heißt, „menschliche Gruppen — im Ökosystem Mensch/Umwelt — in den Mittelpunkt der Darstellung rücken". Und was noch wichtiger ist: sie lösen diesen Anspruch auch ein! Beim Rückschwung des Pendels in der Diskussion darum, ob nun Regionale Geographie noch sein dürfe oder nicht, ist ja neuerdings wenigstens ihr Informationswert wieder anerkannt worden. Im Bezug auf das Koordinationskreuz der Faktenauswahl, die Dichte von Darstellung und Information, aber auch den Stil und die Anregungen, die von diesen Arbeiten ausgehen, erscheinen sie außerordentlich gut gelungen. Wie verarmt wäre doch unsere Fachliteratur, gäbe es Werke dieser Art nicht. Wieviel weniger Sinn hätte doch unser Tun, würde es nicht in dieser Form auch für einen Kreis von Interessenten aufbereitet, der über Adepten und Kollegen hinausgeht.

Man hat weiträumigen Darstellungen Regionaler Geographie unter anderem auch deshalb den wissenschaftlichen Wert abgesprochen, weil sie ja ohnehin nur auf dem Wege der Komplilation zu entstehen pflegen. Welch pauschales Urteil! In den Uhligschen länderkundlichen Zusammenfassungen stecken etwa vierzig Aufsätze zu süd- und südostasiatischen Themen, Erfahrungen aus nicht weniger als fünfzehn Reisen von zwei bis vier Monaten Dauer und auf nunmehr weit mehr als über zwanzig Jahre verteilt.

Greifen wir als Beispiel die Uhligschen Überlegungen zum Reisbau im asiatischen Raum in der Absicht heraus, seine Arbeitsweise wenigstens skizzenhaft zu umreißen. Da wird zunächst einmal eine ungeheure Faktenfülle in räumlicher Breite, in historischer Tiefe, aber auch an agrarwissenschaftlichen und technischen Details vorgelegt. Es sind in der Regel eigene Beobachtungen und Erfahrungen, die hier ausgebreitet werden. Schon die intime Landeskenntnis und Geländeforschung fundiert sein Urteil. Sie verleiht auch seiner gelegentlichen Kritik an Pauschalurteilen mehr Gewicht, die weniger auf Faktenkenntnis als ideologischer Vororientierung beruhen. Das Faktenmaterial wird dann erklärt, auch indem es geordnet wird und durch Ein- und Zuordnung neuen Wert für das Verständnis erhält. Das geschieht durch Einordnung in ein naturräumlich-ökologisches, ein sozio-ökonomisches und ein historisch-kulturelles Bezugssystem. Es ist das, was Harald Uhlig u.a. seit langem das Ökosystem von Mensch und Umwelt nennen. Dies ist nun wieder eine sachlich wie methodisch sichere Basis für Einzelfragen: wie bestimmt die Ökologie des Reisbaues den Standort von Siedlungen? Ist es vernünftiger, neue Reisflächen anzulegen oder den Reisbau an den traditionellen Standorten zu intensivieren? Die Frage nach Wirkungen und Chancen, nach Vor- und Nachteilen der „Grünen Revolution", das Problem der Reisbautypen nach Art der Wasserversorgung, nach der Stellung im bäuerlichen Betriebssystem oder im dreidimensionelen Landschaftsaufbau des Himalaya, der vielfältig sozialgeographische Aspekt des Reisbaues. Das sind nur einige der behandelten Fragen. Die Antworten sind hier nicht zu referieren. Sie sind komplex und kompliziert. Was sie — und viele andere Fragen, die Harald Uhlig gestellt und Antworten, die er gegeben hat — verbindet, ist ihre Ausrichtung auf ein sehr zentrales und deshalb auch sehr fernes Ziel: die Erkenntnis und das bessere Verständnis des so oft angesprochenen Ökosystems von Mensch und Umwelt in seiner räumlichen und zeitlichen Differenzierung. Ein weitgestecktes Ziel, global nicht zu verwirklichen, aber als wissenschaftliche Herausforderung von großer Schub- und Anziehungskraft.

Soweit die Uhligschen „Alleingänge" in der Süd- und Südostasienforschung. Es ist hier ferner auf die vielfältigen Anregungen und organisatorischen Hilfen hinzuweisen, die er seinen Schülern gab. Es sind ausländische Kollegen zu nennen, die in Gießen Gastfreundschaft fanden, dort die geistige Atmosphäre anreicherten und ihrerseits mit neuen Anregungen in ihre Heimatländer zurückfuhren. Auch diese Hinweise können nur stichpunkt-, holzschnittartig, fast nur aufzählend sein. Aber hinter jedem der Namen steht wissenschaftliche wie persönliche Verbindung mit Harald Uhlig. Das gemeinsam mit seinen in der Indonesienforschung ausgewiesenen Schülern W. Röll und U. Scholz organisierte und in seinen Ergebnissen publizierte Symposium „Wandel bäuerlicher Lebensformen in Südostasien" (Gießen 1979) war eine Manifestation der Südostasienforschung sowie der organisatorischen Bemühungen um diese. Der Kreis der Uhlig-Schüler, die sich mit südostasiatischen Problemen beschäftigen, ist groß und er wächst noch immer. Am Anfang stand J. Küchler mit seiner Dissertation über Penang, es folgte U. Freitag mit der Bearbeitung des Thailändischen Nationalatlas. Zu nennen ist die gemeinsame Arbeit H. Uhligs mit U. Scholz, R. Riethmüller, A. Spaeth und den Thai-Mitarbeitern am Forschungsprojekt „Spontane Neulanderschließung in Südostthailand". Als Stipendiaten weilten M. Rahman aus Pakistan, jetzt Professor in den USA, und Y. Asano für längere Zeit in Gießen. Ein Humboldt-Stipendiat aus China wird erwartet.

Es wird noch in anderen Zusammenhängen davon die Rede sein, welche und wieviele wissenschaftliche Organisationen sich der Mithilfe, Arbeitskraft und Erfahrung Harald Uhligs bedienten und bedienen. Er ist seit langem Mitglied des Scientific Committee on Geography der Pacific Science Organisation, in der IGU-Commission „Rural Habitat in Developing Countries", im Wissenschaftlichen Beirat für Südostasienforschung der Deutschen Gesellschaft für Asienkunde. Eine große Zahl von Einladungen zu Symposien und Vorträgen dieser und anderer internationaler und nationaler Organisationen haben Harald Uhlig erreicht. Man hat manche seiner Arbeiten im Ausland nachgedruckt.

Die Himalaya-Forschung setzte Harald Uhlig konsequent in den Fluchtlinien fort, wie sie sich schon in den bereits genannten Kaschmir/Jaunsar-Bawar-Arbeiten angedeutet hatten. Der Schwerpunkt lag weiter auf dem Gebiet der Sozialgeographie. Aber Siedlung, Wirtschaft, ja das ganze Leben von Sozial-, Wirtschafts- und Lebensformengruppen werden immer verstanden in der Bindung an die dreidimensionale naturräumliche Grundstruktur des Gebirges. Konsequent werden die regionalen Forschungsgebiete, die Reiserouten und damit die bearbeiteten Themen auf das Gesamtverständnis des Himalaya ausgerichtet. Aber auch das ist noch nicht der Zielpunkt. Dieser liegt höher in einer allgemeinen vergleichenden Geographie der Hochgebirge. Es war nicht nur der Traum des jungen Bergsteigers und Alpenwanderers in Erfüllung gegangen, sondern es ließen sich hier wohl auch schon frühe – damals sehr hoch gegriffene – methodische Vorstellungen und Überlegungen zu einer allgemeinen Kulturlandschaftslehre verwirklichen. Jedenfalls in Teilen, in beispielhaften Anregungen. Das durch Detailforschung im Gelände, durch Ordnen und Systematisierungen. Und wenn es hierfür notwendig war – wir werden wieder bei der Agrarlandschaftsforschung darauf zurückkommen – mußte eine feste Terminologie gefunden und durchgesetzt werden. So spricht Harald Uhlig von einer „Schichtung" von Siedlung, Anbausystemen u.a., wenn die Träger von Siedlung und Wirtschaft unterschiedliche Gruppen sind, Bauern dieser oder jener Art, Almhirten, Voll- und Halbnomaden. Von „Staffeln" ist bei ihm die Rede, wenn die Träger des sozialgeographischen Prozesses mit kulturlandschaftlichem Ausdruck in unterschiedlichen Höhen ein- und derselben Gruppe angehören. Die ersten „Landschaftsprofile", von denen schon die Rede war, sind inzwischen stark vermehrt und bei Schichtung wie Staffelung differenziert worden. Ihr Vergleich ist ebenso lehrreich wie anregend, er wird zum Instrument für ein weiteres Verständnis. In diesem Zusammenhang ist auf den zusammenfassenden Abendvortrag auf dem Innsbrucker Geographentag zu verweisen.

Einen Querschnitt durch die „Vergleichende Kulturgeographie der Hochgebirge des südlichen Asien" bot das von C. Troll, C. Rathjens und Harald Uhlig organisierte Symposium gleicher Bezeichnung im Rahmen der Akademie der Wissenschaften und Literatur in Mainz (1970). Die Lektüre des Symposium-Bandes zeigt nicht nur Harald Uhligs Beitrag zu diesem Forschungszweig, sondern auch seinen geistigen Einfluß auf ihn. Gemeinsam mit W. Haffner besorgte Harald Uhlig die Herausgabe eines Bandes „Entwicklung der Vergleichenden Geographie der Hochgebirge" in der Reihe „Wege der Forschung". Der Band ist zur Zeit im Druck. Auch im Bereich der Hochgebirgsforschung ist Harald Uhlig mit den entsprechenden Gremien und Organisationen eng verbunden. Er ist korrespondierendes Mitglied der „IGU-Commission on High Altitude Ecology" und Mitglied der „Arbeitsgemeinschaft für Hochgebirgsforschung" (München).

Auch an der Geographie der ländlichen Kulturlandschaft gewann Harald Uhlig — wie an der Hochgebirgsgeographie — schon während des Heidelberger Studiums ein frühes Interesse. Hier haben wohl zunächst die Monheimschen Exkursionen als Anregung gewirkt. Geradezu als „Einstiegsdroge" erwies sich aber die Arbeit an der Kreisbeschreibung Kreuznach. Ihre siedlungs- und agrargeographischen Kapitel lassen viele später immer wieder aufgenommene Ansätze erkennen. E. Meynen, unter dessen Anleitung die Arbeit ja entstand, muß wohl das Engagement des jungen Wissenschaftlers früh erkannt haben. Er hat sich — in einer wirtschaftlich noch schlechten Situation — mit großem persönlichen Einsatz für die Publikation des umfänglichen Buches verwendet und ist Harald Uhlig seither immer freundschaftlich zugetan gewesen.

Die nächsten Arbeiten zur Agrarlandschaft sind (im Zusammenhang mit der NO-England-Arbeit) am atlantischen Saum Europas angesiedelt, in Nordengland, Wales und Schottland, auf den Hebriden und in der Bretagne. Wie Harald Uhlig in seiner Habilarbeit schon einmal deutsche und englische Überlegungen zu Inhalt und Methodik des Faches einander nahe brachte — und die einen und die anderen befruchtete —, so übertrug er jetzt Erkenntnisse aus der deutschen genetischen Siedlungsforschung Mitteleuropas auf sein westeuropäischen Arbeitsgebiet.

Das besonders in der Arbeit über „Old hamlets with infield and outfield systems in Western and Central Europe" (1961). In ihr spürt man Vorbild und Anregungen Müller-Willes, dem Harald Uhlig wissenschaftlich immer sehr nahestand. Freilich, neben dem Interesse an der historisch-genetischen Siedlungsforschung steht das am sozial- und wirtschaftsgeographischen Verständnis der Kulturlandschaft — und schon hier die Tendenz zur Gliederung, Differenzierung — zum Vergleich und zur Typisierung. Das wissenschaftliche Interesse an der Agrarlandschaft hält Harald Uhlig heute noch gefangen. Die meisten der SO-Asien- und Himalaya-Arbeiten haben ja Agrarlandschaften oder jedenfalls agrarische oder Hirtengesellschaften zum Inhalt.

Neben der Forschung zur Agrarlandschaft ist hier die Kärrnerarbeit zu erwähnen, die Harald Uhlig zusammen mit C. Lienau und sehr vielen anderen Kollegen der deutschen und internationalen Geographie im Bezug auf die Terminologie der Agrarlandschaft geleistet hat. Das Ergebnis liegt jetzt in zwei Bänden „Materialien zur Terminologie der Agrarlandschaft" (Flur und Flurformen 1967, Siedlungen des ländlichen Raumes, 1972) vor. Sie reichen von den Stichworten „Abgewann" bis „Zentralörtliche Systeme" und „Ackerbürger-" bis „Zwergstadt". Die ungeheure Fülle des hier gesammelten, geordneten, aufbereiteten Materials aus der gesamten deutschen siedlungsgeographischen Literatur − und großen Teilen der englischen und französischen obendrein − und die Fixierung von Grundbegriffen ist, so Uhlig öfter in der sich um diese Arbeit rankenden Diskussion, kein Forschungsziel. Sie sind „Hilfsmittel zur Erforschung eines landschaftlichen oder siedlungs- und sozialgeographischen Problems". Hier erkennen wir den Siedlungsgeographen Harald Uhlig, der die formale Komponente der Kulturlandschaft nie gering erachtet hat, aber in ihr immer nur den Ausgangspunkt für weitere, tiefer reichende Fragestellungen gesehen hat. Wenn wir die Arbeiten zur Terminologie der Agrarlandschaft auch gewiß nicht nur Harald Uhlig allein zu danken haben, so war er doch der Motor einer Arbeit, die mehr als zehn Jahre gedauert hat! Sie ist im Grunde auch gegenwärtig noch nicht abgeschlossen. In dem angekündigten Werk zur „Agrargeographie des Reisbauers in Monsunasien" wird ein entsprechendes Terminologiekapitel enthalten sein. Die wesentlichen Vorarbeiten hierzu sind fertig. Der Aufsatz über Wassersiedlungen in Monsun-Asien in der Festschrift für G. Schwarz enthält ein termonologisches Gerüst. Das genannte Werk zur Geographie des Reisbaues, das die VW-Stiftung unter anderem durch ein „Akademiestipendium" förderte, ist im Abschluß durch die Krankheit Harald Uhligs empfindlich verzögert worden. Auf dem Internationalen Geographenkongreß in Neu-Delhi (1968) führte das gemeinsame terminologische Interessse Harald Uhlig abermals mit E. Meynen zusammen. Damals wurde die IGU-Kommission „Internationale Goegraphische Terminologie" gegründet, E. Meynen hatte den Vorsitz inne, Harald Uhlig brachte als Vollmitglied seine terminologischen Erfahrungen in die Arbeit am geplanten „Internationalen Glossar geographischer Fachbegriffe" ein.

Kommen wir zu Harald Uhligs Beiträgen zur Methodologie unseres Faches. Ihr wesentliches Charakteristkum ist schon in der Nordost-Englandarbeit angelegt: keine theoretischen Forderungen, die Harald Uhlig nicht selbst erfüllt hätte! Das ist in unserem, in Grundsatzfragen immer recht diskutierfreudigen Fach ja keineswegs selbstverständlich (es tröstet ein wenig, daß es Grundsatzdebatten auch ohne namhafte praktische Eigentätigkeit reichlich auch schon in der Vergangenheit gegeben hat − nihil novi sub sole). Weil Harald Uhlig sein Konzept immer an eigener Arbeit prüfte, haben seine theoretischen Überlegungen immer etwas Authentisches. Weil das Konzept anwendbar war, blieb es − auch bei notwendig schwierigen Formulierungen − immer verständlich und mit dem Fortschritt seiner eigenen Forschungen und Erfahrungen wurde das Konzept immer dichter und schlüssiger. Auch hier galt für Harald Uhlig: Bewahren und Weiterentwickeln. Was es zu bewahren galt, gelegentlich noch etwas schärfer formuliert wurde oder auch nur im ausführlichen Kontext der Entwicklung des Faches besser verständlich gemacht wurde, das waren zum Teil die methodischen Anschauungen seiner Lehrer, früher Förderer oder etwas älteren Kollegen. Die Namen von E. Plewe, G. Pfeifer, W. Credner, C. Troll, von H. Bobek, K. Kayser und E. Neef sind für diesen Kreis sicher nur eine sehr enge Auswahl.

Für das Weiterentwickeln waren die Jahre, in den Harald Uhlig Zugang zur Forscher- und Universitätslehrergemeinde fand, außerordentlich günstige Jahre. Allenthalben taten sich neue geistige Möglichkeiten auf, wurden neue Konzepte entworfen, Instrumentarien geprüft. An diesem Prozeß − heute würde man wohl etwas modisch sagen − der Bewußtseinserweiterung der deutschen Geographie − nahm Harald Uhlig ebenso lebhaft wie erfolgreich, angeregt und anregend, teil. Hier nur einige Beispiele. Es ist die geographische Luftbildforschung zu nennen. Sie bot das Instrumentarium für die kulturlandschaftliche Kartierung, das Kernstück des praktischen Teils der Nordost-Englandarbeit. Die späten 50er und die 60er Jahre sind die fruchtbaren Entwicklungsjahre der Sozialgeographie. Auch die Jahre ihres Durchbruchs zur allgemeinen Anerkennung. Harald Uhlig hatte einen bedeutenden Anteil an dieser Entwicklung. Mit den frühen Himalaya- und Kaschmirarbeiten trug er Kabinettstücke zu dieser Entwicklung bei. Auch in der Untersuchung funktionaler Räume gab es neue Impulse. Die Uhligsche Arbeit über das Aachen-Limburg-Kempener Kohlenfeld in der Kraus-Festschrift (1959) ist ein solcher gewesen.

Die Angewandte Geographie fand, zögernd zunächst, aber dann doch immer rascher, Eingang in die geographischen Forschungsinteressen, die Geographischen Institute und langsam auch wohl in das öffentliche Bewußtsein. Auch an dieser Entwicklung hatte Harald Uhlig regen und fördernden Anteil. Nach vielen kleineren Vorarbeiten übernahm eine Gruppe von Gießener Geographen unter Leitung, Mitarbeit und anregender Förderung von Harald Uhlig 1967 die ersten großen Forschungsarbeiten zur Regionalplanung. An diesen Arbeiten waren die damals neugebackenen Doktoren, die heutigen Professoren W. Moewes und V. Seifert und viele Studenten beteiligt, die sich hier das erste Rüstzeug der Angewandten Geographie holten. Wenn man in Gießen damals dem kurzlebigen Vokabular der Zeit gegenüber nicht eher wohltuend skeptisch gewesen wäre, hätte man sich sicher die Blume des „forschenden Lernens" an den Hut stecken können. Das Ergebnis dieser Arbeiten waren der Vorbericht zur Raumordnung für die Allgemeine Planungsgemeinschaft Oberhessen oder Strukturuntersuchungen über die Planungsregion Schwalm im Auftrag des Hessischen Ministers des Inneren. Im selben Jahr, 1967, wurde am Gießener Institut eine Abteilung für Angewandte Geographie und Regionalplanung eingerichtet. Harald Uhlig stand Pate, und die Abteilung ist wohl inzwischen eine der erfolgreichsten an deutschen Universitäten geworden. In Würdigung seiner Verdienste wurde Harald Uhlig 1970 zum Korrespondierenden Mitglied der Akademie für Raumforschung und Landesplanung ernannt.

Hier darf eingeschoben werden, daß sich Harald Uhligs Interesse am Gießener Umland nicht in der Angewandten Geographie erschöpfte. Gegenwärtig nimmt er schon seit langem gepflegte Interessen an der hessischen Landeskunde wieder auf. Es sind Interessen, die unter anderem im Aufsatz „Naturraum und Kulturlandschaft im Mittleren Hessen" in einer Studium-Generale-Reihe (1970) zum Ausdruck kamen, zu der auch die Gießener Freunde wie der Geologe R. Weyl, der Landeshistoriker H. Patze, der Agrarwissenschaftler P. Meimberg und andere beitrugen. Die neuen Hessenarbeiten werden im Zusammenhang mit einem Geographischen Exkursionsführer „Gießen und das Mittlere Hessen" erscheinen. Aber auch das ist nicht ganz untypisch für Harald Uhlig. Ob moderne Regionale Geographie, ob Angewandte Geographie oder ob ein wissenschaftlicher Exkursionsführer, sie laufen alle — das nun Harald Uhligs Philosophie im Bezug auf unser Fach — auf das Natur-Mensch-Ökosystem hinaus, das in seiner regionalen Differenzierung zu verstehen und anderen verständlich zu machen, unsere Aufgabe ist.

Harald Uhlig hat diese selbstgestellte Aufgabe auf vielen Feldern bewältigt. Er hat eben durch diese Arbeit vielen von uns diese Aufgabe selbst besser zu erkennen gelehrt. Nicht zuletzt dadurch, daß er sich immer wieder der Begriffswelt unseres Faches annahm. Umfassend geschah das in der Bearbeitung der „Methodischen Begriffe der Geographie, besonders der Landschaftskunde" für Westermanns Lexikon der Geographie. Ein 1967 erschienener Sonderdruck dieses Titels hat heute schon einigen Seltenheitswert – und läuft entsprechend oft durch die Kopiermaschinen Geographischer Institute. Eine gewisse Zusammenfassung erfuhren die methodischen wie begrifflichen Überlegungen in dem Eröffnungsaufsatz für „Geoforum" über „Organisationsplan und System der Geographie", dessen graphisches Grundgerüst unseres Wissenschaftsgebäudes mehrfach nachgedruckt wurde. Die graphische Darstellung und der kurze, konzentrierte Text lassen wie in einem Brennglas seine methodischen Auffassungen und Arbeitsmaximen erkennen.

Das Verständnis des Natur-Mensch-Ökosystems ist (über die Brücke der Integrationslehre, wie sie von H. Bobek und J. Schmithüsen konzipiert wurde) auf drei unterschiedlichen Ebenen vorzubereiten, zu erforschen und darzustellen. Daher die Dreigliederung des Uhligschen „Organisationsplanes" der Geographie. In der Geofaktorenlehre der Allgemeinen Geographie werden die Kenntnisse, Begriffe, Instrumentarien entwickelt und bereitgestellt, die zur Arbeit auf den beiden anderen Ebenen, den „Integrationsstufen" der Landschafts- und Länderkunde notwendig sind. Methoden und Begriffswelt der Allgemeinen Geographie sind so unterschiedlich, wie das von den Elementen des „Vielstoffsystems" der geographischen Substanz verlangt wird. Aber durch die konsequente Ausrichtung der einzelnen Geofaktorenlehren (Uhlig: Kräfte- und Formenlehren) auf die Erforschung des „geographischen Gesamtobjekts" bleiben sie integrierender Bestandteil des Faches und bleibt auch die Einheit des Faches gewahrt. Die Frage, wo in dem System der geographischen Wissenschaft die – erst spät aufgetretene – Sozialgeographie unterzubringen sei, entscheidet Uhlig eindeutig: die „Kräftelehre" der Sozialgeographie ist eines der Instrumente, mit denen sich die Integration der anthropogeographischen Geofaktoren zur Kulturlandschaft erklären läßt, ja das Gruppenverhalten im Sinne der Sozialgeographie bestimmt schon die einzelnen anthropogeographischen Geofaktoren. Die Sozialgeographie steht demnach als Klammer über den Geofaktoren, verbindet sie, durchwebt sie gleichsam. Und daß sich die Sozialgeographie auch in der Allgemeinen Geographie als Ferment (man könnte weniger wissenschaftlich, aber vielleicht noch plastischer oder drastischer sagen: als Sauerteig) bewährt hat, dazu hat Harald Uhlig in starkem Maße beigetragen. Ähnlich beurteilt Haald Uhlig die Stellung der Geoökologie in der Physischen Geographie.

In konsequenter Anwendung des Integrationskonzeptes folgt als nächste Erkenntnis- und Darstellungsebene in dem von Uhlig vorgeschlagenen System die der Landschaftskunde. Natürlich hat sich auch Harald Uhlig in die Diskussion des Landschaftsbegriffs eingeschaltet. Aber mehr noch: er hat sich in seinen vielen Arbeiten immer um Vergleich und Gliederung, um Taxonomie bemüht. Und damit hat er vielfältig in Forschung und Darstellung gezeigt, was nun eigentlich unter jenem „nomothetischen" Aspekt gemeint ist, der den Studierenden etwas schwer erklärbar ist, dann aber in der Regel auch eines der nachhaltigsten „Aha-Erlebnisse" ist und eben auch bleibt. Uhlig erweist sich als guter – das heißt verständnisfordernder – Theoretiker, weil er ein sehr praktischer Praktiker ist! H. Uhlig hat sich immer zu beidem hingezogen gefühlt, zur praktischen Forschung und zur theoretischen Fundierung eben dieser Forschung. In den vergangenen Jahren neigte er etwas mehr zur Forschung. Das muß aber nicht immer so bleiben: es steht noch eine fest eingeplante englische Übersetzung der Uhligschen Auffassungen zur Theorie unseres Faches aus.

Die wissenschaftlichen wie die freundschaftlichen Bindungen und Kontakte Harald Uhligs im In- und Ausland sind kaum noch zu übersehen. Sie reichen buchstäblich in alle Welt und würden, systematisch aufgeführt, eine Quersumme seines wissenschaftlichen Werkes umreißen. Auch wenn hier nur stichpunktartig verfahren würde und nur die wichtigsten Verbindungslinien aufgezeigt würden, ergäbe sich für Deutschland ein so enges Netz, das kaum noch die Grundstrukturen erkennen ließe. Es gibt kaum ein Geographisches Institut in der Bundesrepublik, zu dem er keine engeren Beziehungen hätte. Überall ist er als kompetenter, anregender und weiterführender Kolloquiumspartner geschätzt, als fesselnder Vortragender willkommen und fast alle Geographischen Institute und Gesellschaften kennen ihn als geselligen Mittelpunkt später und fröhlicher Postkolloquiumsrunden.

Kein Wunder, daß man Harald Uhlig mehrfach aus Gießen wegholen wollte. Er erhielt 1965 einen Ruf nach Mainz zur Nachfolge von W. Panzer, dem er freundschaftlich verbunden war. Auch die Nachfolge seines Doktorvaters G. Pfeifer wurde ihm 1969 mit einem Ruf nach Heidelberg angetragen. Er lehnte beide Rufe ab. Vielleicht hätte ein Ruf in eine alpennähere Universität mehr „gezogen" — er stand 1973 auf dem ersten Listenplatz in Basel. Die Berufung wurde dann aus internen Gründen nicht ausgesprochen.

Man hat Harald Uhlig viele ehren- und verantwortungsvolle Mitgliedschaften angetragen und arbeitsreiche wie zeitraubende Ämter übertragen. In den Aufbaujahren 1960—1970 war er mehrfach und nur mit kurzen Unterbrechungen geschäftsführender Direktor des Gießener Geographischen Institutes. Im Amtsjahr 1963—64 war er Dekan der Naturwissenschaftlich-Philosophischen Fakultät der Universität Gießen. Es war das letzte Jahr dieser Fakultät, die danach in Fachbereiche fragmentiert wurde. Dem Konvent der Justus-Liebig-Universität gehörte er 1970—71 an. Seit 1977 ist er Direktoriumsmitglied des Gießener Zentrums für Regionale Entwicklungsforschung, das aus dem Tropeninstitut hervorging, an dessen Aufbau er schon in den frühen Gießener Jahren beteiligt war.

Die deutsche Geographenschaft hat Harald Uhlig für langjährige Tätigkeit in vielen ihrer Gremien zu danken. Er war in den Jahren 1973—75 Vorsitzender des Zentralverbandes und des Verbandes der Hochschullehrer der deutschen Geographie. Es waren dies die Jahre der langen Krankheit und des Todes von Frau Sieglinde. Die schwere Belastung in dieser Zeit war wohl nur erträglich, weil er in E. Ehlers als Geschäftsführer einen Kollegen vom selben Einsatzwillen zur Seite hatte, der auch Harald Uhlig in der Handhabung seiner zahlreichen Ämter auszeichnet. Er war Mitglied der Fachkommission für die Diplom-Geographen-Prüfung bei der Westdeutschen Rektorenkonferenz, 1968—72 Fachgutachter für Geowissenschaften der Alexander v. Humboldt-Stiftung, 1969—75 Mitglied der Nationalkomitees der Bundesrepublik Deutschland in der IGU, 1970—72 stellvertretender Fachgutachter für Kulturgeographie bei der DFG, später Regionalgutachter für Süd- und Südostasien, Gutachter auch für die VW-Stiftung.

Die Kontakte Harald Uhligs in das näher benachbarte und ins überseeische Ausland sind vielfältig. Sie gehen vielfach über eine wissenschaftliche Verbindung hinaus in enge Freundschaft über. Die ältesten dieser Bindungen und Verbindungen führen natürlich nach England und auf die Britischen Inseln. Vom Aufenthalt in Newcastle war schon die Rede. Im England der 50er Jahre hatte er die „Great old Men" der damaligen britischen Geographie kennengelernt: D. Stamp, S. Beaver, E. G. Bowen, A. G. Ogilvie; besonders enge Kontakte knüpften sich zu G. H. I. Daysh aus Newcastle und E. E. Evans aus Belfast. In Newcastle war M. R. G. Conzen sein Mentor. Conzens Sohn, jetzt selbst schon erfolgreicher Geograph in den USA, studierte später unter anderem in Gießen bei Uhlig. Aus der großen Zahl britischer Freunde und Kollegen muß noch E. M. Yates genannt werden. Er war der wichtigste Mitorganisator der ersten der „Anglo-German-Symposia" und übersetzte — mit eigenen Anregungen auch zum Inhalt — einige der Uhligschen Methodik-Beiträge.

Gastprofessuren und Vortragsreisen führten Harald Uhlig später immer wieder nach Großbritannien, so längere Zeit in die University of North Staffordshire nach Keele, nach Edinburgh, Glasgow und Belfast, oder im Deutsch-Bristischen Professorenaustausch zum Centre of South East Asian Studies der University of Hull. Im Jahre 1968 war er der ausländische Gastredner auf der Jahrestagung des Institute of British Geographers in Exeter.

Übrigens partizipierten auch Uhligs Studenten an diesen guten Verbindungen. Gleich bei der ersten großen Kölner Englandexkursion lernte die Studentengruppe viele maßgebende englische Geographen, Uhligs Freunde, kennen. Die erste grössere Gießener Exkursion bestand aus einer gemischten englisch-deutschen Gruppe. Die Engländer waren unter der Leitung von S. Beaver und W. Williams nach Deutschland gekommen. Eine von H. Uhligs Schülerinnen, Anngret Erichson, die mit einer Arbeit über Assynt, Schottland, promovierte, blieb — verheiratet — auf den Britischen Inseln.

Die alten Kontakte zu den Britischen Inseln haben auch dann nicht geruht, als sich Uhligs Interesse stärker auf Süd- und Südostasien konzentrierten. Sie wurden mit der Organisation der „Anglo-German Symposia on Applied Geography" in Gießen — Würzburg — München (1973), Aberdeen — Newcastle (1975), Bonn — Ruhrgebiet — Bochum (1978) erweitert und intensiviert. Die Fortsetzung dieser Symposien ist vorgesehen.

Vielleicht — für sehr viele andere — noch ein Beispiel aus dem gegenüberliegenden Quadranten Europas: die freundschaftlichen Verbindungen nach Jugoslawien, besonders zu den Instituten in Ljubljana und Zagreb, datieren aus den 50er Jahren, als Harald Uhlig noch als Kölner Assistent mit K. Kayser (1954) auf Exkursion nach Jugoslawien kam, das sich damals — dank der freundschaftlichen Hilfe von Prof. Roglić aus Zagreb — deutschen Exkursionen allmählich wieder öffnete. Exkursionen nach Jugoslawien wurden später von Köln und Gießen aus noch mehrfach durchgeführt. Prof. Roglić weilte ein Semester als Gastprofessor in Gießen. Ihm, dem bekannten Karstforscher und Freund zahlreicher deutscher Kollegen, hat Harald Uhlig einen Festschriftaufsatz über die Agrarlandschaft im Tropenkarst gewidmet (1976). Inzwischen pflegt auf beiden Seiten, in Deutschland wie in Jugoslawien, schon die nächste Generation die alten, guten Verbindungen.

Über ganz Europa breitete sich das Netz seiner Kontakte und wissenschaftlichen Beziehungen durch die Mitarbeit in der „Ständigen Europäischen Konferenz für die Erforschung der Agrarlandschaft" und durch die Arbeit der von ihm seit 1964 geleiteten „Internationalen Arbeitsgruppe für die Termonologie der Agrarlandschaft". Der regionale Arbeitsrahmen der Ständigen Konferenz ist durch einige ihrer Tagungen abgesteckt, an denen Harald Uhlig teilnahm: Nancy, Vadstena, Lüttich (wo Harald Uhlig Ehrenmitglied der Geographischen Gesellschaft ist), Würzburg, Perugia, Belfast. Das Würzburger Symposium und die entsprechenden Exkursionen wurden gemeinsam mit H. Jäger, A. Krenzlin organisiert. In der Arbeit am „Glossar" führte Harald Uhlig Fachkollegen aus England, Frankreich und Belgien, aus den skandinavischen Ländern, aus Polen und Jugoslawien zusammen.

Die überseeischen Interessen schließlich, die zahlreichen Forschungs-, Kongreß- und Vortragsreisen, die sich daraus ergebende Mitarbeit in internationalen Gremien, ließ das Netz seiner Kontakte zu weltumspannenden Dimensionen anwachsen. Auch hier ist es schwer, eine Auswahl aus Personen und Orten zu treffen. Die wichtigsten Knoten dieses Netzes liegen in Süd- und Südostasien, in Australien, Japan, in Südamerika und in den USA.

Zum letzten Mal zurück nach Deutschland. Durch gemeinsame methodische Interessen, besonders in der Landschaftsforschung, aber auch in Verbundenheit mit der bei Kriegsende verlassenen Dresdner Heimat, hat Harald Uhlig immer großen Wert auf guten Kontakt zu den Fachkollegen in Leipzig, Dresden und Halle gelegt, besonders zu E. Neef und seinem Schülerkreis.

Die 1979 erfolgte Berufung in die Deutsche Akademie der Naturforscher Leopoldina, mit Sitz in Halle an der Saale, war eben wegen dieser Verbundenheit über die Ehrung als Wissenschaftler hinaus eine ganz persönliche Freude für Harald Uhlig.

Der Blick über Leben und Werk Harald Uhligs über die vergangenen fünfunddreißig Jahre hinweg ist eindrücklich. Gleichwohl ist er nur in einen Zwischenbericht zu fassen. Die deutsche Geographenschaft, Studenten, Kollegen und Freunde, haben Harald Uhlig viel zu verdanken — und sie erwartet von ihm noch viel. Lassen Sie uns ihm die Voraussetzungen wünschen, die ein gedeihliches Schaffen ermöglichen: Gesundheit vor allem und das häusliche Glück, das ihm eine Grundbedingung seines Schaffens war und weiter sein sollte; organisatorische Rahmenbedingungen im Wissenschaftsbetrieb, die Tüchtigkeit und Leistung fördern und sie sich nicht in Reibungswiderständen aufzehren lassen; ein geistiges Gedeihklima für vorurteilsfreies Schaffen ohne auch nur den entferntesten Schatten ideologischer Gängelung; lassen Sie uns wünschen, daß seine Forschungsgebiete freier Forschung weiter offen und ohne Angst und Gefahr betretbar bleiben. Wenn diese Bedingungen erfüllt sind oder bleiben, braucht uns um Harald Uhlig nicht bange zu sein. Wir wünschen ihm alles Gute!

GREEN REVOLUTION AND PADDY CULTURE IN PAKISTAN[1]

BY MUSHTAQUR RAHMAN, AMES (IOWA, USA)

WITH 4 MAPS AND 9 FIGURES

Green revolution is at once a decline and a development; a hope and a despair; a revolution and a revulsion. It all depends on the aspects of technology one is examining and the person who is doing the examining. To a theoretician and a model builder, with no appreciable experience of world's culture systems and peoples, the development of high yielding seeds is a green revolution. To a down-to-earth cultural geographer who looks to various agricultural systems as manifestations of a three-way interaction between nature, man, and culture, the green revolution is simply a revulsion. In this context, Pakistan is a good place to study the revolution-revulsion dichotomy, as it has always been considered as an ideal place for the green revolution technology because of its highly developed irrigation system, abundant sunshine, fertile soils, and hard working people.

This paper is an impact study of the green revolution technology on the traditional paddy culture in Pakistan. In the beginning, a section on the history and landscapes of rice cultivation explains the traditional paddy agroecosystems before the green revolution technology was introduced in Pakistan.

HISTORY OF PADDY CULTURE

Archaeology and philology of the term *brinj* indicate that paddy was cultivated in Pakistan during the Indus Valley Civilization time (3000–2400 B.C.). The word *brinj* was used for rice in the old Persian language, which is derived from the word *biyam* of Telgu language. The Telgu language in turn belongs to old Sanskrit stock and suggests that rice had diffused as far west as Iran before the coming of Aryans in South Asia around 1500 B.C. (3; p. 21). Archaeology also lends credence to this belief through the discovery of the charred grains of rice from Hastinapur in Ganges-Yumna interfluve (800 B.C.) and from Narda Toli in central India (radiocarbon date 1335 B.C. ±) (20; pp. 130, 142). Rice is also mentioned in *Athra-Veda* and other old Hindu scriptures about 1000 B.C. (3; p. 20). All these evidences suggest the presence of rice, also in the Indus valley that way back in time. Gordon Childe (5; p. 176) and Pusalker (14; p. 126) also believe that rice was cultivated in Pakistan during the Indus Valley Civilization time.

---

1 For green revolution in SE Asia, see "Innovationern im Reisanbau als Träger der ländlichen Entwicklung in Südostasien" by Werner Roll, Uhlrich Scholz, und Harald Uhlig (Hrsg.) Giessener Geographischen Schriften Heft 48, Mai, 1979.

The antiquity of rice in Pakistan, its distinctive cropping patterns, small irrigated fields, and terracing techniques have created three distinct rice landscapes in Pakistan: i) Indus delta, ii) Indus valley, and iii) northern mountainous area. Paddy is cultivated differently in all these three regions (Map 1).

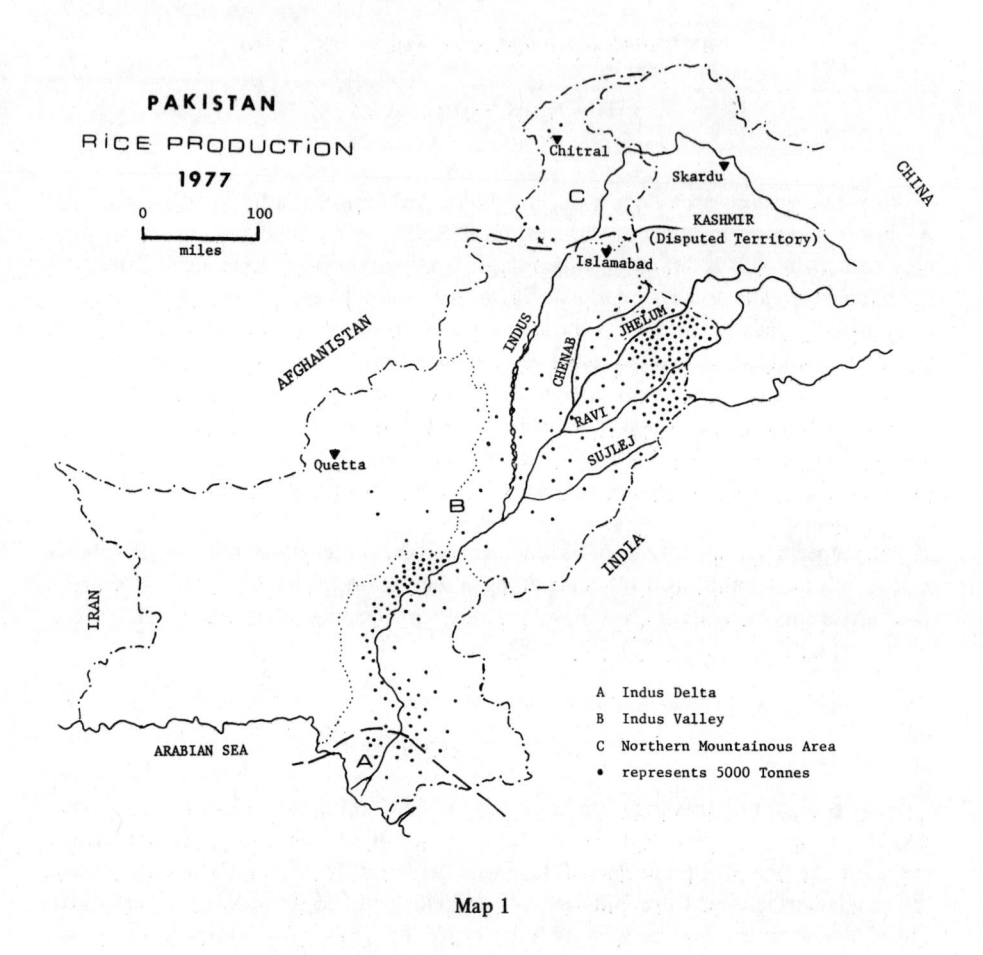

PAKISTAN RICE PRODUCTION 1977

A Indus Delta
B Indus Valley
C Northern Mountainous Area
• represents 5000 Tonnes

Map 1

Indus delta is a complicated geomorphic area of Pakistan due to lateral shifting of the river, its distributaries, earthquakes, crustal movements, and Arabian Sea tides. Reliable estimates suggest that the delta has prograded about 50 miles during the last 2000 years. The distributaries changed many times in history and still keep changing at a rapid rate. From 1857, whence information is more reliable, significant changes have taken place in the number and position of the distributaries (Map 2). Since 1954, a clay plug has formed at the bifurcation of Ochito distributary, which is now an abandoned channel. Construction of two irrigation barrages in Sind province at Kotri (1955) and at Guddu (1962), completion of the Mangla dam on Jhelum river (1967), and Tarbela dam on the Indus river (1976), eight interriver canals, five barrages, and other works as parts of the Indus Water Treaty[2] are causing unprecedented changes in the morphology of the Indus delta, upsetting the rice cultivation in the Indus delta area.

INDUS DELTA DISTRIBUTARIES 1837-1970

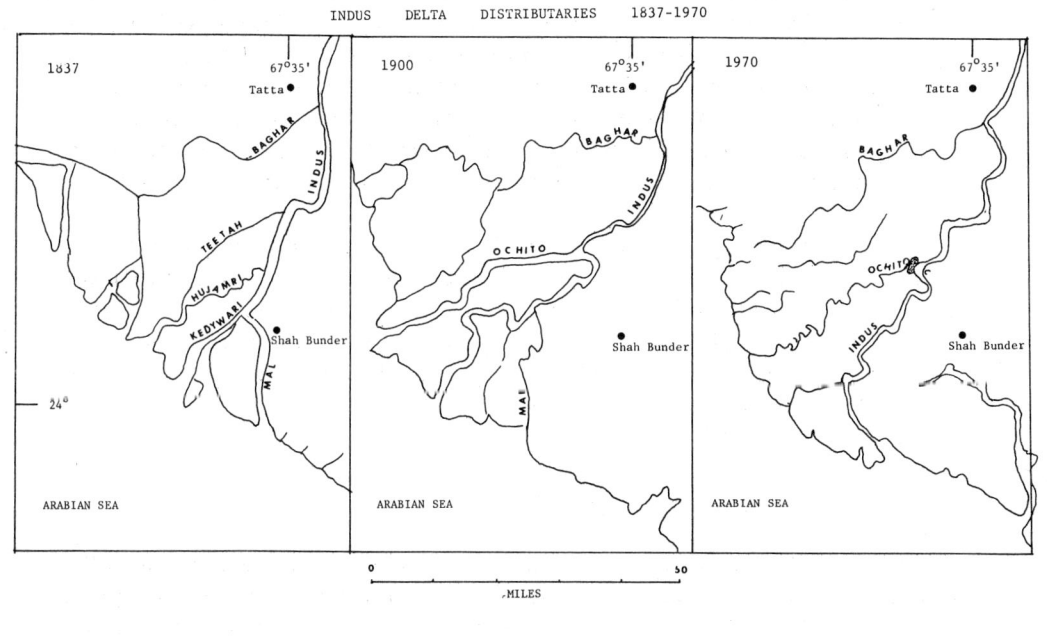

Map 2

Red rice (*ganga, kambru,* and *lari*) is grown over the *bhal* lands in the Indus delta. The *bhal* lands are mud flats near the mouths of the river distributaries. Mud levees are erected around the fields to control the water. In December when the river level is at its lowest, the levees are opened to let the sea water remain over the *bhal* lands. Sometimes during the second or third week of February, the levees are closed, and the surface is puddled by grazing animals. The water is drained from the fields, and by early March the germinated seeds are broadcast in the animal puddled fields. The seeds settle down in a couple of days or are pushed down by additional puddlings. The high stage of the Indus river commences with summer, and by May or June river water spreads over the mud flats.

The crop ripens about the third week of September and is harvested while the fields are still under water. The harvestors use a boat or a large mass of straw tied together to

---

2 Indus Water Treaty was signed by India and Pakistan in 1960 to resolve their disputes over water appropriations from the Indus river system as a result of this Treaty, waters of the Indus, the Jhelum, and the Chenab with a total mean annual flow of 135 million acre-feet are allocated to Pakistan, while the waters of the Ravi, the Beas, and the Sutlej were awarded to India. For details, see M. Rahman (17).

form a boat-like thing. The rice is carried ashore to high ground where it is dried and threshed in a manner similar to the rice of the flood plains.

Floating rice is cultivated in the depressions and low lying areas in the Indus delta. These depressions are filled either by the canal overspills or by the water which percolates from the high grounds. A special type of rice known as *Motiya* is sown broadcast in April over the dry margins of the depressions locally known as *dhands*. Small mud levees are erected around the fields to prevent the crop from being submerged under water in the early stages. When the water continues to rise due to increased percolation or overspills, the rice adjusts itself to the changed conditions. If the water rise is gradual, the *Motiya* keeps itself above the water level. In so doing, it attains a height of 6 to 7 feet.

However, rice cultivation on the *bhal* lands and *dhands* is fast declining, since Ochito distributary abandoned its course in 1954. The fresh water of the Indus previously offsetting the sea water is no longer available. In addition, more and more water is withdrawn in the flood plain area, which leaves very little water for the delta area. As a consequence, the *bhal* lands around Ghorabari, Shah Bunder, and Keti Bunder have largely been abandoned.

Indus Valley

In the Indus Valley, the rice is cultivated on the small level fields enclosed by the mud dikes. The mud dikes hold the water and level surface facilitates its even spread within the fields. In the flooded feilds, indigenous varieties of rice, namely, *Sugdasi, Kangri-27, Basmati,* and others, are sown broadcast or are transplanted from the nurseries. A field is plowed two or three times (Fig. 1) and leveled by a clod crusher (Fig. 2) before the seed is sown broadcast. Plowing begins in April, and the seed is sown broadcast or transplanted either in the later part of the same month or in the early part of May.

Broadcasting is most common in lower Sind area including the Kotri Barrage command. The seed is broadcast by hand or sometimes drilled through a *nari*.

Transplantation from the nurseries is also practiced side by side with broadcasting. A nursery is raised in small plots near wells or water channels, each measuring about one *ghunta* (0.025 acres). Farm yard manure is spread over the seed bed and is burned to ashes. Enough water is then given, and about 14 kg. seed is sown in a seed bed. Water is given to the seed beds almost every day until the seedlings are ready for transplantation. Seedlings are generally taken out a night before sowing, and they are kept under wet jute bags awaiting transplantation. The transplantation is done by skilled farmers, sometimes hired at the rate of $1.00 per acre of transplantation. A rope is used to make the lines in the fields, and transplantation is done approximately 6 inches apart. At the time of transplanting, water level in the fields is kept at about 1 to 2 inches, which is maintained until the seedlings are completely rooted.

Gujranwala and Sheikhupura districts of the Panjab province are the two important rice growing districts in the upper Indus valley. Rice is cultivated in these districts by transplantation and broadcasting methods. In the lower Indus valley, Larkana, Sukkur, and Dadu districts of Sind province are the leading rice growing areas in the whole of

Fig. 1 & 2

PAKISTAN
SALINITY AND WATERLOGGING

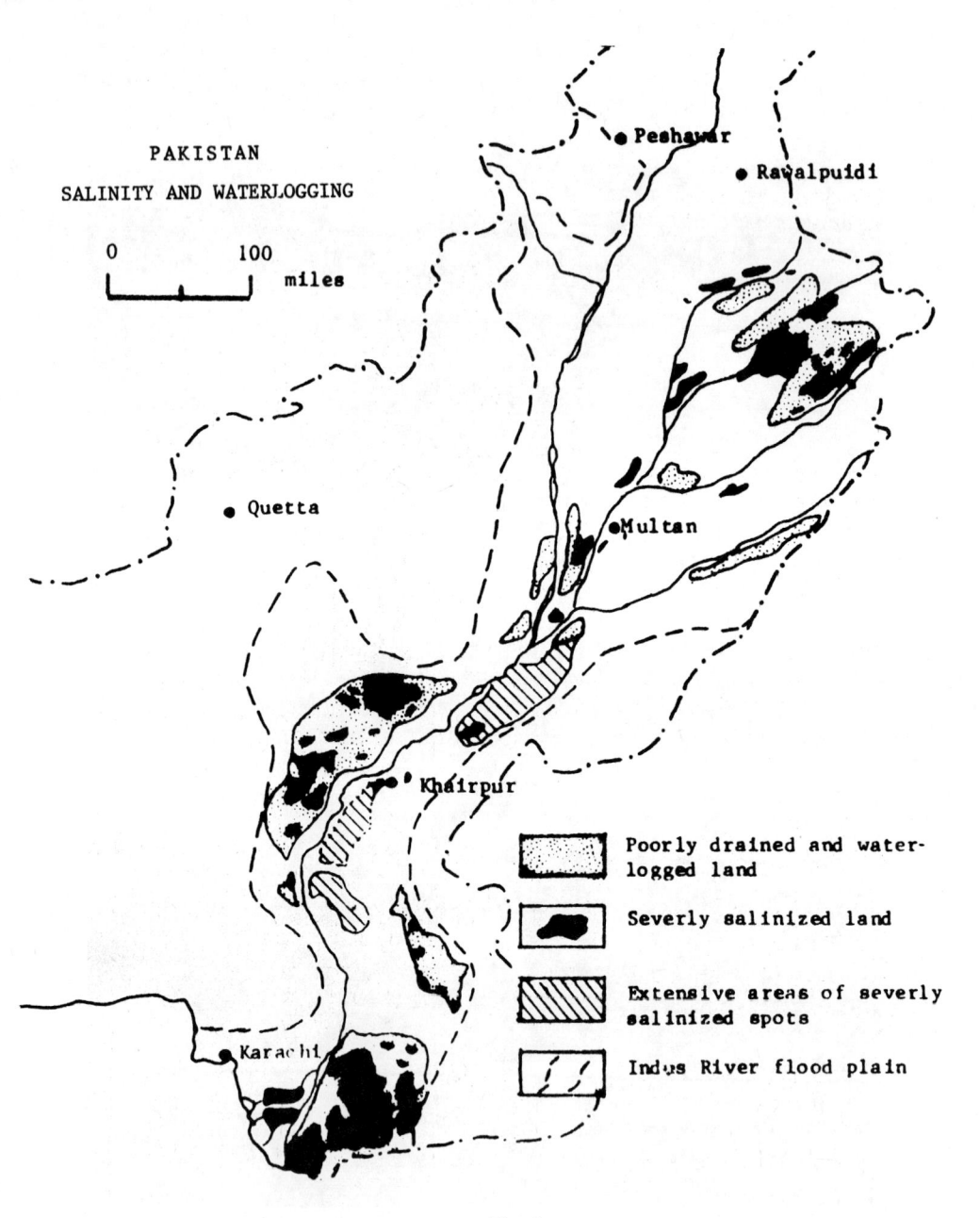

0   100
    miles

- Peshawar
- Rawalpindi
- Quetta
- Multan
- Khairpur
- Karachi

Poorly drained and water-logged land

Severly salinized land

Extensive areas of severly salinized spots

Indus River flood plain

Map 3

Pakistan. Larkana and Dadu have the highest yields in the country and deserve to be called the "rice bowl" of Pakistan. These districts emerged as such after the construction of Sukkur Barrage in 1932 and adoption of Japanese method of rice cultivation. According to a government publication, the majority of the rice growers in Larkana district had adopted the Japanese method of rice cultivation by 1959 (19, p. 94). This method was introduced under the Village AID, a program of rural development largely financed by the U. S. grovernment. The program spread well over 2 000 villages in Larkana, Dadu, Hyderabad, Khairpur, Sukkur, Tharparkar, and Tatta districts. Curiously, it was only in Tatta district that the farmers rejected the Japanese method and gave it up soon after it was introduced there in 1962.

Northern Mountainous Areas

Foothills and rugged mountainous terrain with narrow valleys cover about half the country. Elevations range from lofty heights of the snow capped mountains on the extreme north to barely over 1 000 ft., in the lower hills of the Makran coast. The whole region presents a great complexity of landforms, including steep gorges, intermountain plateaus, parallel ridges, and longitudinal valleys. Comparatively, only the mountainous area in the north has more rainfall, which permits subsistence agriculture in the sheltered valleys.

Chitral valley, located about 150 miles north of Peshawar, is a fairly significant rice producing area. In this area, paddy is cultivated on laboriously built terraces or on valley flats along the river. Water is provided by rain or by canals dug along the hills higher than the level of the fields to facilitate the flow of water. However, in Chitral and other hilly areas, paddy is cultivated on subsistence level and hence is beyond the purview of this paper.

Waterlogging and Salinity

A side effect of paddy culture in Pakistan has been an accelerated deterioration of land by waterlogging and salinity (Map 3). About 45 000 million m^3 of water seeps down in 9 million hectare of canal irrigated land causing the twin problems of waterlogging and salinity. According to a recent estimate, about 1,0 ton of salt is added every year to 1 hectare of irrigated land in Pakistan. The buildup in the southern region is even more acute, estimated at about 2,4 tons per hectare annually. As a result of waterlogging and salinity, Pakistan loses about 500 million dollars in agriculture production every year[3].

Government plans exist for waterlogging and salinity control, covering the entire irrigated areas of the country. According to Water and Power Development Authority (WAPDA), the public programs have thus far succeeded in reclaiming about 1,24 million hectare land, and it is thought that 20 000 to 40 000 hectares of land continue to go out of production each year because of waterlogging and salinity.

3 For details, see M. Rahman (16).

Irrigation Systems

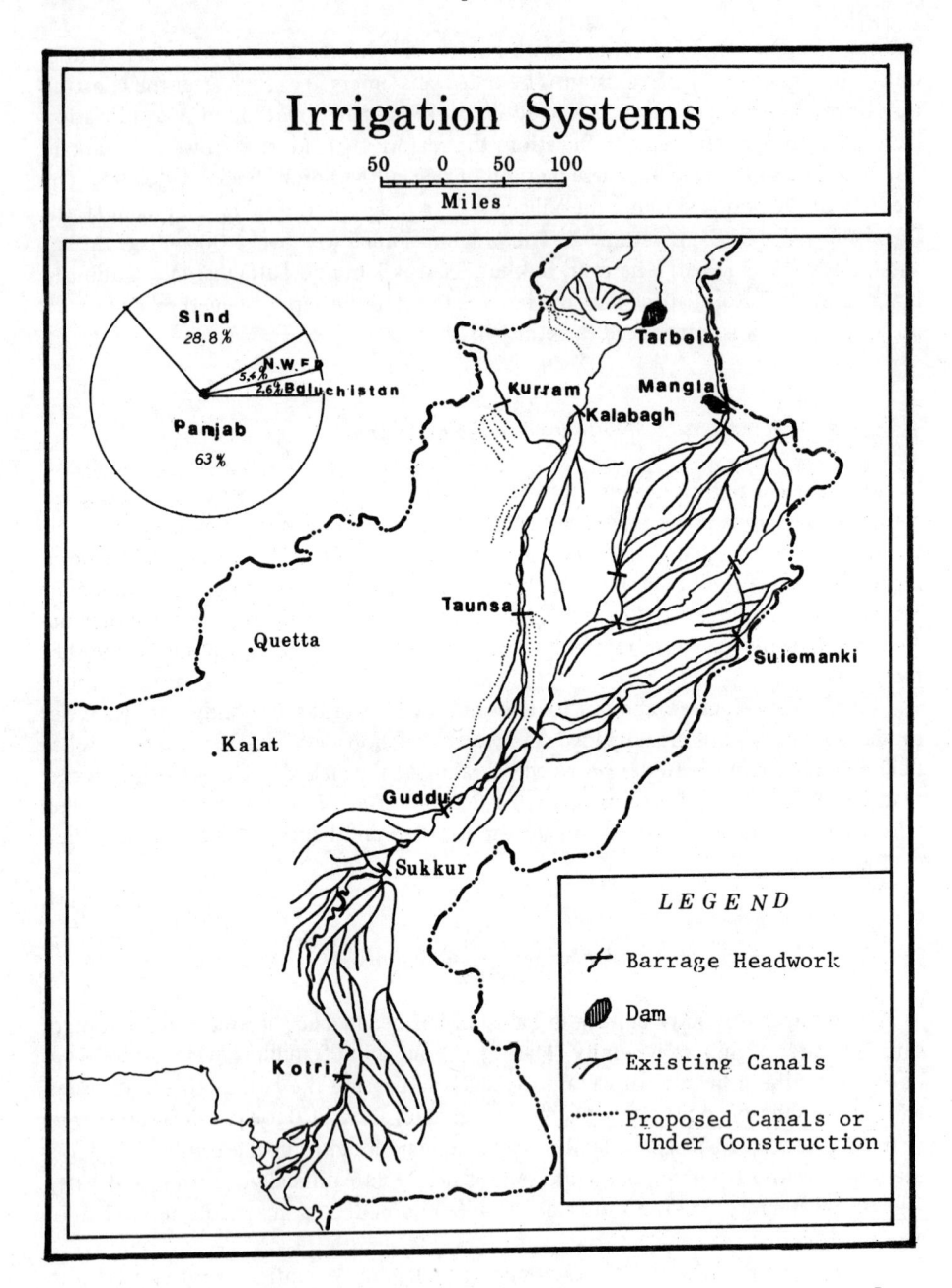

Map 4

GREEN REVOLUTION

High yielding, fertilizer responsive, medium-grain, semi-dwarf verieties of rice achieved from a genetic cross between a variety of rice from Indonesia and another from Taiwan were introduced in Pakistan in 1967–68 as part of the green revolution technology. The farmers were persuaded to cultivate high yielding IRRI-6 and IRRI-8 varieties of rice as exceedingly profitable innovations. In large part, cultivation of IRRI-6 and IRRI-8 required some institutional changes and expansion in the supply of agricultural inputs like (i) water, (ii) improved seeds, (iii) fertilizers, (iv) machinery, and (v) agricultural credit.

Water

Historically, the largest increase in agricultural output in Pakistan was obtained by the "engineer's approach" to economic development based on the irrigation extension. The British consistently did it since 1868, ignoring the inherent hydrological regimen and ecological balance in the region. In its early years, Pakistan also maintained the tradition by adding more canals and by bringing more land under cultivation. By 1973, Pakistan had 23 000 km of major and minor canals associated with 22 barrages and dams and 13 million hectares under irrigation which makes it the largest single irrigated dryland in the world (Map 4).

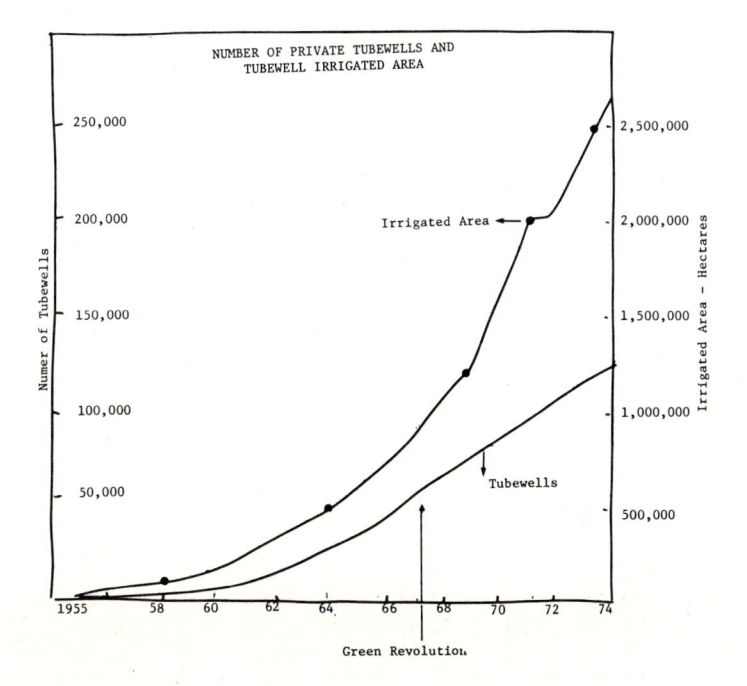

Fig. 3

Table 1: Number of Private Tube Wells and Tube-Well Irrigated Area

Period	Number	Tube-well Irrigated Land	
		Amount (000 ha.)	Percentage of Total Area Cultivated
1955	1,300	35	–
1956	1,600	40	–
1957	1,900	60	–
1958	2,200	85	–
1959	3,300	116	0.5
1960	4,600	176	0.7
1961	8,000	223	1.0
1962	13,000	317	1.3
1963	18,400	385	1.9
1964	25,000	478	2.2
1965	34,000	597	2.7
1966	43,000	700	3.2
1967	52,789	950	3.4
1968	65,336	1,068	4.8
1969	75,720	1,153	5.5
1970	85,729	1,788	7.6
1971	94,638	2,093	9.3
1972	n.a	2,065	10.8
1973	118,066	2,376	17.5
1974	121,300	2,736	17.8

Source: Malik (6, p. 7).

Table 2: Water Availability in Pakistan

Year	In Million Acre/Ft		
	Canals	Public Tubewells	Private Tubewells
1965–66	91.25	2.47	6.65
1966–67	95.96	1.73	8.24
1976–68	94.70	1.97	9.75
1968–69	98.31	2.82	10.98
1969–70	99.85	3.54	12.05
1970–71	87.36	4.33	13.20
1971–72	86.95	4.48	14.63
1972–73	100.90	4.81	15.82
1973–74	96.07	5.40	17.02
1974–75	86.43	6.95	18.21
1975–76	98.91	7.23	19.43
1976–77	97.20	8.06	20.52

Source: *Agricultural Statistics of Pakistan*, 1977 (12, p. 51).

The green revolution IRRI-6 and IRRI-8 seeds require 25 to 50 percent more water as complementary input than is needed by the local varieties; the development of water supply became all the more necessary. As such the private sector also joined the government in its development efforts by adopting the tubewell technology (Fig. 3; Table 1). The purpose of tubewells was not only to replace the old water lifting devices but to obviate the limitations of the canal irrigation system with respect to quantity and timely availability of water and to check the rising water table. As such, the tubewell technology was highly concentrated within a radius of 5 miles of the river and/or canals as seepage from them helped in recharging the underground water.

As a result of massive allocations of resources to the development of water supplies in the public and private sectors, the water supply increased significantly (Fig. 4; Table 2). The increased supply, in turn, expanded the cropped area by nearly 25 percent between 1950 and 1970. The largest increase in cropped area took place in sugar cane, followed by rice, wheat, cotton, and corn.

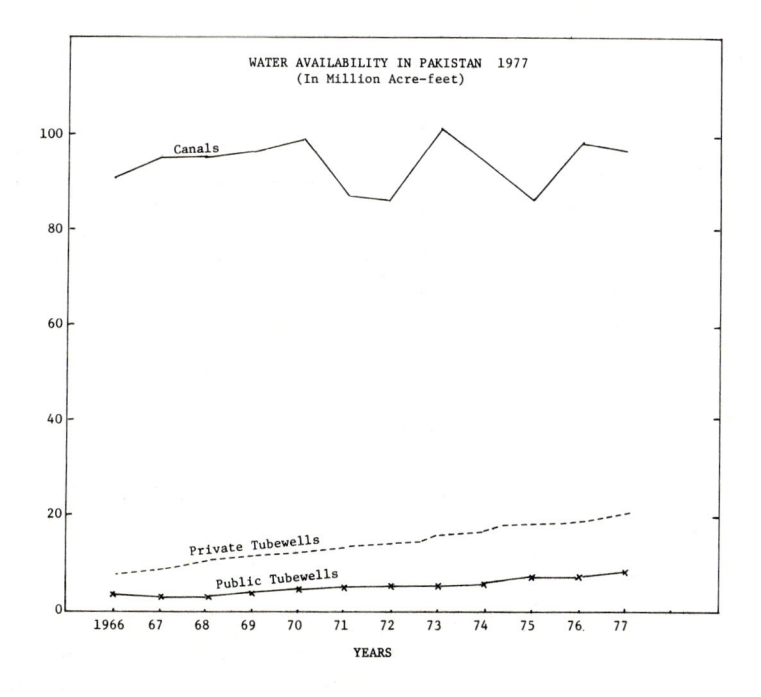

Fig. 4

Improved Seeds

Although the diffusion of improved seeds had started since the early days of Pakistan, their impact on agriculture had remained unimpressive till the introduction of high yielding variety (HYV) seed of the green revolution. Given the proper application of all necessary inputs, the HYV IRRI-6 and IRRI-8 rice seeds almost doubled the yields as compared to indigenous varieties. In some parts of Sind province, farmers harvested about 195 kg. of paddy by cultivating IRRI-8 variety as compared to normal 80 kg. per acre form the old medium grain varieties previously grown in the province (15; p. 30). Consequently, dissemination of the HYV seeds became a key question in the country. Distribution centers were established all over the country to provide seeds and other inputs to the farmers. As a result, the situation changed considerably in the rice producing areas of Pakistan (Table 3).

Table 3: Paddy Cultivation in Pakistan

Year	In Million Hectares				
	Native Basmati Rice	Other Traditional Varieties	IRRI Rice	Percentage of Total (IRRI)	Total Area
1968–69	0.467	0.780	0.308	20	1,555
1969–70	0.486	0.635	0.501	31	1,622
1970–71	0.435	0.518	0.550	37	1,503
1971–72	0.332	0.396	0.728	50	1,456
1972–73	0.338	0.495	0.674	44	1,480
1973–74	0.375	0.469	0.669	44	1,512
1974–75	0.494	0.460	0.631	39	1,604
1975–76	0.556	0.509	0.665	39	1,710
1976–77	0.539	0.542	0.677	39	1,750

Source: *Pakistan Statistical Yearbook*, 1977 (11, p. 36).

Fertilizer

Ammonium sulphate fertilizer was imported in Pakistan for the first time in 1952, which was the only chemical fertilizer available in the country until 1957. The domestic production started in 1957 at Lyallpur (now called Faisalabad) to meet the small demand in the country.

Since the introduction of green revolution agriculture, the demand and use of the chemical fertilizer is rapidly increasing (Fig. 5; Table 4). On the other hand, the supply of fertilizer has failed to keep pace with the demand in spite of massive increase in domestic production and imports. Like the HYV seeds, fertilizer is simply not available when the farmers want them due to chronic bottlenecks in the transportation system, black market, or smuggling. It is estimated that about 25 percent of the total fertilizer supplies are traded in the black market (1), and significant quantities are smuggled out of the country, as the fertilizer is cheap in Pakistan because of government subsidies.

The data published by the government (11) indicate that every year more fertilizer is needed to cultivate the same amount of land. This means that production would remain more or less the same, but increasingly more fertilizers would be needed in the following years (Fig. 6, Table 5).

Table 4: Consumption of Fertilizers in Pakistan

Year	In 000 N/Tons				
	Nitrogen	Phosphate	Potash	Total	Nitrogen/ Phospate Ratio
1960–61	31.0	0.4	–	31.4	–
1961–62	37.0	0.5	–	37.5	74:1
1962–63	40.0	0.2	–	40.2	200:1
1963–64	68.0	0.7	–	68.7	97:1
1964–65	85.0	2.2	–	87.2	39:1
1965–66	69.2	1.3	–	70.5	53:1
1966–67	107.8	3.9	0.1	118.8	28:1
1967–68	117.4	12.8	0.2	190.4	14:1
1968–69	203.5	38.6	2.5	244.6	5:1
1969–70	272.6	33.8	1.3	307.7	8:1
1970–71	251.5	30.5	1.2	283.1	8:1
1971–72	344.0	37.2	0.7	381.9	9:1
1972–73	386.4	48.7	1.0	436.5	8:1
1973–74	341.9	58.1	2.7	402.7	6:1
1974–75	362.9	60.5	2.1	425.5	6:1
1975–76	443.4	108.5	1.9	553.8	4:1
1976–77	511.6	117.9	2.4	631.3	4:1

Source: *Agricultural Statistics of Pakistan*, 1977 (11, p. 33).

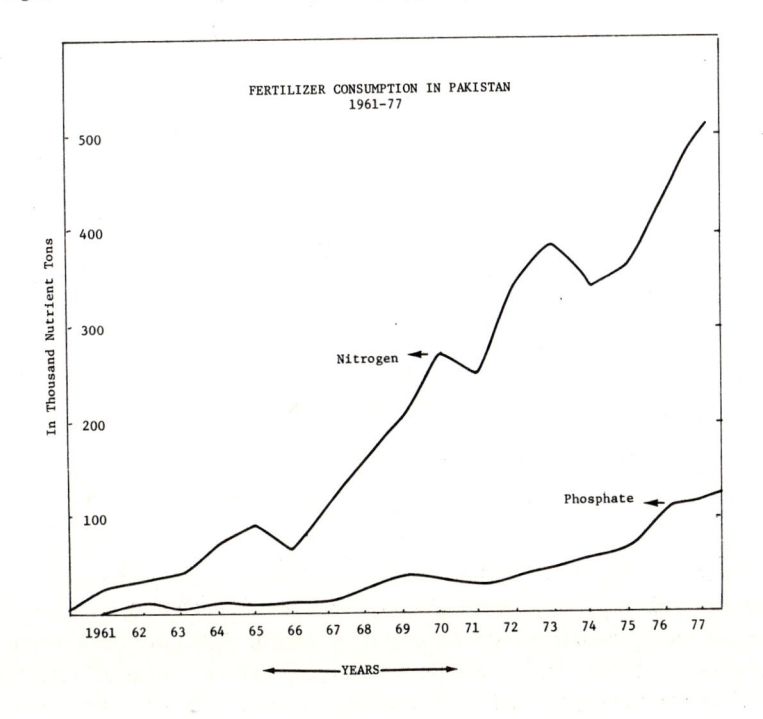

Fig. 5

Table 5: Paddy Yields,[1] Imported Fertilizer[2] and Spraying[3]

Year	Basmati Rice	Other Traditional Rice	IRRI Rice	Import of Fertilizer	Ground Aerical Spraying
1968–69	1229.1	1033.3	2116.9	331.4	1,363
1969–70	1222.2	1228.3	2047.9	661.6	1,267
1970–71	947.1	1407.3	1925.5	300.6	1,142
1971–72	1156.6	1184.3	1934.1	158.7	1,676
1972–73	1183.4	1363.6	1937.7	353.7	1,718
1973–74	1296.0	1428.4	1941.7	670.2	2,589
1974–75	1218.6	1260.4	1752.8	293.4	3,066
1975–76	1197.8	1347.7	1938.4	311.3	3,464
1976–77	1242.9	1405.9	1948.9	527.0	4,726

1 Yield per hectare/kilogram
2 Fertilizer 000 tonnes
3 Million Spray Hectare

Source: *Pakistan Statistical Yearbook*, 1977 (11, pp. 36, 38).

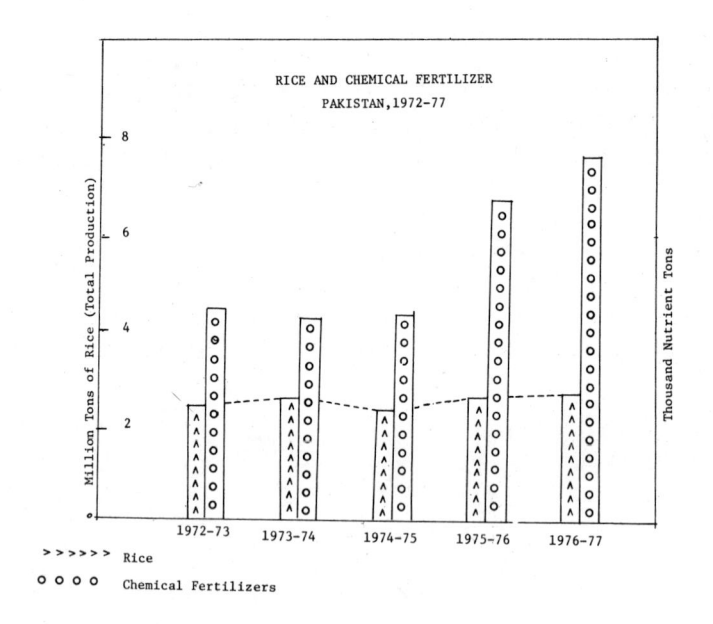

Fig. 6

A publication in the United States pointed out to other problems associated with the chemical fertilizers (22). In the United States, soils are becoming lumpy because of excessive use of the chemical fertilizers. So little organic matter is now left in the soils of many areas that the ground's moisture retaining capacity is diminished. Insect damage to corn has tripled in recent years because of the mono-culture and increased resistance to pesticides.

Machinery

The use of tractors in Pakistan has an interesting history. In the early 1950s, there were only 3 000 tractors in the country which were mostly used for reclamation and development of culturable wasteland. The first Five Year Plan (FYP) (1955–60) did not support mechanization of agriculture in view of the rapidly increasing population and availability of large agricultural labor force in Pakistan. The second FYP (1960–65) upheld this view pointing out that *"labor is plentiful and hence the use of mechanised equipment for general cultivation purpose is not advocated"* and *"as recommended in the first FYP, tractors, bulldozers, and power equipment should be used chiefly for the rapid development of areas opened by the irrigation projects for land reclamation and flood control purposes"* (8).

The farm mechanization policy, however, changed with the third FYP (1965–70), which maintained that *"mechanization will play an increasingly important role in agricultural sector . . . the number of tractors in both public and private sectors will be further augmented . . ."* (9).

By 1968, the number of private tractors increased to 16 855, three-fourths of which were in four districts of Panjab province: Bahawalpur – 12 %; Lahore – 20 %; Multan – 30 %, and Sargodha – 18 %.

Since 1970, tractors are rapidly increasing due to foreign introduced and foreign financed rural development models in Pakistan. Moreover, the federal government has a liberal policy of importing large numbers of tractors and selling them to the farmers on easy installments. The government also encourages Pakistanis residing abroad to send tractors as gifts to their relatives in Pakistan (Fig. 7). To accomplish its objective, the government has also adopted an interesting and effective method of popularizing the tractors through the postage stamps. Small denomination, commonly used postage stamps have a beautiful picture of a tractor, creating an impression that tractors are now the only salvation for Pakistan's sagging agriculture (Fig. 8).

Increasing numbers of tractors are creating a landscape of their own and are impinging on the work animals and labor force in the country. Rudimentary trator repair

Table 6: Change in Work Animals After Purchase of Tractors Reported by Private Tractor Owners

Province	Total Number of Tractors Owned	Number of Work Animals		
		Before Purchase of Tractors	After Purchase of Tractors	Percent Reduced
Panjab	26,239	195,772	73,820	62
Sind	3,297	49,224	31,216	36
Northwest Frontier Province	2,109	12,984	8,115	37
Baluchistan	447	1,979	1,089	45
Pakistan	32,083	259,959	114,242	56

Source: *Agricultural Statistics of Pakistan*, 1977 (12).

Fig. 7

Fig. 8

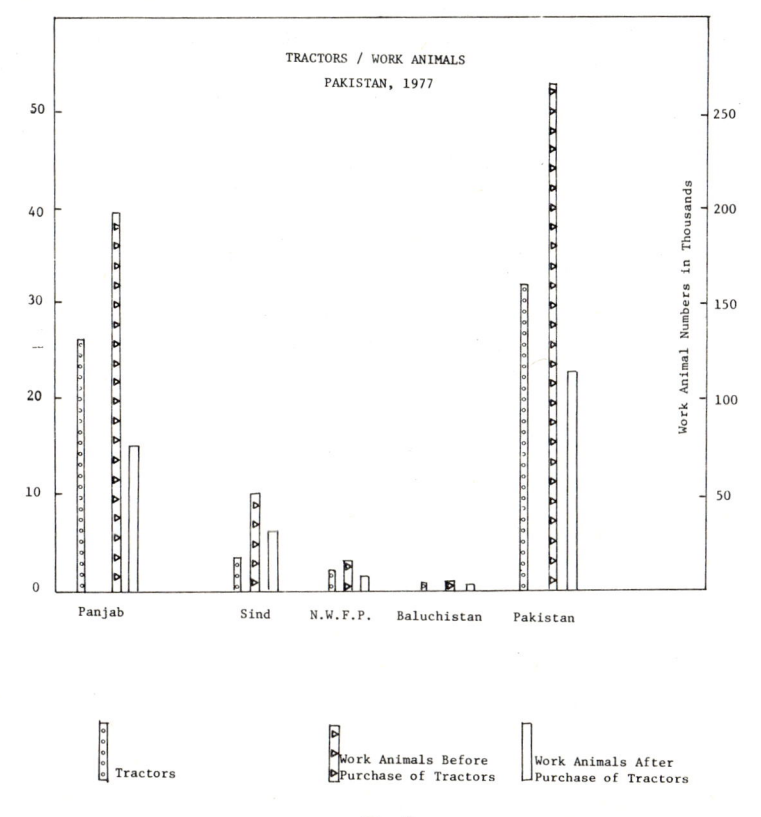

Fig. 9

stations are developing in the villages, and farmers often use them as transport which choke the roads of the nearby towns. The number of farm animals is decreasing as a result of increasing numbers of tractors (Fig. 9; Table 6). Rural unemployment and underemployment have reached an alarming stage, which threatens the very survival of the rural areas in Pakistan.

Nobody in his right mind would advise Pakistan or any other labor surplus country to mechanize its agriculture. Pakistan's population is increasing at an unprecedented rate of 3,2 percent per annum. As such, the economy is characterized by high rate of unemployment. A recent report points out that "out of every three economically active persons who are working for their livelihood, there is one who is forced to become dependent due to lack of unemployment opportunities" (2).

Agricultural Credit

One of the key elements in any approach to agricultural development is the availability of institutional agricultural credit which enables farmers to purchase inputs and undertake farm investments. There is considerable evidence which suggests that without adequate supplies of credit, agriculture will be severely constrained (10; p. 240).

In Pakistan, the agricultural credit expanded at an average compound rate of 10 per cent per annum though in real terms it amounted perhaps to no more than 2 per cent per annum (6, p. 38). However, even with the increased availability of agricultural credit, the farmers have been able to obtain merely a fraction of the credit needs from institutional sources. The supply of institutional agricultural finance as measured by credit-output ratio remains one of the lowest in the world. The Agricultural Development Bank of Pakistan, due to its limited resources, has been able to reach no more than a bare one per cent of the farmers annually.

As a consequence, farmers had to fall back on noninstitutional sources of credit, namely, relatives, friends, commission agents, village shopkeepers, money lenders, and landlords. Some evidences suggest that at times the volume of agricultural credit from noninstitutional sources may be six to ten times the volume of agricultural credit from institutional sources (7).

ADOPTION OF IRRIC RICE IN PANJAB PROVINCE

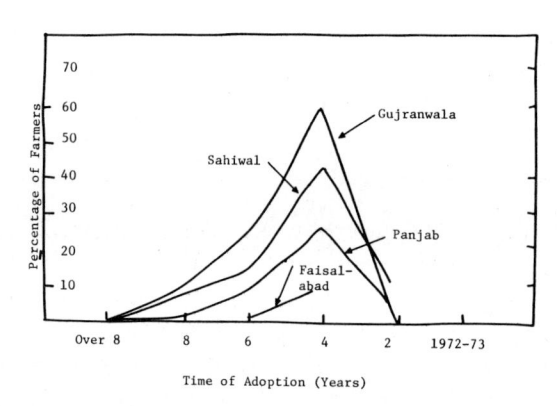

Source: Mahmood Hassan Khan (4, pp. 28-29)

ADOPTION OF IRRI RICE IN SIND PROVINCE

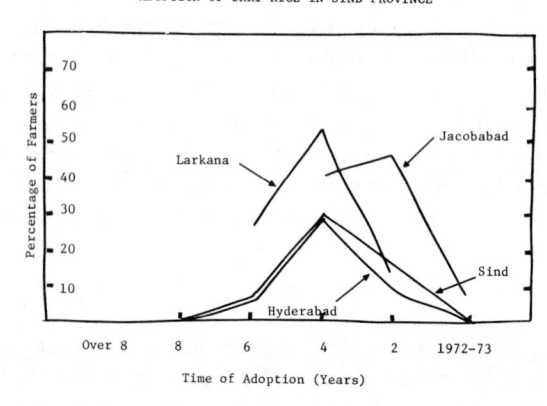

Fig. 10

ADOPTION OF GREEN REVOLUTION TECHNOLOGY

The early adoption and early gains of the green revolution technology were fairly impressive, but the trend could not be maintained for various natural, economic and cultural reasons. In 1971–72, poor weather conditions caused bad harvests (Table 3), like in many other countries of the world. The fertilizer prices shot to unprecedented high levels in 1974 and are continuously rising. Consequently, there is a sharp drop in the adoption of green revolution technology (Fig. 10).

The green revolution technology is also altering the social relations of production in paddy areas in Pakistan. The technology was primarily adopted by the large farmers who own a disproportionately large amount of cultivated land and other resources. Government subsidies and market price support programs were also largely meant to benefit the large farmers. The condition of small paddy farmers is worse than ever before. The green revolution technology has triggered a change in the attitudes and responses of poor paddy farmers. As all components of the green revolution are highly subsidized, farmers' dependence on the government has increased considerably. The small farmers have lost confidence in their old agricultural systems; villages are no longer self-sufficient, graceful, or peaceful. From a simple luck-leisure life structure, the small paddy farmers are now poorer, discontended, and reactional, a condition which seems to be those of "argonauts."

CONCLUSION

The diffusion of green revolution technology in Pakistan raises a question with two dimensions. On the one hand, there is a set of issues related to massive international and national efforts to create a mechanized agriculture heavily dependent on chemical fertilizers, insecticides, and pesticides. Should it continue? On the other hand is the basic matter of prevalent self-reliant, self-contained agricultural systems. Should it be maintained? It seems that blind confidence in technological mechanization without regard to the diversities created by the interplay of nature, man, and culture is not likely to succeed. The economic and social fabric of Pakistan is not easily adaptable to technology that creates perpetual dependence on industrialized nations, and it is not in the long-term interest of Pakistan or any other developing nation to become so. As Yapa (21, p. 373) pointed out, the green revolution technology is based on the United States model of energy-intensive agriculture. With increasing use of fertilizer, pesticides, and machinery, the energy input-output ratio also declines with time. Pimental and his associates (13) have estimated that with increasing use of fertilizer, pesticides, and machinery, the energy input-output ratio of corn production in the United States has declined from 3,26 per kilocalorie input in 1945 to 2,52 in 1970. In case of intensive rice farming in monsoon Asia, it is 5 : 1 and 20 : 1.

I believe that efforts should be directed to reinvigorate a self-reliant growth society dependent on its own resource base and indigenous technology than on the growth economics dependent on foreign resources and foreign technology. Perhaps the time has come to deemphasize technology and to emphasize implementation of solutions of intrasocietal problems. Farmers themselves should have a role in directing agricultural development and the application of agricultural technology.

REFERENCES CITED

1. Afzal, Muhammad, et. al., The Pricing of Agricultural Capital Input in Pakistan. Islamabad: Pakistan Institute of Development Economics, pp. 15–17
2. Ahmad, S., and A. Sodagar, "Fertilizer Trials on Mixican Wheat in Pakistan," Paper presented at the Regional Conference of ESSO Pak. Co., Ltd., Lyallpur (mimeographed)
3. Chatterji, D., "Note on the Origin and Distribution of Wild Rice," Indian Journal of Genetics and Plant Breeding, II (1951), pp. 18–22
4. Khan, Mahmood Hassan, The Economics of the Green Revolution in Pakistan. New York: Praeger Publishers, 1975
5. Childe, G.V., New Light on the Most Ancient Easr. London: Routledge and Kegan Paul, 1952
6. Malik, A., "A Quarter Century of Agricultural Development in Pakistan" Past Accomplishments and Future Strategy. A Paper presented at the South Asian Conference held in Frederickton, New Brunswick, Canada, 55 pp.
7. Malik, Muzaffar Hussain and Abdur Rashid Malik, "Problems of Agricultural Credit, Marketing and Cooperatives," CENTO Seminar on Integrated Rural Development, Islamabad, 1975
8. Pakistan, Government of, Second Five Year Plan, 1960–65. Karachi: Planning Commission, Government of Pakistan, 1960.
9. –, Third Five Year Plan, 1965–70. Islamabad: Planning Commission, Government of Pakistan, 1965
10. –, Annual Development Plan, 1974–75. Islamabad: Planning Commission, Government of Pakistan, 1974
11. –, Pakistan Statistical Yearbook, 1977. Karachi: Manager of Publications, 1978
12. –, Agricultural Statistics of Pakistan, 1977. Islamabad: Ministry of Agriculture and Cooperatives, Food and Agriculture Division (Planning Unit), 1978.
13. Pimental, D., et. al., "Food Production and the Energy Crisis," Science, 182 (1973), pp. 443–449.
14. Pusalker, A.D., "Indus Valley Civilization," History and Culture of Indian People. Vedic Age I. (General Editor: R.C. Majumdar). London: George Allen and Unwin Ltd., 1951.
15. Qureshi, M. Toaha, Impact of Technological Change in Per Unit Cost and Returns in Agriculture in Sind Province of Pakistan. Department of Agricultural Economics and Rural Sociology. Sind Agricultural College Tando Jam, 1974, 365 pp.
16. Rahman, Mushtaqur, "Perennial Irrigation and Hydrological Imbalance in Arid Pakistan," Problems in the Development and Conservation of Desert and Semi-desert Lands. Working Group of International Geographical Union on Desertification in and Around Arid Lands Publication. 23rd IGU Congress, Ashkabad, USSR, 1976, pp. 93–104.
17. –, "Irrigation and Environmental Changes: Pakistan," Proceedings First International Symposium on Asian Studies. Asian Research Service, Vol. IV-South and Southwest Asia 1979, pp. 941–946
18. –, "Green Revolution or Green Revulsion." Journal of Geography, Vol. 78, No. 1, January, 1979, pp. 29–31
19. West Pakistan, Government of, West Pakistan Yearbook, 1959. Lahore: The Public Relations Department, 1960.
20. Wheeler, Mortimer, Early India and Pakistan to Asoka. New York: Frederick A. Praeger, 1959.
21. Yapa, L.S., "Ecopolitical Economy of the Green Revolution," The Professional Geographer, Vol. 31, No. 4, pp. 371–376
22. Zwerding, David, "Can U.S. Farmers Kick the Petrochemical Habit," New Times, 29th May 1978, pp. 23–29 and 58–65.

REISBAU UND RITUAL BEI DEN NEWAR IM KATHMANDU-TAL

VON ULRIKE MÜLLER, GIESSEN

Die Landwirtschaft nimmt in der Wirtschaft Nepals eine überragende Stellung ein: 94,4 % der erwerbstätigen Bevölkerung sind im primären Sektor beschäftigt (His Majesty's Government of Nepal, 1977: 3). Die Beschäftigungsstruktur im Kathmandu-Tal unterscheidet sich jedoch von der Gesamt-Nepals, denn hier sind es nur ca. 65 % der erwerbstätigen Bevölkerung, die einer landwirtschaftlichen Beschäftigung nachgehen (Donner, 1972: 419), aber es zeichnet sich eine Konzentration der nicht-agrarischen Erwerbsmöglichkeiten auf Kathmandu und im geringeren Maße auf Patan und Bhaktapur ab. Die Kulturlandschaft des Kathmandu-Tales spiegelt diese Tatsache bilderbuchhaft in einem Nebeneinander von Städten, engbebauten Dörfern und einer vielseitig agrarisch genutzten, kleinparzellierten Flur wider. Das relativ reiche Angebot an Wasser und die natürliche Fruchtbarkeit der Böden bieten eine ideale Ausgangsbasis für eine besonders intensive Form des Feldbaus, die sich in ihren Kulturmethoden nicht mehr vom Gartenbau unterscheidet (Haffner, 1979 a: 84).

Wichtigste Anbaufrucht ist der Reis. Wo immer es die ökologischen Bedingungen zulassen, werden Reisfelder mit großem Arbeitsaufwand bestellt. Die Kerngebiete des Naßreisanbaus und zugleich die Gebiete der Bevölkerungskonzentration waren bereits in historischer Zeit die intramontanen Becken und Stromebenen Monsun-Asiens (Uhlig, 1973: 77). Die Historiker (Regmi, 1960: 11f) vermuten, daß sich auch im Kathmandu-Tal schon frühzeitig in Verbindung mit dem bewässerten Reisbau, der ein bestimmtes technisch-kulturelles Niveau und einen hohen Einsatz an Arbeitsintensität voraussetzt, eine städtische Hochkultur entwickelte. Dokumente aus der Licchavi-Periode (200–750 n. Chr.) belegen die große Bedeutung der Landwirtschaft neben Handwerk und Handel. Namentlich Amsuvarman, ein Herrscher des 7. Jh. forcierte den Ausbau und die systematische Organisation des Bewässerungssystems (Gnoli, 1956: Ins. Nos. L, LII, Indraji & Buhler, 1885, Ins. Nos. 9, 10).

Die autochthone Bevölkerung des Kathmandu-Tales sind *die Newar*. Sie sind bis heute die zahlenmäßig stärkste ethnische Gruppe geblieben, obwohl in verschiedenen Einwanderungswellen auch Angehörige anderer ethnischer Gruppen – Parbatia[1], Tamang etc. – in das Tal kamen. Diese Zuwanderer siedelten an der Peripherie oder zwischen den geschlossenen, z. T. fast städtisch anmutenden Newar-Siedlungen in Einzelhöfen und Weilern oder, dies trifft auf eine Minderheit von Chetrie, Thakuri und Brahmanen zu, konnten sich in Kathmandu als Oberschicht etablieren. In den Newar-Siedlungen spielen der Handel, das Handwerk und die Tagelohn-Arbeit eine nicht unerhebliche Rolle, aber selbst in den größeren Städten wie Patan und Bhaktapur basiert

---

1 Die Bezeichnung „Parbatia" oder auch „Gurkha" ist ein Sammelbegriff für Brahmanen, Chetrie, Thakuri etc. und den niedrigen Handwerker- und Dienstleistungs-Kasten, der ihre Herkunft aus den Bergen (parbatia = Leute aus den Bergen) bzw. aus der Gegend um Gurkha kennzeichnet.

die Ökonomie auf der Landwirtschaft. Von wenigen Ausnahmen abgesehen, sind nahezu alle Newar an die Landwirtschaft gebunden, sei es als Vollerwerbs-, Zu- bzw. Nebenerwerbsbauern oder als Verpächter. Nicht nur Jyapu (Bauernkaste) bewirtschaften Land, sondern auch Shrestha (Kaufmannskaste), die Handwerkerkasten (im Neben- und Zuerwerb) und die unreinen Kasten (zumeist als Pächter). Die Angehörigen der Priesterkasten (Newar-Brahmanen und Gubhaju) bestellen dagegen ihre Felder nicht selbst, sondern verpachten sie. Landlos sind in der Regel nur die Unberührbaren.

Die *ökologischen Voraussetzungen* für den Naßreisanbau sind in weiten Teilen des Kathmandu-Tales besonders günstig. Die Wintertemperaturen erreichen selten den Gefrierpunkt, in der heißen Jahreszeit liegen die mittleren Maxima nur bei 33° C. Der Sommermonsun mit seinen hohen Niederschlagsmengen setzt im Juni ein und endet Anfang Oktober. Die warme und niederschlagsreiche Jahreszeit fallen zusammen: optimale Voraussetzungen für den Naßreisbau. Ein Anbau im Winter scheitert an den zu niedrigen Temperaturen. Im Unterschied zum Kaschmir-Becken mit Winterbrache (Uhlig, 1973: 78 ff) oder zu den großen Naßreis-Anbaugebieten Süd- und Südostasiens mit Naßreis in Monokultur ist im Kathmandu-Tal der Reisbau im Fruchtwechsel üblich. Diese erstrebenswerte Diversifizierung, die in anderen Reisbaugebieten Asiens nur zögernd, teilweise auch erst in neuerer Zeit Eingang gefunden hat, hat im Kathmandu-Tal Tradition. Die wichtigsten Wechselfrüchte sind Weizen, Kartoffeln und Gemüse. Unter sehr guten Bedingungen können zwischen zwei Reisernten sogar zwei Kartoffel- oder mehrere Gemüseernten eingebracht werden[2].

Von der Gesamtfläche des Tales (76 000 ha, HMG, 1972: 16) werden ca. 63 % (47 800 ha) landwirtschaftlich genutzt, etwa die Hälfte davon (22 894 ha) ist dem Anbau von Naßreis gewidmet (HMG, 1977). Im Bereich der Gebirgsumrahmung und der Gebirgsrippen, die sich weit in den Talboden hineinziehen, findet man Trockenfeldbau oder größere Waldreste. In der Regel werden nur die unteren Bereiche der Hänge mit Naßreis kultiviert. Die Erträge auf den dort vorkommenden Grenzertragsböden sind jedoch mäßig. Dennoch ist an diesen für den Naßreis eher ungeeigneten Standorten heute eine Ausweitung der Naßreisflur hangaufwärts zu beobachten. Natürliche Bevölkerungszunahme und Zuwanderung auf der einen Seite, Landknappheit und Kapitalmangel auf der anderen Seite führen dazu, daß im Kathmandu-Tal mittlerweile Flächen für den Naßreis nutzbar gemacht werden, auf denen sich ökonomisch gesehen allenfalls ein extensiv betriebener Trockenfeldbau lohnen würde. Die Ausweitung des Naßreisbaus in ökologische Ungunsträume ist auch außerhalb des Tales vor allem dort zu beobachten, wo Newar leben. Eindrucksvolles Beispiel ist die Balami[3]-Siedlung Kagatigaon im NW-Teil der Gebirgsumrahmung, deren terrassierte und mit Naßreis bestellte Flur z. T. bis in die extremen Kammlagen reicht. Die Nachbarn der Balami hingegen — Baun und Chetrie — haben überwiegend Trockenfelder. Ein Grund für die

---

2 In tiefer gelegenen, wärmeren Gebieten Nepals (Trisuli-Tal, die Gegend um Panchkal, im unteren Teil des Marsiandi-Tales) versucht man seit geraumer Zeit zwei Reisernten und eine Kartoffel-, Senf- oder Maisernte einzubringen. Die Erträge mit den notwendigerweise schnell wachsenden Reisvarietäten sind jedoch nicht zufriedenstellend. Probleme tauchen auch bei der Bewässerung auf.

3 Die Balami verließen — so will es die Legende — vor langer Zeit das Kathmandu-Tal. In der Newar-Kasten-Hierarchie bilden sie eine Kaste.

verschiedenen Landnutzungsformen beider Gruppen sind ihre unterschiedlichen Ernährungsgewohnheiten. Aus ökologischer Sicht ist der Trend zur Ausweitung der Bewässerungsterrassen nicht unbedenklich; durch den Druck des gestauten Wassers und durch das alljährliche Abstechen der Terrassenränder erhöht sich die Erosionsgefahr; die Trockenfeld-Terrassen sind hingegen durch Bambus- und Agavenhecken sehr gut geschützt.

Die weitaus günstigsten Bedingungen für den Naßreisanbau bietet der weite Talboden des Kathmandu-Tales mit seinen fruchtbaren fluvialen und lakustrischen Sedimenten[4]. Bei den Seesedimenten handelt es sich um helle bis schwarze Tone, in die sich die Flüsse tief eingeschnitten haben. Auf den Terrassenriedeln zwischen den Talauen ist aber häufig eine Deckschicht aus wasserdurchlässigen Sanden und Schottern erhalten geblieben (Haffner, 1979b: 40). Die Grenze zwischen diesen wasserdurchlässigen Deckschichten und den darunterliegenden wasserstauenden Tonablagerungen ist im Bereich der Terrassen-Abfälle angeschnitten. Hier liegt ein ständig feuchter Quell- und Sickerwasserhorizont (Boesch, 1968: 172 f), der nicht nur zur Trinkwasserversorgung genutzt wird, sondern auch für die Bewässerung der unterhalb liegenden Felder sorgt. Diese Felder, gemeinsam mit den allerdings hochwassergefährdeten Feldern in der Talaue („Dol') sind die geeignetsten Standorte für Naßreis. Die oberhalb des Quellhorizonts liegenden Flächen und die Terrassenplateaus („Tar') hingegen können nur im Regenstau bewässert werden. Das Regenwasser wird hier mit Hilfe kleiner Dämmchen in den einzelnen Parzellen gestaut. Relativ selten findet man aber auch inmitten von Mais und Hülsenfrüchten Parzellen, auf denen Reis sogar ohne jegliche Wasserkontrolle im Trockenfeldbau gepflanzt wird. Tar-Lagen sind schließlich bevorzugte Siedlungsstandorte. Großräumige Kanal-Bewässerungssysteme gibt es schon seit Jahrhunderten im Kathmandu-Tal (z. B. in der Umgebung von Sankhu), die Möglichkeiten einer Vergrößerung der bewässerbaren Flächen sind jedoch noch längst nicht ausgeschöpft; denn nur ca. 14,5 % der landwirtschaftlichen Nutzfläche können bislang durch Kanalsysteme bewässert werden (HMG, 1977: 108). Um eine Produktionssteigerung zu erreichen, wäre der Ausbau der Kanalbewässerung eine der wichtigsten Voraussetzungen.

Man kennt im Kathmandu-Tal eine große Anzahl von Reis-Varietäten, denen mehr oder weniger die Charakteristika des Japonica Reises gemeinsam ist (Hamada, 1956: 311). Die wichtigsten, die sich nach Vegetationszeit, ökologischen Ansprüchen und Ertragshöhe unterscheiden, sind in folgender Tabelle zusammengefaßt (vgl. Haffner, 1973: 115 und Nepali, 1965: 47 ff):

Tauli-Reis	120–125 Tage	frühe Ernte, kurzstrohig, künstliche Bewässerung, mäßiger Ertrag
Marsi-Reis	135–140 Tage	späte Ernte, langstrohig, künstliche Bewässerung, hoher Ertrag

---

4 Die Sedimente unterscheiden sich qualitativ nach ihrer Herkunft: z.B. liefert die aus Granit bestehende Nordumrahmung das Material für nährstoffarme, saure und wasserdurchlässige Böden, Erosionsmaterial aus dem Kalk- und Marmor-Gebiet am Südrand bildet dagegen die Grundlage für lehmig-sandige, nährstoffreiche Böden. Die relative Armut der Dörfer im Norden des Tales (Thoka, Tupek) mag möglicherweise durch die ungünstigen Bodenverhältnisse mitverursacht sein.

Masinos-Reis	140–145 Tage	späte Ernte, langstrohig, künstliche Bewässerung, hoher Ertrag
Thapachini-Reis	90 Tage	kurze Wachstumszeit, kurzstrohig, Regenwasserstau, mäßiger Ertrag

Tauli-Reis wird bereits vor Einsetzen der Monsunregen angepflanzt, so daß bereits im September/Oktober die Felder für eine Folgefrucht frei werden. Voraussetzung ist sowohl künstliche Bewässerung in der Trockenzeit als auch gute Drainage, weil die Ernte noch zur Regenzeit stattfindet. Die höchsten Erträge werden mit den langsamwüchsigen Marsi- und Masinos-Varietäten erzielt. Der schnellwüchsige Thapachini-Reis eignet sich vor allem für jene Felder, die nur im Regenstau bewässerbar sind. Als „neue" Sorten werden für das Kathmandu-Tal Chinan 2, Taichung 1, Chinung 242, Tainan 1 und Kausing 176 empfohlen. Sie liefern aber nur unter sehr günstigen Bewässerungs- und Drainagebedingungen und bei hohen Düngergaben zufriedenstellende Erträge. Die „traditionellen" Sorten, dies trifft allerdings nur auf Japonica-Sorten zu, sind durch Düngergaben auch unter schlechteren ökologischen Bedingungen intensivierungsfähig (Atanasiu, 1981). Die „alten" Sorten erzielen auf dem Markt auch höhere Preise, weil sie wegen ihres Geschmacks von der einheimischen Bevölkerung bevorzugt werden.

Die Investitionen der Betriebe für bodensparende Kapitalgüter in Form von verbessertem Saatgut, Pflanzenschutz und Mineraldünger sind regional unterschiedlich hoch. In verkehrsungünstig gelegenen Dörfern sind diese Güter gar nicht erhältlich, aber auch in hinreichend erschlossenen Gebieten scheint die Versorgung sehr problematisch zu sein. Die staatlichen Verteilerstellen stehen oft leer oder können die Nachfrage nicht befriedigen. Viele Bauern beklagen daher, daß sie entweder überhaupt keinen Mineraldünger kaufen können oder aber überhöhte Preise auf dem Schwarzmarkt zahlen müssen. Ein weiteres Problem ist, daß viele Betriebe nicht genügend Eigenkapital haben, um die relativ hohen Düngerpreise bezahlen zu können. Es ist keine Seltenheit, daß die Bargeld-Einkünfte eines Betriebes fast ausschließlich für Mineraldünger ausgegeben werden. Dennoch scheint sich der Einsatz des teuren Mineraldüngers zu rentieren, üblicherweise aber nur bei Intensivkulturen wie Reis und Gemüse und nicht bei dem eher extensiv betriebenen Anbau von Weizen, Mais und Hirse. In einigen Gebieten des Kathmandu-Tales konnten enorme Produktionssteigerungen verzeichnet werden, vor allem dann, wenn der Einsatz von Mineraldünger in Zusammenarbeit mit einer landwirtschaftlichen Beratungsstelle praktiziert wurde. In Pharping z. B. sprachen die Bauern von einer Verdoppelung der Reis-Erträge, seitdem sie mit verbessertem Saatgut, Pflanzenschutz und Mineraldünger arbeiteten und ein Bewässerungs-Projekt installiert worden war.

Typisch für das Kathmandu-Tal ist heute die Kombination von Mineraldünger und traditionellen Düngungsmethoden. Organisch gedüngt wird mit menschlichen oder tierischen[5] Fäkalien. Den religiösen Reinheitsvorstellungen der buddhistischen und hinduistischen Newar entspricht der Gebrauch von Mineraldünger aber wesentlich mehr als der Umgang mit Naturdung, einer verunreinigenden Handlung. In den Städten bilden

---

5 Der Dung von Kühen und Wasserbüffeln wird getrocknet auch als Brennmaterial gebraucht.

die Düngerträger sogar eine eigene zu den „Unreinen" zählende Kaste (Chyame) (Nepali, 1965: 45). Auf terrassierten Feldern ist es auch üblich, die mit Gräsern bewachsenen Terrassenböschungen abzustechen und somit dem Boden Gründünger zuzuführen. In einigen Gebieten wird vor Einsetzen des Monsunregens ‚Kalimati', eine phosphorhaltige Seetonablagerung auf die Felder gebracht. Obwohl im Kathmandu-Tal heute Kunstdüngersäcke Körbe als Transport-Behälter verdrängt haben – der Reis im Kunstdüngersack auf dem Fahrrad gehört zum Straßenbild – sind traditionelle Düngemethoden nach wie vor von großer Bedeutung.

Bereits am Ende der Trockenzeit beginnen die Bauern die Felder für den Reis vorzubereiten. Wird der Pflug in Verbindung mit dem Naßreisanbau gemeinhin als ein Kriterium einer Hochkultur betrachtet, so ist es ein erstaunliches Phänomen, daß gerade die Newar, die als Träger der Hochkultur des Kathmandu-Tales gelten, den Pflugbau nicht praktizieren, während er bei anderen ethnischen Gruppen Nepals auch auf den kleinsten, terrassierten Feldern üblich ist. Im Kathmandu-Tal jedoch halten sich sogar einige Parbate-Bauern, wenn sie in unmittelbarer Nachbarschaft zu den Newar leben, an die Konvention, nicht zu pflügen. Andererseits wird sie vereinzelt von Newar gebrochen: Die Jyapu in Pyangaon, einem kleinen Dorf im S des Tales etwa pflügen mit ihren Wasserbüffeln; die Pflüge leihen sie sich allerdings von Parbatia-Bauern aus. Die Pyangaon-Jyapu werden von den übrigen Newar aber nicht als „echte" Newar anerkannt, weil sie erst „viel später" ins Tal einwanderten und dann erst „newarisiert" wurden. Auch in Manmaju und Balambu pflügen einige Bauern seit geraumer Zeit. Sie gaben an, daß sie das Pflügen von benachbarten Parbatia der größeren Wirtschaftlichkeit wegen übernommen hätten. Die meisten Bauern aber sind der Meinung, daß das Umgraben mit der Kurzhacke zu besseren Ergebnissen führe als Pflügen. Andererseits haben Bauern, denen sich die Möglichkeit bot, Kleintraktoren mit Pflug zu mieten, diese sofort genutzt[6]. Ob nun das Pflügen oder das Umgraben zu besseren Erträgen führt, hängt sicherlich von der Bodenqualität ab. Die ausschließlich ökonomische Erklärung für die Ablehnung des Pflügens, die die Newar häufig geben, scheint daher nicht ausreichend zu sein, denn Pflügen mit Zugtieren ist, sieht man von regionalen Ausnahmen ab, bei den Newar sogar ein Grund, aus der Kaste oder aus dem Guthi[7] ausgestoßen zu werden. Nicht das Pflügen an sich, sondern der Gebrauch von Zugtieren wird sanktioniert. Schließlich ist auch der in Indien so weit verbreitete Ochsenkarren im Kathmandu-Tal unbekannt. Lasten werden ausschließlich von Menschen transportiert, selbst die schweren Tempelwagen werden von Menschen gezogen und nicht von Tieren[8]. Wenn Tiere auch keine Arbeitstiere sind, umso mehr sind sie in religiöse Riten eingebunden. Vor allem die Hindu-Newar bringen ihren Göttern Tieropfer dar[9]. Tiere sind die Träger

---

6 Z. B. in Nala sind ca. 30 Kleintraktoren im Einsatz. Betriebswirtschaftliche Gründe spielen hier eine große Rolle: In den größeren Betrieben war man auf Lohnarbeiter angewiesen, um die Felder umzugraben. Setzt man nun Kleintraktoren ein, fallen die relativ hohen Lohnkosten weg.
7 Guthi sind Organisationen der Newar, die auf Verwandtschafts- oder Kastenbeziehungen basieren. Sie haben u. a. die Aufgabe, Normen und Wertvorstellungen zu tradieren und ihre Einhaltung zu kontrollieren.
8 Nur dem König und dem Militär (welchem keine Newar angehören) stehen Pferde und Elefanten als Reittiere zu.
9 Fleisch, auch das von den Opfertieren, wird von den Newar gerne verspeist.

der Götter (z. B. Nandi, der Stier, trägt Shiva), möglicherweise ist das eine Grund für die Newar, sie nicht in die profanen Dienste der Menschen zu stellen. Auch in anderen Bereichen ist der Alltag der Newar von religiösen Vorstellungen durchdrungen; es liegt also nahe, die Sanktion des Tiereinsatzes als eine religiös motivierte Übereinkunft zu interpretieren.

Die Mehrzahl der Newar-Bauern verwendet zum Umgraben eine kurzstielige Hacke, ‚Ku' in Newari oder ‚Kodali' in Nepali. Diese Arbeit verrichten nur Männer. Einige Betriebe stellen dafür zusätzlich Tagelöhner ein, oftmals Tamang aber auch Newar-Jyapu. Die großen Schollen werden dann von den Frauen mit einem langstieligen Holzhammer zerschlagen, anschließend werden die Felder eingeebnet und eingedeicht[10]. In indischen und süd-ost-asiatischen Reisbaugebieten kann man beobachten, daß die Felder naß gepflügt werden, um die Reisböden zu verdichten. Im Kathmandu-Tal ist dies zumeist nicht notwendig, da die Böden einen hohen Anteil an Ton und Schluff haben.

Der Reissamen wird in speziell präparierte Beete ausgesät[11]. Zwei bis drei Wochen nach der Aussaat können die Reispflänzchen bereits in das Hauptfeld umgesetzt werden, vorausgesetzt, genügend Regen ist gefallen. Die Reissetzlinge werden in Nachbarschaftshilfe umgepflanzt, meist arbeiten 10–15 Leute auf dem Feld gemeinsam. Das Einpflanzen der Setzlinge ist ausschließlich Frauenarbeit, das Säen und Pikieren ist Aufgabe der Männer. Es herrscht eine durch Tabus geregelte Arbeitsteilung.

Sind die ersten ausreichenden Monsunregen gefallen, ist innerhalb kürzester Zeit das gesamte Kathmandu-Tal bepflanzt. Eine eingeübte Kooperation und Organisation bei der Bewässerung – Feld für Feld muß unter Wasser gesetzt werden – ist die Voraussetzung. Am 15. Tag des Monats Sravan (nach dem gregorianischen Kalender Ende Juli) sollten alle Reispflänzchen umgesetzt sein. Aufgabe der Frauen ist es auch, im Reisfeld Unkraut zu jäten. Große Sorgfalt wird hierauf verwendet, mehr als bei allen anderen Feldfrüchten. Im September beginnt die Ernte der frühen Sorten[12], Haupterntezeit ist dann Oktober bis in den November.

Der Reis wird mit der Sichel geschnitten und anschließend auf dem Feld gedroschen. Auch für Drescharbeiten werden keine Tiere eingesetzt. Entweder werden die Reisähren auf einem Brett ausgeschlagen oder – wie es inzwischen fast überall der Fall ist – man setzt eine einfache fußbetriebene Dreschmaschine ein, die sich die Bauern leihen können. Nach dem Worfeln werden die Reiskörner nach Hause transportiert. Die Person, die die Reislast nach Hause trägt, sollte – so will es die religiöse Vorschrift – auf dem Heimweg niemals stoppen. Das Stroh bleibt zum Trocknen auf den Feldern und wird später als Brennmaterial, Streu oder zum Flechten verbraucht. Für Dresch- und Transportarbeiten werden in den größeren Betrieben wieder Lohnarbeiter eingestellt.

Die Reiskörner müssen erst – je nach Witterung – mehrere Tage in der Sonne trocknen. In dieser Zeit liegt der Reis auf Straßen und Plätzen, Höfen und Dachterrassen.

---

10 Auf den Feldumrandungswällchen pflanzt man häufig Hülsenfrüchte und Gemüse.
11 Die Transplantation führt zu wesentlich besseren Erträgen, als eine direkte Aussaat. In Ceylon z. B. ist es erst seit einiger Zeit üblich, Reis umzupflanzen, die Bauern nahmen eine breitwürfige Aussaat direkt in die Reisfelder vor (Zaun-Axler, 1977: 199). Im Kathmandu-Tal jedoch ist das Umpflanzen Tradition.
12 In dem Gebiet um Sankhu leiten die Bauern die Ernte ein.

Nach dem Trocknen wird ein Teil des Reises zu den Reismühlen gebracht und dort geschält. Der größere Anteil des Ernteguts wird jedoch ungeschält in den oberen Stockwerken der Häuser gespeichert.

Die Mehrzahl der Bauern behält den Reis zur Selbstversorgung[13]. Manche können sogar Überschüsse erwirtschaften. Bei vielen reichen die *Erträge* jedoch nicht aus, so daß sie Reis zukaufen müssen. Einige verkaufen den teureren lokalen Reis und kaufen dafür den billigeren Terai-Reis. Zwischenhändler sind in den Bazar-Siedlungen zu finden; sie tauschen Reis gegen Salz, Stoffe, Kerosin und andere Waren, die nicht von den Bauern selbst hergestellt werden können. Viele Bauern haben auch feste Abnehmer aus den Städten oder verkaufen von Haus zu Haus. Die Möglichkeiten einer Überschußproduktion sind regional verschieden, bedingt durch Bodengüte, Bewässerungsmöglichkeit, Einsatz von Dünger und Pflanzenschutzmittel, aber vor allem durch die Betriebsstruktur und -größe. Aus der Gegend um Sankhu, im Zentrum des Tales um Nakadesh und aus den Dörfern, die an der Straße nach Banepa liegen, kommt sehr viel Reis auf die Märkte des Kathmandu-Tales. In anderen Dörfern mit extrem kleinen Betrieben reicht der Reis oft nur für ein halbes Jahr. Insgesamt gesehen kann im Kathmandu-Tal die Nachfrage nach Reis nicht vollständig befriedigt werden, obwohl die Erträge im Kathmandu-Tal die höchsten in ganz Nepal sind.

	Reisproduktion	Nachfrage	Plus oder Defizit
Bhaktapur-District	11 227 t	6 212 t	+ 5 015 t
Kathmandu-District	25 666 t	50 522 t	− 24 856 t
Lalitpur-District	12 094 t	11 561 t	+ 533 t

(Quelle: HMG, 1977: 130, Food Balance in 1974/75)

Der durchschnittliche ha-Ertrag liegt bei nicht weniger als 37,1 dz (HMG, 1977: 85) (z. Vgl.: Central Terai: 17,6 dz, Indien 1980: 20,7 dz, Korea 1980: 60 dz). Eine Übersicht über die Anbaufläche für Reis und die Erträge in den drei Distrikten des Kathmandu-Tales von 1970–1977 gibt folgende Tabelle:

	Kathmandu		Bhaktapur		Lalitpur	
	ha	t	ha	t	ha	t
1970–71	14 000	46 200	6 000	21 000	6 800	21 080
1971–72	14 000	46 480	6 000	21 000	6 800	21 760
1972–73	14 000	47 880	5 753	20 135	6 637	22 566
1973–74	14 000	48 300	6 000	21 120	6 500	22 750
1973–74	14 000	47 880	5 753	20 135	6 637	22 566
1974–75	14 000	48 300	6 000	21 120	6 500	22 750
1975–76	13 000	46 800	6 000	21 930	6 500	22 600
1976–77	12 101	43 563	5 293	19 749	5 500	20 900

(Quelle: HMG, 1977: 45 ff)

13 Die Pächter müssen den Verpächtern von der Haupternte – in der Regel Reis – den ihnen zustehenden Anteil abgeben.

Reis ist das *Hauptnahrungsmittel* der Newar: das Frühstück besteht aus Reis und Dhal, Hauptbestandteil der „Brotzeit" auf dem Feld sind Reisflocken, zum Abendessen wiederum gibt es gekochten Reis oder Reisflocken. Die *Reinlichkeits- und Kastenvorschriften* bestimmen, daß Reis in gekochter Form nur in einer eng begrenzten Gruppe gegessen werden darf. Mit dem „Gemeinsam gekochten Reis-Essen" wird die engste Kommunikationsgruppe umschrieben. Von jeder höherstehenden und der eigenen Kaste kann Reis angenommen werden, jedoch würde ein Mitglied einer höheren Kaste nicht gemeinsam mit einem Mitglied einer niedrigeren Kaste Reis essen. Mit der Weigerung, von jemandem gekochten Reis anzunehmen, gibt man ihm zu verstehen, daß er sozial niedriger steht. Wie ernst solche Vorschriften genommen werden, zeigt das Beispiel einer jahrzehntelangen Auseinandersetzung zwischen Uray und Gubhaju (Rosser, 1961), bei der der Hauptstreitpunkt war, ob die Gubhaju weiterhin von den Uray gekochten Reis annehmen sollten. Erst gerichtlich wurde dieser Streit — negativ — beschieden.

Keine Probleme jedoch ergeben sich bei dem Verzehr von Reisflocken (Bajee). Zur Herstellung von Bajee werden die Reiskörner in heißem Wasser eingeweicht, anschließend zerschlagen und dann geröstet. Die Reisflocken können gemeinsam über fast alle Kastenschranken hinaus verspeist werden und werden daher auch in den Teestuben angeboten. Die unreinen Kasten sind allerdings von dieser Regelung ausgeschlossen und müssen vor den Türen der Teestuben bleiben. In großen Mengen wird Reis in flüssiger Form, als Reisbier (Chang) oder Reisschnaps (Rakshi) vor allem bei zahlreichen Festen konsumiert. Im Bhairava-Kult spielt Chang eine essentielle Rolle. Bhairava wird während der Pacali Bhairava Jatra durch einen mit Chang gefüllten Krug symbolisiert. Während des Indra Jatra Festes speit die Bhairava-Skulptur auf dem Durbar-Square in Kathmandu Chang aus. Höhepunkt von Festen, die im Kreise der Familie oder Kaste gefeiert werden, ist häufig das gemeinsame Reisessen. Der Reis wird rituell im Tempel oder Bahal von ausgewählten Personen zubereitet. Die erste große Initiations-Zeremonie eines Newar-Kindes ist die „rice feeding ceremony" (Junko oder Pasani), bei der dem Kind auf einem Gold- oder Kupferlöffel fünfmal Reis gefüttert wird. Bei der alltäglichen Puja[14] werden den Göttern Reiskörner zugeworfen. Auch Tika[15], die zur Puja-Zeremonie gehört, enthält häufig Reiskörner.

Diese Beispiele zeigen: Reis ist nicht nur das wichtigste Grundnahrungsmittel der Newar, sondern er hat auch seinen festen Platz in ihrer religiös-rituellen Welt. Die Newar sind erfahrene Reisbauern, die mit Sorgfalt und Intensität hohe Erträge erzielen und mit großer Innovationsbereitschaft alle Möglichkeiten der Produktionssteigerung voll ausschöpfen. Dieses ökonomisch flexible Handeln ist aber eingebettet in festgefügte mythische Vorstellungen. Der Anbau des Reises bis hin zu seinem Verzehr wird begleitet von strengen Handlungs-Vorschriften und Tabus. Religiöse Kulte und Rituale erneuern die Beziehungen der Menschen zu den Göttern. Als elementarer Bestandteil im Leben der Newar wird der Reis in das komplexe Beziehungsgefüge zwischen Menschen und Göttern integriert.

---

14 Puja ist die alltägliche Verehrung der Gottheiten.
15 Tika ist ein Fleck aus roter Paste, der dort, wo das dritte Auge seinen Sitz hat, auf die Stirn aufgetragen wird.

LITERATUR

Atanasiu, N., 1981: Notwendigkeit und Möglichkeiten der Steigerung der Reisproduktion. Vortrag zum Tropentag 1981 in Gießen.

Boesch, Hans, 1968: Das Kathmandu-Valley. Beiträge zur Morphologie von Nepal. Geographica Helvetica 23: 172–179. Bern.

Donner, Wolf, 1972: Nepal – Raum, Mensch und Wirtschaft. Schriften des Instituts für Asienkunde Hamburg, Bd. 32. Wiesbaden.

Gnoli, R., 1956: Nepalese Inscriptions in Gupta Characters. Serie Orientale Roma, X, 2. Rom.

Haffner, Willibald, 1973: Formen des Reisanbaus in Nepal. In: Rathjens & Troll & Uhlig (Ed.): Vergleichende Geographie der Hochgebirge des südlichen Asiens. Wiesbaden.

Haffner, Willibald, 1979a: Nepal Himalaya. Untersuchungen zum vertikalen Landschaftsaufbau Zentral- und Ostnepals. Wiesbaden.

Haffner, Willibald, 1979b: Zur Karte des Kathmandu-Tales. Erdkunde Bd. 33: 38–51. Bonn.

Hamada, H., 1956: Ecotypes of Rice. In: Kihara (Ed.): Land and Crops of Nepal Himalaya. Scientific Results of the Japanese Expeditions to Nepal Himalaya 1952–1953, Vol. II: 263–312. Kyoto.

His Majestys Government of Nepal,
   Ministry of Food and Agriculture. Economic Analysis and Planning Division, 1972: Agricultural Statistics of Nepal. Kathmandu.
   Ministry of Food, Agriculture and Irrigation. Department of Food and Agricultural Marketing Services, Agricultural Statistics Division. 1977: Agricultural Statistics of Nepal. Kathmandu.

Indraji, Bhagwanlal & Buhler, G., 1885: Inscriptions from Nepal. Bombay.

Nepali, Gopal Singh, 1965: The Newars. Bombay.

Regmi, D. R., 1960: Ancient Nepal. Calcutta.

Rosser, C., 1966: Social Mobility in the Newar Caste System. In: Fürer-Haimendorf, Chr. von (Ed.): Caste and Kin in Nepal, India and Ceylon. London.

Uhlig, Harald, 1973: Der Reisbau im Himalaya. In: Rathjens & Troll & Uhlig (Ed.): Vergleichende Geographie der Hochgebirge des südlichen Asiens. Wiebaden.

Zaun-Axler, Gisela, 1977: Der Reisbau im unteren Kirindi Oya-Becken. Analyse einer Reisbaulandschaft im Südosten der Insel Ceylon. Wiesbaden.

DAS CAUVERY DELTA
ENTWICKLUNG UND STRUKTUR EINER SÜDINDISCHEN REISBAUREGION

VON HANS-GEORG BOHLE, GIESSEN

MIT 1 KARTE UND 1 ABBILDUNG

EINFÜHRUNG

Seit Jahren bildet die Beschäftigung mit dem Reisanbau Süd- und Südostasiens einen Schwerpunkt der wissenschaftlichen Arbeit H. Uhligs[1]. Welche Bedeutung dieser Arbeit zukommt, geht deutlicher denn je aus jüngst erschienenen Untersuchungen über die Weltentwicklungssituation hervor[2]. Auf zwei besonders wichtige Aspekte soll hier einleitend hingewiesen werden: auf den kritischen Zustand der Ernährungslage in den meisten Entwicklungsländern, wobei insbesondere für Südasien die Zukunftsaussichten düster erscheinen; und auf die entscheidende Bedeutung, die dem Reisanbau für die gegenwärtige und zukünftige Ernährungssituation gerade der asiatischen Entwicklungsländer zukommt.

Der kürzlich von der Weltbank herausgegebene Weltentwicklungsbericht von 1981 stellt zwar fest, daß die Nahrungsmittelproduktion in den letzten 20 Jahren global gesehen geringfügig stärker zugenommen hat als die Weltbevölkerung. Doch bilden die Gebiete Afrikas südlich der Sahara und die Länder Südasiens dabei eine Ausnahme: zwischen 1961 und 1979 sank hier der durchschnittliche Verbrauch an Brotgetreide pro Kopf um 11,4 bzw. 1,0 %[3]. Zwar gibt es dem Weltentwicklungsbericht zufolge keine Anhaltspunkte dafür, daß Hungersnöte weiter um sich gegriffen hätten; die Zahl der unterernährten Menschen sei jedoch wahrscheinlich gestiegen, und die Lage der Bevölkerungsgruppen mit niedrigem Einkommen habe sich insbesondere in ländlichen Gebieten oft gravierend verschlechtert[4].

Der tiefgreifende Pessimismus, den die schwere Krise in der Welternährungslage von 1973/74 auslöste, scheint für die zukünftige Entwicklung offensichtlich nicht angebracht. Die wohl umfassendste Studie über globale Entwicklungstendenzen, der Bericht Global 2 000, prognostiziert für die kommenden 20 Jahre eine weltweite Zunahme der Pro-Kopf Produktion von Nahrungsmitteln um 15 %[5]. In regionaler Hinsicht ergeben sich jedoch ernste Probleme. Der Hauptteil dieser Zunahme fällt nämlich an Länder, die schon jetzt ein relativ hohes Niveau in der Nahrungsmittelproduktion aufweisen. Dagegen wird sich selbst unter optimistischen Annahmen (z.B. sinkender Bevölkerungszuwachsraten und real unveränderter Erdölpreise) der Pro-Kopf Verbrauch in den ärmeren Entwicklungsländern des Mittleren Ostens, Südasiens und Afrikas kaum erhöhen oder sogar unter das unzureichende Niveau von heute absinken (Tab. 1).

---

1 Uhlig, 1969 a; 1969 b; 1973; 1976; 1980; 1981
2 Weltentwicklungsbericht, 1981; Global 2 000, 14. Aufl. 1981
3 Weltentwicklungsbericht, 1981, Tab. 7.2
4 Weltentwicklungsbericht, 1981, S. 111

Tabelle 1: Prognose über den täglichen Kalorienverbrauch in Entwicklungsländern

Entwicklungsländer	Durch-schnitt 1969/71	Durch-schnitt 1973/74	Durch-schnitt 1985	Durch-schnitt 2 000	Durchschnitt-licher Mindest-bedarf
Lateinamerika	2 525	2 540	2 680	2 920	2 790
Nordafrika/M. Osten	2 421	2 482	2 450	2 495	2 730
Übr. afrikan. EL	2 139	2 071	2 240	1 835	2 730
Südasien	2 036	1 954	2 150	2 155	2 595
Südostasien	2 174	2 270	2 320	2 385	2 595
Ostasien	2 140	2 205	2 325	2 495	2 595

Quelle: Global 2 000, 1981, S. 275 (vereinfacht).

Der Entwicklung des Reisanbaus kommt in diesem Zusammenhang wohl eine Schlüsselrolle zu. Gerade in den volkreichen Entwicklungsländern Süd-, Südost- und Ostasiens, in denen 70 % der Bevölkerung der Dritten Welt konzentriert sind und für die die Unausgewogenheit in der Weltgetreideproduktion besonders gravierend zutage tritt (Abb. 1), werden rund 90 % der globalen Reiserzeugung produziert und konsumiert[6]. Das Problem ist besonders ernst, weil sich ausgerechnet beim Reisanbau bisher kaum tiefgreifende Erfolge zur Steigerung der Produktivität in den Entwicklungsländern abzeichnen[7]. Die durchschnittlichen Flächenerträge beim Reisbau betrugen 1978 in den Entwicklungsländern mit 2 494 kg/ha nur etwa 46 % derjenigen in den Industrieländern (5 472 kg/ha); beim gesamten Getreideanbau der Entwicklungsländer lag dagegen der Ertrag mit 1 635 kg/ha immerhin bei rund 60 % desjenigen der Industrieländer (2 772 kg/ha)[8].

Vor diesem Hintergrund sollen im folgenden Entwicklung und Struktur einer traditionellen Reisbauregion Indiens, des Cauvery Deltas, behandelt werden[9]. Die künstliche Bewässerung, die allgemein als der „kritische" Faktor für die zukünftige Sicherung und Steigerung der Agrarproduktion bezeichnet wird[10], soll dabei in ihrer Entwicklung, ihrem Stellenwert, ihrer Problematik und ihrer zukünftigen Bedeutung für die agrarwirtschaftliche Entwicklung der Region herausgestellt werden. Eine solche exemplarische Untersuchung der spezifischen regionalen und lokalen Voraussetzungen des Reisbaus entspricht der Forderung des Weltentwicklungsberichts, jede Strategie zur Steigerung der landwirtschaftlichen Produktivität müsse vorrangig auf die jeweiligen örtlichen Bedingungen zugeschnitten sein[11].

Doch sind die kleinräumigen Verhältnisse nicht isoliert von den übergreifenden wirtschaftlichen, politischen und institutionellen Rahmenbedingungen zu sehen[12]. Daher

5 Global 2 000, 1981, S. 51
6 Grist, 1975, S. 64
7 Grist, 1975, S. 66
8 FAO-Production-Yearbook, 1978, Tab. 11
9 Einzelheiten dazu in: Bohle, 1981 b
10 Carruthers, 1975, S. 34; Staley, 1977, S. 57–79; u.a.
11 Weltentwicklungsbericht, 1981, S. 114
12 Weltentwicklungsbericht, 1981, S. 111–114

Abb. 1: Weltbevölkerung 1978
4182 Mill. Menschen

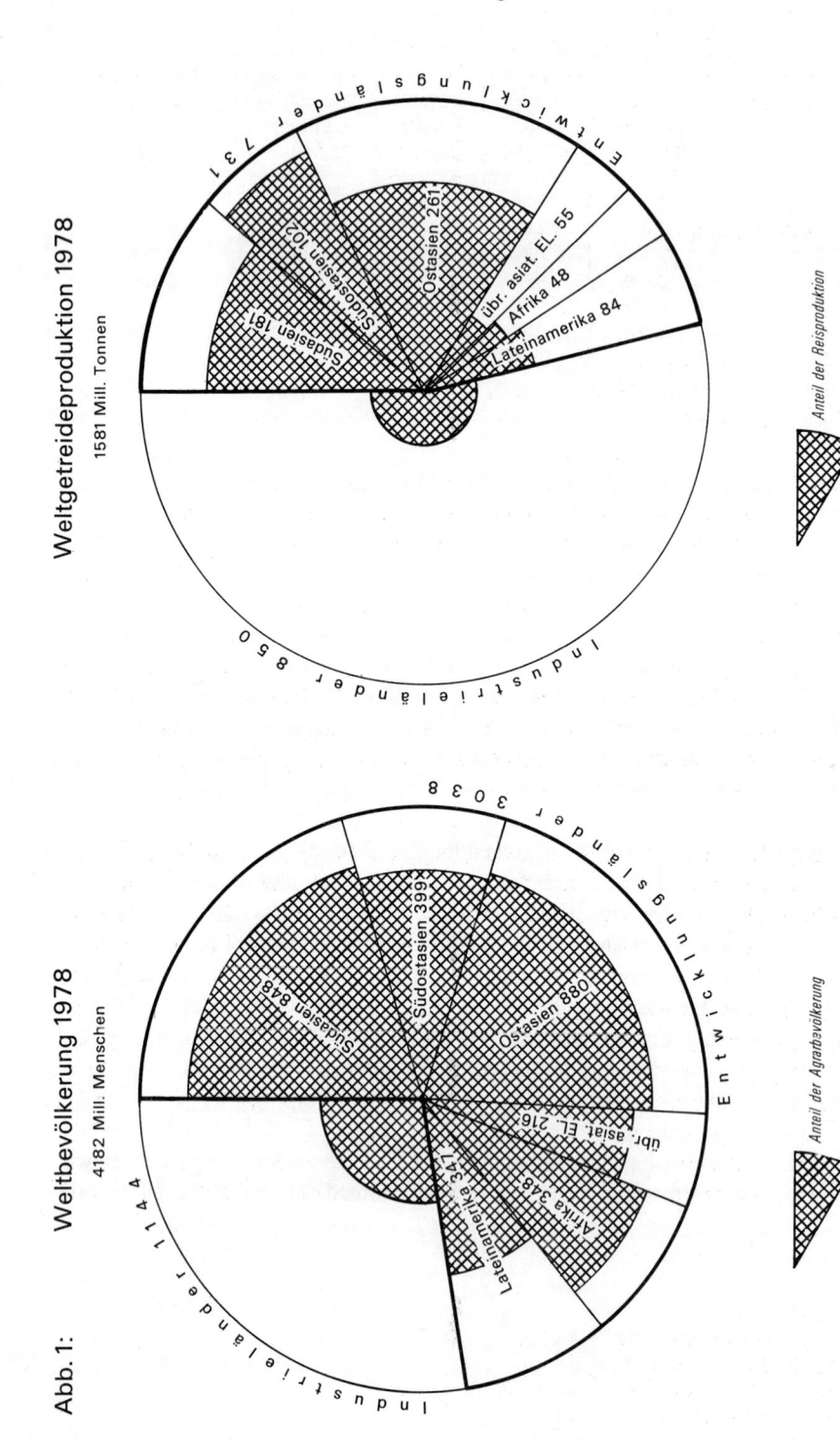

Weltgetreideproduktion 1978
1581 Mill. Tonnen

Quelle: Eigener Entwurf, nach: FAO-Production-Yearbook, Vol. 32, 1978, Table 3, 9, 11.

wird im folgenden versucht, jeweils auch die politökonomischen Hintergründe verschiedener agrarischer Entwicklungsmaßnahmen in verschiedenen Epochen darzulegen und aufzuzeigen, wie sich diese auf die entsprechende räumliche Struktur und wirtschaftliche Situation der Region ausgewirkt haben und immer noch auswirken.

PRÄKOLONIALE AGRARENTWICKLUNG IM CAUVERY DELTA

Vor der Zeitenwende war das Cauvery Delta unter dem tamilischen Namen „punal nadu", d.h. Land der Fluten, bekannt[13]. Alljährlich füllten im Sommer und Herbst, wenn die Niederschläge des Südwestmonsuns im westlichen und später des Nordostmonsuns im östlichen Einzugsbereich niedergingen, gewaltige Wassermassen die zahllosen Mündungsarme des Deltas. Diese Wasserfluten, die das gesamte Delta weitflächig bewässerten und deren Schlammlasten die ohnehin äußerst fruchtbaren alluvialen Böden immer wieder neu düngten, wurden schon vor Jahrtausenden für einen hochproduktiven Reisanbau genutzt: der Platz, den ein Elefant brauche, um sich niederzulegen — so heißt es in einem alten tamilischen Sprichwort über das Cauvery Delta — reiche aus, um sieben Menschen zu ernähren[14].

Die Voraussetzungen für den Reisanbau — nach der Terminologie Uhligs handelte es sich um „Überschwemmungsreisbau mit saisonalen Überflutungen"[15] — waren ideal, das Potential gewaltig; doch ebenso groß war das Risiko für den wirtschaftenden Menschen: immer wieder kam es zu katastrophalen Überflutungen, die Mündungsarme verlagerten ihren Lauf, und die Reisfelder der Bauern, die sich fingerförmig entlang der Abflußrinnen erstreckten, wurden weggespült[16]. Weder für die Anbauflächen noch für die zugehörigen Siedlungen gab es in dieser Zeit Ansätze von Kontinuität.

Diese Situation änderte sich grundlegend durch die umfangreichen wasserbaulichen Maßnahmen der Cholakönige, einer drawidischen Dynastie, die zwischen dem 4. Jh. vor und dem 13. Jh. n. Chr. mehrere Großreiche in Südindien ausbildeten[17]. In einem ersten Schritt wurde kurz nach der Zeitenwende die wohl erste wasserbauliche Großanlage ganz Indiens gebaut, das Grand Anicut (Karte 1). Unter Einsatz riesiger Menschenmassen — es handelte sich um kriegsgefangene Ceylonesen — errichteten die frühen Cholas an der Deltawurzel ein gewaltiges Überlaufwehr, mit dessen Hilfe in den folgenden 1 800 Jahren die Wassereinspeisung in die dort abzweigenden Hauptmündungsarme reguliert werden konnte. Um die Überflutung zu bannen und die Verlagerung der Deltazweigflüsse zu verhindern, begann man gleichzeitig, die Uferdämme der Deltaarme künstlich zu erhöhen. Beide Maßnahmen ließen das Cauvery-Delta-Bewässerungssystem entstehen, bei dem der Reisanbau nunmehr, Uhligs Terminologie folgend[18], auf „verbesserter Überschwemmungsbewässerung" beruhte, die keineswegs mit „künstlicher Bewässerung" zu verwechseln ist, da keine „künstliche" Wasserzufuhr erfolgte.

---

13 Kanakasabai, 1904, S. 67
14 Nilankanta Sastri, 2. Aufl. 1958, S. 125
15 Uhlig, 1981, S. 294
16 Hart, 1956, S. 16
17 Venkata Ramanappa, 2. Aufl. 1975, S. 102–115
18 Uhlig, 1981, S. 295

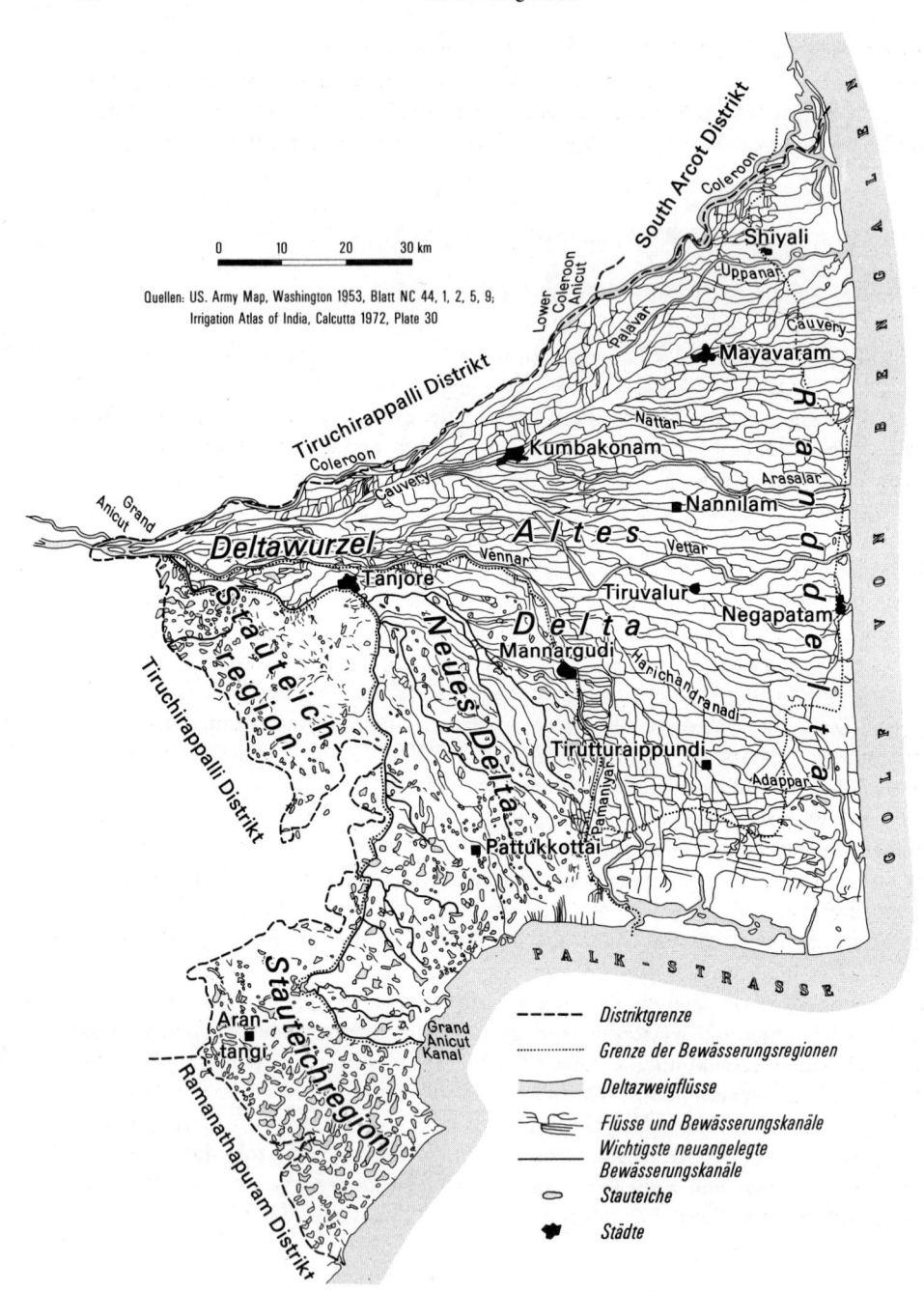

Karte 1. Tanjore Distrikt. Hydrographische Verhältnisse und Bewässerungsregionen

Die Reisanbauflächen, die in dieser *Entstehungsphase* des Deltabewässerungssystems auf ca. 100 000–150 000 ha geschätzt werden können (Tab. 2), erstreckten sich in breiten Bändern entlang der Mündungsarme und konzentrierten sich im nördlichen Teil des Deltas, wo die Zweigflüsse eng gebündelt verliefen. Das läßt sich aus der entsprechenden Siedlungsverteilung der frühen Cholazeit erschließen: die 127 Dörfer, die sich aus dieser Zeit datieren lassen[19], reihen sich durchweg entlang der wichtigsten Deltazweigflüsse.

Tabelle 2: Agrarentwicklung im Cauvery Delta

Entwicklungsphasen des Deltabewässerungssystems	Durchschn. Bewässerungsfläche (ha)	Durchschn. Anteil bewäss. Doppelanbaus (in %)	Durchschn. Reisproduktion (Tonnen)	Maximale Abweichung vom Mittel (in %)
Präkoloniale Epoche:				
Entstehungsphase (vor 850)	100 000–150 000	ca. 5 %	n.v.	n.v.
Ausbauphase (850–1300)	200 000–220 000	ca. 5 %	n.v.	n.v.
Verfallsphase (1780–1799)	n.v.	ca. 5 %	138 100	20–154 %
Koloniale Epoche:				
Restaurierungsphase (1800–1850)	230 000	ca. 5 %	207 000	54–121 %
Regulierungs- und Strukturierungsphase (1851–1902)	315 400	ca. 10 %	n.v.	n.v.
Konsolidierungsphase (1903–1934)	390 600	ca. 10 %	719 000	72–117 %
Expansionsphase (1935–1946)	435 600	ca. 20 %	899 000	94–107 %
Postkoloniale Epoche:				
Modernisierungsphase (1947–1964)	485 300	ca. 25 %	891 900	73–117 %
Intensivierungsphase (1965–1976)	495 800	ca. 35 %	1 145 400	75–117 %
Zukunft:				
Integrierte Modernisierung	ca. 530 000	ca. 72 %	ca. 2 150 000	n.v.

Quelle: Bohle, 1981b, Tab. II–IV; VII; XII–XV; XXII; XXV; XXVII; XXIX (leicht verändert); die Daten beziehen sich auf den gesamten Distrikt Tanjore; n.v. = Daten nicht verfügbar.

---

19 Gopalakrishnan, 1972, S. 75

Die späten Cholas sorgten vom 9. Jh. an für den Unterhalt des Deltabewässerungssystems und bauten es weiter aus, indem sie zahlreiche neue Bewässerungskanäle ausheben ließen. Die Wasserzuteilung von den Deltaarmen in die Zweigkanäle regelte man mit Überlaufwehren („annaikkat", anglisiert „anicut"), die das Wasser soweit anstauten, daß es auch höher gelegene Kanäle speiste[20]. Mindestens weitere 43 Siedlungen entstanden in dieser *Ausbauphase.* Ihre Lage zeigt an, daß sich die Anbauflächen nun auf die Zwischenstromplatten ausweiteten und auch die südöstlichen Deltarandbereiche einnahmen. Neben noch einmal „verbesserter Überschwemmungsbewässerung"[21] trat nun also auch verstärkt künstliche Bewässerung i.e.S. auf, indem Irrigationswasser durch neu angelegte Kanäle solchen Flächen zugeleitet wurde, an die es von Natur aus nicht gelangt wäre[22]. Beide Formen des Reisanbaus sind räumlich allerdings so eng verzahnt, daß sie sich kaum trennen lassen.

Beim Reisanbau – es handelte sich wahrscheinlich schon damals überwiegend um Pflanzreis – ergab sich eine charakteristische zeitliche Staffelung von der westlichen Deltawurzel bis zum Deltarand. Da sich die Wasserzufuhr zum Deltarand hin wegen der Bewässerung von Feld zu Feld zeitlich stark verzögerte – die Anbauperiode reichte in der Deltawurzel etwa von Juni bis Januar, im Deltarand dagegen nur von August bis Januar – konnte im gesamten inneren Delta und Deltarand nur eine Reisernte pro Jahr eingebracht werden, der „samba"-Reis mit einer Reifezeit von 6–7 Monaten. Allein in der Deltawurzel waren auf ca. 5 % der Bewässerungsfläche des Deltas zwei Reisernten möglich. Hier folgte auf schnellerreifende Sorten von „kuruvai"-Reis (Juni–August/September) der Anbau von „thaladi"-Reis (September–Januar).

Nach dem Niedergang des Cholareiches im 14. Jh. stagnierte die Bewässerungsentwicklung, doch wurde das System insgesamt weiter instand gehalten. 19 neue Siedlungen entstanden in dieser Zeit, vor allem im westlichen Randbereich des Deltas. Kurz vor Beginn der kolonialen Epoche erlebte das Bewässerungssystem jedoch einen plötzlichen Niedergang. Das Grand Anicut wurde 1791 bei Invasionen mohammedanischer Eroberer zerstört, und verheerende Überschwemmungen verursachten seitdem eine Reihe von katastrophalen Mißernten. Konnten 1780/81 z.B. noch 213 000 Tonnen Reis eingebracht werden, so sank der Reisertrag 1782/83 auf nur 28 000 Tonnen ab[23]. Extreme Produktionsschwankungen von Jahr zu Jahr (Tab. 2) kennzeichnen den *Verfall* des Cauvery-Delta-Bewässerungssystems in diesem Zeitabschnitt.

POLITÖKONOMISCHE HINTERGRÜNDE PRÄKOLONIALER AGRARENTWICKLUNG

Ein hoher Stand gesellschaftlicher, wirtschaftlicher und technologischer Entwicklung war die grundlegende Voraussetzung für das frühe Entstehen und den umfassenden Ausbau des Cauvery-Delta-Bewässerungssystems. Bau, Unterhalt und Organisation dieses hydraulischen Großsystems belegen in für Indien einzigartiger Weise die Existenz einer

---

20 Morkham, 1877, S. 284
21 Uhlig, 1981, S. 295
22 Hirth, 1928, zit. n. Uhlig, 1981, S. 310
23 Report of the Tanjore Commissioners, 1799, S. 5, 15

hydraulischen Gesellschaft[24], die im Cauvery Delta in geradezu idealtpischer Weise ausgebildet war: ein zentralistisch organisierter, hierarchisch aufgebauter Staat mit einer ausgeklügelten Bürokratie, an dessen Spitze ein gottähnlicher Herrscher mit despotischer Macht stand; ein gut ausgebildetes Verkehrs- und Nachrichtenwesen; ein straff geführtes großes Heer, das das Reich schützte und immer wieder expandieren ließ; schließlich die enge Verknüpfung der staatlichen mit der der religiösen Autorität, die in den zahlreichen großen Tempelstädten des Cholareiches zum Ausdruck kommt[25]. Das Cauvery Delta wurde zum politischen, wirtschaftlichen, militärischen, kulturellen und religiösen Kernraum Südindiens.

Das Deltabewässerungssystem war die wirtschaftliche Grundlage des hydraulischen Staates: es erbrachte die Getreideüberschüsse für die große Zahl unproduktiver Beamter, Krieger und Priester. Ein umfassendes Steuerwesen, verbunden mit umfangreichen Landvermessungen, ausgeklügelten Steuereinschätzungen und einer hochentwickelten Buchführung wurde daher zu einem ebenso wichtigen Eckpfeiler des hydraulischen Staates wie seine politische und militärische Stärke nach außen, seine ideologische Absicherung durch Hinduismus und Kastensystem nach innen und seine technischen und organisatorischen Fähigkeiten, das Bewässerungssystem zu bauen und zu unterhalten.

Obwohl das Cauvery Delta nach dem Niedergang des Cholareiches bis zum Beginn der Kolonialzeit fast durchweg Sitz eines eigenständigen hinduistischen Königreiches blieb, geriet es doch zunehmend unter den Einfluß fremder Herrschaft. Zuerst waren da die hinduistischen Vijayanagars (14.–16. Jh.), dann verschiedene mohammedanische Tributherren; um die hohen Tributforderungen der Oberherrschaft bestreiten zu können, wurde das Eintreiben von Steuern bald das allein dominierende Anliegen der einheimischen Könige. Nach mohammedanischem Vorbild entwickelten sie ein immer ausgeklügelteres und rigoroseres Steuersystem; produktive Investitionen im Bereich des Bewässerungsbaus gab es dagegen kaum noch. Gegen Ende des 18. Jh. erreichte diese Entwicklung einen Tiefpunkt: die zahllosen Eroberungen des Cauvery Deltas durch rivalisierende hinduistische und mohammedanische Königreiche, die oftmals von britischem Militär unterstützt und dabei gegeneinander ausgespielt wurden, ließen nicht nur das Bewässerungssystem verfallen, sondern auch die Steuerlasten der bäuerlichen Bevölkerung auf 55–60 % der Bruttoproduktion steigen[26].

KOLONIALE AGRARENTWICKLUNG IM CAUVERY DELTA

Als die Briten in dieser Situation 1799 das Cauvery Delta als Distrikt Tanjore in ihr Kolonialreich eingliederten, war die Situation des Deltabewässerungssystems ähnlich wie vor der Zeitenwende. Die Maßnahmen, mit denen die britische Kolonialverwaltung das System in der Folge wiederherstellte, entsprachen daher weitgehend denen der frühen Cholaherrscher.

---

24 Wittfogel, 1962
25 Goetz, 1962, S. 52, 88 f.
26 Report of the Tanjore Commissioners, 1799, S. 5, 15

In dieser *Restaurierungsphase* wurden bis 1835 zunächst das Grand Anicut und die anderen alten Stauwehre wieder instand gesetzt. Gleichzeitig vertiefte man Flußläufe und Kanäle und erhöhte die Uferdämme, um der fortschreitenden Verschlammung der Flußbetten entgegenzuwirken. Der Erfolg dieser Maßnahmen blieb allerdings sehr begrenzt; auch wenn die Anbauflächen den vorkolonialen Stand bereits leicht übertrafen (Tab. 2), so blieben die Ertragsschwankungen beim Reisanbau der häufigen Überflutungen wegen doch sehr hoch. Deshalb bauten britische Bewässerungsingenieure in einem zweiten Abschnitt der Restaurierungsphase zwei große neue Überlaufwehre und eine Reihe von Schleusenanlagen, mit deren Hilfe Hochfluten in den tiefergelegenen nördlichen Mündungsarm, den Coleroon (Abb. 2), abgeleitet werden konnten. Der Coleroon übernahm so die Funktion eines Sicherheitsventils für das Cauvery-Delta-Bewässerungssystem und trug dazu bei, Bewässerung und Anbau im Vergleich zur präkolonialen Zeit deutlich zu stabilisieren. In einer zweiten Phase der Bewässerungsentwicklung ging man dann daran, die Wasserverteilung innerhalb des Deltas besser zu regulieren. Dazu wurden die großen Überlaufwehre in Schleusenanlagen mit beweglichen Toren umgewandelt, die eine kontrollierte Wasserzufuhr in die einzelnen Mündungsarme erlaubten. An den Abzweigungen bedeutender Deltaflüsse errichtete man weitere Schleusenanlagen und regulierte von hier aus die Wasserzufuhr für die jeweiligen Versorgungsbereiche. Das gesamte Delta gliedert sich seitdem in fest umrissene Bewässerungsuntersysteme, weshalb dieser Entwicklungsabschnitt als *Regulierungs- und Strukturierungsphase* bezeichnet werden kann. Die kontrollierte Wasserverteilung innerhalb des Deltas ließ die Bewässerungsflächen bis Ende des 19. Jh. deutlich ansteigen; gleichzeitig erhöhte sich auch die Fläche unter Doppelanbau geringfügig (Tab. 2).

Im ersten Drittel des 20. Jh. gab es keine größeren Ausbaumaßnahmen. Doch wurden die bestehenden Anlagen laufend modernisiert, und da man die Regelung der Wasserverteilung in einem langwierigen Prozeß von „trial-and-error" allmählich immer besser zu beherrschen wußte, kam es in diesem als *Konsolidierungsphase* zu bezeichnenden Entwicklungsabschnitt zu einer weiteren beträchtlichen Ausdehnung der Bewässerungsflächen bei gleichzeitiger Verringerung der durchschnittlichen Ertragsschwankungen (Tab. 2). In dieser Zeit gab es auch erste umfassende Bemühungen, die Düngemittelversorgung zu verbessern und in staatlichen Forschungsanstalten ertragreichere, an die lokalen Bedingungen gut angepaßte Reissorten zu züchten. Das Resultat war ein deutlicher Anstieg in der Flächenproduktivität und entsprechend eine markante Zunahme der gesamten Reisproduktion (Tab. 2).

Der letzte Abschnitt kolonialer Bewässerungsentwicklung zwischen 1935 und 1947 brachte mit der Verwirklichung des *Cauvery-Mettur Projekts* erstmals eine spektakuläre Ausdehnung der Kanalbewässerung über die Grenzen des Deltas hinweg. 190 km westlich des Deltas wurde ein großer Stausee über den Cauvery gebaut, in dem man die Hochfluten des Südwestmonsuns speicherte. Diese konnten dann über den Cauvery-Flußlauf dem Delta zugeleitet werden. Das überschüssige Wasser, das sonst in Hochfluten über den Coleroon ungenutzt in das Meer abfloß, leitete man am Grand Anicut in den ebenfalls neu angelegten Grand-Anicut-Kanal ein. Es handelt sich um einen sogenannten Konturenkanal, der etwa entlang der Höhenlinie verläuft und von dessen östlicher Seite zahlreiche Verteilerkanäle abgezweigt wurden; diese bewässern westlich und südlich des Deltas eine Fläche von 120 000 ha ehemaligen Stauteichbewässerungslandes. Im Gegensatz zum eigentlichen Delta mit seiner, wenn auch immer weiter verbesserten, so doch noch immer „naturnahen"²⁷ saisonalen Überschwemmungsbewässerung beruht der Reisanbau hier tatsächlich auf „künstlicher" Bewässerung. Der riesigen Ausdehnung wegen, und weil Bewässerungsmethoden, Anbaurhythmus und Anbaupraktiken nun weitgehend denen des Deltas entsprachen, bezeichnete man dieses neue Bewässerungssystem im Gegensatz zum „Alten Delta" allgemein als „Neues Delta" (Abb. 2). Zwar wurden bis 1947 nur rund 50 % der vorgesehenen Fläche unter dem Cauvery-Mettur-Projekt tatsächlich erschlossen – es gab vor allem Probleme wegen der hohen Wassergebühren – doch kam der Stauseebau auch dem Alten Delta deutlich zugute[28]. Überflutungsschäden wurden immer seltener, und da sich seitdem die Wasserzuführung für das Delta viel genauer regeln läßt – man könnte dies als „kontrollierte saisonale Überschwemmungsbewässerung" bezeichnen – stiegen die Doppelanbauflächen weiter an, die Ertragsschwankungen verringerten sich noch einmal deutlich und die Reisproduktion erreichte einen neuen Höchststand (Tab. 2). Eindrucksvoll bestätigt sich am Beispiel des Cauvery Deltas also die These von H. Uhlig, daß Innovationen im Reisbau keineswegs eine neue Entwicklung wären: die geographische Struktur der Region wurde vielmehr bereits seit Jahrhunderten von immer neuen Impulsen gepragt[29].

POLITÖKONOMISCHE HINTERGRÜNDE KOLONIALER AGRARENTWICKLUNG

Was die politischen und wirtschaftlichen Hintergründe der kolonialen Agrarentwicklung im Cauvery Delta betrifft, so sind vor allem zwei Aspekte zu berücksichtigen: zum einen ging es der britischen Kolonialverwaltung um Steuereinnahmen, zum anderen darum, Reisüberschüsse für die defizitären Teile des Kolonialreiches zu erzielen.

Grundsteuern stellten in Südindien die größte direkte Einnahmequelle der Kolonialverwaltung dar, und Tanjore war der Distrikt, der die bei weitem höchsten Grundsteuererträge abwarf. Dem Aufbau eines noch effektiveren Steuerwesens und der Entwicklung möglichst einträglicher Steuereinschätzungs- und einziehungsverfahren kam daher von Anfang an höchste Priorität zu. Nachdem man in Tanjore lange mit verschiedenen Grundsteuersystemen experimentiert hatte, entschied sich die Kolonialverwaltung Ende des 19. Jh. für das „ryotwari"-System, bei dem jeder einzelne Grundeigentümer, ohne daß Mittelsmänner eingeschaltet waren, direkt dem Staat gegenüber grundsteuerpflichtig war. Dafür war es nötig, Grund und Boden in Privateigentum zu überführen. Dieses System war zwar besonders aufwendig, da jedes einzelne Feld registriert, vermessen und klassifiziert werden mußte, doch auch besonders einträglich: der Distrikt Tanjore erbrachte zwischen 1800 und 1947 umgerechnet über 70 Mill. Goldpfund an Grundsteuereinnahmen[30].

Da der Bewässerungsausbau im Cauvery Delta die Schlüsselrolle für die Produktivität der Landwirtschaft und damit das Grundsteuerpotential spielte, wurden vor und nach jeder Ausbaumaßnahme umfangreiche Renditeberechnungen vorgenommen. Bis Ende

---

27 Uhlig, 1981, S. 288
28 University of Madras, AERC, 1961, S. 73
29 Uhlig, 1980, S. 30
30 Madras Presidency, 1958, S. 113; Statistical Atlas, 1950/51, S. 40–43

des 19. Jh. erbrachten die Investitionen im Cauvery Delta durchschnittlich 28,5 % Gewinn im Jahr; das Cauvery-Delta-Bewässerungssystem war damit das ertragreichste von allen Bewässerungssystemen Britisch-Indiens[31].

Auch für das Cauvery-Mettur-Projekt, das größte kolonialzeitliche Wasserbauvorhaben Südindiens, wurden in jahrzehntelangen Diskussionen detaillierte Nutzen-Kosten Analysen durchgeführt[32]. Eine zu erwartende Mindestrendite von 6 % war Ausganspunkt jeglicher Bauplanungen und einziger Gesichtspunkt bei der Festlegung der Wassergebühren. Doch spielte bei der Realisierung dieses Vorhabens der Gesichtspunkt der Nahrungsgetreideerzeugung eine wohl noch wichtigere Rolle. Inzwischen waren nämlich in weiten Teilen Südindiens weltmarktorientierte Anbauzweige, teils in Plantagenwirtschaft (Tee, Kaffee, Kautschuk etc.), meist jedoch in kleinbäuerlicher Form (Baumwolle, Ölfrüchte, Tabak etc.) entstanden, und es erwies sich als immer schwieriger, die Bevölkerung dieser Regionen mit Nahrungsmitteln zu versorgen. Bevölkerungszuwachs, sozial- und wirtschaftsstrukturelle Veränderungen und eine zunehmende Verarmung großer Bevölkerungsteile[33] hatten jedoch auch in solchen Regionen Indiens zu Hungersnöten geführt, in denen nach wie vor traditionelle Anbauzweige vorherrschten[34]. Schließlich war auch deshalb eine Steigerung der Getreideerzeugung dringend erforderlich, weil die Bevölkerung der großen städtischen Zentren, die entsprechend den Erfordernissen der Kolonialmacht entstanden waren, versorgt werden mußte.

Beide Gesichtspunkte – steuerpolitische und nahrungswirtschaftliche – steuerten also die kolonialzeitliche Agrarentwicklung im Cauvery Delta.

POSTKOLONIALE AGRARENTWICKLUNG IM CAUVERY DELTA

Nach 1947 konzipierte die unabhängige indische Regierung ein großangelegtes Projekt zur Modernisierung des Cauvery-Delta-Bewässerungssystems, bei dem vor allem eine effizientere Wassernutzung und eine Trennung von Be- und Entwässerung vorgesehen waren. Doch mangelnde Mittel verhinderten seine Verwirklichung. So blieb es weitgehend dabei, daß die von den Briten im Cauvery Delta begonnenen Maßnahmen zu Ende geführt wurden, etwa die Bewässerungserschließung im Neuen Delta, sowie bei einigen kleineren Entwässerungsprojekten im Randdelta, mit denen man die immer gravierender zutage tretenden Entwässerungsprobleme, die mit Versumpfungs- und Versalzungserscheinungen verbunden waren, zu bekämpfen suchte. Bis 1964 stieg die Bewässerungsfläche zwar an. Doch ging infolge sinkender Flächenerträge – diese Erscheinung spiegelte die wachsenden Be- und Entwässerungsprobleme wider – die Gesamterzeugung an Reis gegenüber der Kolonialzeit absolut zurück (Tab. 2).

Seit 1965 ist jedoch eine Umkehr dieser Tendenzen zu beobachten. Erstmals in der Geschichte der Agrarentwicklung des Cauvery Deltas ist der einsetzende markante Anstieg in der Reiserzeugung weniger Ergebnis bewässerungstechnischer Maßnahmen als

---

31 Imperial Gazetteer of India, 1909, Vol. III, S. 331 f.
32 University of Madras, AERC, 1961, Ann. 1
33 Bhatia, 3. Aufl. 1963
34 Bhatia, 3. Aufl. 1963

vielmehr Resultat durchgreifender Erfolge im Bereich der Pflanzenzucht. Dem im Alten Delta gelegenen Reisforschungsinstitut Aduthurai war es nach langwierigen Kreuzungsversuchen nämlich gelungen, eine hervorragend an die lokalen Bedingungen angepaßte, hochertragreiche und schnellreifende Reissorte zu entwickeln. Große Mengen an Saatgut wurden im Cauvery Delta kostenlos verteilt, und innerhalb weniger Jahre war fast die gesamte Reisanbaufläche mit Hochleistungssorten bestellt (Tab. 3). Allerdings war ein ganzes Bündel flankierender Maßnahmen erforderlich, damit es im Cauvery Delta tatsächlich zur „Grünen Revolution"[35] kam. Neben künstlicher Düngung und Pflanzenschutzmaßnahmen sowie hohen Kreditzahlungen, die für die neuen kapitalintensiven Anbaupraktiken erforderlich sind, war es vor allem die zusätzliche Erschließung von Grundwasser mit Hilfe mechanisierter Pumpanlagen (Tab. 3), die das größte Potential für Ertragssteigerungen boten: mit Hilfe ergänzender Brunnenbewässerung konnte die Kanalbewässerungsperiode so verlängert werden, daß nunmehr unter Verwendung der neuen schnellreifenden Sorten in weiten Teilen des Alten Deltas zwei Reisernten im Jahr möglich wurden (Tab. 2). Eine bereits kolonialzeitliche Innovation erlangte durch die verbesserte Wasserversorgung und die kürzeren Reifezeiten der neuen Reissorten eine neue Dimension, die Rotation von Naßreis mit trockenzeitlichem Anbau von Hülsenfrüchten auf dem gleichen, noch von der Bewässerungsperiode durchfeuchteten Feld. Die Fläche unter Hülsenfrüchten stieg im Distrikt Tanjore von 51 000 ha im Jahre 1946/47 auf 120 000 ha 1976/77[36]. Diese Entwicklung ist für die Ernährung der vorherrschend vegetarisch lebenden Bevölkerung von überaus großer Bedeutung, denn Hülsenfrüchte sind der wichtigste Eiweißträger.

Tabelle 3: Agrartechnische Elemente der „Grünen Revolution" im Cauvery Delta

Jahr	Neu install. Filter-Point Brunnen	Reisanbau-fläche unter Hoch-leistungs-sorten (%)	Verbrauch an chemi-schen Dün-gemitteln (Tonnen)	Verbrauch an Pesti-ziden (Tonnen)	Genossen-schaftliche Kreditbe-reitstellung (Mill. Rupien)
1960/61	243	nil.	31 034	271	1 481
1968/69	1 532	35,5	164 236	8 225	45 107
1969/70	1 557	76,9	183 229	8 111	49 894
1970/71	956	83,4	212 536	10 050	58 438
1971/72	1 400	92,8	247 375	12 143	78 927
1972/73	1 503	91,6	267 704	13 305	95 837
1973/74	1 548	95,0	272 439	10 596	120 479
1974/75	685	93,5	218 304	5 305	155 805
1975/76	1 857	94,6	314 825	17 037	203 812

Quelle: Progress Report, IADP, Thanjavur 1976, S. 22, 30, 36, 38, 42.

35 Bohle, 1981 a, S. 22–26
36 Season and Crop Reports, 1946/47 und 1976/77

Wie ungesichert die Bewässerung im Cauvery Delta jedoch noch immer ist, zeigte das Jahr 1976/77, als ausbleibende Monsunregen die Bewässerung im Neuen Delta nahezu zum Erliegen brachten und auch die Landwirtschaft im Alten Delta stark beeinträchtigten. Die Reisernte sank gegenüber dem Vorjahr um mehr als ein Drittel ab[37].

Das Ertragspotential für den Reisanbau ist im Cauvery Delta also noch keineswegs gesichert und auch bei weitem noch nicht ausgeschöpft. Dies zeigen auch die Erwartungen, die an das seit längerem geplante, aus Kostengründen jedoch noch nicht realisierte Integrierte Modernisierungsprogramm für das Cauvery-Delta-Bewässerungssystem geknüpft werden. Der Schwerpunkt dieses Projektes[38] liegt auf einer Verdoppelung der Dopppelanbauflächen bei gleichzeitiger Erhöhung der Flächenerträge. Die Doppelanbauflächen sollen zonalisiert werden, um Wasserzufuhr und Entwässerung besser regulieren zu können, sowie mit Hilfe von 1 000 Tiefbrunnen und 5 000 Flachbrunnen zusätzlich mit Grundwasser versorgt werden.

POLITÖKONOMISCHE HINTERGRÜNDE POSTKOLONIALER AGRARENTWICKLUNG

Im Vordergrund der Agrarentwicklungsbemühungen der unabhängigen indischen Regierung stand das Ziel, das Land möglichst schnell von ausländischen Getreidelieferungen unabhängig zu machen und sich damit auch dem politischen Druck zu entziehen, der zunehmend mit ausländischer Getreidehilfe verbunden war. Um dieses Ziel zu erreichen, verfolgte man nacheinander zwei grundsätzlich unterschiedliche Strategien. Eine erste, deren Kern das Community Development Programme war, kann als dezentralisiert und verteilungsorientiert gekennzeichnet werden. Dabei versuchte man, die alten, während der Kolonialzeit weitgehend zerstörten sozialen Institutionen wie Dorfgemeinschaft und Dorfversammlung wiederzubeleben und dadurch, unterstützt von Beratungsdiensten, von unterster gesellschaftlicher und räumlicher Ebene her Impulse zur Selbsthilfe und zu einer umfassenden ländlichen Entwicklung zu geben. Dieses Konzept wurde mit dem der dezentralisierten ländlichen Selbstverwaltung auf der Ebene von Entwicklungsblocks verknüpft.

Im Cauvery Delta wurden 1 500 Dorfversammlungen wieder ins Leben gerufen und 36 Entwicklungsblocks gebildet, ohne daß sich allerdings die erhoffte landwirtschaftliche Entwicklung einstellte (Tab. 2). Damit ist das Untersuchungsgebiet keine Ausnahme, denn das Community Development Programme blieb auch im nationalen Rahmen weitgehend wirkungslos. Ein Hauptgrund liegt darin, daß die dominierenden und ohnehin wohlhabenden dörflichen Gruppen es verstanden hatten, selbst in erster Linie Nutzen aus dem Programm zu ziehen[39]. Ein zweiter ist die unzureichende Qualität der dörflichen Beratungsdienste, die als Hauptagens ländlicher Entwicklung vorgesehen waren.

Eine weitgehende Umkehrung dieser Entwicklungskonzeption war die Folge dieses Fehlschlages, und etwa seit 1960 setzte in Indien, nicht ohne wirtschaftlichen und

---

37 Public Works Department, 1976
38 Project Report, 1969
39 Kantowsky, 1970, S. 141

politischen Druck aus dem Ausland, eine neue Agrarentwicklungsstrategie ein, die als selektiv und wachstumsorientiert gekennzeichnet werden kann. Einzelne, besonders vielversprechende Distrikte mit gesicherten Bewässerungsressourcen wurden unter dem Intensive Agricultural Districts Programme und später unter dem Intensive Agricultural Areas Programme ausgewählt, in denen mit hohem Kapitalaufwand und beträchtlichen staatlichen Subventionen insbesondere den größeren Bauern neueste Agrartechnologie zur Verfügung gestellt wurde. Alleiniges Ziel dieser Strategie, die den Beginn der „Grünen Revolution" in Indien markiert, ist eine Erhöhung der Nahrungsmittelproduktion. Dieses Ziel wurde in beträchtlichem Umfang erreicht, wie es auch das Beispiel des Cauvery Deltas zeigt. Die Getreideproduktion Indiens stieg von 74,2 Mill. Tonnen 1966/67 auf 131,5 Mill. Tonnen 1978/79[40], und die nationale Selbstversorgung war damit erstmals sichergestellt.

Inwieweit das Potential der „Grünen Revolution", die in Indien nur etwa ein Viertel des Landes, nämlich die bewässerten Regionen, umfaßt, schon ausgeschöpft ist, bleibt allerdings eine kontrovers diskutierte Frage. Die „billige" Phase der Grünen Revolution[41] scheint jedenfalls vorbei, und weitere Ertragssteigerungen werden — auch das wurde am Beispiel des Cauvery Deltas deutlich — sehr viel kapitalaufwendiger und auf lange Sicht sicherlich weniger spektakulär sein. Die eingangs erwähnte Besorgnis, mit der internationale Wirtschaftsprognostiker die zukünftige Ernährungslage Südasiens einschätzen, wird vor diesem Hintergrund durchaus verständlich.

SCHLUSS

Im vorliegenden Beitrag habe ich an einem Beispiel zu zeigen versucht, wie eng agrartechnische Innovationen und politökonomische Bedingungen im Laufe der historischen Entwicklung miteinander verknüpft waren und es gewiß auch in der Zukunft bleiben werden. Eine ebenso enge Wechselbeziehung besteht zwischen landwirtschaftlicher Entwicklung und den internen sozioökonomischen Verhältnissen. Die Innovationen in der Landwirtschaft haben, wie an anderer Stelle ausgeführt wurde[42], bereits in historischer Zeit zu gravierenden Einschnitten in die agrarsoziale Struktur geführt; dies ist eine Tatsache, die, wie H. Uhlig betont, in der sozialwissenschaftlichen Literatur über die „Grüne Revolution" oft unberücksichtigt bleibt[43]. Im Cauvery Delta entstanden schon in vorkolonialer Zeit und verstärkt in der Kolonialzeit schwerwiegende soziale und wirtschaftliche Ungleichgewichte innerhalb der Agrarbevölkerung, wobei sich der Zugang zu den wichtigsten Ressourcen, nämlich Land und Wasser, auf immer kleinere Teile der Agrarbevölkerung konzentrierte. Die neuen Agrartechnologien tendieren dazu, die bereits vorgegebene Ungleichheit weiter zu verstärken[44]; Probleme etwa in den Bereichen des Pachtwesens und der Grundbesitzverhältnisse[45] haben sich daher in den letzten Jahren im Cauvery Delta weiter verschärft.

40 Bohle, 1981 a, Abb. 2
41 Pflaumer, 1972, S. 9
42 Bohle, 1980, 1981 b
43 Uhlig, 1980, S. 57
44 Bohle, 1981 a, S. 26—32
45 Bohle, 1981 c

Die zukünftige Ernährungslage der Menschen in den Entwicklungsländern ist zwar ohne agrartechnischen Fortschritt nicht sicherzustellen, und dabei fällt dem Ausbau des Bewässerungswesens eine Schlüsselrolle zu. Doch zumindest in solchen Regionen, in denen sich bereits in historischer Zeit starke soziale und wirtschaftliche Ungleichgewichte herausbildeten, sind rein technische Lösungen des Ernährungsproblems kaum vorstellbar. Die Hauptaufgabe, gleichzeitig aber das größte Problem der Zukunft wird daher darin bestehen, wirtschaftliches Wachstum und größere Gleichheit miteinander zu verbinden.

LITERATURVERZEICHNIS

Bhatia, B. M.: „Famines in India, a Study in Some Aspects of the Economic History of India 1860—1945", 3. Aufl. London 1963
Bohle, H. G.: „Das Konzept der regionalen und lokalen Ungleichheit in der Sicht einer agrargeographischen Untersuchung in Südindien", In: Tag. ber. und Wiss. Abh., Deutscher Geographentag Göttingen 1979, Wiesbaden 1980, S. 521—523
Bohle, H. G.: „Die Grüne Revolution in Indien — Sieg im Kampf gegen den Hunger?", Fragenkreise 23554, Paderborn 1981 a
Bohle, H. G.: „Bewässerung und Gesellschaft im Cauvery-Delta (Südindien). Eine geographische Untersuchung über historische Grundlagen und jüngere Ausprägung struktureller Unterentwicklung", Geographische Zeitschrift, Beihefte, 57, 1981 b
Bohle, H. G.: „Traditionelle Raumstrukturen und aktuelle Entwicklungsprobleme in Südindien. Das Beispiel der Grundbesitzverhältniss", In: Geogr. Rundschau, 33, 1981 c, S. 502—510
Carruthers, I. D.: „Water Control, Irrigation, and Hydrological Research", In: Food Problems in South Asia 1975—1990, IDS Discussion Paper No. 78, Sussex 1975, S. 34—38
FAO-Production-Yearbook, 32, 1978, Rom 1979
Global 2 000, Der Bericht an den Präsidenten, 14. Aufl. Frankfurt 1981
Goetz, H.: „Geschichte Indiens", Stuttgart 1962
Gopalakrishnan, K. S.: „Cauvery Delta. A Study in Rural Settlements" unveröff. Diss., Banaras Hindu University, Varanasi 1972
Grist, D. H.: „The Future of the Green Revolution: Rice", In: Food Problems of South Asia 1975—1990, op. cit., S. 64—67
Hart, H. C.: „New Indias Rivers", Bombay-Calcutta-Madras 1956
Imperial Gazetteer of India, 26 Bde. Oxford 1909
Kanakasabai, V.: „The Tamils 1800 Years Ago", Madras 1904
Kantowsky, D.: „Dorfentwicklung und Dorfdemokratie in Indien", Freiburger Stud. z. Politik u. Gesellschaft überseeischer Länder, 9, 1970
Kreye, O.: „Nicht nur eine Handvoll Reis. Das politische Moment des Welternährungsproblems", Deutsche Welthungerhilfe, Bonn 1970
Madras Presidency, Revenue Dept.: „Report on the Direct and Indirect Effects of the Godavary and Kistnah Annicuts . . . and the Coleroon Annicuts in Tanjore and South Arcot", Madras 1858
Morkham, C. R.: „Irrigation in Southern India", In: Geographical Mag., IV, 1877, S. 279—286
Nilakanta Sastri, K. A.: „A History of India from Prehistoric Times to the Fall of Vijayanagar", 2. Aufl. London 1958
Pflaumer, G.: „Die Grüne Revolution schafft neue Probleme", In: Entwicklung und Zusammenarbeit, 3, 1972, S. 8—10, 15
Project Report, Modernization of the Old Cauvery Delta System, Govt. of Tamilnadu, Public Works Dept., Madras 1969
Public Works Department, Irrigation Branch, Tanjore, Cultivation Statistics Particulars, 1975/76
Report of the Tanjore Commissioners, 1799, Tanjore District, Tanjore 1905
Staley, J.: „Water. The Ultimate Limiting Factor in Agriculture and its Development in India", In: Growing out of Poverty, hrsg. v. E. Stamp, Oxford 1977, S. 57—79

Statistical Atlas of the Thanjavur District, 1950/51, Madras 1965

Uhlig, H.: „Hill Tribes and Rice Farmers in the Himalayas and South East Asia; Problems of the Social and Ecological Differentiation of Agricultural Landscape Types", In: Transactions and Papers, Inst. of British Geographers, 47, 1969 a, S. 1–23

Uhlig, H.: „Draft Presentation of a Framework for the Geographical Terminology of Rice-Cultivation", In: Modernization of the Pacific Region, Inter-Congress Meeting, Pacific Science Ass., 1969 b, Kuala Lumpur, (Tokyo), 1969 b

Uhlig, H.: „Der Reisbau im Himalaya", In: Rathjens, C., Troll, C. und Uhlig, H. (Hrsg.), Vergleichende Kulturgeographie der Hochgebirge des südlichen Asiens, Erdwiss. Forschung, V, 1973, S. 77–104

Uhlig, H.: „Geoecological Controls on High-Altitude Rice Cultivation in the Himalayas and Mountain Regions of Southeast Asia", In: Proc. of the Symp. of the IGU Commission on High Altitude Geoecology, Boulder/Colorado 1976

Uhlig, H.: „Innovationen im Reisbau als Träger der ländlichen Entwicklung in Südostasien", In: Röll, W., Scholz, U., Uhlig, H. (Hrsg.): Wandel bäuerlicher Lebensformen in Südostasien, Symp. Gießen 1979, Gießener Geogr. Schr., 48, 1980, S. 29–71

Uhlig, H.: „Der Reisanbau mit natürlicher Wasserzufuhr in Süd- und Südostasien. Überlegungen zur Bedeutung, Gliederung, Verbreitung und Terminologie", In: Ahnert, F. und Zschocke, R. (Hrsg.): Festschrift für F. Monheim, Aachener Geogr. Arb., 14, 1. Teil, 1981, S. 287–319

University of Madras, The Agricultural Economics Research Centre: „Economics of Irrigation and Water-Rates under Cauvery-Mettur-Project", Madras 1961

Venkata Ramanappa, M. N.: „Outlines of South Indian History", 2. Aufl. New Delhi 1977

Weltentwicklungsbericht, Weltbank, Washington 1981

Wittfogel, K., „Die orientalische Despotie", Köln-Berlin 1962

DAS NATUR- UND KULTURGEOGRAPHISCHE FREMDENVERKEHRS-POTENTIAL FÜR DEN EUROPÄISCHEN FERNTOURISMUS IN SRI LANKA

MANFRED DOMRÖS, MAINZ

MIT 1 KARTE UND 2 ABBILDUNGEN

1. STAND UND ENTWICKLUNG DES INTERNATIONALEN FREMDENVERKEHRS AUF SRI LANKA

Sri Lanka hat in den 70-er Jahren einen zu Recht als spektakulär zu bezeichnenden Aufschwung seiner Fremdenverkehrswirtschaft genommen (Vorlaufer 1979). Sri Lanka bzw. Ceylon, wie die Insel — gleichwohl unter amtlich überholtem Namen — von touristischer Seite immer noch genannt wird, erfreut sich unter den Fernreisezielen der Dritten Welt unzweifelhaft einer Spitzenstellung und genießt gerade bei deutschen Reiseveranstaltern wie auch Urlaubern einen besonders hohen Beliebtheitsgrad. Aus geographischer Sicht verdient Sri Lanka/Ceylon nicht nur als ein Idealfall einer Tropeninsel (siehe die Länderkunden von Sievers 1964, Domrös 1976) und auch nicht nur als *die* weltberühmte Teeinsel (vor allem Schweinfurth 1966, Marby 1972) bezeichnet zu werden, sondern heute ist Sri Lanka zusätzlich noch als *Touristeninsel* zu kennzeichnen. Die insgesamt gute geographisch-wissenschaftliche Erforschung Sri Lankas hat auch diese Entwicklung schon miteinbezogen (siehe Radke u.a. 1975, Domrös 1976, vor allem Vorlaufer 1979, 1980); dabei standen allerdings die sozialen und wirtschaftlichen Aspekte der Fremdenverkehrswirtschaft im Vordergrund.

Als Ursache für die stürmische Expansion der internationalen Fremdenverkehrswirtschaft können das auf kleinem Raum konzentrierte, einzigartige *natur- und kulturgeographische Fremdenverkehrspotential* für den Ferntourismus als auch die *Realisationsphänomene* (touristische und allgemeine Infrastruktur etc.) genannt werden. Es muß anerkannt werden, daß es der erst Ende der 60-er Jahre in Sri Lanka initiierten staatlichen Förderung der internationalen Fremdenverkehrswirtschaft gelungen ist, die touristische Nutzung bzw. Inwertsetzung der natürlichen und kulturellen sowie der natur- und kultur*geographischen* „Ressourcen" erfolgreich zu verwirklichen. Mitbegünstigt wurde der rasche Aufschwung der Fremdenverkehrswirtschaft dadurch, daß sich Sri Lanka als eine touristische „*Marktlücke*" in West- und Mitteleuropa — gerade noch rechtzeitig in der Zeit des dort aufstrebenden Fernreisetourismus — erfolgreich anzubieten verstand: Auf der Suche nach neuen, reizvollen und „unverdorbenen" Reisezielen offerierte sich Sri Lanka für die europäischen Reiseveranstalter als ein zudem noch preisgünstiges, schließlich auch für Bildungs- und Studienreisen lehrreiches Reiseziel — als eine echte Alternative zu bekannten Reisezielen, die als Folge der Probleme von Kostenexplosion und Massentourismus an Attraktivität verloren hatten.

Förderlich für den erfolgreichen Aufbau der Fremdenverkehrswirtschaft erwiesen sich noch zwei andere Komponenten: einerseits ein kluges Marketing von seiten Sri Lankas, andererseits die gerade von deutscher Seite tourismusfördernd betriebenen, regen publizistischen und literarischen Aktivitäten über Sri Lanka. Davon zeugen viele

Reisebeschreibungen in der Tagespresse und in Magazinen als auch eine unverhältnismäßig große Anzahl von allgemeinen Reiseführern; zu nennen sind hier vor allem Polyglott: Ceylon; Merian: Ceylon; Touropa-Urlaubsberater: Ceylon. Sri Lanka — strahlend schönes Land; Mai's Weltführer Ceylon; Hallwag-Führer: Ceylon/Sri Lanka; B. Schiller: Ceylon kennen und lieben.

Das in Europa nahezu übereinstimmend gezeichnete Bild Sri Lankas preist die Insel durch den „Zauber der Landschaft und Kultur" (Handelsblatt vom 13.2.1968). Die an Euphorie grenzenden, romantisch-exotischen Beschreibungen von Sri Lanka gipfelten im Vergleich der Insel mit dem „verlorengeglaubten, wiedergefundenen Paradies" (Merian, ohne Jahr: Ceylon, S. 9). Gerade den gehobenen touristischen Ansprüchen in Richtung auf Bildungs- und Studienreisen wußte sich Sri Lanka als lehr- und bildungsreiches Reiseziel zu profilieren.

Auf dem geschilderten Hintergrund ist der rasche Aufschwung der Fremdenverkehrswirtschaft in Sri Lanka im Grunde genommen nicht verwunderlich. Durch drei Kenngrößen kann die rapide Entwicklung der Fremdenverkehrswirtschaft anschaulich dokumentiert werden: durch die *Hotelkapazität*, die *Anzahl der Urlauber* und die *Deviseneinkünfte* aus dem Tourismus. Die letztgenannte Kenngröße soll zugleich als Hinweis darauf verstanden werden, daß sich die Fremdenverkehrswirtschaft Sri Lankas bislang fast ausnahmslos auf den *internationalen* Tourismus bezieht. Der Binnentourismus der Einheimischen ist dagegen von geringer wirtschaftlicher Bedeutung, vor allem wegen der schwachen Finanzkraft der einheimischen Touristen. Bei der Betrachtung der drei o.g. Kenngrößen — auf der Grundlage von jährlichen Beobachtungen von 1968 bis 1980 (s. Abb. 1) — zeigen sich übereinstimmend rapide ansteigende Kurven, die neben dem generell gültigen, raschen Aufwärtstrend bei allen drei dargestellten Kenngrößen zugleich noch folgende Grundtatsachen beweisen:

— Die *Hotelkapazität* Sri Lankas, bezogen auf sog. „klassifizierte" (staatlich geprüfte) Beherbergungsbetriebe, schnellte innerhalb von 12 Jahren von rund 900 auf über 6 000 (fast ausnahmslos Doppel-) Zimmer an. Das entspricht einer Steigerung der Hotelkapazität um fast 550 %. Von Jahr zu Jahr gelang eine spürbare Steigerung der Hotelkapazität, doch variierten die inter-annuellen Wachstumsraten sowohl in absoluter als auch relativer Hinsicht. Überdurchschnittliche Steigerungsraten zeigten insbesondere die Jahre 1973, 1975 und 1976. Unter Berücksichtigung der einzelnen Hotelstandorte wird die oberste Fremdenverkehrsstrategie Sri Lankas bestätigt, wonach der Fremdenverkehr *selektiv* auf bestimmte Küstenabschnitte, vor allem an der West- und Südküste, sowie auf wenige Inlandregionen (historisch-kulturelle Stätten und Zentrales Bergland) beschränkt bleiben soll. Im Laufe der erst jungen Entwicklung des Fremdenverkehrs zeigt sich weit mehr eine regionale Konzentration anstelle einer räumlichen Ausweitung. Der bislang kontinuierliche Ausbau der Hotelkapazität, in stärkerem Maße an den Badestränden und abgeschwächt in den Inlandregionen, unterstreicht gleichwohl das Tourismuskonzept Sri Lankas in Richtung auf eine bevorzugte Förderung des Badebzw. Erholungstourismus unter gleichzeitiger Einbeziehung von Bildungsinhalten anhand der historischen und landschaftlichen Sehenswürdigkeiten im Inselinnern einschließlich -bergland.

— Die *Anzahl der Urlauber* ist in noch stärkerem Maße spektakulär angestiegen als die der Hotelkapazität, und zwar innerhalb der vergangenen 12 Jahre auf das über Elffache. Mit Ausnahme der gering rückläufigen Einreisequote im Jahre 1971 zeigte sich

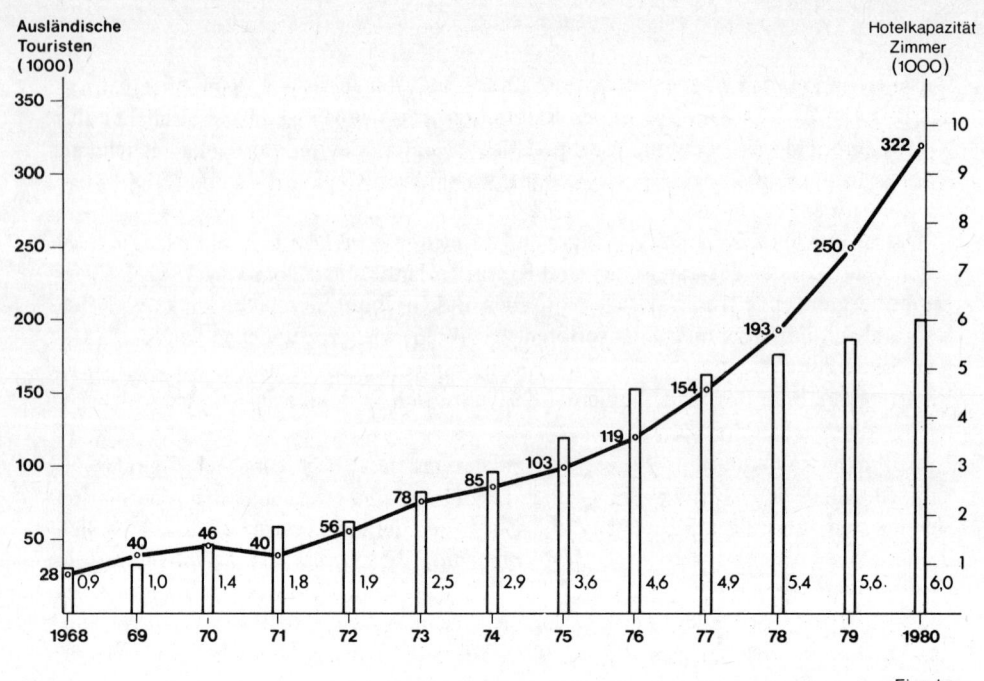

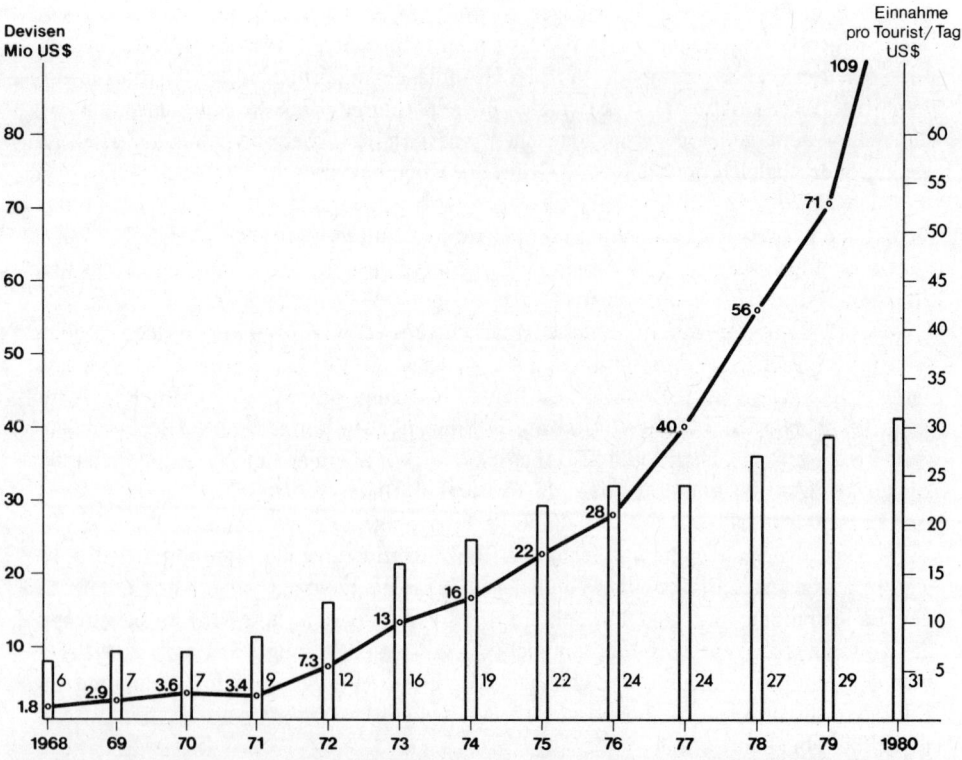

Abb. 1: Ferntourismus in Sri Lanka 1968–1980: Entwicklung der Touristenzahlen und der kapazität (oben), gesamtes Devisenaufkommen des Tourismus und Deviseneinnahmen pro Tourist/Tag (unten).

von Jahr zu Jahr eine rasch zunehmende Anzahl von einreisenden Touristen, die sich bis zum Jahre 1980 mit der bislang größten jährlichen Zuwachsrate von über 70 000 Touristen spürbar vergrößerte. Nach der Gesamtzahl von 322 000 Urlaubern im Jahre 1980 bzw. rund 26 800 im Monatsmittel kann der Fremdenverkehr in Sri Lanka, auch bei räumlicher Konzentration auf bestimmte Regionen, nicht in die Kategorie des „Massentourismus" eingestuft werden. Nach der Herkunft der Touristen hat Sri Lanka sich zu einem beliebten Reiseziel für die Europäer entwickelt (rund 65 %). Im einzelnen rangieren bundesdeutsche Urlauber seit Jahren an der Spitze, ihr Anteil an der Gesamtzahl der einreisenden Touristen kletterte 1980 auf den bisherigen Höchstwert von 23 % bzw. 75 000 Personen. Das entspricht einer Steigerungsrate von 50 % zwischen 1979 und 1980.

— Auch die *Deviseneinnahmen* aus dem Fremdenverkehr, ausgedrückt in der Jahressumme und im täglichen Deviseneinkommen pro Tourist, unterstreichen nachdrücklich die rasche Expansion der Fremdenverkehrswirtschaft in Sri Lanka. Innerhalb von 12 Jahren stiegen die jährlichen Devisen von 1,8 (1968) auf 108,9 Mio. US $ (1980), was einer Wachstumsrate von fast 600 % innerhalb von nur 12 Jahren entspricht (allein 1979/80 ein Plus von 40 %). Diese spektakuläre Zuwachsrate beruht auch auf den rasch angewachsenen Pro Kopf-Einnahmen/Tag/Tourist, die im gleichen Zeitraum von rund 6 auf fast 31 US $ geklettert sind. Gesamtwirtschaftlich ist der Fremdenverkehr allerdings erst von begrenzter Bedeutung. Er erzielte 1979 2,4 % des Bruttosozialprodukts (zum Vergleich Indien und Pakistan je 0,4 %, Nepal 2,0 %); die Tourismusdevisen erbrachten 6,6 % der gesamten Devisen (1979). Die gesamtwirtschaftlich stimulierende Wirkung des Fremdenverkehrs für Sri Lanka wird aus den mittel- und unmittelbaren binnenwirtschaftlichen Effekten ersichtlich, insbesondere durch Schaffung neuer Arbeitsplätze und diverser Tourismusindustrien. So betrug 1980 die Zahl der direkten und indirekten Beschäftigten im Tourismus 53 018.

Die durch diese wenigen Fakten belegte stürmische Expansion der Fremdenverkehrswirtschaft von Sri Lanka wirft ebenso vehement die Frage nach den *Ursachen* dieser Entwicklung und den *Möglichkeiten* eines weiteren Aufschwungs auf. Dabei soll im besonderen gefragt werden, welche *natur- und kulturgeographischen Standortfaktoren* (bzw. -vorteile) und Ressourcen Sri Lanka für die internationale Fremdenverkehrswirtschaft besitzt. Von da her wird im folgenden der Versuch einer Evaluierung des geographischen Fremdenverkehrspotentials von Sri Lanka angestrebt — aus dem Blickwinkel des europäischen Tourismus und im Vergleich zu den benachbarten asiatischen Ländern.

2. DIE NATURGEOGRAPHISCHEN PRIMÄRFAKTOREN

2.1 *Größe und Lage, Distanz*

Sri Lanka mißt 65 610 qkm Landfläche — am häufigsten verglichen mit der von Bayern — und kann somit zurecht als „*kleine*" Insel bezeichnet werden. Die relativ kleine Flächenausdehnung ist von unbestreitbar großem Vorteil gerade im Blick auf Studien- und Bildungsreisen, denn selbst ein vergleichsweise kurzer Zeitraum ermöglicht eine repräsentative Rundreise unter Einschluß aller wichtigen Bildungs- und Studienziele.

Für organisierte Rundreisen hat sich ein Zeitraum von 5 bis 7 Tagen als sinnvoll und praktikabel erwiesen.

Sri Lanka liegt rund 6–10° nördlich des Äquators und ist der äußersten Südspitze Indiens unmittelbar vorgelagert. Vom indischen Festland ist die Insel durch die Meerenge der Palk Strait getrennt, die an der schmalsten Stelle nur 15 km mißt. Als „Nachbarn" können – wenn überhaupt – neben (Süd-) Indien nur noch die zwischen 600 und 800 km südwestlich gelegenen Malediven bezeichnet werden. Gleichwohl konkurrieren beide Räume, Südindien wie auch die Malediven, mit Sri Lanka um die internationale touristische Gunst; dabei zeigen sich für Sri Lanka Parallelen mit Südindien hinsichtlich des kulturgeographischen Fremdenverkehrsangebots, dagegen mit den Malediven hinsichtlich des naturgeographischen.

Die Entfernung zum wichtigsten Markt (West- und Mitteleuropa) ist für alle drei südasiatischen Nachbarn etwa gleichgroß. Übereinstimmend kann auch eine Flugzeit von 10–13 Stunden (non-stop oder einschließlich ein bis zwei Zwischenlandungen) von Mittel- und Westeuropa als zumutbar bezeichnet werden, zumal die Distanz in der Regel großteils in der Nacht überbrückt wird.

2.2 Oberflächenformen

Geologisch einen Teil des Gondwana-Urkontinents – wie das indische Dekhan-Hochland – darstellend (der in der Kreidezeit auseinanderbrach), ist Sri Lanka wie dieses ebenfalls durch ein im (Insel-) Innern gelegenes, leicht nach Südwesten versetztes Bergland – offiziell Central Highlands genannt – gekennzeichnet, das allseitig steil aus dem umgebenden Tiefland aufsteigt. Der Gegensatz *Tiefland – Hochland* bzw. *Flachland – Bergland* bestimmt die durch eine erhebliche *Reliefenergie* ausgewiesenen Oberflächenformen Sri Lankas.

Die ebenen *Tiefländer* nehmen im Südwesten und Süden nur einen schmalen Küstenstreifen ein, der sich nach Osten und Norden allmählich verbreitert und schließlich den gesamten Norden ausfüllt. Die Reliefenergie der Tiefländer ist ingesamt gering, auch wenn die darin eingestreuten, zahlreichen Inselberge (Gneis-Härtlinge) belebende Charakterzüge darstellen. Die Tiefländer steigen von der Küste aus unmerklich zum abrupten Rand des „zentralen" Berglandes an. Räumlich schwankend vollzieht sich der Übergang zwischen beiden Landschaftsräumen in einer Meereshöhe zwischen 30 und 300 m. Der nur geringe Anteil von 14 % der gesamten Inselfläche über 300 m NN dokumentiert die flächenhafte, landschaftsprägende Ausbildung der Tiefländer. Ausdruck derselben und gleichzeitig der nur flachen, küstenwärtigen Neigung der Tiefländer ist die kräftige Sedimentation der häufig stark mäandrierenden und von Sandbänken durchzogenen Flüsse.

Das *Bergland* erreicht zwar nur eine Mittelgebirgshöhe von maximal 2524 m (Pidurutalagala), dennoch ist überall sein vielfältiger Formenschatz erkennbar, der sich vor allem ausdrückt in einer lebhaften, kleinräumigen Differenzierung mit oft beachtlichen Reliefunterschieden auf kleinem Raum (durch Bergrücken, Steilabfälle, Schluchten und intramontane Becken). Der aus dem inneren Bergland steil aufragende zentrale Gebirgskern mit den allerhöchsten Erhebungen dokumentiert nochmals die kräftige Reliefenergie. Dennoch bedeuten selbst die lebhaften Oberflächenformen in touristischer Hinsicht keine besondere Erschwernis; ebenso bietet das Bergland keine Möglichkeit zu Bergsteiger- oder alpinistischen Expeditionen, wohl aber vermag es einen beträchtlichen landschaftlichen Reiz auszuüben.

2.3 Küstenformen

Sie stellen unzweifelhaft einen der wichtigsten naturgeographischen Primärfaktoren dar, weil es sich bei dem internationalen Fremdenverkehr in Sri Lanka (bislang) überwiegend um *Strand- bzw. Badetourismus* handelt. Die Küstenlänge Sri Lankas insgesamt beläuft sich auf über 1 600 km. Bei ihr handelt es sich küstenmorphologisch größtenteils um die für den Fremdenverkehr besonders günstigen, flachen *Aufbauküsten*, weniger um nachteilige *Zerstörungsküsten*. Aufbauküsten – in Form der Lagunenküste – bilden die gesamte Küste mit Ausnahme der Südwest- und Südküste zwischen Panadura und Hambantota sowie des kleinen Ostküstenabschnitts zwischen Trincomalee und Kuchchaveli. In diesen beiden Fällen sind Zerstörungsküsten anzutreffen, die als Rias- bzw. Kliffküsten ausgebildet sind.

Kennzeichnend für die *Aufbauküsten* ist ein zwischen 20 und 30 m breiter Strandsaum aus feinem Sand sowie der Küste vorgelagerte Sandbänke, die zum Teil ans Festland angewachsen sind, Nehrungen bilden und Lagunen einschließen. Die Küste ist durch die kräftige Wirkung des Südwestmonsuns an der Westküste und des Nordostmonsuns an der Ostküste (siehe Kap. 2.4) ständig rezenten Veränderungen durch Sand- und Flußmündungsversetzungen unterworfen. Die Nehrungen sind in ihrer langgestreckten, küstenparallelen Form typisch, am besten sind die Beispiele der 40 km langen Nehrung von Kalpitiya und der 15 km langen Negombo-Nehrung. Sie hemmen die kräftigen Monsunbrandungen des Indischen Ozeans und begünstigen die Verlandung und Versandung der Lagunen zu Strandseen. Der mittlere Teil der Ostküste um Batticaloa und die gesamte Jaffna-Halbinsel bilden groß angelegte Systeme von Nehrungen und Lagunen einschließlich Strandseen.

Die *Zerstörungsküsten* mit ihrem schmalen, oft steilen und künstlich uferbefestigten Strandsaum sind der vollen Gewalt der südwest- bzw. nordostmonsunalen Strömungen unvermittelt ausgesetzt. Die mächtige Erosion durch die Brandung wird durch die stellenweise der Küste vorgelagerten, aus dem Meer aufragenden und dem Schelf aufsitzenden Felsrippen – als Reste der ehemaligen Küstenlinie – dokumentiert, z.B. die Great und Little Basses vor der Südküste. Diese Felsrippen bieten gleichwohl einerseits in ihrem Schutz ideale Voraussetzungen für eine massige Bildung von Korallen und auch für die Verbreitung tropischer Zierfische (beides in Hikkaduwa und Passekudah), andererseits können solche Felsriffe auch zu kleinen Naturschutzreservaten aufgewertet sein (Pigeon Island vor Nilaveli/Trincomalee). Im Bereich der Kliffküste von Trincomalee streicht eine Gesteinsbank aus, die von der Meeresbrandung stark unterschnitten ist und zur Abtrennung einiger Felskliffe geführt hat (touristische „Attraktion" ist der Swami Rock, Trincomalee).

Die verschiedenen Küstenformen können mit Ausnahme der Kliffküste auf vielfache Weise tourismusfreundlich im Blick auf die Strandausstattung als solche als auch auf das Angebot an Strandsportarten sein. Dies gilt selbst für die touristisch primär ungünstigen Zerstörungsküsten, die gerade einen großen Teil der führenden Badestrände an

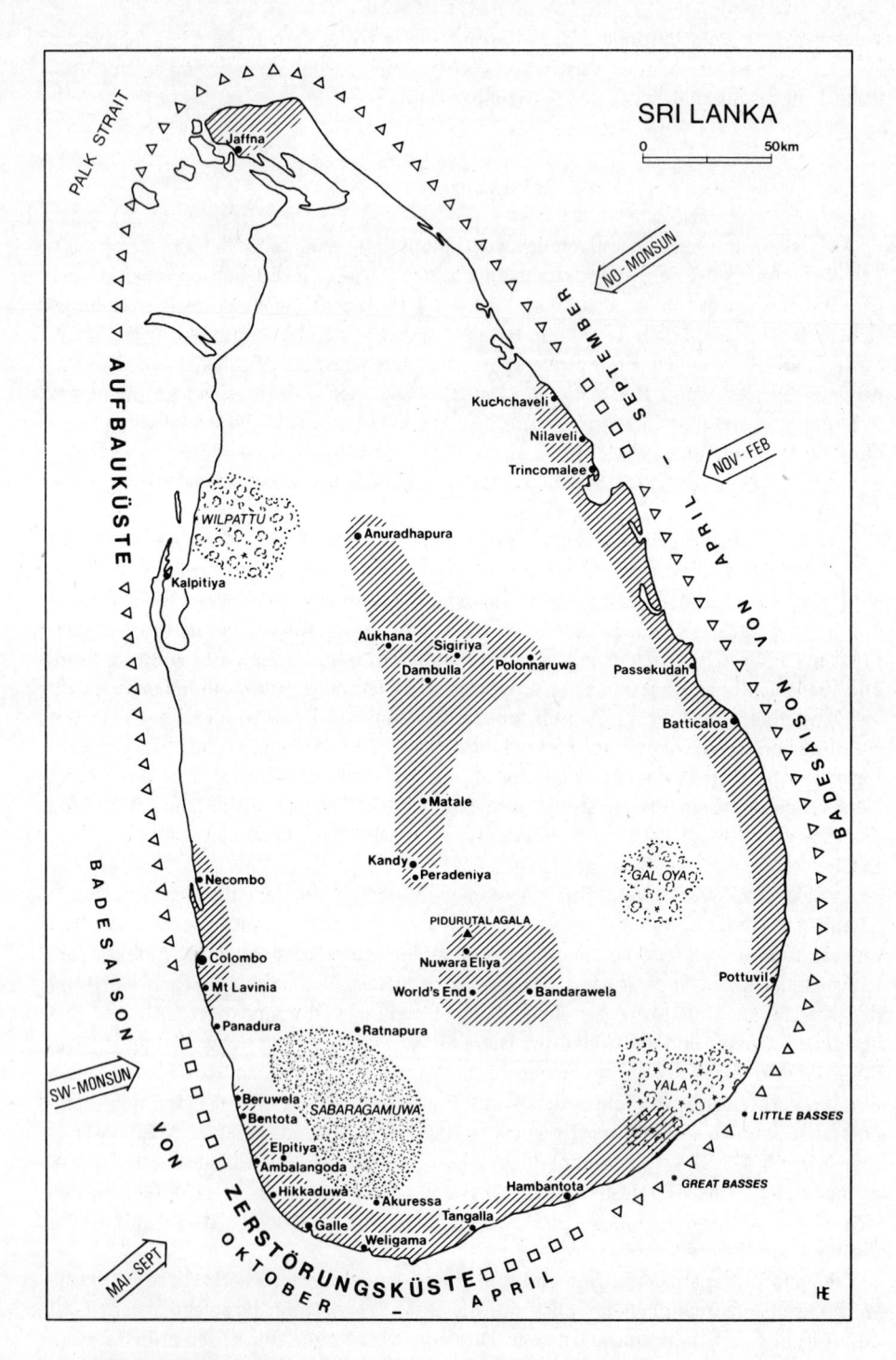

Abb. 2: Räumliche Verteilung und Standorte des internationalen Tourismus in Sri Lanka.

der Südwestküste einnehmen. Tourismusfreundlich sind gleichwohl die häufig sowohl die Aufbau- als auch Zerstörungsküsten auflösenden, malerischen *Buchten,* z.B. Weligama, Hambantota, Trincomalee, Pottuvil und Passekudah. Die Küstenformen insgesamt müssen für Sri Lanka als günstige Primärfaktoren hinsichtlich des internationalen Fremdenverkehrs bezeichnet werden.

2.4 Klima (vgl. Tab. 1)

Das Klima muß für die Tropeninsel Sri Lanka als der wichtigste naturgeographische Primärfaktor für den internationalen Fremdenverkehr bezeichnet werden. Aus den Lageverhältnissen von Sri Lanka in den niederen Breiten einerseits, in Südasien andererseits folgt, daß *Tropen-* und *Monsunklima* die beiden gleichzeitig gültigen Kenngrößen des Klimas von Sri Lanka sind. Dennoch ist das Tropenklima in jedem Falle der touristisch günstigere, dagegen des Monsunklima der eher unsichere und nachteilige Faktor.

Unter der Kenngröße des *Tropenklimas* verbirgt sich die ganzjährige thermische Gunst Sri Lankas. So ergibt sich für alle Tiefländer eine jährliche Mitteltemperatur zwischen 26 und 28 °C, bei einer geringen Jahresamplitude von höchstens 4 °C. Die aus der relativen Küstennähe[1] aller Orte Sri Lankas resultierenden starken maritimen Einflüsse reduzieren die in den Tropen üblicherweise großen täglichen Temperaturschwankungen auf nur 5–10° C (im Normalfall). Auf Grund des vertikalen Temperaturgradienten sinken die Temperaturen im Bergland um rund 0,6–0,7° C/100 m Höhenunterschied, also auf rund 12–16° C im Mittel für die Bereiche des hohen Zentralen Berglandes zwischen etwa 1 900 und 2 500 m. Diese Temperaturbedingungen können mit Lauer (1975) nur noch als „*kalttropisch*" bezeichnet werden; die in jedem Fall größere tägliche als jährliche Temperaturamplitude kennzeichnet auch die kühlen Berglandregionen eindeutig als tropisch (im Unterschied zu den effektiven Klimaklassifikationen, z.B. von Köppen und Von Wissmann).

Auf die hygrischen Verhältnisse bezieht sich die Kenngröße des *Monsunklimas,* was eine klare jahreszeitliche Unterteilung in eine Regen- und eine Trockenzeit beinhaltet. Aus dem im halbjährigen Rhythmus wechselnden System zwischen dem Sommer- bzw. Südwest-Monsun und dem Winter- bzw. Nordost-Monsun auf der einen Seite und der Wirkung des Zentralen Berglandes als scharf ausgeprägte *orographische Barriere* und damit als *Regenscheide* andererseits resultiert eine eindeutige Gliederung Sri Lankas in die jahreszeitlich alternierenden Regenstau- und -schattenflanken des Berglandes einschließlich der vorgelagerten Tief- und Küstenländer. Unter zusätzlicher Berücksichtigung der labilen Schichtung des Südwestmonsuns und der stabilen Schichtung des Nordostmonsuns ergibt sich folgendes Schema der saisonalen und regionalen Niederschlagsverteilung für Sri Lanka: Der Südwestmonsun untergliedert die Insel in einen kräftig beregneten Südwestsektor und in die vergleichsweise trockenen übrigen Inselsektoren; umgekehrt trennt der Nordostmonsun einen feuchteren Osten von einem relativ trockenen Westen.

Auf Grund der Monsunregenfälle muß das in Sri Lanka gebräuchliche touristische Schlagwort „*Sri Lanka – always in season*" räumlich und (jahres-) zeitlich modifiziert

---

[1] Kein Ort der Insel ist weiter als 113 km Luftlinie von der Küste entfernt.

werden, um dem Mißverständnis einer klimatischen Fremdenverkehrsgunst in *allen* Teilen der Insel und zu *allen* Jahreszeiten vorzubeugen. Vielmehr ergeben sich aus dem Regime der Monsune die jeweils monsunabgewandten, trockenen Regenschattenseiten einschließlich der zugeordneten Küsten als fremdenverkehrsgünstige Regionen der Insel; daraus läßt sich die folgende Faustregel über die günstigsten *Reisezeiten für den Badetourismus* ableiten:

Winter (Dezember–März) = West- und Südküste,
Sommer (April–September) = Ostküste.

Die Übergangsjahreszeiten (Oktober/November bzw. März/April) können als die günstigsten Reisezeiten für *beide* Küsten gleichzeitig gelten. Das obige Grundprinzip beinhaltet zwar eine eindeutige räumliche und zeitliche Eingrenzung, dennoch ist auch das Angebot eines ganzjährigen Tourismus gültig, unter der Voraussetzung der „richtigen" Standortwahl des Badestrandes und der entsprechend gültigen Reisezeit gemäß der obigen Faustregel.

Tab. 1: Fremdenverkehrsklimatische Grunddaten für Colombo und Nuwara Eliya im Vergleich zu Frankfurt, jeweils 30-jährige monatliche Mittelwerte

	J	F	M	A	M	J	J	A	S	O	N	D
Regentage/Monat												
Colombo	8	7	11	18	23	22	15	15	17	21	19	12
Nuwara Eliya	13	9	11	16	17	24	22	22	20	21	21	17
Frankfurt	17	14	12	14	14	14	14	14	13	14	16	16
Temperatur												
Mittl. Tages-*Maximum* (°C) x												
Colombo	30	31	31	31	31	30	29	29	30	29	30	30
Nuwara Eliya	20	21	21	22	21	19	19	19	19	20	20	20
Frankfurt	3	5	10	15	20	23	24	24	20	14	8	4
Mittl. Tages-*Minimum* (°C)												
Colombo	22	22	24	24	25	25	25	25	25	24	23	22
Nuwara Eliya	9	8	8	10	12	13	13	13	12	11	11	10
Frankfurt	−3	−3	0	4	8	11	13	13	10	5	2	−2
Sonnenscheindauer (h/Tag)												
Colombo	8	8	9	8	6	7	6	6	6	6	6	6
Trincomalee	6	8	8	9	8	8	7	8	8	7	5	5
Nuwara Eliya	5	6	6	5	4	3	2	2	3	4	4	5
Frankfurt	2	2	5	6	8	7	7	6	5	3	2	1

Meereshöhe: Colombo 7 m, Nuwara Eliya 1882 m, Trincomalee 3 m, Frankfurt 103 m.
„Regentag": im Falle von Colombo u. Nuwara Eliya > 2,5 mm, Frankfurt > 0,1 mm.

Ein für den internationalen Fremdenverkehr besonders wichtiges Klimaelement ist auch die *Sonnenscheindauer*. Für den europäischen Touristen ist im Falle eines Badeurlaubs die aktuelle *tägliche* Andauer am wichtigsten. Auf Grund von langjährig gemittelten Beobachtungen zeichnen sich auffallende räumliche Unterschiede ab (vgl.

Tab. 1): Signifikant höhere tägliche Andauerwerte ergeben sich für das Tiefland (im Mittel 7–8 h/Tag), deutlich niedrigere für das Bergland (im Mittel 4–5 h/Tag). Bezogen auf die bevorzugten Reisezeiten (s.o.), ist die Ostküste durch höhere Tagesandauerwerte (um 8 h) etwas günstiger gestellt als die West- und Südküste (um 7 h). Die aktuellen Tageswerte der Sonnenscheindauer können von den genannten Mittelwerten erheblich abweichen; eine größere interdiurne Veränderlichkeit ist für das sonnenscheinarme Bergland im Vergleich zu den Küstentiefländern gültig. Fremdenverkehrs- bzw. bioklimatisch wichtig erscheint zusammen mit der Sonnenscheindauer noch die *Einstrahlungsintensität*, über die allerdings für Sri Lanka genauere Werte fehlen. Die für die inneren Tropen bekanntermaßen hohe Strahlungsintensität muß jedoch auch für Sri Lanka als zutreffend angesehen werden. Beweis hierfür sind Sonnenbrände und gar Hautverbrennungen nach übertriebenem Sonnenbaden der Touristen, weshalb die starke Sonneneinstrahlung auch einen Risikofaktor darstellt.

Der *Wind* als fremdenverkehrsklimatischer Faktor ist wegen seines Einflusses auf die bioklimatische Abkühlungsgröße wichtig. Die abkühlende Wirkung der tagsüber wehenden Seebrise (als Teilstück des tagesperiodischen Land- und Seewindsystems) bezieht sich deshalb vor allem auf die heißesten, strahlungsreichen Küstentiefländer.

Die bislang unberücksichtigt gebliebene *relative Luftfeuchte* wird in der bio- und fremdenverkehrsklimatisch ebenfalls wichtigen Größe der *Schwüle* wirksam. Im Blick auf die Tropen wird die Schwüle gar als das typische Merkmal des Bio- und Fremdenverkehrsklimas genannt und dabei — vereinfacht — als „hohe Feuchtwärme" definiert, die auf den menschlichen Organismus belastend und leistungsmindernd wirken kann. Schwüle und Behaglichkeit, beide voneinander abgegrenzt durch die von Scharlau (1950) modifizierte Lancaster-Castens-Schwüle-Grenze, wurden für Sri Lanka für vier ausgewählte Klima-Hauptstationen in unterschiedlicher Meereshöhe untersucht (Beobachtungszeitraum 1931–1960): Colombo (7 m), Kandy (477 m), Diyatalawa (1248 m), Nuwara Eliya (1882 m).

In den für die vier Stationen gezeichneten Schwülediagrammen des *Jahresgangs* der Schwüle bzw. Behaglichkeit sind im Koordinatenfeld die Temperatur (auf der Abszisse) und die Luftfeuchte (auf der Ordinate) nach Monaten korreliert und in Form eines unregelmäßigen Zwölfecks, durch Verbinden der Monate von Januar bis Dezember, dargestellt worden (s. Abb. 2). Die Lage des Zwölfecks zur Schwülegrenze gibt Auskunft über die Intensität und Ausdauer der Schwüle. Daraus folgt anhand der repräsentativ ausgewählten Tieflandstation Colombo (7 m) für das gesamte Tiefland Sri Lankas eine in allen Monaten kräftig ausgebildete, *permanente Schwüle*. Ganzjährige Schwüle gilt auch für das untere Bergland (Beispiel Kandy 477 m). Mit zunehmender Meereshöhe zeigen sich bemerkenswerte Veränderungen bezüglich der Intensität und Andauer der Schwüle: Für die im mittleren Bergland gelegene Station Diyatalawa (1248 m) gelten bereits *periodisch schwüle* Bedingungen mit je 6 schwülen und behaglichen Monaten, für Nuwara Eliya (1882 m) trifft schließlich *ganzjährige Behaglichkeit* zu. Diese auf monatlicher Grundlage gewonnenen Beobachtungen werden durch die Betrachtung des *Tagesgangs* der Schwüle bestätigt (Domrös 1981). Insgesamt ergibt sich daraus eine eindeutige *Höhenstufung* nach verschiedenen Schwülebereichen: Von den Tiefländern reicht bis in rund 1100 m die Zone permanenter (ganzjähriger und ganztägiger) Schwüle, gefolgt bis in rund 1500 m von einer Stufe der periodischen Schwüle, über der schließlich die stets schwülefreie, dafür permanent behagliche Höhenstufe liegt.

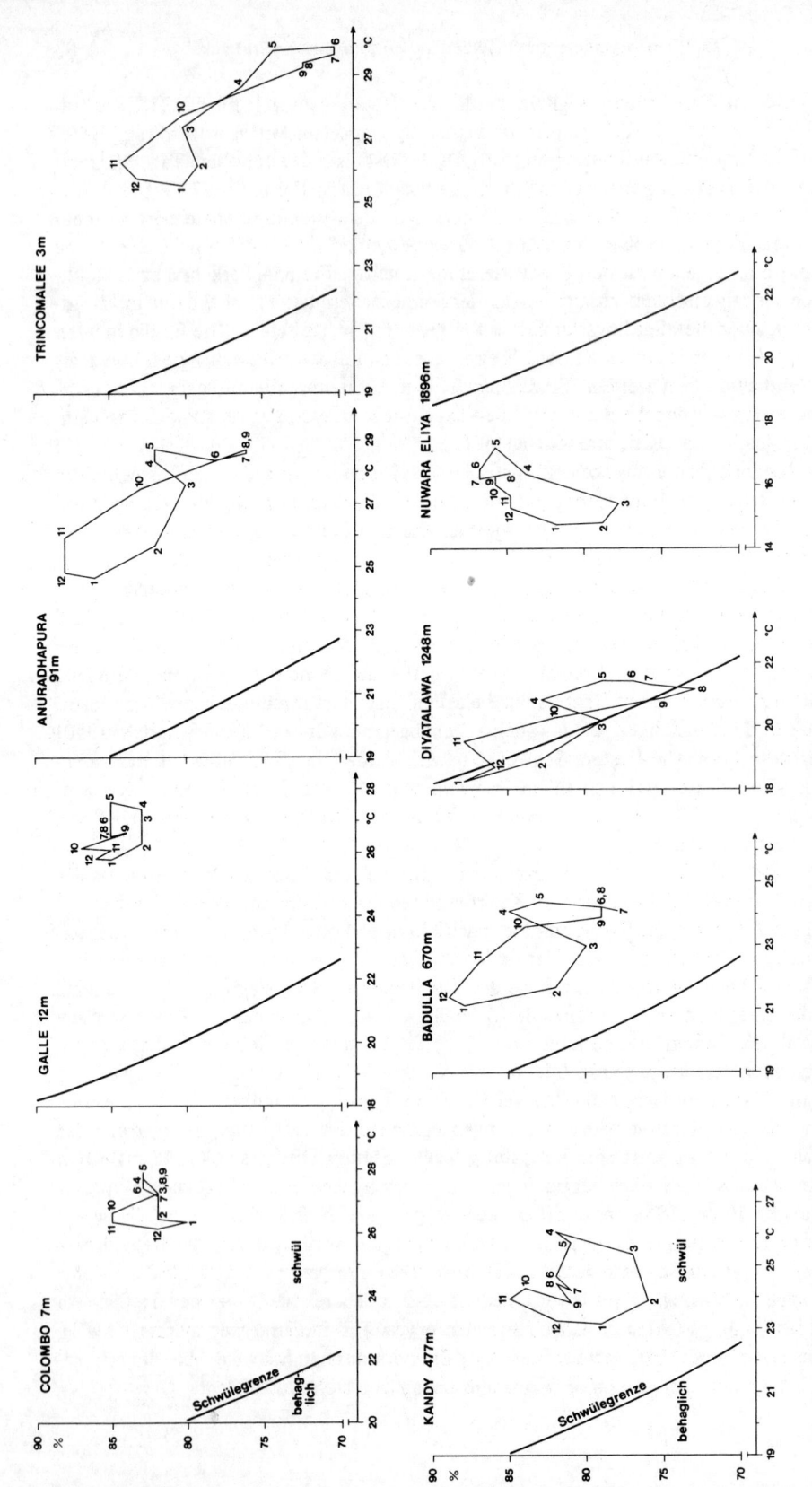

Abb. 3: Jährliche Schwülediagramme (nach der Methode von Scharlau) für acht Klimahauptstationen in Sri Lanka.

Aus fremdenverkehrsklimatischer Sicht sind diese Beobachtungen besonders wichtig. Auch wenn das Schwüleempfinden subjektiv variieren kann und schwülemindernd auch Windbewegungen (z.B. die Seebrise) wirken können, bedeutet dennoch die vertikale Schwülestufung eine entsprechende Gliederung in verschiedene klimatische Gunst- bzw. Ungunstregionen: Dabei zeigt sich für die permanent schwülen Tiefländer auch ein hohes Maß an klimatischer Ungunst, wogegen das hohe Bergland und sein Höhenklima durch permanent schwülefreie, behagliche Verhältnisse begünstigt ist. Sicher war dieser Grund mit entscheident für die Entwicklung von Nuwara Eliya (um 1900 m) zu der beliebten britisch-kolonialen „Hill Station" Sri Lankas. In einer schmalen Übergangsregion im mittleren Bergland kann wegen der nur gering um die Schwülegrenze alternierenden Schwüle- bzw. Behaglichkeitsbedingungen — mithin auf Grund der hier nicht ausgeprägten Schwüle — eine fremdenverkehrsklimatische Gunst abgeleitet werden. Die besonders von Mitteleuropäern geschätzte hohe Verträglichkeit des mittleren Berglandklimas von Sri Lanka ist hierdurch mitbegründet. Der für die Tiefländer und damit gerade für den Badetourismus aus der permanenten Schwüle abgeleitete klimatische Negativfaktor mag zunächst überraschen. Wie kräftig (und belastend) die Schwüle in Wirklichkeit ist, beweist nur zu gut die künstliche Klimatisierung der meisten Strandhotels in Sri Lanka. An den Badestränden wirkt die dort in der Regel kräftig ausgebildete Seebrise schwülemindernd.

Vom Klimaelement Wind wird die für den Badetourismus wichtige Größe der *Meeresbrandung* entscheidend bestimmt. Die an den Küsten Sri Lankas unter geradezu idealen, einstrahlungsreichen Bedingungen ausgebildeten Seewinde sind gleichwohl nicht kräftig genug, daß sie eine stärkere Meeresbrandung auslösen könnten. Die Brandung als touristischer Ungunstfaktor (in der Regel Badeverbot) ist stets an die Monsunströmungen gebunden und damit zugleich jahreszeitlich auf die Periode des aktiven Monsuns wie auch auf die monsunexponierte Küste fixiert. Die Brandung als touristische Ungunstgröße ist deshalb ausschließlich auf die Nebensaison beschränkt.

Die den Badetourismus in den Tropen so begünstigende Größe der *Wassertemperatur* wird auch im Falle von Sri Lanka durch ganzjährig und ganztägig hohe Werte bestätigt. Die Temperaturen der Küstengewässer des Indischen Ozeans belaufen sich bei nur unmerklichen täglichen und jährlichen Schwankungen auf rund 27°C. Damit ist die Wassertemperatur tagsüber etwas geringer, nachts jedoch etwas höher als die Lufttemperatur.

2.5 Pflanzenkleid

Das hierunter verstandene *natürliche* Pflanzenkleid ist in Sri Lanka — in der für die Tropen typischen horizontalen und vertikalen Differenzierung — anthropogen so stark verdrängt und überlagert, daß nur noch wenige Reste originärer tropischer Vegetation bis heute erhalten geblieben sind. Darunter sind folgende Vegetationsformationen vertreten: 1. der immergrüne tropische *Tieflandregenwald* in der Fußzone des Hügellandes von Sabaragamuwa; 2. der immergrüne tropische *Bergwald* im Sinharaja Forest im zentralen Sabaragamuwa, im Quellgebiet der Flüsse Kalu Ganga und Gin Ganga; 3. der tropische *Nebelwald* an den Hängen des Pidurutalagala (2524 m) und in den übrigen höchsten Berglandregionen über 2000 m sowie am Rande der zentralen Hochflächen (so vor allem am „World's End" von Sri Lanka, dem bislang praktisch einzigen pflanzenkundlichen Reiseziel der Tropeninsel, um 2000 m); 4. die auf den zentralen Hochflächen als „*wet*" (feuchte) und im Uva-Becken als „*dry*" (trockene) *Patanas* verbreiteten tropischen Grasländer. Ihre Entstehung ist gleichwohl umstritten, so daß diese Vegetationsformationen nicht unbedingt der originären Vegetation zugerechnet werden können. Diese Einschränkung muß auch für die in Sri Lanka landläufig als *Dschungel* bezeichneten, flächenmäßig noch am weitesten verbreiteten *tropischen, halbimmergrünen Monsunwälder* über weiten Teilen des Ostens und Nordens der Insel gemacht werden.

Der a priori schon niedrige touristische Stellenwert des Pflanzenkleides wird in Sri Lanka durch die stark degradierte Vegetation nochmals erheblich verringert. Die jeden Besucher der Insel beeindruckende üppige tropische Pflanzenpracht stammt nicht von der originären Vegetation, sondern von den angebauten Dauer- und einjährigen Kulturpflanzen her (s. Kapitel 3.4).

Auch der sicher lohnende Besuch des berühmten und lehrreichen *Botanischen Gartens von Peradeniya*, nahe Kandy, kann den Reichtum und die Vielfalt des ursprünglichen tropischen Pflanzenkleides von Sri Lanka nur erahnen lassen. Eher repräsentiert sich die originäre Vegetation – wenn auch nur der trockenen Teile Sri Lankas – in den *Nationalparks* der Insel (Kap. 2.6).

2.6 Tierwelt

Als Fremdenverkehrsfaktor muß es sich bei der Tierwelt – wie bei der Vegetation (vgl. Kap. 2.5) – um die *natürliche* Fauna handeln. Gleichwohl ist auch sie in Sri Lanka ebenso wie die originäre Vegetation stark degradiert, derart daß der Lebensraum der Wildtiere stark eingeengt, die Tierpopulationen quantitativ erheblich reduziert und auch die Artenzahl verringert sind. Als faunistisches Negativum mit Blick auf den Tourismus muß vor allem der Rückgang des Großwildes und der Raubkatzen (Elefanten bzw. Leoparden) gelten. So ist es keineswegs selbstverständlich, daß der Besuch eines der drei staatlichen Nationalparks (Yala, Wilpattu, Gal Oya), auf die der größte Teil der Wildtiere konzentriert ist, mit dem persönlichen Erlebnis von Elefanten und Leoparden gekrönt wird. Doch auch ohne solche Erlebnisse lohnt der Besuch eines Nationalparks durch die Begegnung mit anderen Wildtieren (in großer Zahl vor allem Damwild) und ihres für Sri Lanka gänzlich atypischen Lebensraumes der bizarren Trocken- und Dornbuschsavanne. Durch die starken Besucherströme vor allem im meistbesuchten Yala-Nationalpark Sri Lankas erscheint das Ökosystem Nationalpark stark gefährdet. Als Ausweg und zum Schutz der Wildtiere sind jetzt in den Nationalparks individuelle Pirschfahrten und solche im eigenen Geländewagen untersagt und stattdessen nur noch Kleinbusse auf bestimmten Wegen zugelassen.

Die Beobachtungen unterstreichen nur zu deutlich, daß auch die Tierwelt Sri Lankas, verbunden mit einer schnellen und bequemen Zugänglichkeit und Besuchsmögfaktor unter den touristischen Primärfaktoren aufgezeigt werden kann.

3. DIE KULTURGEOGRAPHISCHEN TOURISMUSFAKTOREN

3.1 Historisch-geographische Kulturdenkmäler

Nach ihrem fremdenverkehrsgeographischen Stellenwert verdienen die in Sri Lanka besonders zahlreich vorhandenen Kulturdenkmäler an erster Stelle gewürdigt zu werden. Gründe hierfür sind vor allem ihr anerkannt großer archäologischer Wert und ihr hohes künstlerisches Niveau, ihr hohes Alter und dennoch guter Zustand sowie auch ihre räumliche, schwerpunktmäßige Konzentration auf die historische Mitte Sri Lankas, verbunden mit einer schnellen und bequemen Zugänglichkeit und Besuchsmöglichkeit. Nochmals fremdenverkehrswirksam sind schließlich auch die häufig genug Monumental- und Kolossalwerke darstellenden Kulturdenkmäler, die somit besonders eindrucksvolle Zeugen der langen und wechselvollen Geschichte Sri Lankas sind.

Von unschätzbarem kulturhistorischem Wert sind vor allem die sakralen und profanen Bau- und Kunstwerke aus der *singhalesischen Königszeit,* die in den beiden Ruinenstädten Anuradhapura und Polonnaruwa manifestiert sind. Das in der Nordzentralprovinz gelegene Anuradhapura war 14 Jahrhunderte lang Hauptstadt der Insel (380 v. bis 1017 n.Chr.); 119 Singhalesenkönige regierten hier und hinterließen in zugleich großer Anzahl prächtige und glanzvolle *sakrale* wie auch *profane Bauwerke*. Spektakuläre buddhistische Dagobas auf der einen, eindrucksvolle Palastruinen auf der anderen Seite dokumentieren überwältigend die religiös-buddhistische Frömmigkeit der Singhalesenkönige ebenso wie ihre weltliche Macht. Polonnaruwa, rund 80 km südöstlich von Anuradhapura, war nach dieser zwar für nur 300 Jahre — mit Unterbrechungen — Hauptstadt, weist aber eine ebenso große Fülle von sakralen und profanen Bauwerken des „ceylonesischen Mittelalters" auf. Die sakralen (buddhistischen) Kultstätten von Polonnaruwa sind bereits von deutlichen hinduistischen Zügen durchsetzt bzw. überlagert, was die in der Polonnaruwa-Periode sich dramatisch zuspitzenden Machtübergriffe tamilisch-hinduistischer Herrscher aus Südindien ausdrückt.

Den Singhalesenkönigen der Anuradhapura- und Polonnaruwa-Periode verdankt Sri Lanka auch seine klassische, blühende Reisbaulandschaft mit den jedem Besucher ins Auge stechenden künstlichen *Stauteichen* („Tanks") und den damit verbundenen *Kanalbewässerungssystemen.* Die Stauteiche stellen kulturtechnische und geographische Meisterwerke dar, durch die die natürlichen Ressourcen des Landes für den Anbau des Hauptnahrungsmittels Reis auf einfache und doch beispielhafte Weise in Wert gesetzt wurden: Das Bewässerungsprinzip beruht auf der Speicherung der Regenüberschüsse in flachen Geländemulden, wodurch mittels künstlicher Bewässerung die Wasserversorgung für die Reiskultur gesichert und damit das Anbaurisiko ausgeschaltet wurden. Die Stauteiche prägen in großer Anzahl das „Land der Könige", jene historische Inselmitte „Rajarata". Der heute zu verzeichnende blühende Reisanbau gerade in den beiden Distrikten von Anuradhapura und Polonnaruwa wurzelt in der historischen, königlich-singhalesischen Tanklandschaft.

Anuradhapura und Polonnaruwa müssen zu ihrer Zeit *gigantische Städte* gewesen sein. Die Geschichte Anuradhapuras war länger als die von Theben, Karthago und Rom, ihre Fläche so groß wie die des heutigen Hamburg. Für die Königsstadt Polonnaruwa wird die Bevölkerung auf 2 Mio. beziffert; heute zählt die Stadt nur 12 000 Einwohner. Die genauen Ausmaße und der tatsächliche künstlerische, kulturelle und archäologische Reichtum der beiden historischen Königsstädte dürfte bis heute längst nicht bekannt sein, denn von den erst im vorigen Jahrhundert – am Anfang der britischen Kolonialperiode – wiederentdeckten Ruinen im sog. Dschungel von Sri Lanka (s. Kap. 3.4) sind bisher erst Teile freigelegt bzw. ausgegraben worden. Auf eine Aufzählung auch nur der wichtigsten Kulturstätten in Anuradhapura und Polonnaruwa muß hier aus Raumgründen ebenso verzichtet werden wie auf die besondere Würdigung des allen Kulturstätten beigemessenen großen künstlerischen Wertes.

Anuradhapura und Polonnaruwa sind jedoch nicht die beiden einzigen kulturhistorisch bedeutenden Städte. Im geschichtsträchtigen, kunst- und geographisch-historisch so eindrucksvollen „Herzen" Sri Lankas befinden sich auch die häufig als das bedeutendste Kunstwerk der Insel überhaupt bezeichneten *Fresken von Sigiriya*. In dem weithin sichtbaren, steilwandig aus dem umgebenden Flachland aufragenden, 363 m hohen Inselberg von Sigiriya sind in der alten Königsburg Spuren des Singhalesenkönigs Kassapa (473–491) erhalten geblieben. Weit wichtiger als die Palastruinen – zum Teil auf dem Plateau, zum Teil am Fuße des Inselberges – sind die auf etwa halber Höhe in einer kleinen Felsnische einer Steilwand erhaltenen prächtigen Farbfresken von 21 Frauengestalten, deren untere Körperhälften in künstlerischer Phantasie in Wolken verschwinden. Diese Fresken aus dem 5. Jahrhundert genießen ein hohes künstlerisches Ansehen über die Grenzen Sri Lankas hinaus.

Die Inselberg-Landschaft der historischen Mitte, die von vielen schroff aufragenden, nackten Gneis-Massiven geprägt ist, wird schließlich auch in den berühmten *Felstempeln von Dambulla* „inwertgesetzt": Hier war es schon im 2. Jahrhundert n.Chr. der Singhalesenkönig Valagamba, der sich auf der Flucht vor den in Sri Lanka eingedrungenen Tamilen in einer gewaltigen Felsspalte eines kolossalen Glockenbergmassivs verschanzte und hier nach seinem Sieg über die Tamilen einen Tempel erbaute. Der Tempelkomplex befindet sich etwa in halber Höhe des Glockenberges, die Höhlen sind über 10 m hoch, bis 15 m tief und einige Zehner Meter breit. Die gigantischen Felstempel sind in ihrer Art einmalig in Sri Lanka.

Wie im Felstempel von Dambulla so wurden von den Singhalesenkönigen an zahlreichen Orten der historischen Mitte aus dem hier häufig anstehenden, nackten Granit- und Gneisgestein von Härtlingsmassiven übergroße *Buddhastatuen* geschlagen. Der bekannteste ist der in stehender Pose dargestellte Buddha von *Aukhana*, nahe dem Kalawewa-Tank, der eine kolossale Höhe von 16,40 m mißt.

Aus historisch-geographischem Blickwinkel muß im Zusammenhang mit der singhalesischen Königsgeschichte noch die *letzte Hauptstadt Kandy* besonders genannt werden. Sie vervollständigt den Abriß der singhalesischen Königsgeschichte Sri Lankas und ergänzt diese durch die dreimal jeweils rund 150 Jahre langen Perioden der portugiesischen, holländischen und britischen Kolonialherrschaft (1505–1658, 1658–1796, 1796–1948). Kandys Lage erwies sich als unermeßlicher Schutzfaktor und erhob die Stadt zugleich zu einer geschichtsträchtigen Bastion. Die heute drittgrößte Stadt Sri Lankas (101 000 E.) liegt am nordwestlichen Rand des Zentralen Berglandes, in einem Talkessel in einer Schleife der Mahaweli Ganga, und ist von einem fast gänzlich geschlossenen Kranz von Bergzügen – landschaftlich reizvoll – umschlossen, zugleich aber strategisch so geschützt, daß die Briten die Stadt erst 1815 — 13 Jahre nach der Eingliederung Sri Lankas ins britische Commonwealth (1802) — erobern und damit den letzten König entmachten konnten. Berühmt ist Kandy wegen des nach dem heiligen Bodhi-Baum (*Ficus religiosa*) in Anuradhapura hier befindlichen zweitwichtigsten buddhistischen Heiligtums, nämlich der im Zahntempel *Dalada Maligawa* aufbewahrten legendären Zahnreliquie des Buddha (s. Kap. 3.2).

Kandy besitzt nicht die spektakulären Monumentalbauwerke wie Anuradhapura und Polonnaruwa und auch nicht die eindrucksvollen kolonialgeschichtlichen Bollwerke wie verschiedene, stark kolonial geprägte Küstenstädte der Insel, so Trincomalee und Batticaloa an der Ostküste, Galle und Negombo an der Westküste sowie Jaffna im Norden: In ihnen allen sind die Ruinen der „*Forts*" ein Ausdruck für die hier von den europäischen Kolonialherren errichteten Bollwerke kolonialer Macht gegen die ansässigen Singhalesen. Bemerkenswerterweise fehlen in der als Fort bezeichneten City der Hauptstadt Colombo die alten Befestigungsanlagen.

3.2 Religiöse Feste und Sakralbauten

Gerade für den Fremdenverkehr nach Sri Lanka stellen religiöse Feste und Sakralbauten ganz wesentliche Gunstfaktoren dar. Auf Grund der dominanten Verbreitung des *Buddhismus* (69 % aller Einwohner) und der tiefen Religiosität der Buddhisten sind es insbesondere die monumentalen *Dagobas*, die als fremdartige, religiöse Kultstätten auf den Besucher aus dem abendländisch-christlichen Europa anziehend wirken. Die Dagobas sind oft auch die Stätten der ceylonesischen Kunst (Steinskulpturen und -ornamente) und Malerei (Wandfresken). Als Zeugen der klassischen singhalesischen Königsgeschichte üben die alten Dagobas in den beiden Königsstädten Anuradhapura und Polonnaruwa (Kap. 3.1) eine besondere Anziehungskraft aus. Geschichtsträchtigkeit und hoher religiöser Stellenwert stellen unermeßliche touristische Gunstfaktoren für den Sri Maha Bodhi-Baum (*Ficus religiosa*) und -Tempel in Anuradhapura dar, die das größte buddhistische Heiligtum Sri Lankas und als solches das höchste Wallfahrts- und Pilgerziel der Buddhisten Sri Lankas sind. Der 230 v.Chr. von der indischen Prinzessin Sanghamitta gepflanzte Bodhi-Baum wird als der älteste Baum der Erde bezeichnet.

Im Unterschied zu den buddhistischen sind die Sakralbauten der übrigen in Sri Lanka schwächer vertretenen Religionen (Hinduismus 15 %, Islam und Christentum je 8 %) kaum als Gunstfaktoren für den Tourismus anzusehen. Gründe hierfür sind vor allem das geringere Alter (und damit ihre geringere geschichtliche Bedeutung) sowie die bescheideneren baulichen Ausmaße und ihre vergleichsweise geringe künstlerische Ausschmückung, schließlich auch die nur kleine Anzahl der hinduistischen Tempel, islamischen Moscheen und christlichen Kirchen.

Auch hinsichtlich der *religiösen Feste* sind es vor allem buddhistische, teils auch hinduistische, die ein ungeheuere Anziehungskraft auf den Fremden auszuüben vermögen. Religiöse Feste gehören auch in Sri Lanka durch ihre in perfekter Ausdruckskraft, großer Farbenpracht und Musikalität dargebotenen Zeremonien zu den anschaulichsten und nachhaltigsten Eindrücken der religiösen und kulturellen Andersartigkeit Sri Lankas. Der touristische Gunstfaktor der religiösen Feste ist unbestreitbar groß, wie es gerade das größte Fest Sri Lankas beweist, die *Esala Perahera* in Kandy. Die alljährlich um den Juli- oder August-Vollmond stattfindenden, rund 10 Tage und Nächte dauernden Umzüge sind nicht nur der touristische Höhepunkt im Tourismuskalender von Kandy, wenn Tausende auch von ausländischen Besuchern den Umzügen mit der Zahnreliquie des Buddha durch die Straßen von Kandy beiwohnen, sondern dieses Fest bedeutet auch für den gesamten Fremdenverkehr in Sri Lanka eine auffallende Steigerung der Anzahl der nach Sri Lanka einreisenden Touristen in den ansonsten zur Nebensaison zählenden Monaten Juli und August.

Kein anderes der vielen, oft kleinen und für den Touristen gar zufälligen Feste kann mit der großen Esala Perahera von Kandy auch nur annähernd konkurrieren. Der Festkalender Sri Lankas kennt gleichwohl eine größere Anzahl von buddhistischen und hinduistischen Festen, die oft genug durch ihre Art und die dargebotenen Formen religiöser Zeremonien einmalige Erlebnisse für den Fremden darstellen können.

3.3 Lebensformen der ethnischen Gruppen

Für Sri Lanka stellen die Lebens- (einschließlich der Haus-) Formen der ethnischen Hauptgruppen (Singhalesen 74 %, Tamilen 18 %, Mauren 9 %; laut Volkszählung 1981) keinen tourismuswirksamen Gunstfaktor dar, abgesehen von den besonders ausgeprägten religiösen Lebensformen (s. Kap. 3.2). Dies trifft ebenso für die ethnischen Minderheiten zu (Burgher 0,26 % bzw. 38 000 Angehörige, Malaien 0,29 % bzw. 43 000), die keine abgeschlossen lebenden Gruppen mit besonderen Lebensformen darstellen.

Von touristischer Anziehungskraft sind demgegenüber die in Sri Lanka als ethnische Splittergruppe lebenden, statistisch jedoch nicht als solche ausgewiesenen — als „Ureinwohner" bezeichneten — Veddhas. Ihre Zahl wird bei stark rückläufiger Tendenz auf weniger als 100 Angehörige geschätzt. Auf der Kulturstufe der Jäger und Sammler fanden die Veddhas in den abgelegenen Monsunwäldern um Mahiyangana einen ihren Lebensformen adäquaten Lebensraum. Ihre „touristische Vermarktung" als Folge des expandierenden Fremdenverkehrs ist den Veddhas nur dadurch rechtzeitig erspart geblieben, daß sie kürzlich von der Regierung aus ihrem isolierten Lebensraum in verschiedene singhalesische Dörfer integriert worden sind. Dieser mutige Schritt hat die Degradierung der Veddhas zu touristischen Schauobjekten (wie in manchen Fremdenverkehrsländern beklagt) vermieden.

3.4 Die tropische Landnutzung

Der Landnutzung wird im allgemeinen kaum eine besondere Bedeutung unter den Tourismusfaktoren beigemessen. Um so größer ist sie jedoch im Falle des internationalen Fremdenverkehrs von Sri Lanka. Dabei sind es wiederum die Fremdartigkeit und Besonderheit der Landnutzungsformen, die den Besucher zu beeindrucken vermögen. Unter diesen beiden Vorzeichen ist im besonderen auf folgende Landnutzungsformen hinzuweisen:

a) Die *Reiskultur* auf der Grundlage der *historischen Stauteich-Bewässerung* aus singhalesischer Königszeit (s. Kap. 3.1). Die sog. Tanks, landschaftsprägend für weite

Teile des Nordens, Ostens und Südostens, imponieren durch ihre große Anzahl und oft gewaltige Ausdehnung sowie ihre ebenso einfache wie überlegte Anlage (in flachen Bodenmulden) bei gleichzeitig hohem Wirkungsgrad. Die durch künstliche Stauteich- und Kanalbewässerung erwirtschafteten Reisernten waren in singhalesischer Königszeit so hoch, daß Sri Lanka sogar als Reisexporteur auftreten konnte.

b) Die *Gewürzkulturen* aus vor- und frühkolonialer Zeit. Sri Lanka (Ceylon) verdient als „Gewürzinsel" eine besondere Anerkennung. Der Zimt (*Zinnamomum ceylanicum*) hat auf Ceylon seine Heimat. Der Zimt und die anderen bedeutenden Gewürze Sri Lankas (vor allem Pfeffer, Ingwer, Muskat, Gewürznelke) werden in Familien-Kleinbetrieben (Small Holdings) oft in Mischkultur mit anderen tropischen Frucht- und Gemüsesorten angebaut. Diese europäischen „Küchengewürze" erfreuen sich wachsender Beliebtheit bei den europäischen Touristen; sie stellen ein beliebtes Kauf- und auch Lehrobjekt dar, wie es in den allerjüngst in großer Zahl eröffneten *Gewürzgärten* entlang der Hauptstraße A 9 zwischen Matale und Nalanda demonstriert wird. Lehrreicher und instruktiver erweist sich der Besuch der allerdings schwieriger aufzufindenden Zimtpflanzer und -schäler im südwestlichen Küstenhinterland (Akuressa, Elpitiya).

c) Die *Teeplantagen* im Zentralen Bergland. Sri Lanka ist durch die forcierte britische Agrarkolonisation des Berglandes zur berühmten Teeinsel auf dem Weltmarkt geworden. Der schwarze Tee ist seither das führende Ausfuhrprodukt; heute stammen knapp 40 % der Exportdevisen aus dem Verkauf des Tees. Es kommt deshalb nicht von ungefähr, daß sich der Besuch einer Teeplantage — mit einem Überblick über die Bedingungen der Teegewinnung (von der Pflücke bis zur Verpackung) — immer mehr zu einem beliebten, gern angesteuerten „Bildungsziel" vieler Inselbesucher durchgesetzt hat. Der zunächst spröde erscheinende Besuch einer Teeplantage im Reiseprogramm fasziniert gleichwohl vor allem in dreifacher Hinsicht: durch den lieblichen, monokulturellen Landschaftscharakter der „Teelandschaft" (s.o.), durch das Studium des kolonialbritischen, bis heute im Prinzip unveränderten Plantagensystems, schließlich durch den sozial-kritischen Einblick in die harten Arbeits- und Lebensbedingungen der Plantagenarbeiterschaft (Indien-Tamilen, in Sri Lanka insgesamt rund 825 000).

d) Die *Brandrodungskultur* („Chena"). Auf den aus weiten Bereichen der Tropen bekannten Brandrodungsfeldbau (shifting cultivation) entfällt in Sri Lanka — hier bekannt unter dem singhalesischen Namen „*Chena*" — sogar der flächengrößte Anteil aller Nutzungsarten. Einen Anteil von schätzungsweise 15 % (Domrös 1976) der gesamten Inselfläche einnehmend, ist die Chena-Kultur landschaftsprägende agraische Nutzform über weite Bereiche der trockenen Tiefländer im Osten und Südosten Sri Lankas. Hinzu kommt auch hier der auf den Besucher einwirkende Effekt der Fremdartigkeit: Bei der Chena-Kultur wird das erforderliche Land durch Abbrennen dem Monsunwald (Dschungel) abgerungen und dann in extensiver Feldbestellung, ohne Düngung und ohne die sonst gerade in Sri Lanka weit verbreitete Bewässerung, eine breite Skala von Selbstversorgungsprodukten angebaut; nach wenigen Jahren der Nutzung ist der Boden verarmt, das Land wird aufgelassen und an seiner Stelle ein neues Stück erschlossen — der Zyklus der Chena-Kultur beginnt von vorne. Die ungewöhnliche Feldbestellung erstaunt ebenso wie die anspruchslosen Lebensbedingungen und bescheidenen Hütten der Chena-Bauern.

Schon diese vier Beispiele von charakteristischen Landnutzungsformen in Sri Lanka dokumentieren die Landnutzung als einen visuell besonders prägnanten Faktor für den europäischen Touristen. Der Besucher Sri Lankas ist gleichwohl von der *tropischen Landnutzung* bzw. den kultivierten tropischen Nutzpflanzen auf der Insel insgesamt beeindruckt; ihre hier besonders reiche Vielfalt und Üppigkeit stellen unzweifelhaft einen touristischen Gunstfaktor dar — schon auf Grund des für den europäischen Besucher der Insel besonders auffallenden Gegensatzes zwischen dem immergrünen, tropischen Pflanzenkleid Sri Lankas und der saisonal laubwerfenden Vegetation in seiner Heimat der gemäßigten Breiten.

In den Rahmen der Landnutzung fällt auch im weiteren Sinne die *Fischereiwirtschaft,* die entgegen dem allgemein geringen touristischen Stellenwert für Sri Lanka jedoch einen ungleich größeren touristischen Gunstfaktor darstellt. Ursache hierfür sind die *traditionellen* und *überalterten* Fangmethoden sowie Geräteformen und Bootstypen. Als Fangmethoden dominieren die Netz- und Angelfischereien, als Bootstypen das malerische Auslegerboot „*Oru*" (mit zwei linksseitig angebrachten Auslegerstämmen), ergänzt durch zwei Floßtypen, darunter das *Katamaran*-Segelfloß. Die traditionellste Fangmethode ist die besonders „fotogene" *Pfahlfischerei,* die die kleine singhalesische Oli-Fischerkaste an der Südküste praktiziert. Dabei sitzt der Fischer auf einem Pfahl im küstennahen Wasser, von wo aus er seine Angel oder Wurfnetz auswirft. Von der mit so viel Tradition behafteten (deshalb volkswirtschaftlich so problematischen) Fischereiwirtschaft, mitsamt den einfachen Lebensbedingungen der Fischer, wird der Strandurlauber und Badegast zwar unbeabsichtigt, dennoch gerne Augenzeuge, da die Strandhotels in die Fischerküste gebaut und die Fischereiwirtschaft auch an den Hotelstränden weiter betrieben wird.

3.5 Ländliche und städtische Siedlungsformen

Haus- und Siedlungsformen stellen im Falle von Sri Lanka keine tourismusfördernden Faktoren dar. Der weitaus größte Anteil von 72,2 % bzw. 10,7 Mio. der insgesamt 14,85 Mio. Einwohner wird als *rurale* Bevölkerung ausgewiesen, dagegen 21,5 % (3,2 Mio.) als *urbane* und 6,3 % (933 000) als „*Estate*" (Plantagen-) Bevölkerung (laut Volkszählung von 1981). Charakteristische Haus- und Siedlungsformen sind zweifellos für die ländlichen wie auch städtischen Siedlungen typisch, ohne daß es sich um nur für Sri Lanka gültige Sonderformen handelt, die von da her auch einen besonderen touristischen Anreiz ausüben könnten.

Die *ländlichen Siedlungen* reichen von Streusiedlungen über Weiler bis zu Straßen- und Haufendörfern. Vielfältig in Grund- und Aufriß sind auch die insgesamt 134 in drei Kategorien offiziell unterteilten *Städte:* große (11), mittlere (39) und kleine Städte (84). Nur die großen und mittleren Städte können als echte Städte auch nach ihren Funktionen bezeichnet werden, an der Spitze die größte und zugleich Haupt- und wichtigste Hafenstadt Colombo (586 000 E., mit Vororten sogar 998 000 E., 1981). Eigenständige orientalische Züge lassen sich in den Städten nur schwerlich feststellen oder prägen gerade nur eine Straße oder nur ein Stadtviertel (Basar-Straße,-Viertel). Vielmehr sind viele Städte in ihrem Aufriß (durch Verwaltungsgebäude, Schulen, Kirchen) und Grundriß (Durchgangsstraßen) deutlich kolonial (-britisch) überformt. Am auffallendsten ist die 450 Jahre lange Kolonialherrschaft über Sri Lanka in den noch teilweise gut erhaltenen Befestigungsvierteln (Forts) ersichtlich, so in Galle, Trincomalee und Jaffna.

Als nur begrenzt muß der touristische Reiz selbst der *Hauptstadt Colombo* bezeichnet werden. Die Stadt ist eine vergleichsweise junge Gründung, ihre erste urkundliche Erwähnung datiert einen wichtigen arabischen Umschlagplatz an der Mündungsbucht des Kelani Ganga ins 14. Jahrhundert zurück. Die entscheidenden städtischen Impulse erhielt Colombo erst in kolonialbritischer Zeit, als die Stadt zur Hauptstadt erhoben (1833) und der Hafen zu einem internationalen Welthafen ausgebaut wurde (1873–1912). Monumentale Verwaltungs- und Behördengebäude der Briten sind an die Stelle des portugiesischen Forts (von 1518) getreten und prägen heute die tagsüber hektische, übervölkerte, auf den tertiären Sektor ausgerichtete City von Colombo. Besuchenswert für den Fremden ist die *Pettah,* das geschäftige und pulsierende orientalische Basar-Viertel mit seinen engen Straßen und zahlreichen dichtgedrängten Geschäftszeilen, mit fliegenden Händlern und vielen Straßenverkäufern. Kunst- und Kulturschätze großen internationalen Ranges sind in Colombo nicht anzutreffen.

Die *Hausformen* sind kein Spezifikum für Sri Lanka, und wegen ihres zweckmäßigen, unauffälligen Baustils sind die Wohnstätten auch ohne größeren touristischen Anreiz. Die ländlichen Siedlungen sind überwiegend schlichte, einstöckige Lehmhütten von rechteckigem oder quadratischem Grundriß, dagegen dominieren in den Städten Ziegelhäuser; in beiden Fällen fehlen besondere architektonische Besonderheiten oder auch künstlerische Ausschmückungen. Für den Touristen beeindruckend (oder schon schockierend) ist die Einfachheit oder gar Armut vieler Lehmhütten auf dem Lande.

Eines Hinweises bedarf es noch im Blick auf die *Plantagensiedlungen*. Bei ihnen handelt es sich um die aus den Anfängen der Teeplantagen stammenden, als „lines" (Englisch) bezeichneten, barackenähnlichen Unterkünfte – ohne jeglichen Wohnkomfort und ohne sanitäre und hygienische Grundausstattung. Inmitten der anmutigen Teegärten gelegen (s. Kap. 3.4), erzeugen die oft noch in bedenklichem baulichen Zustand sich befindlichen, schmucklosen Arbeiterquartiere das Mißfallen vieler ausländischer Besucher, wozu gleichwohl der sozial niedrige Status der Indien-Tamilen in Sri Lanka – in schroffem Gegensatz zum hohen exportwirtschaftlichen Wert des von ihnen erarbeiteten Tees – beiträgt. Auf Grund der auch vom Staat als miserabel anerkannten Wohn- und Lebensbedingungen der Plantagenbevölkerung sind nach der Verstaatlichung der Plantagen 1975 verstärkte Bemühungen um eine Verbesserung der Wohnsituation eingeleitet worden, die jedoch in den zurückliegenden, wenigen Jahren erst geringe Erfolge zeitigen konnten.

3.6 Kunsthandwerk

Es ist zu erwarten, daß sich auch in Sri Lanka die lange und große Kulturtradition in einem blühenden Kunsthandwerk niedergeschlagen hat. Dies trifft in der Tat zu, und die breite Skala der heute im Lande hergestellten kunsthandwerklichen Gegenstände findet gerade unter den Touristen kaufkräftige Abnehmer. Zu den traditionsreichen, auf großer handwerklicher und künstlerischer Fertigkeit beruhenden Artikeln zählen diverse Schmuck- und Ziergegenstände, die sowohl aus Holz wie aus Messing und Silber oder auch aus Elfenbein, Schildpatt und Horn gefertigt sein können. Hinzukommen Kunsttextilien, insbesondere Batiken, in jüngerer Zeit in großem Umfang auch Korb- und Bastarbeiten, sowie Ton-, Keramik- und Terrakottawaren. Die Palette der kunsthandwerklichen Artikel hat sich mit dem rasch expandierenden internationalen Fremdenverkehr und der großen Nachfrage ebenso schnell vergrößert, worunter häufig nicht nur die Qualität der Erzeugnisse litt, sondern auch der geschichtlich-kulturelle Hintergrund des Kunsthandwerks verloren ging.

Ein wichtiger Zweig des Kunsthandwerks ist aus touristischer Sicht die in Sri Lanka blühende *Schmucksteinindustrie*. Auf Grund der schon im Altertum begehrten Edelsteine aus Sri Lanka (vor allem Saphire und Rubine) verliehen schon die Chinesen der Insel den klangvollen Namen „*Juweleninsel*'. Im Laufe der Geschichte hat Sri Lanka diese Auszeichnung würdig zu wahren verstanden, und in allerjüngster Zeit ist es der internationale Tourismus, auf den die Edel- und Halbedelsteine (Mondsteine) eine besonders große Anziehungskraft ausüben. Die vor allem in Ratnapura („Stadt der Edelsteine") und Colombo verbreitete Schmucksteinindustrie beruht auf einer langen handwerklichen Tradition.

4. SCHLUSS

Die kurze Studie vermag ein günstiges geographisches Potential für den internationalen Ferntourismus in Sri Lanka aufzuzeigen, das mitbegründet ist in der kleinen Flächengröße der Insel und im vielseitigen Spektrum sowohl natur- als auch kulturgeographischer Gunstfaktoren. Damit kann in nahezu idealer Weise einem breiten touristischen Interessenfeld entsprochen werden. Hierzu ist jedoch auch eine kritische Betrachtung der *Realisationsphänomene* erforderlich, insbesondere durch Untersuchung der touristischen und allgemeinen Infrastruktur. Dies soll einer anderen Studie vorbehalten bleiben.

LITERATUR

(ohne die in Kap. 1 genannten allgemeinen Reiseführer)
Domrös, M. (1976): Sri Lanka. Die Tropeninsel Ceylon. Wiss. Länderkunde Bd. 12. Darmstadt.
— (1981): Der Jahres- und Tagesgang der Schwüle im Tropenklima von Sri Lanka. Aachener Geogr. Arbeiten H. 14, S. 123–137.
Government of Sri Lanka, Department of Census and Statistics; 1981: Census of Population and Housing, Sri Lanka: Preliminary Release, No. 1.
Lauer, W. (1975): Vom Wesen der Tropen. Akad. d. Wiss. u. d. Lit. Mainz: Abh. Math.-Nat. Kl., Jahrg. 1975, Nr. 3. Wiesbaden.
Marby, H. (1972): Tea in Ceylon. Wiesbaden.
Radke, D. u.a. (1975): Contribution of the International Tourism to the Economic and Social Development of Sri Lanka. Berlin.
Scharlau, K. (1950): Zur Einführung eines Schwülemaßstabes und Abgrenzung von Schwülezonen durch Isohygrothermen. Erdkunde 4, S. 188–201.
Schweinfurth, U., (1966): Die Teelandschaft im Hochland der Insel Ceylon als Beispiel für den Landschaftswandel. Heidelberger Studien zur Kulturgeographie, Heidelberger Geographische Arbeiten 15, S. 297–309.
Sievers, A. (1964): Ceylon — Gesellschaft und Lebensraum in den asiatischen Tropen. Eine sozialgeographische Landeskunde. Wiesbaden.
Vorlaufer, K. (1979): Der Fremdenverkehr in Sri Lanka als Faktor der nationalen und regionalen Entwicklung. Frankfurter Wirtschafts- und Sozialgeographische Schriften H. 30, S. 105–162.
— (1980): Die räumliche Ordnung der Fremdenverkehrswirtschaft in Sri Lanka. Zeitschrift für Wirtschaftsgeographie 1980, S. 165–175, 204–213.

CONFLICTS IN LARGE VS. SMALL SCALE IRRIGATION

BY VANPEN SURARERKS*, CHIANG MAI (THAILAND)

1. This paper on the topic: Conflicts in large vs. small scale irrigation, was simplified and summarized from some results of the interdisciplinary research project on: Water Management Conflicts of Northern Thai Irrigation Systems, which was published in February 1980 in Thai and in June 1981 in English.

2. Conflicts in irrigation was found to be the most conspicious problems resulted directly from the need of farmers or water users (who are the largest sector of the Thai Kingdom's population) for sufficient irrigation water. As Professor Walter E. Coward[1] wrote:

"Conflict is a ubiquitous occurence in human organizations and frequently reaches high degrees in irrigation systems. Irrigation organizations are challenged continually, not to prevent conflict, but to contain and manage it within limits that allow satisfactory system performance. Numerous processes and procedures are available to settle disputes, prevent frictions and avoid intense conflicts.

In the context of Thai irrigation systems, there is need to identify conflict management processes and assess their suitability for successful system performance. Investigators should investigate a wide range of possible conflict management procedures including the use of technological devices, cultural norms, religious ritual, spatial arrangements and patterns of social organizations.

3. Irrigation, particularly agricultural or farm level irrigation refers to delivery water in order to plant crops the entire year, to plant many varieties of crops or to plant crops where they could not otherwise be cultivated. This was called *Kankaset-Chonlaprathan* (Irrigation Agronomy or Irrigation Agriculture), whether in the National Irrigation System or the People's Irrigation System.

4. Characteristics of the National System: Irrigation Projects, which were planned by the government after investigating that a specific local would benefit through improved agriculture, were built to strengthen the economic status of the country. After investigations had shown that the construction loan could be repaid in 10, or at the slowest, 20 years, the government proceeded to construct such projects. In any case, a necessary characteristic of this system was extensive and intensive cultivation or farming. Due to the problem of population growth, the problem of natural resources of surface and underground water being insufficient for the needs of cultivation, and so on, were factors influencing the state to begin helping support and upgrade irrigation. (These aims resulted in the first "Mae Faek" National Irrigation in North Thailand and the

---

* Associated Professor Dr. Vanpen Surarerks, Department of Geography, Faculty of Social Sciences, Chiang Mai University, Chiang Mai, Thailand.
1 Chairman, Department of Rural Sociology, Cornell University, U. S. A. (Temporary position at present: Program Officer, Ford Foundation, Jakarta, Indonesia).

"Mae Taeng" Project, as two examples of large scale irrigations, on which construction began in 1928 and 1963 and was completed in 1936 with irrigated areas 64 462 *rai* and 1972 with irrigated areas 148 102 *rai*, respectively.)

see: Chart of the Organization of National Irrigation System in Fig. 49

4.1 One important thing or characteristic of irrigation system which we could not forget to explain before analyzing water management conflicts, is *Water User Association* or Irrigation Association. Since the National Irrigation System had to take responsibility for the water users in most instances, projects covering large areas (such as 3 and 5 *Amphoes* in Mae Faek and Mae Taeng Projects, respectively) there was apt to be problems related to water delivery and drainage. This was likely to cause high water, flooding, or shortages of water in cultivated areas. That the project was not able to cater to the entire membership was an important obstacle in developing irrigation in the country. The Royal Irrigation Department was well aware of this problem, saying "there should be a mechanism by which to cooperate in solving the problem of distributing irrigation water equitably, maintaining system and building the understanding of the proper right concerning water usage among users at farm level." Therefore, there should be a mechanism to help close this puzzle of distributing water to all the farmers equitably. An organization of water users should be started in various projects to serve as forum for coordination between farmers and project technicians and water delivery administrators as well as administrators from water user groups in an efficient manner. (*Examples*: The Mae Faek Water-User Association, 1969, 4 000 members see *Fig*. 50 A and two Water-User Associations in Mae Taeng Project, both founded in 1970 with 1 628 members in areas 37 339 *rai* and with 2 068 members in areas 110 763 *rai*, respectively). See *Fig*. 50 and 51.

This organization of Water-User Associations depended on the major organization, *"Sun-Samakhom Phu-Chai Nam-Chonlaprathan"* (Center for Water-User Associations) which was established in 1968 by Royal Irrigation Department. Following are the important aims of Water-User Associations due to the support and policies of the Royal Irrigation Department through *Sun Samakhom Phu-Chai Nam-Chonlaprathan*.

4.1.1 To help farmers become acquainted with proper methods of irrigation, modern techniques of irrigation, and proper administration methods.

4.1.2 To help farmers know how to cooperate and repair various irrigation structures at the farm level which they use daily.

4.1.3 To help farmers know how to improve water delivery, drainage, and water allocation in an appropriate manner for cultivating main crops and rotational crops according to modern techniques so that maximum produce can be realized.

4.1.4 To help farmers coordinate satisfactorily with officials for the more effective dissemination of information of agricultural irrigation.

4.1.5 To help farmers cooperate to solve conflicts and to curb disputes related to water allocation.

4.2 Size of National Irrigation Projects can characterize into 3 different scales due to the cost and period of construction (not to the size of irrigated area or cultivated area), as follows:

4.2.1 Large scale irrigation project
— construction cost: more than 200 million *bahts*
— period of construction: many years

4.2.2 Medium scale irrigation project
- construction cost: between 2—200 million *bahts*
- period of construction: many years

4.2.3 Small scale irrigation project: Diversion dam or weir, storage dam, irrigation canal, outlet structure, and construction or repair or improvement of barrage etc.
- construction cost: not more than 2—3 million *bahts*
- period of construction: 1 year

5. Characteristics of the People's System: The system is based on the cooperation of people or water-users who need water for the entire year cultivation. Farmers or water-users played a significant share in regulating the various aspects of the system or project down to and including water usage and drawing up the regulations and have gained experience in this for several generations. The system was well known in the history that it has existed for at least 700 years from the time of King Mengrai of Chiang Mai (1262—1317). This, in the North, is very popular and generally called "Muang Fai" Irrigation (Muang = Irrigation canal, Fai = Weir). There is also evidence to be had from the Royal Irrigation Department survey in 1962 preparatory to building irrigation works which found that there were 2 039 weir type irrigation systems in Chiang Mai covering an area of about 600 000 *rai*. Generally these are *small projects* or *small scale irrigation* covering from 50 *rai* to the largest of not more than 10 000 *rai*. It can be concluded that the Royal Code governing weir systems of 1934, which was amended by the Royal Code governing People's Irrigation of 1939 (corrected in 1976) in at present being a codification of the rules and regulations traditionally used by the people so that these rules can be laws applied throughout the kingdom. Therefore, owing to the finding that the administration and governing of the weir irrigation systems of north Thailand were rigorously strict without any loopholes. This was characteristic of these systems for many generations until these rules became a part of the people's lives (*See*: Chart of the Organization of People's Irrigation System in Fig. 47 and 48).

The Water-User Association of People's Project or People's Irrigation Association as was called *"Samakhom Chonlaprathan-Rat"*, is in detail different from the association of National System (*Samakhom Phu-Chai Nam-Chonlaprathan*). The Department of Administration, Ministry of Interior supported each *Amphoe* (district) by helping establish these kinds of *Samakhom* which had the purpose of providing the farmers in each *Amphoe* a chance to get together to solve agricultural problems. The Department of Administration provided budgetary support for these associations as an incentive to the farmers but it appeared at the last 3—4 years that these associations were falling apart after the Department met with failure in collecting debts various associations owed the Department in 1978. The Department had been trying to help improve People's Irrigation Association for no fewer than 11 years by it had not met with success. An analysis of this social and economic data regarding rural north Thailand could serve as baseline data in studying the failure of this program.

6. Water management conflicts was analyzed and compared in national and people's irrigation systems. In other words, it was an analysis of conflicts in large vs. small scale irrigation, from the viewpoints of two level of irrigation administrators: Administrators at the project and Administrators at on-farm level, as was shown in *Fig.* 47 and 49, and in the following:

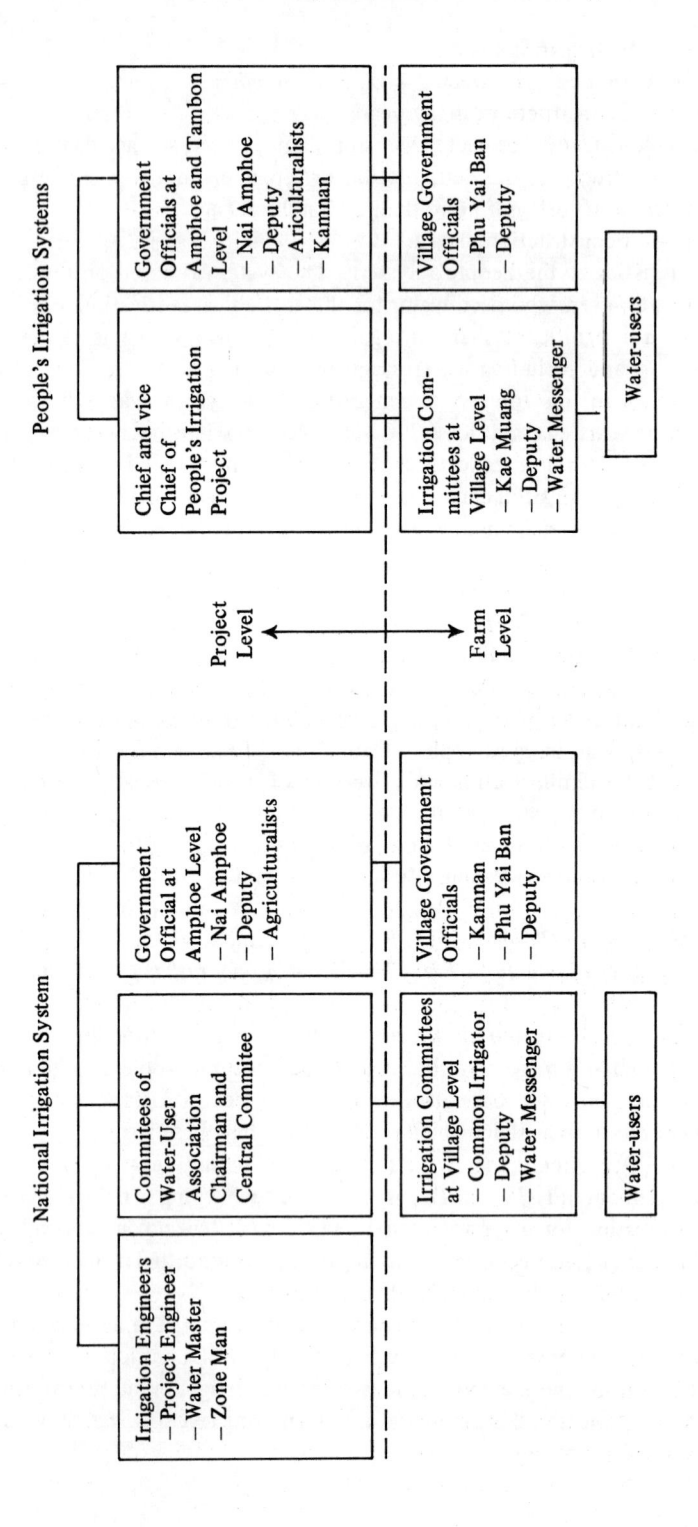

Fig. 6: Chart of the Organisation Systems

6.1 Administrators at the Project
6.1.1 — Irrigation Engineers (National System)
— Chief and Vice-chief of People's Project (People's System)
6.1.2 Committees of Water-User Association (National System)
6.1.3 — *Amphoe* Government Officials (National System)
— *Amphoe* and *Tambon* Government Officials (People's System)
6.1.4 Committees of Water-Users Association (National System)
6.2 Administrators at on-farm level
6.2.1 Committees of National Irrigation Project at Village Level
6.2.2 Committees of People's Irrigation Project at Village Level
6.2.3 Village Government Officials (People's System)

7. The research team divided its study of water management conflicts into five majors categories to study the large scale projects in National System and the small scale projects in People's System.

7.1 Geographical Characteristics: topography, climate soil, path of the canal, length of the canal and condition of the irrigated area.

7.2 Irrigation Engineering Characteristics: permanance of the system, drainage, maintenance schedule, method of distributing water, deterioration of the system and its structures and farmer's attitudes towards the irrigation system.

7.3 Societal Characteristics: cultural factors of irrigation water users, structural characteristics of the systems, conflicts in the administration of water delivery at various levels of authority, and condition of the individuals who have suffered because of water management problems.

7.4 Administration of Water Delivery and Government Policy: method of administrating water delivery and maintenance by various officials, policy of various government officials in administrating laws and regulations relative to administration of water delivery in both the National and People's Irrigation Systems — including formal agreements and practices.

7.5 Economic Characteristics: economic factors in irrigated cultivation, efforts to maximize cultivation on soils of limited fertility, and water-users' expenditures for maintenance of the weirs and canals.

8. Geographical Factors

Not only administrators at the project and on-farm level, but also water users, all agreed that geographical factors were the most important element in both large and small scale irrigation projects of National and People's Systems. These factors ranging from topography, amount of water, soil, natural waterways and climate to ground water.

8.1 Topographical in nature. This was an important obstacle to building canals and even in the large scale projects of the National Irrigation System which planned canals carefully. Problems of this sort arose frequently. Therefore, when, as in the small scale irrigation of People's System, canals followed the course of natural waterways, problems arose easily and frequently, as a direct result of topography. One continual source of water problems which was difficult to correct was when canals were either higher or lower than the area to be irrigated. This caused either floods or water shortages because water flows upwards with difficulty. The following factors were direct causes of on-farm water use disputes. The seriousness of these disputes varied according to the amount of water at the canal head (water budget) which, in turn, was a factor of climatic conditions and the state of repair of the irrigation project (deep and narrow canal tails caused water shortages and shallow canals caused flooding). Therefore, in the dry season or at other times when there was unseasonally low rainfall, there was unsatisfactory water flow in deep and narrow canals. If the project were not to correct this condition, the farmers would report the situation to higher authorities in the project. By this time, however, the water shortage would have been severe and the possibility of conflicts the highest possible particularly at the tail of the canal. It was in such situations that the length of canal directly influences in intensity of conflicts (as it occurred in large scale irrigation projects).

8.2 Climatic conditions, particularly heavy rainfall which leads to flooding in irrigated areas, was another geographical factor which caused problems of water-use conflict no less than the topographical factor. Furthermore, this was a factor closely related, as discussed above, to water shortages in the dry season. Heavy rainfall also was the most important cause of canal structures, such as weirs, canal walls, and other structures, being destroyed. This lead to damage, sometimes minimal but sometimes total, of irrigated areas as well. Rainfall was particularly critical, thus, in areas of poor topography. The seriousness of conflicts of this sort varied according to the excess or shortfall of water supply. Furthermore, it can be summarized that in the systems in disrepair, conflicts between administrators and water-users did occur. Also, if this sort of dispute arose in the large scale irrigation projects of National System, there was a conflict over who was responsible for paying for the repairs. However, if in a small scale irrigation project of People's System, the government provided some support in paying equipment, technical assistance, and so on. It is up to the water-users to request the *Amphoe* for this support as was done in the Mae Chaem Project when the bamboo weir was replaced with "loose stone" weir during the research period.

8.3 Geographical factors which put farmers at canal tails in both large and small scale irrigaiion projects at a disadvantage and led to conflicts included flood damage to canals which was discussed above. Also, if there was low terrain at the canals tail and the soil there was sand or loam, flood damage to crops occurred more frequently. More problems occurred in these cases because during the period of repair the water supply was cut off. If the canal tail was located far from the canal head as in a large scale irrigation of Mae Taeng Project (about 74 km^2 long) and if the tail was on high ground, the impact of such water cutoffs was severe. There was no the study of variable of surplus water in the water budget that might have caused these problems at the canal tail to go away (this occurred mostly at small scale irrigation as in Mae Sao Project) since the problem of water theft at canal tails was so great.

8.4 In any case, these above factors caused serious water management conflicts when they occurred in conjunction with other variables. The most important of these variables were large land holdings which covered a variety of geographical features, a large number of water-users depending on the same fields, small land holding per family, long canal which passed through uneven topography, the water budget at the project head insufficient quantity during the dry season, and so on. These factors disadvantaged some water users and readily caused problems. In this regard, farmers in the large scale irrigation projects were at a disadvantage compared to farmers in the small scale irrigation projects (the size of the small scale project samples was only 1/100 th to 1/18 th the size of the large scale project samples) regardless of what characterized the problem, the seriousness of the problem, or measures taken to solve the problem. The farmers in the area irrigated by the largest scale project sample (Mae Taeng Project) had more problems regarding water usage than did the smaller one of the large scale project farmers (Mae Faek Project). Similarly there was more water usage problems (including weir and canal repairs) in the bigger one of small scale irrigation project (Mae Chaem Project) than in the smallest scale project (Mae Sao Project).

Results of the research revealed that for farmers in the lower part of projects, most particularly in the large scale irrigation systems, the weight of problems increased. These problems ranged from requests to share water, quarrels over water usage, excess drainage causing flooding, to armed appropriation of water, all of these problems arising in the study period (1977–78). Problems which led to serious conflicts at the tails of large scale irrigation projects included water shortages the entire year — most markedly during the dry season and at the ends of canals, water not reaching the tails in sufficient quantity, and so on. Other problems included water shortages during crops need (eg. growing season), technical obstacles (narrow canals, flooding in the rainy season, canals higher than irrigated fields, excessive infiltration in the rice fields causing crop loss and so on).

8.5 The water users most frequently tried to solve problems by themselves. Individuals who assisted in mediating difficulties included the Water User Associations, the opponents in the quarrel, Project Engineers, Committees of the National Irrigation Project at the on-farm level in conjunction with the *Kae Muang*, and so on. The most productive means used to solve conflicts were compromise and peaceful agreements to upgrade irrigation systems, repairing the weir and the canals, increasing the capacity of the drainage system, and so on. Problems that could not be solved included selfishness of individual water users, loss of interest by all concerned in irrigation laws, loss of confidence in the *Huana Muang Fai*, wrong-doers escaping punishment, and problems of water shortage.

9. Irrigation Engineering Factors

Due to these factors, conflicts of water management in irrigation systems related to regulating the amount of water usage involved the following variables: durability of the irrigation system, condition of the drainage system, regulating water delivery at the on-farm level, and maintaining the system. Other variables were the opinion of the water-users about the irrigation project.

From the study can be seen that irrigation engineering factors caused no serious problems or conflicts in both large and small scale irrigation projects. Important is that these factors or system failures due to natural causes varied in force according to the geographical situation and the technical aspects of the system which varied relative to the size of the project. For example, if the project was quite large, farmers at the canal tail might be unhappy as in the Mae Taeng Project. Here, particularly in periods of water shortage or low water budget in the dry season when water was distributed rotationally, it appeared that water did not flow well to the canal tail or only reached the end on the final day of the rotational period when water was sent to other canals. Besides this, the farmers themselves did not want to obey regulations or cooperate but rather divert water into their own fields whenever they so desired. They did not understand water conservation or proper water usage and sometimes destroyed canal structures when trying to get more water. These reason worsened conditions for farmers at canal tails and lead to various forms of water theft.

Interesting is, the durability of irrigation systems had no influence on conflicts in both large and small scale irrigation projects, because the large scale or National Irrigation Project structures were built of materials that would withstand many years of service. The weir were large and the water delivery structures were built according to sound engineering principles. The project planners carried out a geographical survey of the site prior to construction of the project to ensure the project would efficiently support cultivation as much as possible. There was no reason why problems of water use occurred in the permanent National System more than in the People's System which was constructed out of impermanent and temporary materials that were repaired each year. And, in this small scale and traditional system, there were no permanent water diversion structures. The canals wind through uneven terrain making water control difficult and causing excess water to be wasted. Such conditions would seem to have made conflicts inevitable especially during water shortages — but data from all areas discussed in the body of the research report confirm that problems like stealing and unjustly appropriating water were more common in the large scale or National System than in the small scale or People's System. This fact almost certainly reflected the water users' feeling of responsibility for this system.

10. Social Factors

Social factors, included variables such as: age, education and work experience of administrators at the project and on-farm level; family size and farm labourer in each household of water users; age, place of birth, education, and primary occupation of household heads; all concerning with receiving agricultural promotion and irrigation water in village level; and ideal characteristic of executive in both types of irrigation systems; and so on, — were found in the result that they caused few and not serious conflict or no conflict because problems of water allocation and water use relative to the administrators at each level were solved readily and could not be called conflicts at all.

A characteristic of northern Thai farmers is that usually they cooperative to reduce conflicts regarding water, water usage, and the administration of water delivery at the farm level. They prefer conciliation and negotiation to reduce conflicts which they consider as occuring between members of the same family. In such cases the Huana Muang Fai has lost the confidence of his subordinates, he also lost responsibility over water management, and could not settle water conflicts at meetings, as in the large scale projects of the National Irrigation System. In the presence of these variables, serious conflicts over water use arose which has a greater impact on farmers at the canal tails than elsewhere.

11. Factors of Administration of Water Delivery and Government Policy

Administrators at all levels and water users agreed and accepted that these factors caused conflict at different weight in both large and small scale irrigation projects of both National System and People's System. This affected farmers or water users throughout the year.

Below are the most important factors and situations related to national policy and irrigation administration in causing conflicts of water management and usage in large scale projects of National Irrigation System and in small scale projects of People's Irrigation System.

11.1 Unsuitable or inefficient water-used-related bodies of administration, such as the Water-User Association (organization which is now practiced only in the National System) which is a forum for interaction between the water-users and officials of a project in matter of water distribution to water-users, maintaining the system, and developing an understanding of appropriate and just water distribution, gives rise to conflicts over water usage regarding the geographical factors which were discussed. Variables critical to the success or failure of these bodies are (1) lack of loopholes in irrigation laws that allow members to use irrigation water (2) lack of confidence by members in the association such that they stop paying their dues (3) inefficient and dishonest administrators at many levels (4) irresponsible and selfish member water users (5) inefficiency of the irrigation project inequitable water delivery (7) overly large area of water users responsibility (8) unfamiliarity of water users with association based on legal regulation (9) establishment of associations by the government, not by the water users, and (10) involvement of political causes in association affairs.

11.2 Administrative inefficiency is an important factor leading to frequent conflicts. Factors and minor variables which influenced the seriousness of the conflicts, as mentioned above, of administrators and water users in general were (1) membership manifested little understanding and interest in the scope of the authority of the group (2) large membership with wide-ranging authority as in large scale projects (3) infrequent meetings between administrators and water users, and (4) communications having to pass many levels of authority (large scale projects). The above were factor which fostered much inefficiency in public relations by administrators.

Factors which made the solution of conflicts regarding administrators' efficient treatment of and cooperation with water users were (1) lack of moral support by government, project authorities, or water users with direct authority (2) insufficient return in produce or cash (3) governmental representatives whom the water users do not accept (4) size and structure of responsible organizations large and overlapping (5) undefined or overly large scope of authority, and (6) biased decision-making regarding water-use conflicts.

11.3 Unfair and vaguely written laws and regulations regarding the administration of water use and maintenance provided a basis for the geographical — related conflicts to become more severe. This was especially true when measures for punishing offenders were not stringent enough to deter future violations. This was critical at the tails of long canals (as in large scale projects) during the dry season at times of technical breakdowns.

11.4 Water delivery administration and national policy factors were related to social factors. Therefore in the small scale projects of the People's System, which had an administrative body drown up in line with the social customs, conflicts were few and could be easily solved. However, in the large scale projects of the National System, which had different regulating factors, some of the social problems discussed also occurred. These included overly large areas of responsibility, large numbers of water users, lengthy canals inconsistent public relations, unwillingness to include water users in meetings, representatives of water users not selected by them, biased decision-making, unwillingness to obey regulations, and most importantly unhappiness over water shortages and flooding by farmers at the canal tails resulting in selfish actions by those water users. These actions included unauthorized opening and closing of canals which caused other people's fields to be short of water in the dry season or the releasing of water which caused floods in the rainy season. Other such actions included allowing cattle and buffaloes to tread on canal structures which led to breaching or failure of the canal, obstructing water flow in the canal to catch fish, stealing canal apparatus for sale, loss of feeling or responsibility over the canal systems the government built, and at the same time destroying the system in order to receive more water. Problems caused by selfishness were hard to solve or cannot be solved through social influences but it could be solved through legal means or through mutual agreements. Even then, problems persisted because the sanctions in the laws were not severe enough to deter potential offenders.

12. Economic Factors

There were various economic factors which led to water use and water management conflicts. Three factors were examined: (1) Crop intensity decision, (2) crop selection, and (3) water user expenses for repair and maintenance of irrigation system. However, conflicts from these economic factors in northern rural society still could be solved easily.

12.1 Factors of economic necessity manifested their influence quickly according to the water users' crop selection. Variables included a high price, ample harvests, good crop variety, satisfactory transport to market, and so on. Regarding expenses of maintaining the weirs and other canal structures (as many happened in both large and small scale irrigation projects), variables included lack of resources, availability of construction material (wood) (mostly happened in small scale projects or People's System), and funds over which there is shared responsibility. The above factors caused water use conflicts based on topography, climate, and availability of water to become more severe and less easy to solve.

12.2 A characteristic economic factor of northern Thai village society during the study was that farmers were squeezed by many water use conflicts. However, the clearest factor of why the farmers at canal tails were more dissatisfied than elsewhere on the system was that the size of farmland the average family has to subsist on was very small (average size in the 4 sample projects is 8.9 *rai* per family). This made it necessary to fully cultivate this land during the dry season (eg. in large scale projects of National System), a time at which the irrigation system plan called for less usage because of the low amount of water. This plan was announced in advance and recommended crop varieties that were appropriate for the area and amount of irrigated land, but the plan, nonetheless, was often ignored. As a result, conflicts over water use and irrigation water arose frequently and most often at the canal tails where there was insufficient water or a complete lack of water on occasion. Cases where there were no strong conflicts were where not a few farmers accepted the conditions of cultivation with which they were faced and did not look for disputes any kind.

13. How to solve problems of water management conflicts can be seen the suggestion in chapter 4.2 on the topic: Recommendations, of the research report on "Water Management Conflicts in Northern Thai Irrigation Systems".

DIE ABLÖSUNG UND WIEDERAUSBREITUNG DES BRANDRODUNGSWANDERFELDBAUS IN DEN SÜDOSTASIATISCHEN TROPEN – BEISPIELE AUS SUMATRA UND THAILAND[1]

VON ULRICH SCHOLZ, GIESSEN

Im Jahre 1970 veröffentlichte mein Gießener Lehrer H. Uhlig einen Aufsatz über „Die Ablösung des Brandrodungswanderfeldbaus ... am Beispiel von Sabah und Sarawak (Malaysia)". Die darin von ihm aufgezeigte Entwicklung war zuvor auch schon von Pelzer (1957) und Spencer (1966) angedeutet worden. Alle drei waren der Überzeugung, daß der Wanderfeldbau zumindest in weiten Bereichen SE-Asiens allmählich durch permanente Wirtschaftsformen abgelöst werden würde. Tatsächlich mußte man zu jener Zeit zu dieser Einsicht gelangen. So war z.B. auch auf Sumatra seit Beginn des 20. Jahrhunderts der Wanderfeldbau bis auf ein fast schon unbedeutendes Maß zurückgegangen. Auslösendes Moment war hier die Einführung und rasche Ausbreitung des Kautschukanbaus gewesen, dem in vielen Fällen, als zweiter Schritt, der permanente Naßreisanbau folgte.

Seit wenigen Jahren bahnt sich aber offensichtlich eine Umkehrung dieses Trends an; in großen Teilen SE-Asiens kann man deutlich ein Wiederaufleben des Wanderfeldbaus erkennen – freilich auf einer völlig veränderten sozialen und wirtschaftlichen Basis und mit gänzlich unterschiedlicher Zielsetzung: handelte es sich bei dem traditionellen Wanderfeldbau mit Bergreis noch um eine „integrierte Lebensform" (Uhlig 1970) mit dem Ziel der Eigenversorgung des bäuerlichen Haushaltes, so stehen bei den modernen Formen des Wanderfeldbaus ganz eindeutig kommerzielle Interessen im Vordergrund. Hauptanbauprodukte sind nun solche „food-crops" wie Mais, Cassava und Sojabohnen, die aber fast ausschließlich vermarktet werden. Während der kommerzielle Wanderfeldbau auf Sumatra erst in Ansätzen erkennbar ist, setzte er in Thailand früher ein und hat sich dort inzwischen zu einem sozialen und ökologischen Problem erster Ordnung ausgeweitet.

---

1 Die vorliegende Studie ist das Ergebnis folgender Forschungsaufenthalte des Autors in SE-Asien:
  – 1969/70 als freier Mitarbeiter auf einem landwirtschaftlichen Produktionsmittelprojekt der GTZ in West-Sumatra,
  – 1971/72 und 1973/74 als Mitarbeiter an zwei Regionalplanungsstudien der Universität Bonn (Leitung: H. Kötter, K. H. Junghans) in West-Sumatra bzw. im südlichen Sumatra. Die Studien wurden vom BMZ, der indonesischen Regierung und der Weltbank finanziert.
  – 1978/79 als Teilnehmer an dem Forschungsprojekt „Spontane Neulanderschließung in den Waldgebieten Thailands", (Leitung: H. Uhlig); die Mittel stellte freundlicherweise die Stiftung Volkswagenwerk bereit, der hierfür sehr gedankt sei.
  – 1980–82 als Mitarbeiter an einem von der „Rockefeller Foundation" geförderten landwirtschaftlichen Forschungsprojekt über Gesamt-Sumatra im Auftrage des Indonesischen Forschungsinstituts für Landwirtschaft in Bogor (W.-Java).

I. DIE ABLÖSUNG DES WANDERFELDBAUS AUF SUMATRA DURCH PERMANENTE WIRTSCHAFTSFORMEN

Die Agrarlandschaft Sumatras ist durch zwei gegensätzliche Lebens- und Wirtschaftsbereiche gekennzeichnet:

a) Die dichtbesiedelten und seit Generationen intensiv mit Naßreis bestellten Altsiedelzellen in den fruchtbaren jungvulkanischen Sektionen des Barisan-Gebirgssystems und auf den Dammufern entlang der Tieflandsströme im Osten der Insel.

b) Die ausgedehnten dünnbesiedelten „Außengebiete" Sumatras; diese bestehen zum einen aus den durchweg permanent versumpften, äußerst siedlungsfeindlichen Schwemmlandflächen im Osten und zum anderen aus den sanftgewellten „peneplains" Zentral-Sumatras, einschließlich einer hügeligen Vorgebirgszone entlang der Ostabdachung des Barisan-Gebirges.

Peneplains und Vorgebirgszone, die im Mittelpunkt unserer folgenden Betrachtungen stehen, umfassen zusammen etwa 30 % der Gesamtfläche Sumatras. Wie in weiten Bereichen der humiden Tropen stellt auch hier die geringe Fruchtbarkeit der überwiegend podsolischen Böden und Latosole das größte Hindernis für eine erfolgreiche Inkulturnahme dar. Das gilt insbesondere für alle Formen des regengespeisten Anbaus von einjährigen Feldkulturen, zu denen fast alle wichtigen Nahrungspflanzen außer Naßreis gehören (Andreae 1972). Bei den technischen Möglichkeiten einer vorindustriellen Gesellschaft bleibt in solchen Regionen der Wanderfeldbau (indonesisch: „ladang") mit Brandrodung und Waldbrachen die einzige Möglichkeit, um die Eigenversorgung einer Familie sicherzustellen. Deshalb war auch in den Peneplains und in der Vorgebirgszone Sumatras das Ladangen mit Bergreis bis in das 20. Jahrhundert hinein die beherrschende Wirtschaftsform (Marsden 1811, Veth 1881–92, Moszikowsky 1909, Maass 1910).

Bei durchweg ausreichend Landreserven konnten sich die wenigen Bewohner in jener Zeit offenbar sehr extensive Anbauformen leisten: meist schon nach einem Jahr wurde das Feld wieder aufgegeben und für 10–15 Jahre einer Waldbrache überlassen. Hinzu kam die bodenschonende Verwendung des Pflanzstocks (statt der Hacke), so daß ökologische Schäden weitgehend vermieden werden konnten. Allerdings sind die Imperata-Gras-Savannen (Alang-Alang), die etwa 7–10 % der Gesamtfläche Sumatras bedecken, ein eindeutiger Hinweis, daß in verschiedenen Gebieten der Wanderfeldbau doch schon zu intensiv betrieben worden sein mußte und die Bevölkerung am Ende gezwungen war, das Terrain aufzugeben.

Das traditionelle Ladang-System wandelte sich grundlegend, als um die Jahrhundertwende der Kautschukbaum von Südamerika her eingeführt wurde. Ausgehend von der Malayischen Halbinsel breitete sich der Gummianbau rasch entlang der Ostküste Sumatras und von dort über die zentralen Peneplains hinweg bis in die unteren Lagen der Gebirgsländer aus. Innerhalb von nur 20–30 Jahren, etwa bis 1935, hatten nahezu alle ehemaligen Ladang-Bauern die Kautschukkultivierung in ihr Betriebssystem mit aufgenommen. Der Wanderfeldbau als integrierte Lebensform hatte damit praktisch aufgehört zu existieren und lebte in der Folgezeit nur noch als „partieller Wanderfeldbau", d.h. als zusätzlicher Betriebszweig in den Kautschukbetrieben fort, ehe auch dieser vielerorts durch den permanenten Naßreisanbau abgelöst wurde (s.u.).

An diesem Ablösungsprozeß erscheint besonders bemerkenswert, daß die rasche Ausbreitung des Kautschukanbaus ohne jeglichen Zwang durch die holländische Kolonialregierung erfolgte, wie dies etwa bei der Kaffeekultivierung in den Gebirgsländern West-Sumatras im vorausgegangenen 19. Jahrhundert geschehen war; ebenso beschränkte sich jegliche Beratung auf ein Minimum. Vielmehr wurde der neue Betriebszweig vollständig in Eigeninitiative von der Bevölkerung aufgegriffen — ein geradezu klassisches Beispiel für die spontane Übernahme einer Innovation.

Der Vollständigkeit halber muß hier angemerkt werden, daß schon vor dem Kautschuk andere auf Sumatra eingeführte Kulturarten an der Ablösung des Wanderfeldbaus beteiligt gewesen waren, so z.B. zu Zeiten der Vereinigten Ostindischen Compagnie (VOC) während des 17./18. Jahrhunderts der Pfeffer entlang der Westküste oder im 19. Jahrhundert der Kaffee in den Hochländern West-Sumatras. Anders als in den Peneplains und in der Vorgebirgszone stützte sich in diesen Fällen die vorausgegangene Subsistenzproduktion aber nicht ausschließlich auf den Wanderfeldbau mit Bergreis, sondern bereits großenteils, oft sogar überwiegend, auf den permanenten Naßreisanbau.

Das gilt noch mehr für den Höhenmarktgartenbau mit Gemüse, der in verschiedenen Regionen SE-Asiens eine noch recht junge Alternative zum Wanderfeldbau darstellt (Uhlig 1980). Zwar haben sich auch in den Hochländern Sumatras mehrere solcher Gemüsebauzentren entwickelt; Träger dieses Prozesses waren in diesen Fällen aber fast ausnahmslos Angehörige jener bekannten Hochlandskulturen (Minangkabau, Karo, Gayo, Rejang u.a.), die schon seit Generationen eine intensive Sawahwirtschaft mit Naßreis betrieben hatten. Einen Wanderfeldbau als integrierte Lebensform gab es hier längst nicht mehr.

Ein solcher hatte sich allein in den Peneplains und in der Vorgebirgszone Zentral-Sumatras noch bis in das 20. Jahrhundert hinein halten können, bis dort, wie beschrieben, der Kautschukbaum eingeführt wurde. Tatsächlich hat so der Kautschuk den entscheidenden Beitrag zur Ablösung der traditionellen Ladangwirtschaft auf Sumatra geleistet.

Folgende Faktoren dürften den Ablösungsprozeß am meisten begünstigt haben:
— Klima- und Bodenbedingungen Zental-Sumatras entsprechen weitgehend den Ansprüchen des Kautschukbaumes, der ja selbst ein Vertreter des immergrünen tropischen Regenwaldes ist. Wie nur wenige andere Nutzpflanzen erbringt der Baum selbst auf den weitverbreiteten nährstoffarmen podsolischen Böden noch zufriedenstellende Erträge.
— Die Anbautechnik beim kleinbäuerlichen Kautschukanbau unterscheidet sich kaum von den traditionellen Wanderfeldbaupraktiken: die Bauern konnten bei der gewohnten Brandrodung bleiben und auch weiterhin Bergreis während des ersten Jahres anpflanzen. Zwischen den aufkommenden Reispflanzen wurden zusätzlich Kautschuksetzlinge gepflanzt, die nach Verlassen des Feldes zusammen mit anderen Gehölzen zu einem Sekundärwald emporwuchsen. Wie zuvor bei der Ladangwirtschaft als integrierte Lebensform fanden auch jetzt beim „initialen Wanderfeldbau" mit anschließender Kautschukkultivierung keinerlei Bodenbearbeitung mit der Hacke und so gut wie keine Pflegearbeiten statt. Desgleichen fehlte der Einsatz von Kapitalgütern. Anbautechnisch brauchte sich also der Bauer kaum umzustellen (vgl. Uhlig 1970 am Beispiel von Ost-Malaysia).
— Wenn sich auch die Anbaumethoden wenig änderten, so setzte die Ablösung der traditionellen Ladangwirtschaft durch den Kautschuk doch gravierende Wandlungsprozesse im wirtschaftlichen und sozialen Leben der Bevölkerung in Gang. Hierzu gehörten in erster Linie:
— Der Übergang von einem überwiegend subsistenzorientierten zu einem ausgesprochen marktgerichteten Betriebssystem.
— Die Durchsetzung der Geldwirtschaft und in ihrem Gefolge jener komplexe soziale

Wandel, den Schrieke (1928) am Beispiel der Minangkabau in West-Sumatra als einen Prozeß zunehmender Individualisierung beschrieben hat.
— Eine ganz veränderte Einstellung zum Boden: durch die nun permanente Nutzung erfuhr der Produktionsfaktor „Land" eine viel höhere Wertschätzung als zuvor beim Wanderfeldbau, mit weitreichenden Folgen hinsichtlich besitzrechtlicher Fragen und Vererbungsregelungen.

Nur am Rande sei vermerkt, daß der Kautschukanbau nicht nur in den Produktionsgebieten selbst, also in Zentral-Sumatra, sondern auch in den benachbarten Altsiedelzellen der Hochlandkulturen nachhaltige sozioökonomische Veränderungen auslöste. Dort waren viele Naßreisbetriebe durch stete Besitzzersplitterung an der Grenze ihrer wirtschaftlichen Entfaltungsmöglichkeiten angelangt. Vielen dieser landarmen Kleinbauern eröffnete sich nun die Möglichkeit, sich durch Auswanderung in die dünnbesiedelten neuen Kautschukregionen Zentral-Sumatras eine attraktivere Einkommensquelle zu erschließen. Von dieser Chance machten beispielsweise viele junge Minangkabau-Männer aus West-Sumatra Gebrauch, was damals neben einer Reihe anderer Faktoren, mit zur Auflösung der traditionellen, matrilinear organisierten Großfamilien im Minangkabau-Hochland beitrug (Scholz, 1977).

Die Übernahme des Kautschukanbaus war indes erst ein erster Schritt in Richtung Ablösung des Wanderfeldbaus. Damit wurde zwar der Wanderfeldbau beträchtlich eingeschränkt, indem die Bevölkerung einen Großteil ihres Reisbedarfs aus dem Erlös der Kautschukverkäufe dazuerwarb; gleichwohl verzichteten die Kautschukbauern aber nie vollständig auf die Eigenproduktion von Reis, die zunächst wie gewohnt im Wanderfeldbauverfahren erfolgte. Solch „partieller Wanderfeldbau" mit Bergreis, zusätzlich zum Kautschukanbau betrieben, ist auch heute noch in marktfernen und dünnbesiedelten Zonen verbreitet anzutreffen.

In vielen anderen der neuen Kautschukregionen Sumatras setzte nun aber noch als zweiter Schritt die folgende Entwicklung ein:
Wegen des großen Transportaufwandes muß Kautschuk möglichst nahe an einer Verkehrslinie angebaut werden. Ein Großteil der früher über weite Areale verstreut siedelnden Ladangbauern sah sich deshalb gezwungen, den alten Standort aufzugeben und sich entlang der wenigen Verkehrsadern, meist Flußläufen, neu anzusiedeln, wo jene für alle Jungsiedellandschaften Sumatras typischen, oft mehrere Kilometer langen Reihensiedlungen entstanden. Im Gefolge dieses „Gerinnungsprozesses" kam es innerhalb dieser schmalen Siedlungskorridore zu einer spürbaren Bevölkerungsverdichtung, die durch die erwähnte Zuwanderung aus den Altsiedelzellen der Hochländer nur noch erhöht wurde. Unter diesen Bedingungen konnte auch die „partielle" Wanderfeldwirtschaft nicht mehr funktionieren. Statt auf den „ladangs" gingen die Kautschukbauern allmählich dazu über, ihren Reis auf permanent bestellten Naßfeldern („sawahs") zu produzieren. Zweifellos wurde dieser Prozeß noch dadurch beschleunigt, daß ja die Zuwanderer aus den Altsiedelzellen in ihrem Herkunftsgebiet schon seit jeher Naßreis angebaut hatten.

So kam es denn über die partielle Ablösung hinaus, insbesondere in den relativ verkehrsgünstigen Bereichen Zentral-Sumatras, am Ende zu einer totalen Ablösung des Wanderfeldbaus durch die kombinierte Kautschuk-Naßreis-Wirtschaft. Daran änderte auch die Tatsache nichts, daß es in Zeiten extrem niedriger Kautschukpreise zu kurzzeitigem Wiederaufleben des partiellen Wanderfeldbaus mit Bergreis kommen konnte, wie z.B. zuletzt noch Anfang der 70er Jahre (SRPS 1974).

Der oft zu hörende Einwand, mit der Ablösung des Wanderfeldbaus durch den Kautschuk habe sich der Kleinbauer aus der gesicherten Subsistenzproduktion in die Abhängigkeit des schwankenden Weltmarkts begeben, ist somit im Falle Sumatras unbegründet. Das duale Betriebssystem Kautschuk — Reis verschaffte dem Bauern außer einem höheren Betriebseinkommen nämlich auch eine ausgesprochen flexible Position nicht nur gegenüber dem Markt, sondern auch gegenüber den wesentlich unbeweglicheren Plantagen.

Ließe sich über die angedeuteten sozialen und wirtschaftlichen Folgen vielleicht noch streiten, so sprechen aus ökologischer Sicht doch gewichtige Argumente eindeutig für die neue Wirtschaftsform:

Über die Folgen des Wanderfeldbaus für den Naturhaushalt der humiden Tropen ist hinreichend geschrieben worden (Nye/Greenland 1960 und viele andere); trotzdem scheinen die Ansichten über das Ausmaß der Schäden, je nach wissenschaftlicher Disziplin, interessanterweise immer weiter auseinanderzugehen. Ohne an dieser Stelle die Diskussion erneut aufzugreifen, bleibt festzustellen, daß in den vollhumiden Tropen, zu denen Sumatra größtenteils zählt, etwa bei einer Bevölkerungsdichte von 40 Ew/km^2 die Grenze erreicht ist, bis zu der der traditionelle subsistenzorientierte Wanderfeldbau in wirtschaftlicher, sozialer und auch ökologischer Sicht gerade noch vertretbar erscheint. Mit durchschnittlich 52 Ew/km^2 ist Sumatra inzwischen deutlich über diese Grenze hinaus.

Indem nun die ehemaligen Wanderfeldbauern Zentral-Sumatras ihre Ladangs mit Kautschukbäumen gleichsam „wiederaufgeforstet" haben, haben sie gerade noch rechtzeitig einen entscheidenden Beitrag zur Erhaltung des ökologischen Gleichgewichts ihrer natürlichen Umgebung geleistet. So verwildert, d.h. mit anderen Baumarten und Unterholz durchsetzt, wie sich die meisten kleinbäuerlichen Kautschukpflanzungen dem Betrachter darstellen, sind sie gewiß von gleicher ökologischer Wertigkeit wie ein normaler Sekundärwald.

Wenn darüberhinaus, wie oben beschrieben, als zweiter Schritt der Übergang zum permanenten Naßreisanbau erfolgt, ist damit das Optimum an ökologischer Stabilität erreicht, das man von einem Bodennutzungssystem in den humiden Tropen überhaupt erwarten kann.

Dazu kommt noch ein in regionalplanerischer Sicht bedeutsamer Aspekt: Während beim traditionellen Wanderfeldbau eine Fläche von etwa 10–15 ha pro Betrieb benötigt wurde, wovon jeweils nur 1,0–1,5 ha tatsächlich unter Kultur standen, reichen dem Kautschuk-Naßreis-Bauern ca 1–2 ha. Durch die Ablösung des Wanderfeldbaus sind demnach erhebliche Landreserven freigesetzt worden. Diese Tatsache ist deshalb von so großer Bedeutung, weil wegen der von Jahr zu Jahr wachsenden Anzahl javanischer Umsiedler auch auf Sumatra keineswegs mehr unbegrenzt Landpotentiale zur Verfügung stehen (Scholz 1980).

II. DIE WIEDERAUSBREITUNG DES WANDERFELDBAUS AUF SUMATRA

Die vorangegangene Beschreibung spiegelt die Situation um die Mitte der 70er Jahre wider. Zu jener Zeit schien der Wanderfeldbau in der Tat kurz vor seiner endgültigen Ablösung durch permanente Wirtschaftsformen zu stehen. Seit wenigen Jahren deutet sich jedoch eine Wiederausbreitung des Wanderfeldbaus an, dessen Folgen z.Zt. noch völlig unabsehbar sind.

Zwei Richtungen schälen sich heraus:

1) Der temporäre Wanderfeldbau durch Pioniersiedler

Träger dieses Prozesses sind vor allem javanische Transmigranten, und zwar nicht nur a) die anwachsende Zahl spontaner Umsiedler, sondern auch zunehmend b) Vertreter der von der indonesischen Regierung angelegten „Transmigrasi"-Projekte, vor allem im südlichen Sumatra.

ad a) Temporärer Wanderfeldbau durch spontane Neusiedler ist eine regelhafte Erscheinung in den gesamten feuchten Tropen. Unter den dort herrschenden klimatischen und edaphischen Bedingungen bleibt einem Neusiedler ohne Kapital und Geräte und allein auf die Familienarbeitskraft gestützt, praktisch gar keine andere Wahl als diese extensive Form der Bodennutzung – zumindest während der ersten Jahre seines Pionierdaseins.

ad b) Dagegen geht der temporäre Wanderfeldbau durch Angehörige der staatlichen Transmigrationsprojekte letztlich auf eine verfehlte Ansiedlungspolitik zurück. Die Verantwortlichen in Jakarta verkennen bis heute, daß ein 2,0-Hektar-Betrieb, wie er für die Umsiedler in der Regel vorgesehen ist, bei den gegebenen natürlichen Standortfaktoren der meisten Zielgebiete Sumatras auf Dauer nicht lebensfähig sein kann (Scholz in SRPS 1974, 1977 b). Noch viel weniger werden die Überlebenschancen einer zweiten Generation mit in die Planung einbezogen: bei einer durchschnittlichen Bevölkerungsdichte von 200 Ew/km^2 sind die Umsiedlungsgebiete von Anfang an hoffnungslos überlastet.

Als Ausweg steht den Transmigranten neben verschiedenen anderen Möglichkeiten, wie dem Verkauf von Waldsammelprodukten, Lohnarbeit bei den autochthonen Bauern, Abwanderung in die Städte oder Rückwanderung nach Java, eben auch die Möglichkeit offen, über die zugewiesene Betriebsfläche hinaus durch Brandrodung Neuland zu erschließen und im Wanderfeldbau zu bestellen. Da im Nahbereich der Umsiedlungsprojekte meist nicht mehr ausreichend Reserveland zur Verfügung steht, geben die meisten der Betroffenen, insbesondere die nachfolgende zweite Generation, den alten Wohnsitz auf und schließen sich der oben genannten Gruppe der spontanen Neusiedler an.

Nach unseren früheren Beobachtungen in Lampung im Süden Sumatras blieb es in der Regel nur bei einem vorübergehenden (temporären) Wanderfeldbau mit Bergreis (SRPS 1974). Schon nach einigen Jahren begannen die meisten dieser Pioniere damit, einen Teil der Brandrodungsfelder nach dem Vorbild der autochthonen Lampung-Bauern mit Baum- und Strauchkulturen zu bepflanzen. Vereinzelt waren auch schon kleinere Naßreisparzellen in Eigeninitiative erschlossen worden.

In neuerer Zeit scheinen sich aber auch die spontanen javanischen Transmigranten verstärkt dem Trend des „kommerziellen Wanderfeldbaus" anzuschließen, von dem im folgenden die Rede sein wird.

2) Der kommerzielle Wanderfeldbau

Der kommerzielle, d.h. ausschließlich zum Zwecke der Vermarktung angelegte Wanderfeldbau ist nicht ganz neu auf Sumatra; allerdings beschränkte er sich in früheren Jahren im wesentlichen auf nur eine einzige, zudem nicht allzu verbreitete Nutzpflanze: Tabak. Wegen der besonderen Bodenansprüche kann Tabak in den humiden Tropen nur in sehr langfristigem Landwechsel erfolgreich angebaut werden. Deshalb wenden nicht nur die Kleinbauern den Wanderfeldbau an; auch die kapitalintensiven Tabakplantagen von Deli im dichtbesiedelten Hinterland von Medan (NE-Sumatra) leisten sich den Luxus dieser äußerst flächenaufwendigen Wirtschaftsform.

Eine neue Erscheinung ist hingegen die auffallende Zunahme des kommerziellen Anbaus sogenannter „food crops", vor allem Mais, Sojabohnen und Cassava.

Da bekanntlich die humiden Tropen keinen optimalen Standort für solche einjährigen Nutzpflanzen darstellen (Andreae 1972), muß zu diesem Zwecke mangelnde Bodenfruchtbarkeit durch extensive Landausbeutung ersetzt werden, d.h. es muß auf den Brandrodungswanderfeldbau zurückgegriffen werden, um gegenüber anderen, von Natur aus bevorteilten Produktionsgebieten konkurrieren zu können.

Selbstverständlich breitet sich auch auf Sumatra der Anbau kommerzieller Trockenfeldfrüchte zunächst dort aus, wo die natürlichen Standortfaktoren dies noch am ehesten zulassen, d.h. in den relativ trockenen Regionen der Insel.

Ein Beispiel ist die Nordküste von Aceh im nördlichen Sumatra: durch den geschlossenen Gebirgskamm der Barisan-Kette wirksam gegen den regenbringenden SW-Monsun abgeschirmt und bereits in relativer Äquatorferne (5°–6°N) gelegen, weist dieses Gebiet mit durchschnittlich 1 500–1 700 mm Jahresniederschlag und einer ausgeprägten Trockenzeit von 3–5 „trockenen" Monaten unter 100 mm zwischen Mai und September fast schon „monsunale" Klimazüge auf (Oldeman, Darwis, Las 1979).

Wie Uhlig (1980) feststellte, wirkt sich eine deutliche Trockenphase von mindestens vier Monaten Dauer offensichtlich positiv auf den Nährstoffhaushalt tropischer Böden aus. Tatsächlich hat sich die Nordküstenregion Acehs nicht nur zu einem der produktivsten Reisbaugebiete, sondern auch zu einer der dichtestbesiedelten Zonen Sumatras entwickelt (Scholz in SARIF 1981).

Neben einer Reihe von anderen Gründen (s.u.) war es deshalb zunehmender Bevölkerungsdruck, der die Bewohner der Nordküste in den letzten Jahren veranlaßte, ihr Anbau- und Siedlungsareal im Brandrodungsverfahren in die südlich angrenzende Hügel- und Vorgebirgzone des Barisan-Gebirgskomplexes hinein auszudehnen.

Leitkultur ist dabei die Sojabohne, die in dieser Region seit etwa Mitte der 70er Jahre einen wahren Boom erlebt. Obgleich Soja ein hochwertiges Nahrungsmittel ist und eine durchaus positive Bereicherung der recht einseitig auf Reis abgestellten Diät der lokalen Bevölkerung darstellen könnte, wird das Produkt von den Erzeugern zu fast 100 % nach Medan verkauft, wo die Bohnen verarbeitet und auf dem innerindonesischen Markt abgesetzt werden.

Anbautechnisch gleicht die Sojakultivierung in der Anfangsphase vollständig dem traditionellen Wanderfeldbau mit Bergreis: nach der Brandrodung erfolgt die Aussaat der Bohnen mit dem Pflanzstock zwischen den angekohlten Baumstubben. Deshalb sieht im Landschaftsbild ein frisch angelegtes Sojafeld mit der charakteristischen Feldhütte („pondok") einem Ladangfeld mit Bergreis auch zum Verwechseln ähnlich (Abb. 1). Erst im weiteren Verlauf der Bewirtschaftung schälen sich Unterschiede heraus: im Gegensatz zum traditionellen Ladangen ist der Umtrieb, d.h. das Verhältnis von Anbauphase zu Brachephase, viel intensiver. In der Regel werden zwei Trachten pro Jahr eingeholt, auf frisch gerodeten Feldern gelingen sogar bis zu drei Ernten. Darüberhinaus bestellen die Sojabauern eine Parzelle über mehrere aufeinanderfolgende Jahre hinweg, bevor eine längere Brachephase eingeschaltet wird. Ob diese erhöhte Umtriebsintensität mehr auf die klimatischen und edaphischen Vorzüge der Region oder eher auf die spezielle Kulturartenauswahl zurückzuführen ist, muß zunächst offenbleiben. Man muß dabei nämlich bedenken, daß sich wegen des jungen Alters des Sojabooms bislang noch gar keine klaren Umtriebszyklen oder gar geregelte Fruchtfolgesysteme herausschälen konnten. Es ist durchaus möglich, daß der derzeitige intensive Umtrieb, noch dazu in Monokultur, auf Dauer gar nicht durchgehalten werden kann.

Abb. 1 Brandrodungsfläche entlang einer neueröffneten Straße im Riau (Zentral-Sumatra). Das Feld ist für den Anbau vom Cassava bestimmt (Aug. 1981)

Spätestens vom zweiten Anbaujahr ab muß das Feld mit der Hacke bearbeitet werden, um das Erdreich zu lockern und das aufkommende Unkraut, speziell Alang-Alang-Gras, unter Kontrolle zu bekommen. Von diesem Zeitpunkt an setzen deshalb auch verstärkt die bekannten ökologischen Schadwirkungen des Wanderfeldbaus ein.

Träger des Sojabooms in Nord-Aceh sind vor allem autochthone Aceh-Bauern aus dem angrenzenden Küstentiefland, die im Sojaanbau eine Chance sehen, ihren bislang sehr einseitig auf Naßreis spezialisierten Betrieb zu diversifizieren und sich eine zusätzliche Einkommensquelle zu sichern. Außer von der Distanz zum neuerschlossenen Feld

hängt es von der sozialen und ökonomischen Position der betreffenden Pioniere in ihrem Herkunftsgebiet ab, ob sie:
a) ihre neuen Felder vom alten Wohnsitz aus bewirtschaften,
b) in saisonalem Rhythmus zwischen altem und neuem Feld mit mehr oder weniger festem zweiten Wohnsitz pendeln[2],
c) sich permanent in ihrer neuen Umgebung niederlassen, indem sie ihr ursprüngliches Reisfeld im Herkunftsgebiet entweder ganz aufgeben oder es verpachten.

Abb. 2 Kommerzieller Wanderfeldbau mit Sojabohnen in Aceh/Sumatra (Juni 1981)

---

2 Hier ist offenbar in großen Teilen SE-Asiens ein ganz neuer Betriebstyp im Entstehen: der des „Fernpendlers".
Zwar ist die „duale" Betriebsform mit Innenfeld (meist mit Subsistenzfrüchten wie z.B. Naßreis) und Außenfeld (meist mit Handelspflanzen) eine, gerade auf Sumatra, alte Erscheinung, die jedoch räumlich in der Regel auf das innerdörfliche Territorium beschränkt blieb. Mit zunehmender Erschließung auch entlegener Räume durch neue Straßen bei gleichzeitiger Landverknappung im Stammgebiet entschließen sich jetzt immer mehr Bauern, außerhalb ihrer Dorfgrenzen Außenfelder anzulegen.
Sie nehmen dabei beachtliche Entfernungen von nicht selten über 100 km in Kauf. Gut ausgebaute öffentliche und private Transporteinrichtungen erleichtern die Erreichung des Außenfeldes und ermöglichen einen relativ billigen Abtransport der Produkte.
Besonders weit ist dieser Prozeß heute schon in Thailand fortgeschritten; die beschriebene Situation in Aceh entspricht aber ebenfalls diesem Trend.

Außer den ortsansässigen Acehnen beteiligen sich verschiedentlich auch Javanen an der spontanen Neulanderschließung. Hier im Norden Sumatras handelt es sich dabei aber weniger um Transmigranten wie im Süden der Insel, sondern meist um ehemalige Kontraktarbeiter oder deren Nachkommen aus den Plantagen NE-Sumatras.

Als dritte Gruppe kommen vereinzelt Angehörige der Gayo aus dem zentralen Hochland Acehs hinzu, die gleichsam „von oben her" in die Vorgebirgszone vordringen, um am Sojaboom teilzuhaben. (Die Gayos sind wie die Acehnen seit langem seßhafte Naßreisbauern und von diesen soziokulturell nicht grundlegend verschieden. Es wäre unzutreffend, sie mit den Bergstämmen des festländischen SE-Asiens auf eine Stufe zu stellen.) Vermutlich wegen der z.Zt. noch ausreichenden Landreserven ist von zwischenethnischen Auseinandersetzungen zumindest nach außen hin bislang nichts bekannt geworden.

Das hier geschilderte Beispiel aus Aceh steht nicht allein; schon Anfang der 70er Jahre hatte an der gegenüberliegenden Seite Sumatras, im gleichfalls bereits semihumiden Lampung ein kommerzieller Wanderfeldbau mit Sojabohnen durch spontane javanische Transmigranten eingesetzt. Hinzu kamen bereits damals Ansätze großflächiger Rodung für einen kommerziellen Maisanbau (Scholz in SRPS 1974).

Aber auch im vollhumiden äquatorialen Sumatra sind, trotz relativ ungünstiger Klima- und Bodenbedingungen, erste Anzeichen von kommerziellem Wanderfeldbau durch Kleinbauern (meist mit Mais oder Cassava) sichtbar, wie z.B. entlang einiger neuer Straßentrassen in der Provinz Riau (Abb. 2).

Im folgenden seien einige Fakten und Überlegungen diskutiert, die neben der Bevölkerungszunahme als Begründung für die beginnende Wiederausbreitung des Wanderfeldbaus auf Sumatra in Frage kommen und die deutlich machen, daß sich der Trend wahrscheinlich noch erheblich verstärken wird:

a) Zunehmende Urbanisierung und sich wahrscheinlich verstärkende Kaufkraft wachsender Bevölkerungskreise lassen eine steigende Nachfrage nach alternativen Nahrungsmitteln erwarten – bei stagnierendem oder sogar geringfügig rückgängigem Prokopfverbrauch von Reis. Zu diesem Schluß führte eine Befragung bei 420 ländlichen und städtischen Haushalten in West-Sumatra (WSRPS 1972).

b) Alternative Nahrungsmittel schließen insbesondere tierische Eiweissprodukte mit ein. Im Augenblick können wir im Umland der Städte Sumatras eine rasche Zunahme von Veredlungsbetrieben, speziell solche von Hühnern, beobachten. Während bei der traditionellen extensiven Hühnerhaltung in den Dörfern die Tiere ihr Futter selbst suchen, erfordert die Intensivhaltung in großem Stile Zufütterung, die inzwischen eine rege Nachfrage nach Futterkomponenten, besonders Mais und Mungbohnen ausgelöst hat.

c) Während in den beiden verflossenen Fünfjahresplänen das Schwergewicht der indonesischen Landwirtschaftspolitik sehr einseitig auf der Steigerung der Naßreisproduktion lag, wird in dem derzeit laufenden Fünfjahresplan ausdrücklich eine Diversifizierung, insbesondere durch eine Zunahme der sog. „secondary food crops" (indones.: „palawija") angestrebt und ähnlich wie zuvor beim Naßreis durch entsprechende Maßnahmekataloge („Bimas-Palawija") unterstützt.

d) Durch die Ausbeutung riesiger Waldareale durch Holzkonzessionen und den Bau neuer Straßen werden bislang unzugängliche Landpotentiale für landwirtschaftliche Aktivitäten freigelegt.

e) Bislang waren Produkte von Baum- und Strauchkulturen (Kautschuk, Kaffee, Kokos, Gewürze) die wichtigste Bargeldquelle für die Kleinbauern Sumatras — und sind dies auch heute noch. Allerdings gewinnen im Vergleich zu den meisten Baum- und Strauchkulturen derzeit zunehmend einjährige Feldkulturen als Handelspflanzen an Attraktivität; aus folgenden Gründen:
— Die rasche Produktivität (und damit „schnelles Geld") bei den Einjährigen; dagegen vergehen bei den Baum- und Strauchkulturen im Schnitt 5—7 Jahre, ehe mit den ersten Erträgen zu rechnen ist.
— Gerade dieser Umstand erhöht natürlich die Bereitschaft von Kreditgebern, für gewöhnlich private Geldverleiher im Dorf, den Kleinbauern Kredite zu gewähren.
— Die auch auf Sumatra zukommende Mechanisierungswelle wird den Anbau einjähriger Feldkulturen relativ mehr begünstigen; die Kultivierung von Baum- und Strauchkulturen ist nur sehr begrenzt mechanisierbar.
— Die einfache Tatsache, daß die meisten, im Augenblick zur Vermarktung bestimmten einjährigen Feldkulturen nebenbei auch eßbar sind; Dauerkulturen hingegen nicht. Feldkulturen können deshalb in Krisenzeiten, etwa nach schlechten Reisernten, notfalls als Nahrungsreserve für den Eigenbedarf dienen, statt verkauft zu werden.

f) Auch im Vergleich zum Naßreisanbau, der mit Abstand bedeutsamsten Form der Subsistenzproduktion, scheinen sich längerfristig immer mehr Vorteile für den Anbau von Trockenfeldkulturen zu ergeben — zumindest in wirtschaftlicher Hinsicht (wenn auch wohl kaum aus ökologischer Sicht). Dies erklärt sich daraus, daß potentielle Naßreisflächen nur noch sehr begrenzt verfügbar sind und deren Erschließung, einschließlich des Baus entsprechender Bewässerungs- bzw. Drainage-Einrichtungen, immer aufwendiger und somit teurer wird.

Dieser Umstand könnte eines Tages sogar dazu führen, daß außer den „secondary food crops", also Handelspflanzen wie Mais, Soja oder Cassava, auch der Berg- bzw. Trockenreis als Subsistenzfrucht wieder an Attraktivität gewinnt. Nach Jahren intensiver und sicherlich erfolgreicher Anstrengungen bei der Züchtung verbesserter Naßreissorten wendet sich das Interesse der Pflanzenzüchter nun vermehrt dem Reisbau unter Trockenfeldbedingungen zu. Schon jetzt absehbare Erfolge auf diesem Sektor könnten durchaus ein Wiederaufleben auch des subsistenzorientierten Wanderfeldbaus nach sich ziehen. Die klimatischen Voraussetzungen hierfür, monatlich mindestens 200 mm Niederschlag während der Wachstumsperiode, werden jedenfalls in großen Teilen Sumatras reichlich erfüllt.

g) Eine weitere Überlegung sei zur Diskussion gestellt: die weitaus arbeitsintensivste Verrichtung bei allen Formen des Brandrodungswanderfeldbaus ist die anfängliche Rodung eines Waldstückes, wenn man den Gebrauch der auch heute noch überall üblichen traditionellen Werkzeuge (Axt, Handsäge, Haumesser) zugrundelegt. Nach unseren Befragungen rechnet man auf Sumatra allein für das Roden mit einem Arbeitsaufwand von 60—100 Manntagen/Hektar, je nach Alter und Zusammensetzung des Waldbestandes und der Entfernung zum Dorf. Dies ist auch der Grund, weshalb ein Familienbetrieb selten mehr als 1 Hektar Wanderfeldfläche pro Saison unter Kultur nehmen kann, zumal außerbetriebliche Arbeitkräfte in den meisten Regionen Sumatras kaum verfügbar sind.

Dieser hohe Arbeitsaufwand beim Roden ließe sich durch die Einführung der Motorsäge auf ein Minimum reduzieren. Noch sind Motorsägen bei den Kleinbauern Sumatras fast unbekannt. Wegen des durchaus erschwinglichen Kaufpreises wird deren Propagierung aber wohl nicht mehr lange auf sich warten lassen. Allein aus diesem Grund ist ein weiterer Aufschwung des Brandrodungswanderfeldbaus fast mit Sicherheit zu erwarten.

III. DIE AUSBREITUNG DES KOMMERZIELLEN WANDERFELDBAUS IN THAILAND

Im Vergleich zu Sumatra ist der kommerzielle Wanderfeldbau in Thailand schon viel weiter fortgeschritten und hat infolgedessen auch bereits Eingang in die geographische Literatur gefunden (Uhlig 1979, 1980; Scholz 1980). Welches Ausmaß er in diesem Land schon erreicht hat, erhellt allein die Tatsache, daß die Wälder Thailands zwischen 1961 und heute um etwa die Hälfte (von 57 % auf unter 30 % der Gesamtfläche des Landes) zurückgegangen sind. Hauptanbaufrüchte sind Mais, Cassava und Zuckerrohr. Alle werden fast vollständig vermarktet, Mais und Cassava darüberhinaus größtenteils als Viehfutterkomponenten in Industrieländer wie West-Europa und Japan exportiert.

Die erforderlichen Landreserven für diese enorme Ausweitung der landwirtschaftlichen Nutzfläche fanden sich bislang in der sog. „Highland-Lowland-Transition-Zone", teils weitgespannte flach-gewellte, teils hügelig-gebirgige Übergangsräume zwischen den alluvialen Stromtiefländern, dem Stammland der seßhaften naßreisbauenden Thaivölker und den Gebirgsländern, Sitz der traditionell wanderfeldbautreibenden Bergstämme (Uhlig 1980).

Interessanterweise sind es nun viel weniger die Bergstämme, die sich an dem neuen Prozeß des kommerziellen Wanderfeldbaus beteiligen. Diese sind stattdessen eher dabei, einen ähnlichen Ablösungsprozeß des Wanderfeldbaus durch permanente Wirtschaftsformen durchzumachen, wie er zuvor für Sumatra vor 1970 beschrieben wurde. Verschiedene Ansätze von Naßreisanbau, besonders durch die Karen, oder auch von Höhenmarktgartenbau mit Gemüse unterstreichen diesen Trend (Kunstadter/Chapman 1970, Uhlig 1980) (Abb. 3).

Der enorme Aufschwung des kommerziellen Wanderfeldbaus, von dem hier die Rede ist, wird dagegen weit mehr von den Tieflandsvölkern der Thai getragen, die zuvor seit Generationen vom Naßreisbau gelebt hatten.

Indes ist die Nutzung der Hochland-Tiefland-Übergangszone durch die Thai nicht völlig neu: Uhlig (1980) weist auf die sog. „Hill-Thai" hin, Pioniergruppen aus den Tiefländern, die schon seit Jahrhunderten in die randlichen Gebirgszonen vordrangen, um dort Waldprodukte, vor allem wilden Tee, zu sammeln und auf den Tieflandsmärkten abzusetzen. In die gleiche Kategorie fallen auch die Sammler von Yang-Oel, die als Pioniersiedler in den Waldzonen SE-Thailands lebten, lange bevor der Zuckerrohr- und später Cassavaboom diese Region überrollte (Riethmüller/Sirisambhand/Späth 1980). Und schließlich versuchen zunehmend Naßreisbauern aus den Tiefländern, ihre knapper werdende Subsistenzbasis zu erhalten, indem sie zusätzlich Brandrodungsfelder mit Bergreis aus den Wäldern der Gebirgsrandzonen herausschlagen (Weber 1969).

Die genannten Beispiele sind jedoch kaum mehr als nur punkthafte Erscheinungen, getragen von einzelnen Pioniergruppen, mit geringen wirtschaftlichen und ökologischen Auswirkungen, gemessen an dem kommerziellen Wanderfeldbau der jüngsten Siedlungsgeschichte Thailands.

Abb. 3 Ablösung des traditionellen Wanderfeldbaues mit Bergreis (oben) durch permanenten terrassierten Naßreisanbau bei den Karen in Nordthailand (Doy – Juthanon-Gebiet, Sept. 1978)

Abb. 4 Zuckerrohrernte auf Brandrodungsfeldern im Chonburi-Hinterland/Südost-Thailand (Feb. 1979)

Dieser setzte in seinem vollen Ausmaß etwa zu Beginn der 60er Jahre ein. Damals erreichte besonders Rohrzucker Höchstpreise. Dem Zuckerboom folgten um die Mitte der 60er Jahre ein Mais- und in den 70er Jahren schließlich ein Cassava-Boom.

Am Beispiel dreier Gebietsausschnitte aus SE-Thailand ist dieser Kolonisationsprozess bereits ausführlich beschrieben worden (Scholz 1980; Reithmüller, Sirisambhand, Späth 1980). Im folgenden sei deshalb nur auf jene Merkmale und Ursachen eingegangen, die sich für einen Vergleich mit den Verhältnissen auf Sumatra anbieten, bzw. die Unterschiede verdeutlichen:

a) Die natürlichen Standortfaktoren im wechselfeuchten Thailand sind für den Anbau einjähriger Trockenfeldkulturen generell besser geeignet als die im immerfeuchten Sumatra.

b) Während die indonesische Agrarpolitik sich, wie erwähnt, bis vor kurzem vorrangig um die Schließung der (noch heute) bestehenden Reislücke bemühte, strebte Thailand schon viel früher eine Diversifizierung seiner zu einseitig auf Reis fixierten Agrarstruktur an.

c) Weit mehr als auf Sumatra kommen in Thailand Kapitalgüter zum Einsatz, insbesondere arbeitssparende, wie z.B. Traktoren.

d) Wegen günstigerer natürlicher Bedingungen und relativ hohem Kapitalaufwand erfolgt die Trockenfeldbewirtschaftung in Thailand meistens erheblich intensiver, oft dazu in Monokultur, über mehrere Jahre hinweg kontinuierlich auf einem Feld. In solchen Fällen wäre es fast schon angebracht, von einem „permanenten Trockenfeldbau" statt von „Wanderfeldbau" zu sprechen.

Zur Erläuterung der Begriffe: in Anlehnung an Ruthenbergs (1971) Vorschlag sprechen wir von „Wanderfeldbau", wenn die Brachephase deutlich länger ist als die Anbauphase.

Man muß jedoch bedenken, daß solche Lehrbuchbegriffe aus den traditionellen Wanderfeldbauwirtschaften als integrierte Lebensform abgeleitet wurden, bei denen sich über Generationen bestimmte Rotationssysteme mit festen Anbau- und Bracheperioden entwickelt hatten.

Im neuzeitlichen kommerziellen Wanderfeldbau kann, wie oben schon im Falle Aceh angedeutet, von solchen Rotationssystemen bislang nicht die Rede sein. Eine exakte Klassifizierung nach ihrer Umtriebsintensität ist meistens allein schon wegen des noch jungen Alters dieser Wirtschaftsform noch gar nicht möglich. Dazu kommt, daß, anders als in den von der Außenwelt weitgehend isolierten Selbstversorgerwirtschaften der traditionellen Wanderfeldbaukulturen, der heutige weltmarktorientierte Wanderfeldbau derart den ständig wechselnden wirtschaftlichen, sozialen und politischen Verhältnissen der betreffenden Länder ausgesetzt ist, daß sich auch für die nähere Zukunft kein festgefügtes Rotationssystem abzeichnet.

Nehmen wir z.B. nur die Brache!: während diese beim traditionellen Wanderfeldbau ausschließlich den Zweck der Bodenregenerierung erfüllt, kann sie beim heutigen kommerziellen Wanderfeldbau ganz unterschiedliche Ursachen und Funktionen haben: außer zur Regenerierung der Bodenfruchtbarkeit kann hier die Brache ebensogut konjunkturbedingt sein mit dem Ziel der erneuten Inkulturnahme bei entsprechend geänderten Marktbedingungen (ähnlich der „Sozialbrache"). Es kann sich aber auch herausstellen, daß in dem betreffenden Fall die Kultivierung aus den verschiedensten Gründen ganz eingestellt wurde („Flurwüstung"). Alle diese Möglichkeiten existieren in Thailand auf engem Raum nebeneinander.

Schließlich ist zu erwähnen, daß es sich bei fast allen der oben genannten Beispiele um solche Formen des Wanderfeldbaus handelt, bei denen von einem festen Wohnsitz aus operiert wird. Hierfür hat sich in Teilen der deutschsprachigen geographischen Literatur der auf Waibel (1933) zurückgehende Begriff „Landwechselwirtschaft" eingebürgert. In engerer Anlehnung an das englische „Shifting Cultivation", das sich auch in der deutschen Literatur immer mehr durchsetzt, wurde hier aber der Begriff „Wanderfeldbau" bevorzugt.

e) Im Vergleich zu Sumatra bietet sich in Thailand ein insgesamt viel komplexeres und regional differenzierteres Bild sozialer Gruppen, die am kommerziellen Wanderfeldbau beteiligt sind; dazu zwei Beispiele:
— Ähnliche Verhältnisse wie auf Sumatra treffen wir häufig in den jüngsten Kolonisationsgebieten Thailands an, etwa in den Maisbauzonen unweit der kambodjanischen Westgrenze oder in den Rodungsgassen entlang neuer Straßen durch das bewaldete Khorat-Randgebirge. Hier wird der Prozeß von einem noch weitgehend homogenen Kleinbauerntum getragen. Entsprechend haben wir es mit relativ einheitlichen Betriebsgrößen von durchschnittlich 4—7 Hektar zu tun (auf Sumatra wegen noch nicht vorhandener Mechanisierung nur 1—2 Hektar). Wie auf Sumatra können wir auch solche Pioniere, die permanent im Neusiedelgebiet wohnen, von solchen unterscheiden, die in saisonalem Rhythmus zwischen ihrem alten und ihrem neuen Wohnsitz pendeln und wiederum solchen, die ihr neues Außenfeld vom alten Wohnsitz aus bewirtschaften.
— In den älteren, gleichwohl noch immer in kräftiger Ausdehnung sich befindlichen Rodungszonen, wie z.B. im Hinterland der südostthailändischen Küstenstadt Chonburi, hat sich dagegen im Laufe der Jahre eine auffallend heterogen strukturierte Agrargesellschaft herauskristallisiert. Die Skala der am kommerziellen Rodungsprozeß beteiligten Gruppen reicht dort von einer überwiegend thai-chinesischen Oberschicht, bestehend aus Forstkonzessionären, Landspekulanten, Plantagenbesitzern und Fabrikeignern, über die Großbauern mit bis zu 200 ha Land, die Kleinbauern mit rund 3—10 ha, die Kleinstbetriebe unter 3 ha, die Voll- und Zupächter, die Feldaufseher (speziell beim Zuckerrohr), bis hin zu der großen Klasse der Lohnarbeiter aus NE-Thailand, die hier im Südosten teils permanent, teils saisonal angestellt sind. Besonders hervorzuheben ist die bedeutende Rolle der ethnischen Minderheit der Thai-Chinesen, die sich besonders in Südostthailand sehr aktiv direkt, d.h. als Bauern, in den landwirtschaftlichen Produktionsprozeß mit einschalten. Diese Möglichkeit ist der chinesischen Minderheit auf Sumatra verwehrt, weil dort die Chinesen keine Ländereien erwerben können. Zudem ist der relative Anteil der Chinesen an der Gesamtbevölkerung auf Sumatra viel geringer als in Thailand. So bleibt nur eine indirekte chinesische Einflußnahme durch den Agrarhandel, die allerdings auch nicht unterschätzt werden sollte.

f) Mehr noch als auf Sumatra wird der kommerzielle Wanderfeldbau in Thailand (gerade auch der von Kleinbauern getragene) von einer Händlerklasse organisiert und kontrolliert, deren Netz vom Kleinhändler in den entlegensten Marktflecken entlang der Rodungsfront bis hin zum Exporteur in Bangkok reicht. Viele Pioniersiedler, besonders alle jene, die ihren ursprünglichen Wohnsitz ganz aufgegeben haben, geraten gleich zu Beginn in Schuldabhängigkeit eines Händlers, der den Neuankömmling mit Krediten für Saatgut, Dünger und andere Kapitalgüter versorgt, den Traktor stellt und Nahrungsmittel, speziell Reis, liefert. Dafür verpflichtet sich der Bauer zur Ablieferung seines Produkts an den betreffenden Händler. Praktisch ist damit dem Bauern die Entscheidungsfreiheit über die Wahl seines Anbauprodukts entzogen. So ist es nicht verwunderlich, daß sich bei solchen Abhängigkeitsverhältnissen sozialer Konfliktstoff ansammeln muß.

g) Zusätzlicher Konfliktstoff erwächst speziell im thailändischen Fall aus den widersprüchlichen Rechtsverhältnissen in Fragen des Landbesitzes. Während der Pioniersiedler gemäß des ihm vertrauten Gewohnheitsrechts sich nicht nur im Recht, sondern geradezu verpflichtet fühlt, Neuland zu roden, um den Familienbesitzstand zu wahren, begeht er mit seinem Übergriff auf offiziell dem König gehörendes „Kronland" nach staatlichem Recht ein Verbrechen (Uhlig 1980). Die Folge sind ständige, oft blutige Zusammenstöße zwischen Staatsbeamten und Pioniersiedlern, die in den Medien für gewöhnlich als Übergriffe kommunistischer Insurgenten dargestellt werden. Aus ständiger Angst, von seiner Parzelle vertrieben zu werden, beutet der Bauer sein Stück Land so rasch und so gründlich aus, wie er nur kann — mit den entsprechend schädlichen Folgen für den Naturhaushalt. Aus seiner Sicht kann es sich nicht lohnen, bodenerhaltende bzw. -verbessernde Maßnahmen zu ergreifen. So hat die strenge thailändische Forstgesetzgebung, statt wie vorgesehen dem Schutz des Ökosystems zu dienen, am Ende eher das Gegenteil erreicht.

Auf Sumatra haben wir es mit einer viel liberaleren Landbesitzregelung zu tun. Das in seinen Grundzügen auf dem holländischen „Agrargesetz" von 1870 ruhende „Basic Agrarian Law" (1960) der indonesischen Regierung überläßt im Falle Sumatras (nicht Javas!) den oftmals recht ausgedehnten, meist mit Sekundärwald bestandenen Übergangsgürtel (einer Art Allmende) zwischen Dorfflur und Primärwald ausdrücklich der Verfügungsgewalt und somit dem Gewohnheitsrecht („adat") der Dorfbevölkerung. Erst hinter dem „Dorfwald" beginnt mit dem Primärwald („Regierungswald") die „Staatsdomäne", wo flächenhaftes Roden untersagt ist. Natürlich hat sich die Rodungsfront inzwischen vielerorts über den Dorfwald hinaus in den Regierungswald vorgeschoben; dennoch ist kaum ein Fall bekannt, bei dem dies eine Vertreibung der „squatter" nach sich gezogen hätte. Diese vermeintlich forstfeindliche Regelung führt indes dazu, daß der Pioniersiedler auf seinem frisch gerodeten Stück Land sogleich Vorkehrungen für einen dauerhaften Aufenthalt trifft. Hierzu gehören neben der Errichtung eines relativ soliden Wohnhauses auch eine Reihe von bodenerhaltenden Maßnahmen, insbesondere die „Wiederaufforstung" zumindest eines Teils der Brandrodungsfläche mit Baum- und Strauchkulturen.

SCHLUSSBEMERKUNG

Fassen wir die Merkmale des kommerziellen Wanderfeldbaus in Thailand und auf Sumatra zusammen, kommen wir zu dem Ergebnis, daß der Prozeß in Thailand früher einsetzte, entsprechend weiter verbreitet ist, ein viel differenzierteres Erscheinungsbild aufweist und erheblich konfliktgeladener ist. Das muß nicht heißen, daß es auf Sumatra nicht eines Tages zu den gleichen Zuständen kommen könnte. Selbstverständlich sind die natürlichen, gesellschaftlichen und politischen Rahmenbedingungen anders als in Thailand; dennoch gewinnt man beim Anblick der beginnenden Wiederausbreitung des Wanderfeldbau auf Sumatra durchaus den Eindruck, als bahne sich hier eine überraschend ähnliche Entwicklung an, wie sie in Thailand im Schnitt 10—20 Jahre früher einsetzte und wie sie sich uns heute dort in einem fortgeschrittenen Stadium mit all ihren sozialen und ökologischen Problemen darstellt.

LITERATUR

Andreae, B. (1972): Landwirtschaftliche Betriebsformen in den Tropen. Berlin 1972
Kunstadter, P./Chapman, E. C. (1970): Shifting Cultivation and Economic Development in Northern Thailand. Bangkok 1970
Maass, A. (1910): Durch Zentral-Sumatra. 2 Bände, Berlin 1910
Marsden, W. (1811): The History of Sumatra. 3. Auflage, London 1811
Moszikowski, M. (1909): Auf neuen Wegen durch Sumatra. Berlin 1909
Nye, P. H./Greenland, D. J. (1960): The Soil under Shifting Cultivation. Commonwealth Bureau of Soils; Techn. Comm., No. 51; Bucks 1960
Oldeman, L. R./Las, I./Darwis, S. N. (1979): An Agroclimatic Map of Sumatra. Contr. of Centr. Res. Inst. f. Agr., No. 52, Bogor 1979
Pelzer, K. (1957): Agriculture in the Humid Tropics. 9th Pacif. Scince Congress, Bangkok 1957
Riethmüller, R./Sirisambhand, N./Späth, A. (1980): Spontane Rodungskolonisation in Thailand. Diplomarbeiten am Geogr. Inst. d. Univ. Gießen, Gießen 1980
Ruthenberg, H. (1971): Farming Systems in the Tropics. Oxford 1971
SARIF (Sukarami Agric. Res. Inst. for Food-crops) (1981): The Agricult. Production Pattern of D. I. Aceh/Sumatra, Padang 1981
Scholz, U. (1977): Minangkabau – die Agrarstruktur in West-Sumatra und Möglichkeiten ihrer Entwicklung. Gießener Geogr. Schriften, Nr. 41, Gießen 1977
– Permanenter Trockenfeldbau in den humiden Tropen, Beispiele aus Lampung/S.-Sumatra; Gießener Beitr. z. Entw.-forschung, I, 3, Tropeninst. Gießen 1977, S. 45–58
Scholz, U. (1980): Land Reserves in Southern Sumatra and their Potentialities for Agric. Utilization. Geo-Journal 4. 1, S. 19–30, Wiesbaden 1980
– (1980b): Spontane Neulanderschließung in den Waldgebieten Südost-Thailands. In: Gießener Geogr. Schriften, Heft 48, S. 131–148, Gießen 1980
Schrieke, B. (1928): Causes and Effects of Communism on the West Coast of Sumatra. Den Haag 1928 (Repr. den Haag/Bandung 1955, in: Indonesian Sociolog. Studies, Vol. II, Part I)
Spencer, J. E. (1966): Shifting Cultivation in Southeastern Asia. Berkeley and Los Angeles 1966
SRPS (Sumatra Regional Planning Study), (1974); U. Scholz: Landuse Systems in Lampung. Jakarta/Bonn 1974
Uhlig, H. (1970): Die Ablösung des Brandrodungs-Wanderfeldbaus-Wirtschafts- und sozialgeogr. Wandlungen der asiat. Tropen am Beispiel von Sabah und Sarawak (Malaysia). In: Dtsch. Geogr. Forschung in d. Welt v. heute, S. 85–102, Kiel 1970
– (1979a): Völkerschichtung und Völkerbewegungen in den Gebirgen Thailands im Umbruch der modernen Entwicklung. In: Innsbrucker Geogr. Studien, Bd. 5 S. 265–291. Innsbruck 1979
– (1979b): Geplante und spontane Neusiedlung in Südostasien. In: Schriften d. Zentr. f. Reg. Entw.-Forschung d. Univ. Gießen, S. 116–182, Gießen 1979
– (1980): Problems of Landuse and Recent Settlement in Thailand's Highland-Lowland Transition Zone. Reprint from: Conservation and Development in Northern Thailand. Proceedings of a Programmatic Workshop on Agro-Foresty and Highland-Lowland Interactive Systems. Held at Chiang Mai, Thailand, 13–17 Nov. 1978. J. D. Ives, S. Sabhasri, P. Voraurai (Ed), United Nations University, S. 33–42, 1980
Veth, P. J. (Hrsg.) (1881–92): Midden Sumatra (1877–79), 4 Teile, 7 Bände, Leiden 1881–92
Waibel, L. (1933): Probleme der Landwirtschaftsgeographie. Breslau 1933
Weber, K. E. (1969): Shifting Cultivation among Thai Peasants. In: Jahrbuch. d. Südasien-Inst. d. Univ. Heidelberg, III; Heidelberg 1969
WSRPS (West-Sumatra Regional Planning Study), (1972). Bonn/Bukittinggi 1972

ÜBERSICHTSUNTERSUCHUNGEN ZUR ERFASSUNG VON LANDRESOURCEN IN WEST-KALIMANTAN, INDONESIEN

VON ERNST LÖFFLER, ERLANGEN

MIT 3 KARTEN

Der folgende Aufsatz beruht auf einer Untersuchung zur Erfassung der Landresourcen im Nordwesten der indonesischen Provinz West-Kalimantan, die der Verf. im Auftrag einer australischen Firma im Jahre 1977 durchführte. Die Arbeit war Teil eines indonesisch-australischen Projets der West Kalimantan Water Resources Development Study. Der Beitrag soll an einem praktischen Beispiel zeigen, wie man als Geograph aufgrund seiner breiten Ausbildung und Erfahrung, innerhalb kurzer Zeit eine Übersicht über die Landresourcen und das landwirtschaftliche Potential eines wenig untersuchten Gebiets erhalten kann. Gleichzeitig sollen einige allgemeine, bei derartigen Untersuchungen vorhandene Probleme angesprochen werden. Während der Geländearbeit schloß sich uns Herr Professor Uhlig für einige Tage an, und ich möchte ihm gerade an dieser Stelle für den regen Gedankenaustausch und die Anregungen, die er mir aufgrund seiner langen Indonesienerfahrung geben konnte, nochmals herzlich danken. Bei zahlreichen Arbeiten, die in letzter Zeit unter dem Anspruch „angewandt" in der Geographie veröffentlicht und in Vorträgen dargestellt werden, fällt auf, daß diese Arbeiten zwar in der Regel in ihrer Themenstellung praxisbezogen sind, aber nur selten das Ergebnis einer Auftragsarbeit darstellen. Damit fehlt ihnen aber ein ganz wesentliches Element der angewandten Arbeit, und es entsteht ein etwas einseitiges Bild von der praktischen Arbeit und vielleicht auch ein falscher Eindruck von den in der praktischen Arbeit gegebenen Möglichkeiten wissenschaftlich zu forschen. Auftragsarbeit bedeutet klare Einstrenge Zeitbegrenzung, meist knappe Mittel und bei Arbeiten in Entwicklungsländern oft noch mangelnde technische Unterstützung. Wird die Mitarbeit an einem Projekt angenoch mangelnde technische Unterstützung. Wird die Mitarbeit an einem Projekt angeboten, sind Ziel und Rahmen der Untersuchung oft bis ins Detail vorgegeben, und es besteht lediglich die Wahl der Zusage oder Absage. Zu den nach meiner Erfahrung ungünstigsten Einschränkungen gehört die Zeitbegrenzung, die das Entwickeln einer neuen Methodik oder das Suchen nach einer geeigneten Methodik kaum zuläßt, sondern den Bearbeiter zwingt sich auf eine erprobte Methodik zu stützen, die er im Laufe seiner Tätigkeit zwar verbessern und den lokalen Verhältnissen anpassen, aber nicht grundsätzlich ändern kann. In dieser Hinsicht ist die Arbeit der Geographen selbstverständlich nicht verschieden von der des Geologen, der routinemäßig Bohrkerne auswertet.

Für die schnelle Erfassung von Landresourcen und der landwirtschaftlichen Tragfähigkeit stellt eine derartige Methode das Land-System-Konzept dar, welches von australischen Wissenschaftlern entwickelt wurde, und in Untersuchungen in Australien (Christian und Stewart 1968), Neuguinea (Löffler 1974), aber auch in anderen Ländern vor allem im englischsprachigen Bereich zur Anwendung kam (Webster und Becket 1970, Ministry of Overseas Development 1970). Das Land-System Konzept geht von der auch im System der naturräumlichen Gliederung verankerten Grundauffassung aus, daß ein gewisses System der natürlichen Ordnung in der Landschaftsgliederung vorhanden ist. Ein Land-System ist definiert als ein oder eine Anzahl von Gebieten, die sich durch eine wiederkehrende Vergesellschaftung von Oberflächenformen, Vegetation und Böden auszeichnen (Christian und Stewart 1968), ein Land-System wäre etwa dem Begriff einer Kleinlandschaft (Paffen 1948) gleichzusetzen mit dem wichtigen Unterschied, daß ein Land-System eine Anzahl räumlich getrennter Gebiete umfassen kann. Mit einigen Vorbehalten könnte man sagen, daß das Land-System Konzept ein für die praktische Arbeit der Landresourcenkartierung modifiziertes System der naturräumlichen Gliederung ist. Für die praktische Anwendung ist wichtig, daß die oben angesprochene Vergesellschaftung als Muster in der Landschaft zum Ausdruck kommt und daher auch als Luftbildmuster zu erkennen und zu kartieren ist. Es steht außer Frage, daß das Land-System-Konzept wissenschaftliche Schwächen aufweist (Cooke und Doornkamp 1974). Die Definition des Land-Systems ist nicht exakt genug, genau so wenig wie die der Land-Unit, die Einheit, die als Baustein das Land System aufbauen soll. Die Grenzziehung zwischen ähnlichen Land-Systems ist oft subjektiv wie überhaupt dem System eine gewisse Subjektivität anhaftet. Eine weitere Schwäche stellt das Fehlen von landschaftsdynamischen Aspekten dar (Moss 1969). Dennoch hat sich das Land-System-Konzept bis heute als eine anwendbare Methode der Kartierung von natürlichen Resourcen gehalten, weil es relativ einfach in der Durchführung ist, flexibel in der Wahl des Maßstabs, keine zeitraubenden und kostspieligen Detail- und Laboruntersuchungen erfordert, dennoch akzeptable und im Rahmen des Maßstabs und Zielsetzung zuverlässige Ergebnisse bringt und vor allem auch- und das erscheint besonders wichtig- vom Auftraggeber verstanden werden kann.

Idealerweise stellt ein Land-System eine Einheit aus Oberflächenform, Vegetation und Boden dar, aber derartige Fälle sind selten und bei Arbeiten mit kleineren Maßstäben praktisch nicht vorhanden. Ein Land-System setzt sich daher in der Regel aus einem Komplex aus verschiedenen Oberflächenformen, Vegetationstypen und Böden zusammen, wobei es sich allerdings um verwandte, in einem Zummenhang stehende Erscheinungen handeln muß.

Eine Land-System-Karte stellt daher eine komplexere Karte dar, als beispielsweise eine geomorphologische Karte, Vegetationskarte oder Bodenkarte gleichen Maßstabs. Derartige Karten können aber aus der Land-System-Karte abgeleitet werden, wobei allerdings eine reine Bodenkarte ohne ein dichtes Netz von Geländebeobachtungen nicht zu erstellen ist. Dagegen ist es möglich, eine Karte der Tragfähigkeit (land use suitability) abzuleiten, denn die Landnutzung ist nicht allein und nicht einmal vorwiegend vom Bodentyp abhängig, sondern vor allem von Faktoren wie Hangneigung, Hangstabilität, Überschwemmungsgefahr, Staunässe und dergl.. Derartige Faktoren können aber meist über das Luftbild und damit auch von der Land-System-Kartierung erfasst werden.

AUFGABENSTELLUNG

Die West Kalimantan Water Resources Development Study erwuchs aus einer Empfehlung von australischer Seite im Hinblick auf den (von Australien finanzierten und durchgeführten) Straßenbau im Gebiet des Sambas und Sekayam auch eine Untersuchung über Wasser- und Landresourcen in diesen Gebieten durchzuführen. Im Hintergrund stand hierbei auch die Absicht der indonesischen Regierung eine größere Umsiedlung (Transmigrasi) von Bevölkerungsgruppen aus den überbesiedelten Teilen des Landes, v.a. Java, zu veranlassen.

Der Aufgabenbereich der Study Group wurde folgendermaßen formuliert:

1. Erfassung der Landresourcen, der heutigen Landnutzung und der potentiellen Tragfähigkeit im Einzugsgebiet der Flüsse Sambas und Sekayam unter besonderer Berücksichtigung der Möglichkeiten einer Verdichtung der Besiedlung durch Umsiedlung (Transmigrasi). Die Ernährungsgrundlage der zuwandernden Bevölkerung sollte der bewässerte Reisbau sein. Bei diesen Untersuchungen sollte es sich um einen sog. Reconnaissance Survey, also eine Übersichtsuntersuchung, handeln und die Ergebnisse sollten innerhalb von 3 Monaten vorliegen.

2. Untersuchung der Wasser-Resourcen in den beiden Gebieten und Identifizierung möglicher Projekte zur Wasserspeicherung, Bewässerung und Hydroelektrizität.

3. Sammeln von hydrologischen und meteorologischen Daten im Hinblick auf weitere detailliertere Untersuchungen in beiden Gebieten. Ich war ausschließlich mit der ersten Aufgabe betreut und darüber soll im folgenden berichtet werden, wobei das etwa 10 000 km^2 große Sambas Gebiet als Beispiel herausgegriffen wird, und auf die Darstellung des etwa halb so großen und wegen des Fehlens eines Küstenvorlandes einfacheren Sekayam Gebiets verzichtet wird. Die Untersuchung wurde zusammen mit einem australischen Kollegen, Herrn D. J. Sillar durchgeführt, der vor allem die heutige Landnutzung sowie marktwirtschaftliche Fragen untersuchte, die hier nicht behandelt werden.

NATURRÄUMLICHE ÜBERSICHT

Das Sambasgebiet liegt zwischen 0°45' und 1°45'N und 109° und 110°E im äußersten NW der Provinz West Kalimantan. Das Arbeitsgebiet liegt damit fast unmittelbar unter dem Äquator und besitzt ein typisches tropisches Tieflandsklima (Afa), wobei die jährlichen Niederschläge zwischen 2,8 und 3,2 m liegen. Eine Trockenzeit ist nicht vorhanden, die Monate Juni bis September sind mit durchschnittlich 175 mm Niederschläge lediglich etwas weniger feucht als der Rest des Jahres, wo die Niederschläge monatlich über 200 mm, von November bis Januar sogar über 300 mm liegen. Temperaturen sind ebenfalls typisch zentraltropisch mit einem jährlichen Mittel von fast genau 27°C und monatlichen Schwankungen von maximal 1°.

Die natürliche Vegetation besteht aus tropischem Tieflandsregenwald, der sich in seinem Aufbau wenig von anderen tropischen Regenwäldern unterscheidet, allerdings relativ niedrigstämmig und schmalkronig ist was auf ungünstige Bodenverhältniss hinweist. In den tieferliegenden Abschnitten der Alluvialebene wird der Regenwald meist durch Sumpfwald ersetzt, der im Aufbau einfacher und vor allem seiner Wuchshöhe niedriger ist, als der Regenwald, daher ist er auch auf dem Luftbild deutlich zu erkennen. Der Regenwald ist weitgehend abgeholzt und in Agrarland, oder dort wo Wanderfeldbau betrieben wird, in sog. Alang-Alang Savanne umgewandelt.

In der gegenwärtigen Landnutzung sind zwei deutlich getrennte Systeme zu unterscheiden. Im Bereich der Alluvialebene des Sambas und entlang der Küste wird von den dort ansässigen malayischen und chinesischen Bevölkerungsgruppen Dauerfeldbau betrieben, der auf dem Anbau von Naßreis, Kautschuk und Kokosnüssen basiert. Der Reis wird nur an wenigen Stellen künstlich bewässert, in der Regel wird er durch Ausnützung natürlicher Überflutungen oder durch Regenstau angebaut. Im Inland, d.h. außerhalb der Alluvialebene, wird dagegen von der dort lebenden Dajakbevölkerung Wanderfeldbau mit Brandrodung betrieben, der auf Bergreis basiert. Der durchschnittliche Zyklus der Landrotation liegt zwischen 10 und 15 Jahren, aber dies reicht wegen der sehr geringen Bodenfruchtbarkeit kaum aus, um eine Regeneration des Waldes zu emöglichen. Weite Gebiete sind daher von niedrigen Sträuchern, Gräsern (v.a. Imperata) und Farnen überzogen. Diese Formationen werden meist unter dem Begriff Alang-Alang- Grasland oder -Savanne zusammengefasst.

DIE LAND-SYSTEMS DES SAMBASGEBIETS

Die Kartierung der Land-Systems basierte hauptsächlich auf der Auswertung von Luftbildern im Maßstab 1 : 40 000. Ebenfalls herangezogen wurden topographische Karten im Maßstab 1 : 50 000 und 1 : 250 000 sowie eine geologische Übersichtskarte 1 : 500 000 und eine stark generalisierte Bodenkarte im Maßstab 1 : 5 Mill.

Das Sambasgebiet wurde in insgesamt 22 Land-Systems unterteilt, die auf Karte 1 vereinfacht dargestellt sind. Die Land-Systems verteilen sich auf 3 Großräume, die weitgehend den geomorphologischen Großeinheiten entsprechen, nämlich der Küsten- und Alluvialebene im Westen, einer welligen niedrigen Rumpfebene im Zentrum und randlichen Bergländern und Gebirgen im Osten und Süden. Die Küste und Alluvialebene wurde in 6 Land-Systems gegliedert, unter denen die wichtigsten Land-System 1 und 2 sind. Beide sind Abschnitte der ausgedehnten Alluvialebene des Sambas und seiner Nebenflüsse und unterscheiden sich vor allem aufgrund ihrer unterschiedlichen Nutzung, wobei diese unterschiedliche hydrologische Verhältnisse und Böden reflektiert. Land System 1 stellt ein landwirtschaftlich relativ intensiv genutztes Gebiet dar, auf dem Reis, Kautschuk und auf den etwas leichteren Böden auch Kokospalmen angebaut werden. Die Böden sind wenig differenzierte, graue Alluvialböden meist toniger und lediglich in Flußnähe etwas mehr lehmiger Textur. Sie sind sauer und zeigen ab 50 cm Anzeichen von Vergleyung. Land-System 2 ist regenwaldbedeckt und zum Teil versumpft. Die Böden sind stark übernäßt, zum Teil vermoort und stark versauert. Im Extremfall wird der Regenwald durch Sumpfwald ersetzt (Land- System 3). In diesen Sumpfwäldern ist die Moorbildung weiter fortgeschritten und die Mächtigkeit der Torfschicht meist 1 m und mehr.

Die restlichen 3 Land-Systems dieses Gebiets treten in unmittelbarer Küstennähe auf, es sind Mangrovenwälder, Marschen und eine Serie von niedrigen Strandwällen.

Die nächste Großeinheit stellt eine auf paläozoischen und mesozoischen Sand- und Tonsteinen entwickelte Rumpfebene dar, aus der einige Härtlingszüge herausragen. Die Land-Systems dieses Raums setzen sich sehr deutlich von denen der Alluvialebene ab. Hier treten fast ausschließlich tief verwitterte, nährstoffarme und stark saure podsolierte Böden auf, die als „red and yellow podsolics" bekannt sind. Örtlich treten auf Sandstein auch Podsole auf. Die Land-Systems wurden aufgrund von Relief, Hangneigung, Vegetation bzw. Landnutzung weiter differenziert, wobei besonders Land

Flat Plains

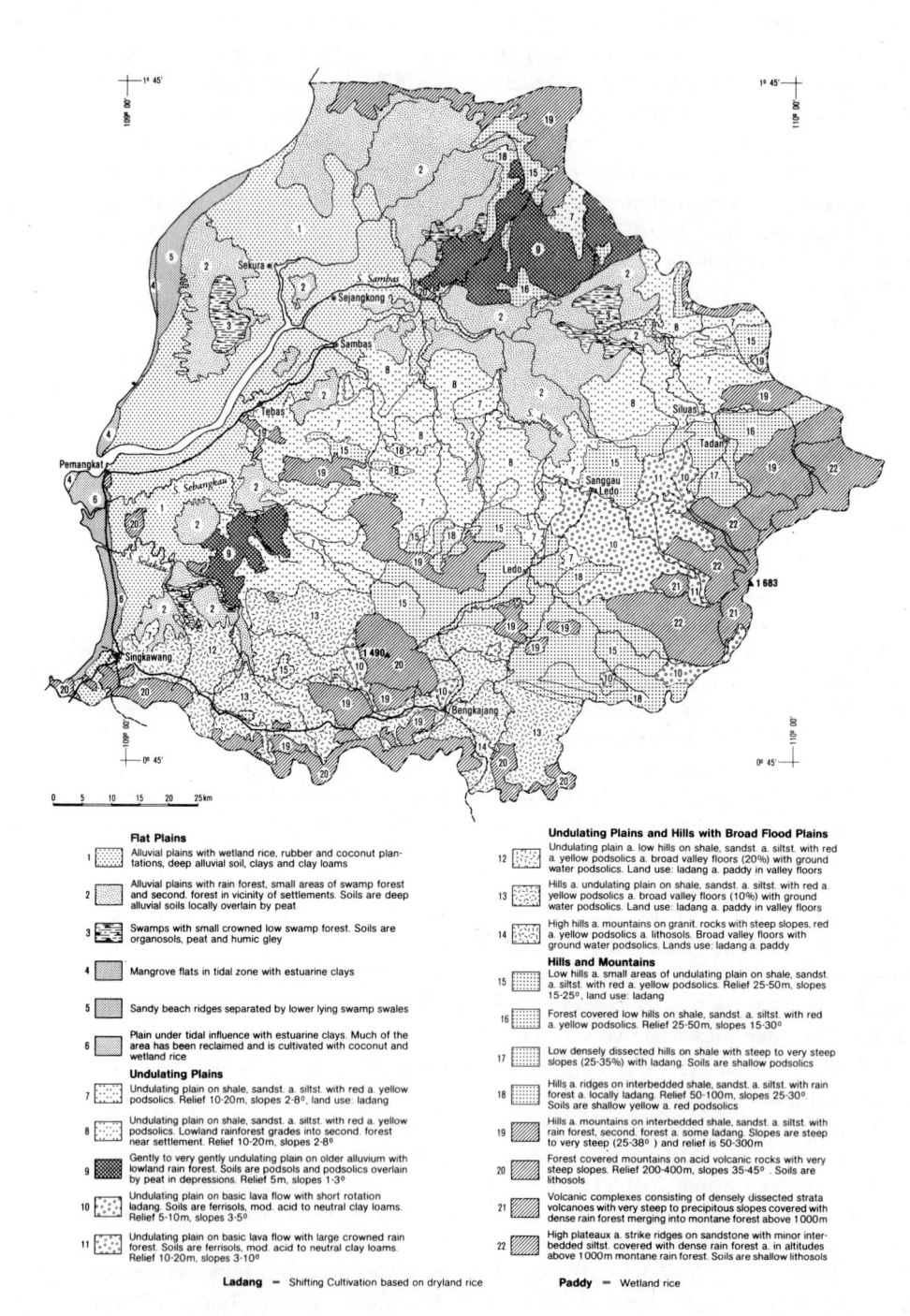

1. Alluvial plains with wetland rice, rubber and coconut plantations, deep alluvial soil, clays and clay loams

2. Alluvial plains with rain forest, small areas of swamp forest and second. forest in vicinity of settlements. Soils are deep alluvial soils locally overlain by peat

3. Swamps with small crowned low swamp forest. Soils are organosols, peat and humic gley

4. Mangrove flats in tidal zone with estuarine clays

5. Sandy beach ridges separated by lower lying swamp swales

6. Plain under tidal influence with estuarine clays. Much of the area has been reclaimed and is cultivated with coconut and wetland rice

Undulating Plains

7. Undulating plain on shale, sandst. a. siltst. with red a. yellow podsolics. Relief 10-20m, slopes 2-8°, land use: ladang

8. Undulating plain on shale, sandst. a. siltst. with red a. yellow podsolics. Lowland rainforest grades into second. forest near settlement. Relief 10-20m, slopes 2-8°

9. Gently to very gently undulating plain on older alluvium with lowland rain forest. Soils are podsols and podsolics overlain by peat in depressions. Relief 5m, slopes 1-3°

10. Undulating plain on basic lava flow with short rotation ladang. Soils are ferrisols, mod. acid to neutral clay loams. Relief 5-10m, slopes 3-5°

11. Undulating plain on basic lava flow with large crowned rain forest. Soils are ferrisols, mod. acid to neutral clay loams. Relief 10-20m, slopes 3-10°

Undulating Plains and Hills with Broad Flood Plains

12. Undulating plain a. low hills on shale, sandst. a. siltst. with red a. yellow podsolics a. broad valley floors (20%) with ground water podsolics. Land use: ladang a. paddy in valley floors

13. Hills a. undulating plain on shale, sandst. a. siltst. with red a. yellow podsolics a. broad valley floors (10%) with ground water podsolics. Land use: ladang a. paddy in valley floors

14. High hills a. mountains on granit. rocks with steep slopes, red a. yellow podsolics a. lithosols. Broad valley floors with ground water podsolics. Lands use: ladang a. paddy

Hills and Mountains

15. Low hills a. small areas of undulating plain on shale, sandst. a. siltst. with red a. yellow podsolics. Relief 25-50m, slopes 15-25°, land use: ladang

16. Forest covered low hills on shale, sandst. a. siltst. with red a. yellow podsolics. Relief 25-50m, slopes 15-30°

17. Low densely dissected hills on shale with steep to very steep slopes (25-35%) with ladang. Soils are shallow podsolics

18. Hills a. ridges on interbedded shale, sandst. a. siltst. with rain forest. a. locally ladang. Relief 50-100m, slopes 25-30°. Soils are shallow yellow a. red podsolics

19. Hills a. mountains on interbedded shale, sandst. a. siltst. with rain forest, second. forest a. some ladang. Slopes are steep to very steep (25-38°) and relief is 50-300m

20. Forest covered mountains on acid volcanic rocks with very steep slopes. Relief 200-400m, slopes 35-45°. Soils are lithosols

21. Volcanic complexes consisting of densely dissected strata volcanoes with very steep to precipitous slopes covered with dense rain forest merging into montane forest above 1000m

22. High plateaux a. strike ridges on sandstone with minor interbedded siltst. covered with dense rain forest a. in altitudes above 1000m montane rain forest. Soils are shallow lithosols

Ladang = Shifting Cultivation based on dryland rice   Paddy = Wetland rice

Karte 1 Land-Systems des Sambas Gebiets.

Systems 10 und 11 eine Sonderstellung einehmen, da sie sich bodenmäßig sehr klar durch dunkelbraue, schwach saure bis neutrale Lehmböden von den umliegenden leuchtend roten und gelben podsolierten Böden unterscheiden. Diese Böden sind auf pleistozänen Basalten entwickelt und können als Ferrisole bezeichnet werden. Ihre natürliche Fruchtbarkeit ist wesentlich höher als die der posolierten Böden, was sich auch in der wesentlich intensiveren Landnutzung und in den wenigen noch vorhandenen Waldgebieten in hohen breitkronigen Bäumen ausdrückt. Die Landnutzung ist zwar auch hier eine Landwechselwirtschaft aber mit einer Landrotation von lediglich 3–4 Jahren. Weite Bereiche sind mehr oder weniger unter Dauerfeldbau. Dieses Gebiet ist dementsprechend auch relativ dicht besiedelt und stellt das am dichtesten besiedelte Areal außerhalb der Alluvial- und Küstenebene dar.

Ebenfalls eine gewisse Sonderstellung nehmen die Land Systems 12–14 ein, die sich von 7–9 vor allem darin unterschieden, daß sie breite Talböden aufweisen und sich damit für eine Kombination des Anbaus von Naßreis in den Talböden und Baumkulturen auf den Hängen eignen. Die restlichen 8 unter Bergländer und Gebirge zusammengefassten Land-Systems unterscheiden sich vor allem in ihrer Morphologie, Gesteinsgrundlage und Vegetation. Lediglich 15–17 weisen ein sehr geringes landwirtschaftliches Potential auf und werden auch teilweise für den Wanderfeldbau extensiv genutzt, die anderen sind wegen der steilen Hanglagen ohne landwirtschaftliches Potential.

DIE LANDWIRTSCHAFTLICHE TRAGFÄHIGKEIT

Die landwirtschaftliche Tragfähigkeit wird von einer Reihe von Faktoren bestimmt, unter denen vor allem Hangneigung und damit Gefahr der Bodenerosion, Gefahr der Überflutung, Drainage, Bodennässe, Permeabilität, Bodenmächigkeit, Bodenreaktion, Versalzung, Wasserspeicherungsvermögen, Beschaffenheit des Oberbodens und natürliche Bodenfruchtbarkeit zu nennen sind. Diese Faktoren sind zum Teil voneinander abhängig, zum Teil sind sie voneinander unabhängig, und einige können direkt oder indirekt (z.B. über die Vegetation) über die Luftbildauswertung erfasst werden. Eine quantitative Erfassung dieser Faktoren ist bei derartigen Übersichtsuntersuchungen schon allein wegen der Größe des Untersuchungsgebiets und der Zeitbegrenzung nicht möglich und auch gar nicht erforderlich. Eine qualitative Abschätzung der meisten Faktoren ist mit Hilfe von stichprobenhaften Geländeuntersuchungen und Luftbildinterpretation jedoch durchführbar.

Nach Möglichkeit sollten hierbei alle Land-Systems im Gelände mehrmals aufgesucht werden, allerdings kann man solche mit eindeutig nicht vorhandenem oder sehr geringem Potential (z.B. steile Hänge, Mangroven, Sümpfe) vernachlässigen, zumal das Begehen dieser Gebiete meist nur mit besonders großem Zeitaufwand verbunden ist. Mit Hilfe einer qualitativen Wertung der oben angeführten Faktoren und das In-Bezug-Setzen zu den vier Hauptarten der Landnutzung nämlich Naßreis, Feldfrüchte (arable crops), Baumkulturen (tree crops) und Weideland kann eine Schätzung des landwirtschaftlichen Potentials der verschiedenen Land-Systems erfolgen. Hierbei verwendete ich ein von Haantjens (1963, 1969) für Arbeiten auf Neuguinea entwickeltes System der Wertung, welches auf ein in den U. S. A. entstandenes, für Verhältnisse in Entwicklungsländer abgewandeltes Wertungssystem darstellt (Klingebiel und Montgomery 1961).

Das Wertungssystem unterschiedet 5 Grade der Eignung, sehr hohe, hohe, mäßige, geringe, sehr geringe und keine Eignung. Bei der Auswertung der verschiedenen Faktoren zeigt sich, daß oft ein oder zwei ungünstige Faktoren für die Eignung ganz entscheidend sind, trotz möglicherweise relativ günstiger anderer Faktoren. Derartige Faktoren werden als limitierende Faktoren (limiting factors) bezeichnet. Tabelle 1 gibt einen generalisierten Überblick über das geschätzte Potential und die limitierenden Faktoren, und Karte 2 und 3 zeigen die räumliche Verteilung der Eignungsklassen für Naßreis und Baumkulturen, die beiden für das Gebiet wichtigsten Arten der Landnutzung.

Tabelle 1: Überblick über die landwirtschafliche Eignung der Land-Systems des Sambasgebietes

Land System	Naßreis		Feldrüchte		Baumkulturen		Weide	
	Eignung	Limit. Faktor	Eignung	Limit. Faktor	Eignung	Limit. Faktor	Eignung	limit. Faktor
1	gut	–	gering	hohes Grundw. Überflutung	mäßig	hohes Grundw., saure Böden	sehr gering	Überflutung
2	mäßig	stark saure Böden	sehr gering	hohes Grundw., Überflut. saure Böden	sehr gering	hohes Grundw. Überflut., saure Böden	keine	Überflutung
3	keine	ständiges Oberflächenwasser	keine	Oberflächenwasser	keine	Oberflächenwasser	keine	Oberflächenwasser
4	keine	Salzwasser	keine	Salzwasser	keine	Salzwasser	keine	Salzwasser
5	mäßig	hohes Grundw.	gering	hohes Grundw.	mäßig	hohes Grundw.	mäßig	hohes Grundw.
6	mäßig	versalzte Böden	sehr gering	versalzte Böden	mäßig	versalzte Böden	gering	versalzte Böden
7	keine	Hangneigung, relativ hohe Permeabil.	sehr gering	saure Böden, geringe Fruchtbarkeit	mäßig	saure Böden, gering Fruchtbarkeit	gering	saure Böden, gering Frauchtbarkeit
8	keine	wie 7	sehr gering	wie 7	mäßig	wie 7	gering	wie 7
9	keine	wir 7	sehr gering	wir 7	mäßig	wie 7	gering	wir 7
10	keine	wie 7	mäßig	geringe Bodenmächtigkeit, Felsen an Oberfläche	hoch	geringe Bodenmächtigkeit	hoch	
11	keine	wie 7	mäßig	wie 10	hoch	wie 10	hoch	
12	keine	wie 7	sehr gering	wie 7	mäßig	wie 7	mäßig	wie 7
13	keine	wie 7	sehr gering	wie 7 und Bodenerosion	gering	wie 7 und Bodenerosion	gering	wie 7
14	keine	wie 7	sehr gering	wie 13	gering	wie 13	gering	wie 13
12–13	hoch	–	sehr gering	Überflutung	sehr gering	Überflutung	sehr gering	Überflutung
15–17	keine	wie 7	keine	wie 7	gering	wie 13	gering	wie 13
18–22	keine	wie 7	keine		keine		keine	

Es ist klar, daß es sich hierbei nur um eine generalisierte Übsicht handeln kann, die zwar im Rahmen des Maßstabs korrekt ist, aber keine anbauspezifische Information geben kann. Werden aufgrund der Untersuchung bestimmte Gebiete als entwicklungsfähig identifiziert, müssen weitere detailliertere Untersuchungen über deren Eignung für bestimmte Anbauprodukte folgen.

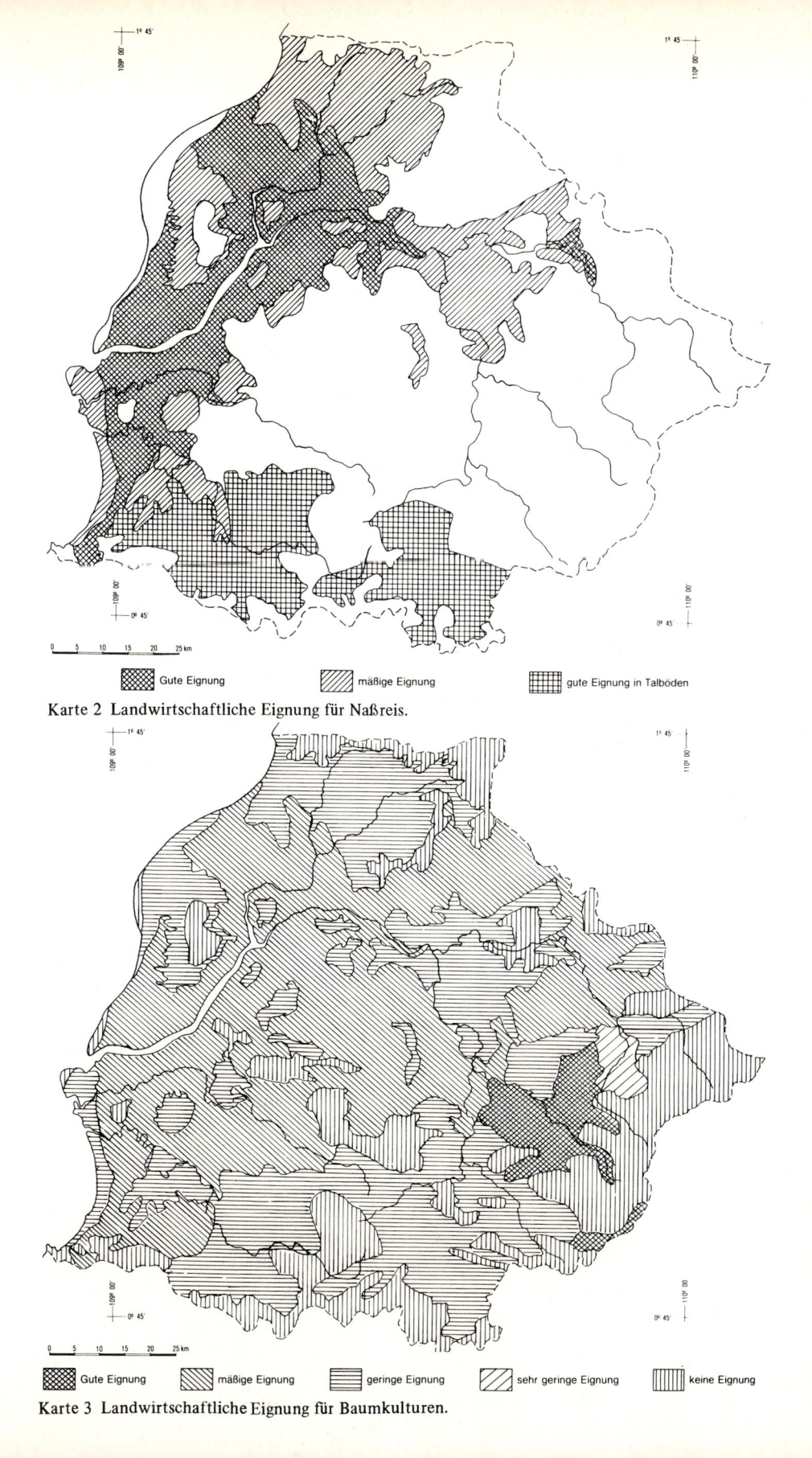

Karte 2 Landwirtschaftliche Eignung für Naßreis.

Gute Eignung — mäßige Eignung — gute Eignung in Talböden

Karte 3 Landwirtschaftliche Eignung für Baumkulturen.

Gute Eignung — mäßige Eignung — geringe Eignung — sehr geringe Eignung — keine Eignung

ERGEBNISSE

Das Sambasgebiet besitzt relativ wenig Land, welches für eine nennenswerte Ausdehnung der Landwirtschaft geeignet wäre. Die Alluvialebene des Sambas hat zwar eine teilweise hohe Eignung für den Naßreisanbau, aber diese Gebiete sind bereits unter Dauerfeldbau vornehmlich Reis, Kautschuk und Kokospalmen. Da diese Gebiete zur Zeit nur an wenigen Stellen künstlich bewässert werden, wäre ein Intersivierung des Anbaus insbesondere des Reisbau, mit Hilfe künstlicher Bewässerung möglich. Allerdings ist der Bau von Bewässerungsanlagen wegen des sehr geringen Gefälles und des Gezeiteneinflusses nicht einfach. Eine Ausdehung des Reisbaus auf die benachbarten Regenwaldgebiete erscheint technisch noch schwieriger, da diese Gebiete sehr tief liegen und daher zunächst schwer zu entwässern sind. Ein Abführen des stark sauren und wegen der hohen Fe und Al Gehalte auch pflanzenschädlichen Oberflächen- und oberflächennahen Wassers ist jedoch unbedingt erforderlich bevor an eine Kultivierung gedacht werden kann.

Das höher liegende Land der Rumpfebene ist zwar frei von derartigen Problemen, dafür jedoch sind die dortigen Böden von der Ausnahme der Ferrisole abgesehen, sehr nährstoffarm und sauer, und ihre natürliche Produktivität ist sehr gering. Für den Naßreisbau, wie es von indonesischer Seite erhofft wurde, sind diese Gebiete vom Relief her, aber auch wegen der Durchlässigkeit der podsolierten Böden völlig ungeeignet. Lediglich die Talböden sind für den Naßreisanbau geeignet und werden großenteils auch dafür bereits genutzt. Die Eignung der Rumpfebene für Feldfrüchte ist gering bis sehr gering und das zeigt sich auch offensichtlich in dem sehr kärglichen Zustand der Bergreisfelder. Das Potential für Baumkulturen ist höher und besonders der Anbau von Kautschuk scheint erfolgversprechend zu sein. Der Kautschukbaum ist mit Abstand das Produkt, welches auf diesen Böden am besten gedeiht, die Anspruchslosigkeit des Kautschuks ist bekannt, und ein Ausbau des Kautschukanbaus sowie eine Verbesserung und Erneuerung der alten, zum größten Teil noch aus holländischer Zeit stammenden Bestände, wäre für das Gebiet von großem Nutzen. Die Einnahmen aus dem Kautschukanbau könnten zum Teil für dem Kauf von Düngemitteln verwendet werden, ohne die an eine Verbesserung der Böden nicht zu denken ist.

Es dürfte nach dem Gesagten klar sein, daß die Möglichkeiten für eine größere Zuwanderung von neuen Bevölkerungsgruppen aus anderen Landesteilen und eine Ausdehnung der Landwirtschaft auf bisher ungenutzte Gebiete schon aus Gründen des geringen und z.T. überhaupt nichtvorhandenen landwirtschaftlichen Potentials begrenzt sind. Die für eine Transmigration normalerweise geforderten unbesiedelten „jungfräulichen" Gebiete sind im Sambasgebiet wie auch in dem östlich benachbarten Sekayamgebiet fast nicht vorhanden. Wo sie vorkommen, weisen sie nur sehr geringe Entwicklungsmöglichkeiten auf. Die von der Tragfähigkeit geeignetsten Gebiete, wie die Alluvialebene und der Bereich der Ferrisole, sind die am intensivsten genutzten und die am dichtesten besiedelten. Daher ist schon allein aus diesen Tatsachen, und ohne die wesentlich komplizierteren sozialen und strukturellen Probleme, die im Zusammenhang mit einer Umsiedlung verbunden sind, in die Überlegungen mit einzubeziehen, eine Transmigration in das untersuchte Gebiet nicht emphehlenswert.

Eine Verbesserung des Lebensstandards bzw. eine Sicherung der Lebensgrundlage der schnell wachsenden ansässigen Bevölkerung (natürliches Wachstum 3 %) erscheint als primäres Problem. Diese Verbesserung kann durch eine Intersivierung des Reisbaus auf den bereits vorhandenen Reisfeldern durch Umstellen von der bisher praktizierten Methode des Naßreisbaus durch natürliche Überschwemmung und Regenstau mit nur einer Ernte pro Jahr auf künstliche Bewässerung mit zwei Jahresenrten. Dadurch könnten die jetzigen recht dürftigen Erträge von 1, 9 t/ha deutlich verbessert werden.

In den Wanderfeldbaugebieten außerhalb der Alluvialebene ist bereits heute, unter der herrschenden, auf Bergreis (Trockenreis) basierenden Landwirtschaft, die Grenze der Tragfähigkeit erreicht. Eine weitere Ausdehnung der Landwechselwirtschaft auf bisher nicht genutzte Waldgebiete ist kaum möglich, da nur noch sehr steile Hanglagen ungenutzt sind und die Bodenerosionsprobleme dort sehr stark sind. Ein Übergang zu einer kürzeren Rotation und schließlich zum Dauerfeldbau ist daher unausbleiblich. Dies kann aber nur dann erfolgversprechend von statten gehen, wenn eine Bodenverbesserung Hand in Hand geht. Hier bietet sich der Kautschukanbau als die einzige größere wirklich erfolgversprechende Möglichkeit an, der Bevölkerung die Einnahmen für den Erwerb von Düngemitteln zu gestatten wir überhaupt zu einem gewissen Geldeinkommen zu verhelfen.

Die geringe Bevölkerungsdichte des Gebiets darf nicht- und das dürfte für große Teile Borneos gelten- zu der Annahme verleiten, diese Gebiete wären „leer" und stellten damit ein natürliches Auffanglager für die Überbevölkerung Javas dar. Diese Überlegungen gehen aber an der einfachen Tatsache vorbei, daß „leer" nur das ist, was man auch füllen kann, und daß die ungleiche Bevölkerungsdichte nicht zufällig ist, sondern in starkem Maße das ungleiche landwirtschaftliche Potential der beiden Inseln reflektiert.

LITERATUR

Cooke, R. U. und Doornkamp, J. C. (1974): Geomorphology in environmental management. Oxford.

Christian, C. S. und Stewart G. A. (1968): Methodology of integrated survey, Aerial Surveys and Integrated Studies, Proc., of the Toulouse Conf., UNESCO, Paris, S. 233–280.

Haantjens, H. A. (1963): Land capability classification in reconnaissance surveys in Papua and New Guinea. Jour. Austr. Inst. Agric. Sc. 29, S. 104–107.

Haantjens, H. A. (1969): Agricultural land classification for New Guinea land resources surveys. Technical Memorandum 69/4, CSIRO, Division of Land Research, Camberra.

Klingebiel, A. A. und Montgomery, P. H. (1961): Land capability classification, Soil Conservation Service, U. S. Dept. Agric. Handbook, 210, pp 21.

Löffler, E. (1974): Land Resources Surveys in Ostneuguinea. Geogr. Rdsch. 26, 60–63.

Ministry of Overseas Development (1970): The work of Land Resources Division, Tolworth.

Moss, R. P. (1969): The appraisal of land resources in tropical Africa. Pacific Viewpoint, 9, 107–127.

Paffen, K. H. (1948): Ökologische Landschaftsgliederung. Erdkunde 2, 167–173.

Webster, R. und Beckett, P. H. T. (1970): Terrain classification and evaluation using air photography: a review of recent work at Oxford. Photogrammetria, 26, 51–57.

LOMBOK: STAATLICH GELENKTE INNER- UND INTER- INSULARE UMSIEDLUNGSMASSNAHMEN

EIN BEITRAG ZUM TRANSMIGRATIONSPROBLEM IN INDONESIEN*

VON WERNER RÖLL, KASSEL, UND ALBERT LEEMANN, ZÜRICH

MIT 2 KARTEN

SUMMARY

LOMBOK: STATE-DIRECTED MEASURES FOR INNER- AND INTER-INSULAR RESETTLEMENT. A CONTRIBUTION TO THE PROBLEM OF TRANSMIGRATION IN INDONESIA.
The study's aim is to show regionally significant, state-initiated, inner-insular migration which was already introduced in the Colonial Period, and planned resettlement within Lombok and the Province of Nusa Tenggara Barat respectively. In the analyses of transmigration such migration is either not discussed at all or only marginally.

Already shortly after the conquest of Lombok in 1894, the Dutch Colonial Government undertook to attempt to win new territory for the expansion of the agrarian production base by especially directed resettlement measures, and to reduce the poverty of the population with little or no land, which resulted from the increasing population pressure accompanied by a lack of employment possibilities. Various resettlement projects of the last 80 years are presented with concrete examples. In contrast to the opinion often expressed in literature, that the term „transmigration" was introduced for state resettlement measures only after the Declaration of Independence, it can be proved that already in reports of the Dutch administration there was exclusive mention of transmigration. In the same way the wide-spread thesis that state-promoted, inter-regional migration was introduced only in the year 1905 with the resettlement in Lampung (South Sumatra) of people from overpopulated communities in Central Java can be refuted.

PROBLEMSTELLUNG

Ursachen, Richtungen, Intensität, zeitliche Abläufe und Auswirkungen der starken inner- und inter- insularen Bevölkerungsbewegungen in Indonesien können nur sehr unvollkommen beurteilt werden. Dies gilt sowohl für die zahlreichen politisch, wirtschaftlich und kulturell-religiös motivierten Wanderungen in historischer Zeit, als auch für die umfangreichen, primär sozio-ökonomisch begründeten, gegenwärtigen Migrationen auf den einzelnen Inseln und innerhalb des gesamten Archipels. Denn entsprechende Untersuchungen fehlen weitgehend, und die vorhandenen statistischen Erhebungen sind unzureichend. Aus der Kolonialzeit gewähren nur einige wenige Arbeiten

---

* Die Prof. Dr. Harald Uhlig zum 60. Geburtstag gewidmete Studie ist ein Ergebnis von Untersuchungen, die von den Verfassern seit 1979 mit finanzieller Unterstützung der Stiftung Volkswagenwerk (Hannover) und in Zusammenarbeit mit der Universitas Negeri Mataram (Mataram) zu „Problemen der agraren Grundbesitzverfassung" auf Lombok durchgeführt werden.

GRATULATIONSLISTE

Botho Wohlrab, Gießen-Kleinlinden
Ludwig Wolf, Gießen
E. M. Yates, London
Adolf Zienert, Heidelberg

Roman A. Zink, München
Jan I. S. Zonneveld, Utrecht
Herlig Zschocke, Köln
Reinhart Zschocke, Köln

NACHTRAG

Okmir Agakhanyantz, Minsk
Frank Ahnert, Aachen
Karl Alewell, Gießen
Rudolf Amrhein, Bern
Dietrich Barsch, Heidelberg
Dieter Beckmann, Ennepetal-Windgarten
Rosemarie Biegler, Gießen
Josef Birkenhauer, Seefeld b. München
Josef Breburda, Laubach
Gotthard Burger, Leonberg
Michael Conzen, Chicago, Ill.
Friedemann Corvinus, Schallstadt-Wolfenweiler
Hans-Dietrich Cremer, Gießen
Eckart Dege, Kiel
Heinz Derstadt, Witten-Bommern
Hans Drehwald, Köln
Hiltrud Ellrich, Gießen
Wolfgang Eriksen, Hannover
Karl Emil Fick, Frankfurt a. M.
Birgitt Frey, Gießen
Rudolf Freymann, Friedberg
Werner A. Gallusser, Basel
Robert Geipel, Gauting b. München
Andreas Grotewald, Slippery-Rock (PA)
Gudrun Haas, Gießen
Horst Hagedorn, Höchberg b. Würzburg
Helmut Hahn, St. Augustin
Volker Heidt, Mainz
Staffan Helmfrid, Stockholm
Hans-Rimbert Hemmer, Gießen
Karl Hermes, Regensburg-Burgweinting
Helmut Heuberger, Salzburg
Lothar Hilbert, Tübingen
H. Hildebrandt, Mainz
Peter Wilhelm Höllermann, Bonn
Jürgen Hohnholz, Tübingen
Rudolf Hoppe, Gießen
Friedrich Jäger, Gießen-Allendorf
Walter Jahn, Iffeldorf
Peter Janisch, Gießen
Heinz Karrasch, Heidelberg
Kurt Kayser, Köln
Helmut Klüter, Gießen

Marianne Kraus, Würselen-Broichweiden
Adam Lapp, Gießen
Wilhelm Lauer, Bonn
Edgar Lehmann, Leipzig
Adolf Leidlmair, Thaur/Tirol
Ingeborg Leister, Marburg/Lahn
Cay Lienau, Münster (Westf.)
Ursula Limberg, Mainz
Walter Limberg, Mainz
Wolfgang Lindig, Frankfurt a. M.
Friedrich Linnenberg, Erlangen
Peter Ludäscher, Gießen
Susanne Ludäscher, Gießen
Wolfgang Meckelein, Stuttgart
Bruno Messerli, Bern
Werner Mikus, Heidelberg
Winfried Moewes, Gießen
Ernst Hermann Nagel, Laubach
Ernst Neef, Dresden
Dieter Neukirch, Wettenberg
Georg Niemeier, Bad Nauheim
Josef Nipper, Gießen
Hermann Overbeck, Heidelberg
Carl Rathjens, Saarbrücken
H. Reinhard, Greifswald
Gerhard Riedemann, Melsungen
Robert Riethmüller, Gießen
Josip Roglić, Zagreb
Gerhard Sandner, Hamburg
Bernhard Schemann, Köln
Peter Schöller, Münster/Bochum
Karl Heinz Schröder, Tübingen
Wolf-Dieter Sick, Denzlingen b. Freiburg
Andreas Spaeth, Gießen
Gerhard Stäblein, Berlin
Heinz-Günter Steinberg, Münster (Westf.)
Otto Friedrich Timmermann, Köln
Ernest Troger, Wien
H. van der Haegen, Leuven
Dietrich von Denffer, Gießen
Götz Voppel, Köln-Westhoven
Herbert Wilhelmy, Tübingen
Gabriele Wülker, Bonn

R. H. Buchanan, Belfast
E. Estyn Evans, Belfast
Walter Manshard, Bad Krotzingen
Hans Dieter Pflug, Lich
Axel V. Stremplat, Gießen
Petra Stremplat-Platte, Gießen

und Berichte sowie die niederländischen Volkszählungen aus den Jahren 1905, 1920 und 1930 begrenzte Einblicke in die damaligen Mobilitätsprozesse. Letztere enthalten u.a. Angaben über die ethnische Herkunft der Bevölkerung. Umfang und Richtungen der seinerzeitigen Wanderungsvorgänge sind somit in etwa nachvollziehbar. Dabei muß allerdings beachtet werden, daß die vorgenannten Zensusergebnisse nicht nur die Zahl der Migranten, sondern auch deren Nachkommen umfassen. Desgleichen sind die zeitlichen Abläufe und die Intensität der Wanderungsströme nicht erkennbar. Nach der Unabhängigkeit Indonesiens versiegten die Quellen zunächst ganz. Denn die veröffentlichten Ergebnisse der Volkszählung von 1961 enthalten keine diesbezüglichen Angaben. Erst der Zensus von 1971 ermöglicht wieder beschränkte Aussagen über Umfang, Richtung und Art der Binnenwanderungen zwischen den verschiedenen Provinzen des Landes (R. M. Sundrum 1976; M. J. Titus 1978). Von einzelnen Fallstudien abgesehen, entziehen sich demzufolge die nicht unbeträchtlichen innerprovinziellen Mobilitätsvorgänge weitgehend unserer Kenntnis. Nur spezifische empirische Untersuchungen können dieses Defizit beseitigen und damit wichtige Erkenntnisse für die Regionalplanung liefern.

Aufgrund der skizzierten Quellenlage ist die Zahl der vorliegenden Studien zu den Migrationsprozessen in Indonesien gering. Von den Arbeiten ist die Mehrzahl dem staatlich gelenkten, inter- insularen Bevölkerungstransfer von Java nach Sumatra und in andere Landesteile gewidmet. Diese Form der Binnenwanderung ist statistisch am besten belegt. Die regional nicht unbedeutenden, bereits in der Kolonialzeit eingeleiteten, staatlich initiierten inner- insularen Wanderungen bzw. planmäßigen Umsiedlungen auf zahlreichen Inseln von Nusa Tenggara Barat, Nusa Tenggara Timur, den Molukken und in anderen Teilen des Archipels fanden demgegenüber bisher nur geringe Beachtung (u.a. J. Metzner 1978). Selbst in der Untersuchung von J. M. Hardjono (1977) zur „Transmigration in Indonesien" wird bezeichnenderweise diese Form der inner- provinziellen und inner- insularen Wanderungen nur randlich angesprochen. Dies gilt sowohl für Nusa Tenggara Barat als auch für andere Landesteile. Desgleichen liegen für Bali und Lombok als den neben Java und Madura wichtigsten Herkunftsregionen von Umsiedlern der indonesischen inter- insularen Transmigrationsprogramme bisher keine speziellen Analysen zu diesem Problemkreis vor. Diese Lücke im Schrifttum zumindest partiell zu schließen, ist daher Ziel dieser Studie.

GRUNDZÜGE DER AGRARSOZIALEN PROBLEMATIK AUF LOMBOK

Die mit Sumbawa seit 1957 zur Provinz Nusa Tenggara Barat zusammengeschlossene, 4 728,8 qkm große Insel Lombok[1] zählt zu den ärmsten und damit entwicklungsbedürftigsten Landesteilen Indonesiens (R. Daroesman 1976, S. 47). Dieser Situation liegt ein vielschichtiger Ursachenkomplex zugrunde. Er kann hier nicht dargestellt werden. In ihm stellen das rasche natürliche Bevölkerungswachstum und die Mängel der Agrarverfassung jedoch besonders gravierende Faktoren dar.

---

1 Anderen Angaben zufolge umfaßt die Inselfläche nur 4 594,5 qkm.

So wuchs die Bevölkerung der Insel von schätzungsweise 400 000 zu Ende des 19. Jahrhunderts über 701 290 (1930) auf 1,3 Millionen (1961) Menschen an. Im Jahre 1971 hatte Lombok bereits 1,6 Millionen Bewohner. Für 1980 wurde die Bevölkerung, die zu rund 95 % aus autochthonen Sasak, zu 3 % aus vorwiegend in West-Lombok konzentrierten Balinesen und kleineren anderen Ethnien besteht, auf annähernd 2 Millionen beziffert[2]. Damit hat sich die Population in einem Zeitraum von etwa 50 Jahren verdreifacht. Die mittlere Bevölkerungsdichte stieg von 148 E/qkm (1930) über 344 E/qkm (1971) auf 435 E/qkm (1980) an. Doch sind diese Kennziffern wenig aussagekräftig. Denn bezogen auf die zur Verfügung stehenden agraren Nutzflächen werden in den drei Kabupaten Dichten von 1 100 bis über 1 300 E/qkm LN erreicht. In einzelnen Kecamatan finden sich noch wesentlich höhere Konzentrationen. Sie stehen damit jenen der übervölkerten Inseln Java und Bali kaum nach.

Als schwerwiegende Folgen des höchst unzureichenden industriell-gewerblichen Arbeitsplatzangebots und der wachsenden Zahl Erwerbsfähiger sind strukturelle Arbeitslosigkeit, vor allem aber Unterbeschäftigung, weit verbreitet. Aufgrund der noch immer starken sozialen Bindungen innerhalb der Familien- und Dorfgemeinschaften werden mehr und mehr Menschen in den agraren Produktionsprozeß integriert. 1971 waren im Durchschnitt 67 % der Erwerbspersonen in der Landwirtschaft beschäftigt. In Zentral-Lombok stieg dieser Wert sogar auf knapp 74 % (Indonesien: 62 %) an. Diese „Involution" hat sinkende Arbeitsproduktivität und Rentabilität der Agrarbetriebe zur Folge. Verhängnisvolles Ergebnis der ständigen Zunahme der agraren Erwerbsbevölkerung ist ferner eine fortlaufende Verschlechterung der agrarsozialen Struktur. Sie wird durch die vorherrschende Realerbteilung unter Bevorzugung der männlichen Nachkommen verstärkt. Trotz Ausweitung und Intensivierung der landwirtschaftlichen Nutzflächen[3] wächst die Schicht der Landlosen. Bereits Mitte der dreißiger Jahre verfügten schätzungsweise 35 % der Familien über keine oder nur rudimentäre Wirtschaftsareale (R. Daroesman 1976, S. 47). Heute ist dieser Prozentsatz in zahlreichen Gemeinden auf 50 % und mehr angewachsen. So standen beispielsweise 1979 im Kecamatan Gerung in West-Lombok 9 898 Grundeigentümern 22 752 Pächter und Landarbeiter gegenüber. Im Unterbezirk Praya in Zentral-Lombok waren zum gleichen Zeitpunkt über 51 % und in Jonggat sogar mehr als 52 % der Familienvorstände landlos. Hervorstechendstes weiteres Kennzeichen der Grundbesitzverfassung ist der hohe Anteil der landarmen Agrarbevölkerung. 1955 besaßen 43,3 % aller Landeigentümer nur Flächen bis zu 0,5 Hektar (R. Soekardjo Sastrodihardjo 1956, S. 37). Bis 1967 war diese Besitzgrößenkategorie auf 47,6 % angewachsen[4]. Im Jahre 1973 verfügten mehr als 70 % aller landwirtschaftlichen Betriebe Lomboks nur über weniger als 1 Hektar (P. Kauz und J. L. Maurer 1979, Vol. II, S. 55).

Diesem hohen Prozentsatz am Rande des Existenzminimums Lebender steht in vielen Gemeinden eine kleine Grundbesitzerschicht gegenüber, die teilweise beachtliche Anteile der landwirtschaftlichen Nutzflächen kontrolliert (R. M. Krulfeld 1974, S. 197

---

2 Nusa Tenggara Barat dalam angka. Statistik Tahun 1977. Mataram 1979, S. 15. Die Ergebnisse der amtlichen Volkszählung vom Oktober 1980 lagen Mitte 1981 noch nicht vor.
3 So konnten beispielsweise die Sawahflächen um 6 % von 106 500 Hektar (1955) auf 112 961 Hektar (1979/80) ausgeweitet werden.
4 Team chusus Lombok Selatan. Mataram 1970, S. 5.

und S. 285 ff). Dieser örtliche Großgrundbesitz und der nicht selten damit verbundene Absentismus, wurzelt u.a. in dem „feudalen" vorkolonialen Bodenrecht Lomboks. Ausdruck des skizzierten krassen Landmangels und der sehr unzureichenden außeragrarischen Erwerbsmöglichkeiten sind u.a. saisonale Arbeiterwanderungen nach Sumbawa und West-Lombok sowie die weite Verbreitung verschiedenartiger Teilbau- bzw. Teilpachtsysteme (A. M. P. A. Scheltema 1931, S. 109 ff). Denn die Übernahme von Teilpachtverträgen bietet häufig eine der wenigen Möglichkeiten zur Erzielung minimaler Einkommen (A. Polak 1976, S. 27; R. Daroesman 1976, S. 47). Bei der starken Stellung der Landeigentümer auf dem Pachtmarkt sind die Konditionen für die Teilpächter teilweise sehr ungünstig. Durch das Agrarreform- und Teilpachtgesetz von 1960 konnten die skizzierten Mängel der Grundbesitzverfassung nicht beseitigt werden. Die klimatisch und edaphisch benachteiligten südlichen Teile von Zentral- und Ost- Lombok sind als besondere Schwächeräume anzusehen. Namentlich in dieser Region („daerah kritis"), aber auch anderenorts, tritt bei Mißernten infolge extremer Trockenheit und aufgrund gleichzeitiger starker Preissteigerungen für Reis häufig akuter Nahrungsmittelmangel für die kaufkraftarme Bevölkerung ein (A. Leemann 1974, S. 27; A. Daroesman 1976, S. 49).

KOLONIALZEITLICHE UMSIEDLUNGS- UND RODUNGSMASSNAHMEN

Nahezu unbekannt ist, daß bereits von der niederländischen Kolonialverwaltung sehr früh Versuche unternommen wurden, die skizzierten sozio-ökonomischen Probleme durch staatlich gelenkte und finanziell geförderte Umsiedlungsmaßnahmen landloser bzw. landarmer Bevölkerungsgruppen auf Lombok zu vermindern. Schon zu Ende des 19. Jahrhunderts gelangten dort derartige Programme zur Durchführung. Auf der benachbarten Insel Sumbawa wurden u.a. in den Jahren zwischen 1938 und 1940 Migranten aus den heutigen Unterbezirken Monta, Wawo, Sape, Belo, Bolo und Rasana'e im Kabupaten Bima in den Raum Dompu umgesiedelt[5].

Ziel der ersten inner- insularen Umsiedlungsprojekte auf Lombok war die wirtschaftliche Inwertsetzung unproduktiver Flächen und die Verbesserung der sozio-ökonomischen Lebensverhältnisse der Bevölkerung (J. C. van Eerde 1901, S. 330 f). So erfolgte zwischen 1897 und 1899, d.h. nur wenige Jahre nach Beendigung des Lombok-Feldzuges (1894) und nach der festen Eingliederung der Insel in das ehemalige niederländische Kolonialreich, die Neugründung von 7 Siedlungen für insgesamt 497 balinesische Kolonisten im Raume zwischen dem Babak – und Pandan – Fluß in Zentral-Lombok. Bei den Umsiedlern handelte es sich u.a. um landlose Balinesen aus West-Lombok. Hinzu traten Balinesen, die ihren Rechtsanspruch auf Landbesitz nicht nachweisen konnten. Diese 7 Neusiedlungen wurden mit insgesamt rund 310 Hektar Bewässerungs- und 96,5 Hektar Hausgartenland ausgestattet. Darüber hinaus wurden westlich des Pandan-Flusses 5 und östlich davon 3 weitere Dörfer gegründet. In diesen 8 neuen Wohnplätzen wurden weitere 404 landlose Sasak-Familien zum Ansatz gebracht.

---

5 Buku Monografi Daerah Propinsi Nusa Tenggara Barat, Tahun 1975. Mataram 1975, Jilid II, S. 876.

Sie erhielten insgesamt 460 Hektar Bewässerungsland und eine Fläche von 376,6 Hektar für die Anlage von Hausgärten zugesprochen. Die 901 Umsiedlerfamilien der 15 Neusiedlungen, deren Namen leider nicht überliefert sind, wurden von der niederländischen Kolonialverwaltung mit Pflugvieh, Nahrungsmitteln, Saatgut (Reis) usw. unterstützt. Ferner waren sie auf 5 Jahre von steuerlichen Abgaben und Dienstverpflichtungen befreit. Die ihnen als Eigentum übertragenen 1243 Hektar Land waren zuvor von den Kolonisten urbar gemacht worden. Denn die Siedlungsareale waren mit Alang-Alang-Gras (Imperata cylindrica) überwucherte Flächen, die während kriegerischer Auseinandersetzungen zwischen Balinesen und Sasak im letzten Jahrzehnt des 19. Jahrhunderts von ihren Besitzern aufgegeben worden waren. Sie wurden nun rekultiviert und neu besiedelt. Die meisten der neu gegründeten Gemeinden entwickelten sich derart gut, daß einige von ihnen sogar erweitert werden sollten (J. C. van Eerde 1901, S. 330).

Daher erschienen sie der niederländischen Regierung nach einem Bericht der Zeitschrift „De Indische Gids" (1905, S. 80 f) auch wesentlich besser als Modell für die staatlich gelenkten inter — insularen Umsiedlungen von Java nach Lampung geeignet zu sein als jene seinerzeit auch in Banjuwangi (Ost-Java) durchgeführten Transmigrationsprojekte. Demzufolge bedarf die weit verbreitete These, daß diese Form der staatlich geförderten interregionalen Wanderungen in Indonesien erst im Jahre 1905 mit der Umsiedlung aus überbevölkerten Gemeinden Zentral-Javas nach Lampung in Süd-Sumatra eingeleitet worden sei (u.a. J. M. Hardjono 1977, S. 16; G. R. Zimmermann 1980, S. 31), der Korrektur. Desgleichen steht der Auffassung, daß der Begriff „Transmigration" zur Kennzeichnung dieser staatlichen Umsiedlungs- und Kolonisationsmaßnahmen erst nach Erlangung der politischen Unabhängigkeit Indonesiens eingeführt worden sei (u.a. Widjojo Nitisastro 1970, S. 129; J. M. Hardjono 1977, S. 22; G. R. Zimmermann 1980, S. 5), die Tatsache entgegen, daß in den Verwaltungsberichten niederländischer Beamter über Lombok nicht von „Kolonisation", sondern bereits ausschließlich von „Transmigration" gesprochen wird.

In den folgenden Jahrzehnten dürften diese Maßnahmen in bescheidenem Umfange fortgeführt worden sein. Denn J. Prins (1936, S. 100) berichtet, daß namentlich auf Betreiben des seinerzeitigen niederländischen Residenten von Bali und Lombok L. J. J. Caron in den Jahren 1928 und 1929 „individuelle Transmigrationen" gefördert worden seien. Zugleich betont er jedoch, daß sich die Umsiedler in den neuen Wohnorten nicht heimisch gefühlt und diese daher vielfach bald wieder verlassen hätten.

Im Gegensatz zu den inter-insularen binnenstaatlichen Wanderungen der Gegenwart, die bei der kontinentalen Größe Indonesiens und der ethnischen Heterogenität seiner Bevölkerung jedoch eher den Charakter von Außenwanderungen besitzen, wurden auch diese späteren Umsiedlungsaktionen fast ausschließlich innerhalb Lomboks selbst durchgeführt. Wichtigstes Motiv für die zahlenmäßig sehr begrenzten Programme war die Kulturlandgewinnung und die Ausstattung grundbesitzloser Bevölkerungsgruppen einzelner Gemeinden mit eigenen landwirtschaftlichen Nutzflächen. Als weiterer Grund werden Forstschutzmaßnahmen genannt. Leider ist die niederländische Umsiedlungspolitik auf Lombok heute in ihrem vollen Umfang nicht mehr rekonstruierbar. Doch lassen die wenigen vorliegenden Berichte mit hoher Wahrscheinlichkeit darauf schließen, daß die namentlich an der südlichen Abdachung des Rinjani-Nangi-Gebirges gelegenen Waldareale bevorzugte Ansiedlungsräume für grundbesitzlose Familien aus der dichtbevölkerten zentralen Ebene Lomboks gewesen sein dürften. Darüber hinaus boten dort und auch im südlichen Hügelland vorhandene kaum genutzte Flächen weitere Möglichkeiten zur Kultivierung und Aufsiedlung. Überaus charakteristisch für diese innerinsularen Wanderungen waren somit meist geringe räumliche Distanzen zwischen den Herkunfts- und neuen Ansiedlungsorten der Migranten. Jedoch war derartigen Transmigrationsversuchen Landloser aus Zentral-Lombok an die südlichen Hänge des Rinjani und in andere Regionen der Insel vielfach nur geringer Erfolg beschieden. So verweist O. Horst (1939, S. 28 f) darauf, daß die Siedler die von ihnen gerodeten Areale beim Nachlassen der natürlichen Bodenfruchtbarkeit häufig wieder aufgegeben oder aber nur noch mit sehr arbeitsextensiven Kulturen, wie Fruchtbäumen, Cassava, Süßkartoffeln usw., bestellt hätten.

Ungeachtet dieser negativen Erfahrungen, empfiehlt J. Prins (1936, S. 98 ff) nachdrücklich, die Zahl der Landlosen vor allem aus dem für die Landwirtschaft ungünstigen wasserarmen und von zahlreichen Mißernten heimgesuchten südlichen Zentral-Lombok, wie beispielsweise aus den Gemeinden Mankung, Kateng, Pujut, Penujak usw., durch Umsiedlung an die bewaldeten südlichen Hanglagen des Rinjani zu vermindern. Vor allem das dortige „Sekidik — Terrain" erschien ihm aufgrund seiner günstigen edaphischen Bedingungen für staatliche Transmigrationsprojekte besonders gut geeignet. Ob diesem Vorschlag entsprochen wurde, ist nicht bekannt. Allerdings vermerkt derselbe Autor, daß in Mittel — Lombok zur Verringerung der Landlosigkeit bis 1936 über 160 individuelle Konzessionen zur Urbarmachung bisher unkultivierten Landes ausgestellt worden seien. Konkretisiert wird diese Mitteilung von J. Prins (1936) im Anhang seines Berichts. Dort sind insgesamt 161 Personen aus Gemeinden Mittel- Lomboks aufgeführt, denen Besitzurkunden über Grundstücke an der südlichen Rinjani-Abdachung ausgehändigt wurden. Insgesamt wurden dort über 196 Hektar in Privateigentum überführt. Die Größe der vergebenen Besitzstände schwankte zwischen 0,18 und 9,88 Hektar. Im Durchschnitt erreichte die zugesprochene Landfläche 1,22 Hektar.

Auch in Ost-Lombok wurden 1935 etwa 1 500 Hektar einstiger Waldreserven bei Timbanuh und Kembang Kuning von der niederländischen Forstverwaltung zur Rodung und Besiedlung freigegeben (J. B. Bakker 1938, S. 105 ff; O. Horst 1939, S. 29 ff). Der ursprünglich gefaßte Plan, diese Flächen unter landlosen Bevölkerungsgruppen aus benachbarten Siedlungen zu verlosen und von diesen selbständig kultivieren zu lassen, erschien aufgrund vielfältiger Schwierigkeiten nicht realisierbar. Daher beschloß man, einen weiteren staatlichen Transmigrationsversuch nördlich des Pasanggrahan (Rasthaus) Timbanuh für etwa 50 sehr arme, umsiedlungswillige Familien zu unternehmen. Mit staatlicher Unterstützung und agrarer Beratung wurde versucht, neben dem intensiven Regenfeldbau zugleich auch mehrjährige Kulturen zur Existenzsicherung der Siedler einzuführen. Denn die Anlage von Bewässerungssystemen für den Naßreisbau erschien nur schwer möglich. Dem Projekt „Timbanuh" wurde Modellcharakter für weitere derartige regionale Siedlungsplanungen zuerkannt.

Im Jahre 1936 waren die vorbereitenden Arbeiten abgeschlossen. Zur Ansiedlung wurden 32 meist landlose oder aber nur kümmerlich vom Ladangbau lebende Familien aus der südlich Timbanuh gelegenen Gemeinde Pengadahan sowie weitere 19 arme Familien aus Dasan Lekong für das 253,26 Hektar umfassende Projekt ausgewählt. Die Siedler, von denen zunächst nur die Männer zum Arbeitseinsatz gelangten, wurden anfänglich mit Reis, Werkzeugen usw. aus dem Transmigrationsfonds von Bali unterstützt.

138 Werner Röll und Albert Leemann

UMSIEDLUNGSPROJEKT "TIMBANUH" IN OST-LOMBOK 1938
RESETTLEMENT PROJECT "TIMBANUH" IN EAST LOMBOK 1938
PROYEK TRANSMIGRASI LOKAL "TIMBANUH" DI DALAM LOMBOK TIMUR 1938

Karte: 1

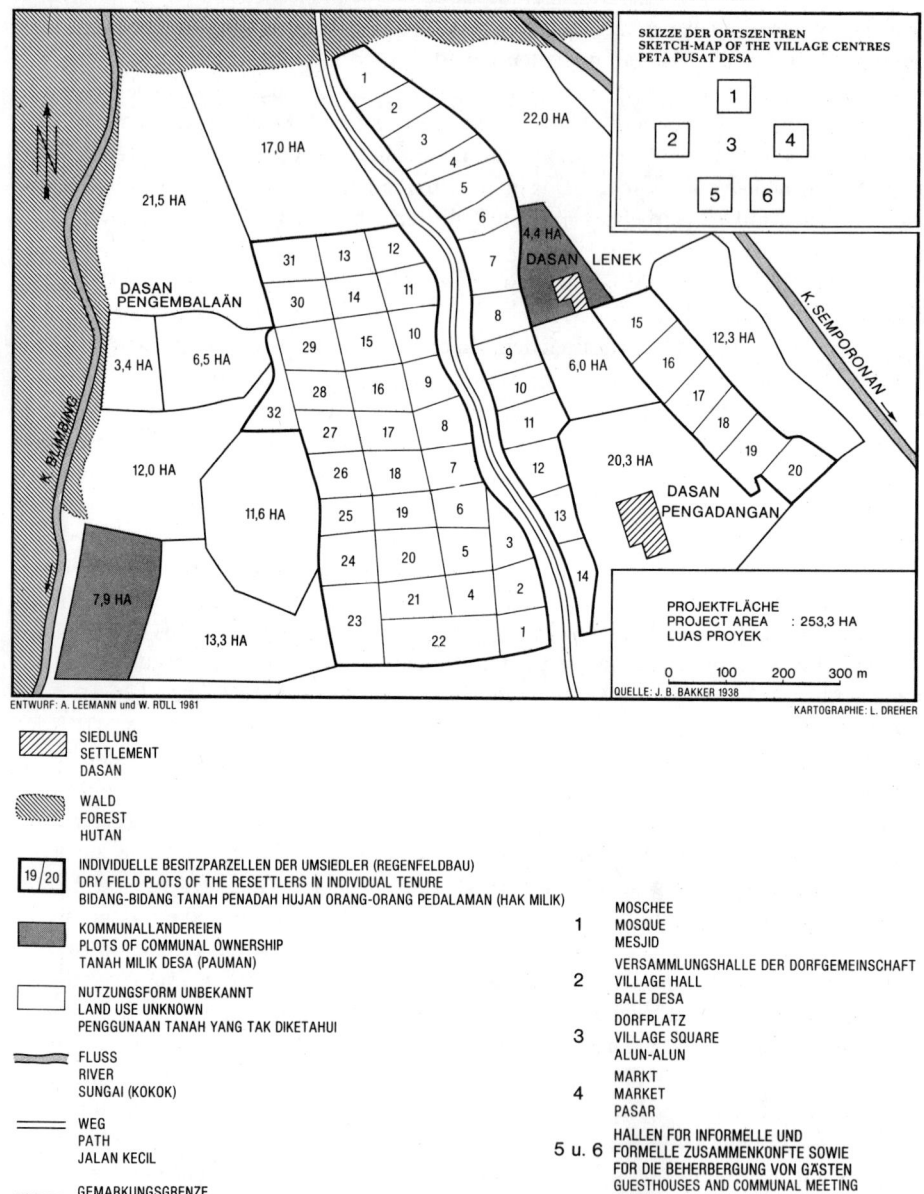

SKIZZE DER ORTSZENTREN
SKETCH-MAP OF THE VILLAGE CENTRES
PETA PUSAT DESA

PROJEKTFLÄCHE
PROJECT AREA : 253,3 HA
LUAS PROYEK

0   100   200   300 m

QUELLE: J. B. BAKKER 1938
ENTWURF: A. LEEMANN und W. RÖLL 1981
KARTOGRAPHIE: L. DREHER

SIEDLUNG
SETTLEMENT
DASAN

WALD
FOREST
HUTAN

19/20 INDIVIDUELLE BESITZPARZELLEN DER UMSIEDLER (REGENFELDBAU)
DRY FIELD PLOTS OF THE RESETTLERS IN INDIVIDUAL TENURE
BIDANG-BIDANG TANAH PENADAH HUJAN ORANG-ORANG PEDALAMAN (HAK MILIK)

KOMMUNALLÄNDEREIEN
PLOTS OF COMMUNAL OWNERSHIP
TANAH MILIK DESA (PAUMAN)

NUTZUNGSFORM UNBEKANNT
LAND USE UNKNOWN
PENGGUNAAN TANAH YANG TAK DIKETAHUI

FLUSS
RIVER
SUNGAI (KOKOK)

WEG
PATH
JALAN KECIL

GEMARKUNGSGRENZE
VILLAGE BOUNDARY "TIMBANUH"
BATAS WILAYAH DESA "TIMBANUH"

1 MOSCHEE
   MOSQUE
   MESJID

2 VERSAMMLUNGSHALLE DER DORFGEMEINSCHAFT
   VILLAGE HALL
   BALE DESA

3 DORFPLATZ
   VILLAGE SQUARE
   ALUN-ALUN

4 MARKT
   MARKET
   PASAR

5 u. 6 HALLEN FOR INFORMELLE UND
        FORMELLE ZUSAMMENKONFTE SOWIE
        FOR DIE BEHERBERGUNG VON GÄSTEN
        GUESTHOUSES AND COMMUNAL MEETING
        PLACES
        BERUGAQ

Lambok: Staatlich gelenkte Umsiedlungsmaßnahmen 139

NEULANDERSCHLIESSUNG IN KEMBANG KUNING, OST-LOMBOK, 1938
NEWLY RECLAIMED LAND IN KEMBANG KUNING, EAST LOMBOK, 1938
Karte: 2 TANAH YANG BARU DIBUKA DI DALAM KEMBANG KUNING, LOMBOK TIMUR, 1938

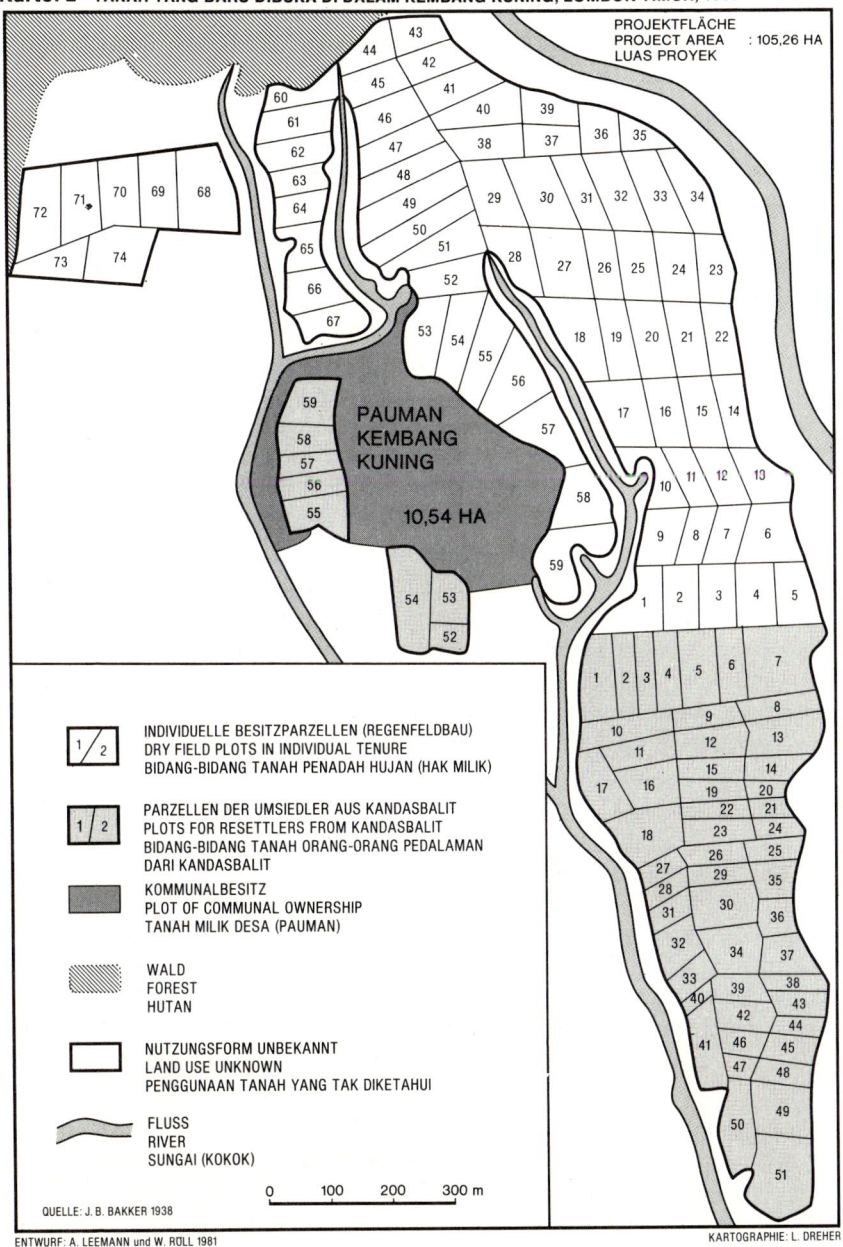

PROJEKTFLÄCHE
PROJECT AREA : 105,26 HA
LUAS PROYEK

PAUMAN KEMBANG KUNING
10,54 HA

	INDIVIDUELLE BESITZPARZELLEN (REGENFELDBAU) DRY FIELD PLOTS IN INDIVIDUAL TENURE BIDANG-BIDANG TANAH PENADAH HUJAN (HAK MILIK)
	PARZELLEN DER UMSIEDLER AUS KANDASBALIT PLOTS FOR RESETTLERS FROM KANDASBALIT BIDANG-BIDANG TANAH ORANG-ORANG PEDALAMAN DARI KANDASBALIT
	KOMMUNALBESITZ PLOT OF COMMUNAL OWNERSHIP TANAH MILIK DESA (PAUMAN)
	WALD / FOREST / HUTAN
	NUTZUNGSFORM UNBEKANNT LAND USE UNKNOWN PENGGUNAAN TANAH YANG TAK DIKETAHUI
	FLUSS / RIVER / SUNGAI (KOKOK)

0   100   200   300 m

QUELLE: J. B. BAKKER 1938
ENTWURF: A. LEEMANN und W. RÖLL 1981
KARTOGRAPHIE: L. DREHER

Nach der von ihnen vorgenommenen Rodung wurden die meist etwa 1,80 Hektar, vereinzelt aber auch bis zu 3 Hektar umfassenden landwirtschaftlichen Nutzflächen im Oktober 1937 den beteiligten Familien zugewiesen (vgl. Karte 1). Hinzu traten jeweils noch rund 50 Ar große Parzellen zur Errichtung der Wohngebäude und zur Anlage von Hausgärten. Jeweils etwa 1 Hektar diente zum Anbau von Grundnahrungsmitteln (u.a. Trockenreis, Mais). Die Restfläche war dem Anbau von Robusta-Kaffee vorbehalten. Im Februar 1938 begann man mit der Errichtung zweier Siedlungen für die beiden Migrantengruppen. Der Bau einer kleinen Moschee, einer Versammlungshalle, die Errichtung eines kleinen Marktes sowie die geregelte Wasserversorgung sollten folgen. Nachdem die erste, überwiegend günstig ausgefallene Reisernte eingebracht war, wurde die staatliche Unterstützung 1938 eingestellt.

Ein zweites Projekt wurde bei Kembang Kuning für 133 Familien realisiert. Die dortigen Siedler, von denen 59 aus Kandasbalit kamen, erhielten ihre etwa 0,40 bis 1,50 Hektar großen Grundstücke im Jahre 1938 zugeteilt (vgl. Karte 2). Ein weiteres Vorhaben wurde 1938 auch im Raume Selakai in Angriff genommen. Doch sind die Zahl der dort angesetzten Migranten, ihre Herkunftsorte und die Größe der Siedlerstellen nicht überliefert. Darüber hinaus wurden allein in Ost-Lombok zwischen 1934 und 1936 insgesamt rund weitere 873 Hektar Land durch Rodung neu gewonnen (K. P. Rijpstra 1936, S. 43). Hiervon entfielen etwa 530 Hektar auf ein zwischen den Gemeinden Pancor, Suralaga, Korleko und Kelayu gelegenes küstennahes Areal („Lendang Panas") im Raume Sukamulia-Selong. Hinzu traten ferner rund 100 Hektar nördlich von Masbagik sowie 53 Hektar in den Gemeinden Kilang, Sukadana und Kotaraja. Ferner wurden bei Bagikpapan und Ketnagga im Raume Pringgabaya durch die Rodung des sog. „Hutan Bampak" ungefähr 200 Hektar urbar gemacht. Der größte Teil des neu erschlossenen Kulturlandes wurde an verarmte, grundbesitzlose Familien aus meist nicht sehr entfernten Siedlungen, wie aus Pancor, Tanjung, Suradadi, Ketangga, Bagikpapan, Apitaik usw., vergeben (J. B. Bakker 1938, S. 106). Jedoch waren nicht alle Landlosen bereit, die ihnen mittels Verlosung zugefallenen Parzellen auch zu übernehmen (K. P. Rijpstra 1936, S. 69).

Desgleichen führte man zur damaligen Zeit auch im Westen Lomboks vereinzelte Transmigrationsprojekte durch. Allerdings beschreibt O. Horst (1939, S. 29 f) nur eines dieser Vorhaben näher. Es wurde für etwa 110 balinesische Kolonisten 1938/39 auf der südwestlichen Halbinsel bei Lendang Goar geplant. Wichtigstes Motiv für diese Umsiedlung waren Bestrebungen zur Wiederaufforstung und zum Schutz von Waldreserven im Hügelland westlich des Gunung Mereje. Sie waren teilweise von Balinesen aus Lilin und Rincung südlich von Gerung widerrechtlich gerodet und in Kultur genommen worden. Angesichts der durch die Entwaldung dieser Region eingetretenen starken Bodenerosionsschäden erschien eine Wiederaufforstung den niederländischen Behörden dringend geboten. Daher sollten die dort unbefugt ansässigen balinesischen Landwirte nach Lendang Goar umgesiedelt werden. Bis 1939 waren aus eigener Initiative bereits 13 Familien in das neue Transmigrationsprojekt übergewechselt. Auch sie wurden mit Saatgut, Werkzeugen, Zugvieh usw. unterstützt. Es war geplant, in den folgenden 4 bis 5 Jahren noch über 100 weitere balinesische Familien dort anzusiedeln.

DIE INDONESISCHEN TRANSMIGRATIONSPROGRAMME

Aus den Kriegs- und unmittelbaren Nachkriegsjahren liegen keine Angaben über staatliche Migrationsmaßnahmen aus Lombok vor. Erst seit 1967/68 führte die Provinzadministration von Nusa Tenggara Barat die in der Kolonialzeit eingeleitete Politik in verstärktem Umfang fort. Doch dürften auch in den Jahren zuvor bereits „spontane", d.h. aus eigener Initiative und ohne staatliche Unterstützung erfolgte Umsiedlungen stattgefunden haben. Aus Sumbawa ist beispielsweise bekannt, daß sich dort 1963 eine unbekannte Zahl Transmigranten aus Dasan Agung in West-Lombok im Bereich der Gemeinde Matua, Kecamatan Dompu, niedergelassen und die neue Siedlung „Kampung Lombok" gegründet hatte[6]. Eingeleitet wurden die von der Provinzverwaltung von Nusa Tenggara Barat initiierten, von der Zentralregierung in Jakarta und dem World Food Program der FAO unterstützten indonesischen Umsiedlungsprogramme auf Lombok im Jahre 1967 durch zwei sog. „lokale" Projekte. Wie in niederländischer Zeit umfaßten diese ersten indonesischen Vorhaben damit erneut nur innerhalb der Provinz Nusa Tenggara Barat selbst durchgeführte Maßnahmen. Ihr Ziel war, mittels Umsiedlung zur Ausweitung der landwirtschaftlichen Nutzflächen, der Erhöhung der Nahrungsmittelproduktion und damit zur Verbesserung des Lebensstandards eines Teils der Bevölkerung beizutragen. Bevölkerungs-, wirtschafts- und sozialpolitische Motive waren somit gleichermaßen wiederum für diese Programme bestimmend.

Mitte 1967 wurde zunächst das im Küstenraum Nordost – Lomboks gelegene „Sambelia – Projekt" eröffnet. Von dem ursprünglich auf 500 Hektar und mehr veranschlagten Siedlungsgelände (G. F. Christensen 1969, S. 18) wurden jedoch nur rund 300 Hektar u.a. für den Reisanbau urbar gemacht. Die Bewässerungsanlagen waren 1968 fertiggestellt. 173 Familien aus Südost-Lombok mit insgesamt 686 Personen konnten dort als kleinbäuerliche Siedler angesetzt werden[7]. Mit Hilfe des World Food Program der FAO wurde im Juli 1967 ein zweites Siedlungsvorhaben an der Nordwestküste Lomboks begonnen. Das sog. „Santong – Projekt" umfaßte rund 500 Hektar. Hiervon wurden etwa 460 Hektar der agraren Nutzung zugeführt. Die restlichen 40 Hektar dienten der Errichtung der Wohnstätten. Bis Juli 1968 konnten dort 200 Familien mit 1030 Personen aus der „kritischen Region" im südlichen Zentral – Lombok angesiedelt werden (G. F. Christensen 1969, S. 18). Ihnen folgten weitere 214 Familien mit 744 Personen, so daß dort insgesamt 414 Familien bzw. 1 774 Menschen ansässig wurden. Einer anderen Quelle zufolge wurden demgegenüber sogar 504 Familien aus Mittel – Lombok nach Santong umgesiedelt[8].

Im Jahre 1969 waren das „Sambelia" – und „Santong – Projekt" abgeschlossen. Seitens der Provinzregierung ging man nun erstmals auch zu staatlich geförderten interinsularen Migrationen größeren Umfangs über. Nachdem bereit 1968/69 208 Familien mit 870 Personen vornehmlich aus Zentral- und Ost-Lombok in die Kecamatan Ropang, Jereweh, Moyo Hilir und Lape Lopok im Süd- und Nordwesten Sumbawas angesiedelt worden waren, wurde diese wesentlich geringer bevölkerte Nachbarinsel

---

6 Buku Monografi Daerah Propinsi Nusa Tenggara Barat, Tahun 1975. Mataram 1975, Julid II, S. 876.
7 13 Tahun Propinsi Nusa Tenggara Barat. Mataram 1971 o. S.
8 13 Tahun Propinsi Nusa Tenggara Barat. Mataram 1971 o. S.

1969/70 zum wichtigsten Aufnahmeraum für die weiteren innerprovinziellen Migrationen bestimmt. Die überwiegend aus den südlichen Teilen Mittel — Lomboks stammenden Umsiedler wurden dort zunächst in dem im Juli 1970 von der Provinzregierung eingerichteten „Nangamiro — Projekt" angesiedelt. In diesem im Kabupaten Dompu im Osten Sumbawas gelegenen Raum wurden zwischen 1970 und 1971 rund 2143 Migranten aus Lombok seßhaft. In dem insgesamt rund 2 000 Hektar agrare Nutzfläche umfassenden Projektgebiet erhielten die 503 Familien jeweils rund 2 Hektar zugesprochen. Im Jahre 1972 folgte eine weitere 631 Personen starke Gruppe aus Lombok. Parallel zu den Umsiedlungen nach „Nangamiro" wurden zwischen 1970 und 1975 ferner 2 444 Personen vor allem aus Mittel — Lombok in dem Transmigrationsprojekt „Lunyuk" in Südwest — Sumbawa angesiedelt. Weitere 1 672 Abwanderer aus Lombok fanden in Kadindi im Raume Kempo, Kabupaten Dompu, in Mittel — Sumbawa, eine neue Heimat.

Zusätzlich zu diesen Abwanderungen auf die benachbarte Insel Sumbawa[9], die allgemein keine günstigen naturräumlichen Voraussetzungen für die Agrarwirtschaft bietet, wurden auch noch einzelne kleinere inner — insulare Transmigrationsvorhaben auf Lombok selbst realisiert. So konnten 407 Siedler aus Rempung, Barejulat, Dasan Lekong und Terata 1972 in der Gemeinde Selengen im Raume Bayan an der Nordküste zum Ansatz gebracht werden. Weitere 6 389 Einwohner aus Padamara, Praya, Peringgajurang, Telagawaru und Kuang ließen sich in Kayangan, Kecamatan Gangga, im Westen Lomboks nieder. Darüber hinaus verließen 568 Transmigranten ihre bisherigen Wohnsitze in Gemeinden Mittel — Lomboks, um 1974 in Tibu Borok im Unterbezirk Sambelia und in Senang Galih im Ostteil der Insel seßhaft zu werden.

Im Rahmen der verschiedenen skizzierten „lokalen" staatlichen Transmigrationsmaßnahmen der Provinzverwaltung von Nusa Tenggara Barat konnten somit zwischen 1967 und 1975 insgesamt 2 905 Familien bzw. 11 584 Personen umgesiedelt werden. Hiervon wanderten 2 025 Familien mit 7 760 Personen als kleinbäuerliche Siedler von Lombok nach Sumbawa ab. Innerhalb Lomboks selbst verlegten 880 Bauernfamilien bzw. 3 824 Personen ihre Wohnsitze.

Erweitert wurde der binnenstaatliche Bevölkerungstransfer von Lombok in andere indonesische Regionen außerhalb der Provinz Nusa Tenggara Barat, nachdem die Insel nach Java, Madura und Bali im Jahre 1973 ebenfalls in das allgemeine staatliche Umsiedlungsprogramm der indonesischen Zentralregierung aufgenommen worden war. Nach zunächst zögerndem Beginn im Jahre 1973/74 stieg die jährliche Transmigrantenrate pro 10 000 Einwohner von 8,6 (1973/74) auf 37,8 (1979/80). In der dichtbevöl-

---

9 Auf Sumbawa ließen sich nach dem Zweiten Weltkrieg u.a. auch „spontane" balinesische Transmigranten aus Amlapura (Karangasem) und Klunkung in der Gemeinde Simpasai, Kecamatan Dompu und in Taa, Unterbezirk Kempo, nieder. Ferner wurden zwischen 1970 und 1973 in dem vorgenannten staatlichen Transmigrationsprojekt von „Lunyuk" in Südwest — Sumbawa 1517 balinesische Neusiedler aus eigener Initiative und auf eigene Kosten seßhaft. Aber auch innerhalb Sumbawas selbst erfolgten Transmigrationen. So wurden beispielsweise im April 1974 392 Personen aus Pusu, Kecamatan Batulante in die Gemeinde Tatebal, im Unterbezirk Ropang, umgesiedelt. Im August 1974 verließen weitere 33 Familien mit 114 Personen die Gemeinde Sesat, Kecamatan Utan Rhee, um sich in der Siedlung Rhee desselben Unterbezirks niederzulassen (Buku Monografi Daerah Propinsi Nusa Tenggara Barat, Tahun 1975. Mataram 1975, Jilid II, S. 786).

kerten Zentralregion lag sie 1973/74 bereits bei 19,9 und erreichte dort 1978/79 sogar 43,5. Mit P. Kauz und J. L. Maurer (1979, S. 53) kann dies als Ausdruck für die namentlich in dieser Raumeinheit herrschende Armut der ländlichen Bevölkerung angesehen werden. Dennoch ist deren Bereitschaft zur Transmigration bisher im allgemeinen noch gering. 49,1 % aller staatlich gelenkten und finanziell unterstützten inter-insularen Migranten, rekrutieren sich aus landlosen bzw. landarmen Bevölkerungsgruppen Mittel – Lomboks. Ein hoher Prozentsatz von ihnen entstammt insbesondere der „kritischen Region", d.h. aus den Unterbezirken Praya, Kopang, Janapria, Jonggat, Praya Barat, Praya Timur, Batukliang und Pujut. Demgegenüber stellte Ost – Lombok zwischen 1973/74 und Juli 1981 nur 34,4 % und der Westteil der Insel sogar nur 16,5 % aller Umsiedler.

Zwischen 1973 und Ende Juli 1981 wurde der größte Teil der Abwanderer als kleinbäuerliche Siedler in Sulawesi ansässig. Dies gilt u.a. auch für die Transmigranten aus Bali. Die staatlichen Projekte von Wotu, Bone Bone, Cendana Putih II, Cendana Hitam, Cendana Hijau, Pepuro Utara, Kalaena Kiri und Kalaena Kanan waren die wichtigsten in der Provinz Süd – Sulawesi gelegenen Ziele. Zwischen 1973/74 und Ende Juli 1981 wurden dort 8 615 Migranten, d.h. rund 33 % aller Umsiedler von Lombok, zum Ansatz gebracht. Weitere 7 426 oder 27 % transmigrierten nach Kamiwangi, Toili und Malonas in Zentral – Sulawesi. Hinzu trat 1974/75 eine 454 Personen umfassende Gruppe, die in Kairatu auf Seram in den Molukken angesiedelt wurde. Seit 1978/79 sind Süd – Kalimantan und ab 1978/80 auch Ost – Kalimantan sowie Südost – Sulawesi weitere Aufnahmegebiete für Umsiedler aus Lombok. Bis Ende Juli 1981 wurden 1 600 Familien mit 7 443 Personen, d.h. weitere 28 %, nach Süd – Kalimantan verschifft. Ost – Kalimantan war Ziel für 300 Familien bzw. 1 322 Personen. Nach Südost – Sulawesi wurden 258 Familien mit 1 064 Personen umgesiedelt. Insgesamt konnten zwischen 1973/74 und Juli 1981 somit 5 868 Familien mit 26 324 Personen durch diese Form der staatlichen Bevölkerungspolitik von Lombok in den vorgenannten Regionen als Agrarkolonisten seßhaft gemacht werden. Unter Einbeziehung der inner-provinziellen Wanderungen nach Sumbawa ergibt sich daher für den Zeitraum von 1967/68 bis Ende Juli 1981 eine Gesamtzahl von 7 893 abgewanderten Familien mit insgesamt 34 084 Migranten.

SCHLUSSBETRACHTUNG

Ähnlich wie auf Java oder Bali konnte mit diesen staatlichen Programmen keine wirksame Reduzierung des Bevölkerungsdrucks erzielt werden. Denn abgesehen von den nicht faßbaren Zuwanderungen, vor allem nach West – Lombok und dort insbesondere in den städtischen Verdichtungsraum von Ampenan, Mataram und Cakranegara, übersteigt allein das natürliche Bevölkerungswachstum eines Jahres die Gesamtzahl der innerhalb von mehr als 10 Jahren von Lombok Abgewanderten. Trotz gewisser Verbesserungen beeinträchtigen noch immer vielfältige finanzielle, wirtschaftliche, technisch-organisatorische und psychologische Schwierigkeiten sowie sozio-kulturelle

10 Indonesian Observer (Jakarta) vom 3.10.1980, S. 3.

Probleme die staatliche Siedlungspolitik. So verwies jüngst der Leiter der regionalen Transmigrationsbehörde für Nusa Tenggara Barat darauf, daß für das Finanzjahr 1979/80 die Umsiedlung von insgesamt 1 080 Familien aus der Provinz geplant, bis Oktober 1980 aber nur 400 Familien tatsächlich zur Abwanderung in andere Landesteile gelangt seien[10]. Die sozio-ökonomischen Probleme vergrößern sich daher auch auf Lombok. Sie sind nur durch komplexe bevölkerungs-, beschäftigungs-, wirtschafts- und sozialpolitische Maßnahmen zu lösen. Andererseits stellen die verschiedenen indonesischen Transmigrationsprojekte aber keine isolierten Programme zur bloßen „demographischen Entlastung" der Abwanderungsregionen dar. Denn sie werden primär als Instrumente zur regionalen Wirtschaftsförderung der Zuwanderungsgebiete und damit als integrale Bestandteile der nationalen Entwicklungsplanung Indonesiens angesehen.

SCHRIFTTUM

Bakker, J. B.: Memorie van Overgave van den aftredend Controleur van Oost – Lombok. Selong 1938 (mimeo).
Buku Monografi Daerah Propinsi Nusa Tenggara Barat, Tahun 1975. Jilid I/II. Mataram 1975.
Christensen, G. F.: Report to the Government of Indonesia on watershed rehabilitation and development plan for certain catchment areas. Food and Agricultural Organization of the United Nations. Rome 1969 (mimeo).
Daroesman, R.: An economic survey of West Nusatenggara. In: Bulletin of Indonesian Economic Studies Vol. XII, No. 1 (1976), S. 44–69.
Eerde, J. C. van: Het rapport van J. C. van Eerde over de regeling der agrarische toestanden in West-Lombok. In: Koloniaal Verslag 1901, S. 318–336.
Hardjono, J. M.: Transmigration in Indonesia. Kuala Lumpur – Jakarta – London – Melbourne 1977.
Horst, O.: Memorie van Overgave van den aftredend Assistent Resident van Lombok. Mataram 1939 (mimeo).
Kauz, P. und Maurer, J. L.: Rural cooperatives and development in Indonesia. A preliminary research in Lombok N. T. B. Institut universitaire d'études du développement (IUED). Geneva 1979 (mimeo).
Krulfeld, R. M.: The village economies of the Sasak of Lombok. A comparison of three Indonesian peasant communities. Ph. D. Yale University 1974.
Leemann, A.: Glaubensgemeinschaften auf Lombok. In: Geographica Helvetica H. 29, 1 (1974), S. 27–36.
Metzner, J.: Agrarräumliches Ungleichgewicht und Umsiedlungsversuche auf den östlichen Kleinen Sundainseln. Konsequenzen für eine geo-ökologische Raumplanung. In: Gießener Beiträge zur Entwicklungsforschung, Reihe 1, Bd. 4 (1978), S. 29–47.
N. N.: Een emigratieproef op Lombok. In: De Indische Gids I (1905), S. 80–81.
N. N.: 13 Tahun propinsi Nusa Tenggara Barat. Mataram 1971.
N. N.: Transmigrasi di Pulau Lombok N. T. B. Dep. Tenaga Kerja dan Transmigrasi. Mataram 1981 (mimeo).
Polak, A.: Agrarian developments on Lombok. An attempt to test Geertz's concept of agricultural involution. In: Tropical Man. Yearbook of the Anthropology Department of the Royal Tropical Institute, Amsterdam Vol. V (1972/73). Leiden 1976, S. 18–45.
Prins, J.: Memorie van den aftredenden Controleur van Midden – Lombok. Praya 1936 (mimeo).
Rijpstra, K. P.: Memorie van Overgave van den controleur van Oost – Lombok. Selong 1936 (mimeo).
Röll, W.: Indonesien. Entwicklungsprobleme einer tropischen Inselwelt. 2. Aufl., Stuttgart 1981.
Scheltema, A. M. P. A.: Deelbouw in Nederlandsch-Indie. Wageningen 1931.
Soekardjo Sastrodihardjo, R.: Beberapa tjatatan tentang daerah pulau Lombok. Djakarta 1956.

Sundrum, R. M.: Inter-provincial migration. In: Bulletin of Indonesian Economic Studies No. 1 (1976), S. 70–92.
Titus, M. J.: Interregional migration in Indonesia as a reflection of social and regional inequalities. In: Tijdschrift voor economische en sociale geografie H. 4 (1978), S. 194–204.
Widjojo Nitisastro: Population Trends in Indonesia. Ithaca N. Y. – London 1970.
Zimmermann, G. R.: Die Wirtschaftsformationen im südlichen Sumatra (Lampung). Braunschweiger Geographische Studien N. F. H. 2. Braunschweig 1980.

STADTREGIONEN AUF JAVA?
ERSTE ANNÄHERUNG

VON KURT HORSTMANN, WIESBADEN

MIT 3 ABBILDUNGEN

Der Verfasser dieses Versuches über Stadtregionen auf Java hatte während seiner Tätigkeit bei der Wirtschaftskommission für Asien der Vereinten Nationen in Bangkok mehrmals das Vergnügen Prof. H. Uhlig als Gast zu betreuen. Dabei hat dieser bei ihm, der nach Ausbildung und im Herzen Geograph ist, aber als Statistiker berufstätig sein mußte, insbesondere auf gemeinsamen Exkursionen die geographische Einstellung gefördert und gefestigt. Als Dank für diese freundschaftliche Hilfe sei ihm der folgende Beitrag gewidmet.

Es wird im folgenden versucht, mit Hilfe der verfügbaren statistischen Informationen an eine im Grund geographische Frage heranzugehen, die allerdings mittels solcher „Fernerkungung" nicht befriedigend beantwortet werden kann. Für eine schlüssige Antwort bedarf es vor allem örtlicher Erkundungen mit spezifisch geographischer Methodik.

Die Frage „Stadtregionen auf Java?" drängte sich dem Verfasser auf, als er die von Rutz (1977) veröffentlichte Karte der Bevölkerungsdichte auf Java nach Verwaltungsunterbezirken[1] analysierte. Das Ergebnis der Analyse ist 1980 unter dem Titel „The Population Distribution on Java 1971" veröffentlicht worden (Horstmann 1980 a). Ein Teil der Beobachtungen ist in einem Beitrag über „Die Erhöhung der Tragfähigkeit des ländlichen Java durch nichtbäuerliche Erwerbstätigkeit" (Horstmann 1980 b) für das von Uhlig u.a. geleitete Symposium „Wandel bäuerlicher Lebensformen in Südostasien" ausgewertet worden; dort findet man auch eine Karte über den Anteil landloser Haushalte auf 100 Haushalte mit Land.

Die Untersuchung „The Population Distribution . . ." beschäftigt sich vorwiegend mit den Standortvoraussetzungen für eine landwirtschaftliche Bevölkerung als Determinante der ungleichen Bevölkerungsverteilung, weil Javas Bevölkerung noch 1971 zu rd. 86 % außerhalb der Städte lebte und dort die Männer „während der letzten Saison" zu etwa 85 % in der Landwirtschaft tätig waren. Es haben aber auf Java bereits seit langem Tätigkeiten in der (nichtlandwirtschaftlichen) Warenerzeugung zur Erhöhung der Tragfähigkeit auf dem flachen Land beigetragen (Horstmann 1980 b). Dieses Gewerbe

---

[1] In der Verwaltungsgliederung der Rep. Indonisien werden unterschieden: Daerah Tingkat I (= Provinzen und gleichgestellte Gebiete wie Daerah Khusus Ibukota Jakarta), D. T. II Kabupaten (etwa = Kreise) und Kota Madya (= kabupatenfreie Städte), sowie D. T. III Kecamatan (etwa = Großgemeinden, von Rutz in Anlehnung an die früheren onderdistricten mit Verwaltungsunterbezirke verdeutscht). Innerhalb der Kec. kennt man noch Desa (etwa = Dörfer). Im folgenden werden die Kec. durch die Nummern (kabupatenweise) identifiziert, wie sie von Rutz und auf den hier beigegebenen Dichtekartogrammen verwendet worden sind.

hatte sich nämlich weitgehend abseits der großen Städte entwickelt. Die Städte haben überhaupt bis nach dem 2. Weltkrieg eine untergeordnete Rolle gespielt. 1920 lebten nur 2,8 % der Bevölkerung in der Städten mit 50 000 und mehr Einwohnern; 1930 waren es 4,7 %. Nach dem 2. Weltkrieg ist die Stadtbevölkerung jedoch stark gewachsen. 1961 zählten Jakarta und die 19 Kota Madya mit mehr als 50 000 Einwohnern, die 1930 zusammen 2,2 Mill. Einwohner hatten, deren 7,5 Mill. und 1971 deren 10,6 Mill. oder 13,4 % der Bevölkerung. Die Masse der Mittelstädte und vor allem die Kleinstädte haben jedoch kaum ihre Funktionen im Dienstleistungsbereich ausbauen können, und die Warenerzeugung ist in ihnen rudimentär geblieben. Die Standortvorteile der großen Hafenstädte und auch die Bandungs waren zu groß, und sie zogen das an Warenproduktion, was bei der wirtschaftlichen Entwicklung Indonesiens entstand, weit überwiegend an sich bzw. in ihre Nachbarschaft[2].

Wenn man auf der Basis dieses einleitenden Überblicks die Karte der Bevölkerungsdichte auf Java betrachtet, so fällt ins Auge, daß sich an die großen städtischen Zentren und auch an mehrere kleinere Kota Madya Zonen größerer Bevölkerungsdichte anschließen. Bei dem Anteil nichtlandwirtschaftlicher Haushalte zeigen sich ähnliche Verdichtungen. Es stellt sich die Frage, ob diese Erscheinungen dadurch zu erklären sind, daß sich „Stadtregionen" gebildet haben. Selbstverständlich können Stadtregionen auf Java schon deshalb nicht mit gleichgenannten Gebilden in der Bundesrepublik Deutschland verglichen werden, weil für Entstehen, Gestalt und Struktur der letzteren die Entwicklung zunächst des Schienenverkehrs und später des flächendeckenden motorisierten Verkehrs und die dadurch ermöglichte Pendelwanderung von entscheidender Bedeutung ist. Auf Java ist der Verkehr noch unterentwickelt und von einem Massenverkehr weit entfernt. Aber auch ohne enge Verkehrsverflechtung zwischen Kernstadt und Umland können sich Regionen entwickeln, die in verschiedener Weise von der Kernstadt beeinflußt sind; etwa durch Auslagerung oder Anlagerung von Gewerbetätigkeit oder Ausbildungsstätten oder durch das Entstehen von auf den Markt der Kernstadt ausgerichtetem Gartenbau u. dgl.

Es ist wichtig, das Vorhandensein von Stadtregionen zu erkunden und über ihren Nutzen und ihre Entwicklung nachzudenken. Wenn man z.B. befürchtet, daß die Standortvorteile der großen Hafenstädte oder anderer Agglomerationen bereits so groß sind, daß die Entwicklung von konkurrierenden Gewerbezentren, wie für Cilicap versucht, wie für Semarang geplant, wie für Cirebon naheliegend, auf die Dauer nicht erfolgversprechend ist, könnten weiträumige Stadtregionen viele Nachteile vermeiden, die das Zusammendrängen der Menschen in Riesenstädten in sozialer, hygienischer und anderer Hinsicht hat.

In den folgenden Ausführungen wird versucht, aufgrund der vorliegenden statistischen Indikatoren etwas über die „Stadtregionen" von Jakarta, Surabaya und Semarang festzustellen. Auf Bandung einzugehen wurde verzichtet, weil Glaesser/Oberursel sich mit dieser Region bereits näher befaßt hat. Auf seinen Bericht (1979) „Groß-Bandung/Bandung Raya – Überlegungen zur Begrenzung einer westjavanischen Planungsregion" sei ausdrücklich verwiesen. Über das ganz besonders strukturierte Gebiet von Yogyakarta sind Erkenntnisse aus den laufenden Untersuchungen von

---

2 Für West-Java sind die räumliche Verteilung sowie ihre Branchenstruktur durch Glaesser/Oberursel kartiert worden. Leider ist diese Karte bislang nicht veröffentlicht oder auch auf das übrige Java ausgedehnt worden.

Brehm/Kassel zu erwarten. Dieser hat u.a. festgestellt, daß die Pendelwanderung weit stärker ist als gemeinhin gedacht und Entfernungen von 15 km übersteigt, und daß eine Abwanderung nach Yogyakarta oder anderen Zielen in größerem Umfang erst aus Ortschaften erfolgt, die weiter entfernt liegen. Hugo (1977) hält den Umfang der Pendelwanderung für beträchtlich und sogar auf Entfernungen von 50 km für möglich. Er teilt eine Schätzung für 1975 mit, nach der 60 % der in Kec. Depok (Bog. 13) und 20 % der in Bogor wohnhaften Arbeitskräfte in Jakarta arbeiteten.

Leider stehen Ergebnisse der Volkszählung 1980 für die statistische „Fernerkundung" bisher nur in beschränktem Umfang zur Verfügung. Der Verfasser konnte sich lediglich vorläufige Einwohnerzahlen für eine Reihe von Kecamatan im Umkreis der untersuchten Städte beschaffen. Dadurch ließ sich die Entwicklung der Bevölkerung in einer gewissen regionalen Differenzierung erkennen. Ein Studium der Bevölkerungsentwicklung in den Desa war noch nicht möglich, so sehr erwünscht es gewesen wäre, nachzuprüfen, ob Hinweise auf eine Bevölkerungsverlagerung innerhalb der Kecamatan hin zu den Verkehrsadern tatsächlich in größerem Umfang begründet sind.

Für die Untersuchung wurden folgende Daten verwendet:

1. Fläche
2. Bevölkerung 1971
3. Bevölkerungsdichte 1971
4. Bevölkerung 1980
5. Bevölkerungsdichte 1980
6. Zunahme der Bev. 1971–1980
7. Männer auf 1 000 Frauen 1980
8. Anteil der städt. Bev. 1980
9. Landlose Haushalte je 100 Haushalte mit Land 1970
10. Anteil der Kampongfläche[a] an der Gesamtfläche um 1974
11. Beschäftigte in warenerzeugenden Betrieben (mit 5 u. mehr Besch.) nach Wirtschaftsbereichen 1974

Die hohen Werte der Bevölkerungsdichte und des Anteils landloser Haushalte in den Kecamatan rings um *Jakarta* und weiter südlich in Richtung auf und um Bogor deuten auf eine „Stadtregion" Jakarta (-Bogor) hin, die ziemlich deutlich von dünner besiedelten Gebieten abgesetzt ist. In der „Region", die durch D. K. I. Jakarta, Kota Madya Boyor und die unmittelbar oder mittelbar angrenzenden Kecamatan gebildet ist, die 1971 mehr als 800 Einw. je km^2 und mehr als 70 landlose Haushalte auf 100 Haush. mit Land hatten, lebten 1971 rd. 7 Mill. Menschen, davon in Jakarta 4,6 Mill., in Bogor 0,2 Mill. und in den Kecamatan 2,2 Mill. Kern dieses Gebietes ist Jakarta, das nicht nur Hauptstadt der Rep. Indonesien ist, sondern auch mit dem Hafen Tanjung Priok das bei weitem wichtigste Verkehrs- und Handelszentrum. Seine Bedeutung als Industriestandort ist mit 117 400 Beschäftigten in warenerzeugenden Betrieben mit 5 und mehr Besch. (1974) nur im Vergleich mit anderen Standorten in Indonesien groß: Surabaya hatte rd. 41 500 und Bandung 29 700.

a   Das ist die Fläche der Haus- und Hofstellen, angrenzenden Obst- und Gemüsegärten usw.
    Eine Tabelle mit diesen Daten ist im Geograph. Institut der Universität Gießen deponiert. Fotokopien können auch vom Verfasser angefordert werden.

Jakarta (früher Batavia) war ursprünglich als Stützpunkt für die Schiffahrt zwischen den Niederlanden und den Molukken sowie anderen Teilen Ostasiens in der Nähe der Sundastraße und der Malakkastraße angelegt worden. Die Lage ist für Java und auch heute für das gesamte Indonesien nicht zentral; die Nähe zu Singapur eher nachteilig. Aber einmal ausgewählt, wuchs Batavia mit der Ausdehnung und Konsolidierung Niederländisch-Indiens. 1930 hatte es rd. eine halbe Mill. Einwohner. Mit dem Werden der Rep. Indonesien begann Jakarta explosionsartig zu wachsen. Die Einwohnerzahl betrug 1960 rd. 3 Mill., 1971 rd. 4,6 Mill. und 1980 rd. 6,5 Mill.

Batavia war zunächst eine rein seewärts gerichtete Stadt. Sie übte wenig Einfluß auf das Umland aus, wenn man von der Entwicklung des Zuckerrohranbaus im Tale des Ciliwung durch Chinesen bereits im 17. Jahrhundert absieht. 1745 wurde 60 km südlich Buitenzorg (jetzt Bogor) als Sommersitz des Generalgouverneurs gegründet. Es entwickelte sich zu einem Erholungsort für die Europäer aus Batavia und später von den umliegenden Plantagen. Es hat sich aber nach dem Bau guter Bahn- und Straßenverbindungen von einer Satellitenstadt in Richtung eines Vororts entwickelt. Die Funktion als Erholungsort hat Bogor eingebüßt, jedoch beherbergt es nun zahlreiche Regierungsstellen, Bildungs- und Forschungseinrichtungen und auch Fabriken (1 600 Beschäftigte); letztere aber wie die große Gummiwarenfabrik ebensosehr durch die Plantagen der Umgebung beeinflußt wie durch die Nähe Jakartas. Es lag nahe, daß Bogor in mancher Weise mit Jakarta zusammenwuchs und die zwischen ihnen liegenden Kecamatan entsprechend beeinflußt wurden. Industriebetriebe hatten 1974 in Cimanggis (Bog. 14) 2 312, in Cibinong (Bog. 15) 1 075 und in Kedung Halang (Bog. 19) 1 581 Beschäftigte.

Die Kabupatenhauptorte Tanggerang 20 km westlich und Bekasi 30 km östlich waren noch lange nach dem Zweiten Weltkrieg recht bedeutungslos. Neben Verwaltungsstellen gab es nur einige Reismühlen. Inzwischen haben sie sich, und was Tanggerang angeht auch einige der angrenzenden Kecamatan, zu Gewerbestandorten entwickelt. Bekasi (10) zählte (1974) 3 032 Besch. vor allem in der Automobilmontage, Tanggerang (12) 2 391 vor allem in der Textilindustrie, Batuceper (Tangg. 11) 2 391, Teluknaga (Tangg. 10) 1 081, Kabupaten Tanggerang insgesamt 6 435.

So hat sich aus der „Insel" Batavia-Jakarta (– Watts 1960 hebt noch den Inselcharakter ausdrücklich hervor –) ein vergewerblichtes Gebiet entwickelt. D. K. I. Jakarta, Kota Madya Bogor und die Kabupaten Tanggerang und Bekasi sind daher zu einer Planungsregion „JABOTABEK" zusammengefaßt worden. Durch die Bildung dieser Planungsregion wird das Bestehen einer „Stadtregion" Jakarta (-Bogor) quasi anerkannt, doch ist die Abgrenzung durch die Einbeziehung der genannten Kabupaten in ihrer Gesamtheit viel zu grob und berücksichtigt nur verwaltungsbezogene Aspekte.

Wenn für den Zeitraum 1971–1980 eine Bevölkerungszunahme von 20 bis 30 % als „natürlich" akzeptiert wird, zeichnen sich die meisten Kecamatan zwischen Jakarta und Bogor durch eine „überdurchschnittliche" Bevölkerungszunahme aus. Das deutet darauf hin, daß sie viele Zuwanderer aufgenommen haben. Cimanggis (Bog. 14) unmittelbar südlich Jakarta steht 1980 mit mehr als dreimal soviel Einwohnern wie 1971 an der Spitze. Aber auch in Curug (Tangg. 13) hat sich die Bevölkerung mehr als verdoppelt. Von den ausgewählten Kecamatan haben die küstennahen Bek. 1 und 2 sowie Tangg. 8 wohl wegen naturgeographischer Siedlungsfeindlichkeit eine unterdurchschnittliche Bevölkerungszunahme. Wenig überdurchschnittliche und vor allem unterdurch-

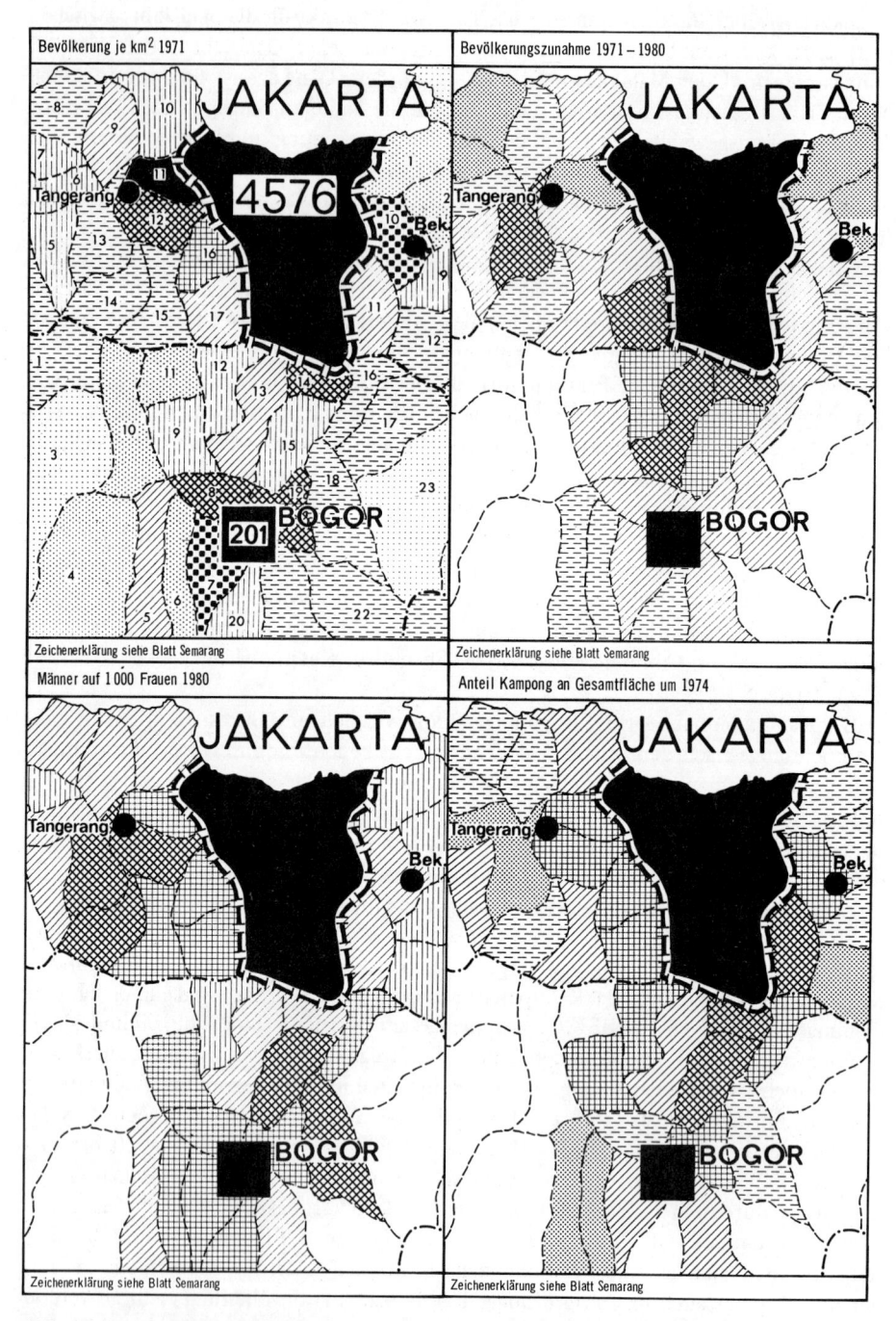

Abb. 1. Ausgewählte Indikatoren für das Umland von Jakarta/Bogor

schnittliche Bevölkerungszunahme deuten auf eine geringe oder gar keine Einknüpfung in die „Stadtregion" hin.

Auffallend ist der z.T. sehr hohe Männerüberschuß in den Kecamatan um Jakarta Bogor. Allgemein wird ein solcher als Anzeichen starker Zuwanderung angesehen, weil normalerweise die Frauen weniger mobil sind als die Männer. Das mag für das Untersuchungsgebiet bestätigen, daß nicht nur Jakarta selbst Zuwanderer anzieht, sondern daß auch das Umland Ziel der Zuwanderung ist. Besonders sei auf den Männermangel in den Kecamatan Bekasi 1, 2, 9 und 12, in denen die Bevölkerung nur unterdurchschnittlich zugenommen hatte, hingewiesen. Diese Kecamatan gehören offensichtlich nicht zur „Region" Jakarta (-Bogor). Andererseits zeigt ein Männerüberschuß von 1 047 und eine Bevölkerungszunahme von 49 % in Citeureup (Bog. 18), daß dieser Kecamatan, der 1971 eine Dichte von 558 Einw. je km^2 hatte, in die Region hineinwächst. Allerdings hatte Citeureup 1970 bereits 179 landlose Haushalte auf 100 Haushalte mit Land, und der niedrige Dichtewert mag irreführend sein, weil sich das Gebiet des Kecamatan bis zum Gipfel des Vulkans Gedeh erstreckt und zu einem Drittel unbewohnbares Ödland oder Urwald und zu einem weiteren Drittel mit Plantagen bedeckt ist.

Der Anteil des Kecamatangebietes, der für Kampongs in Anspruch genommen wird, ist ein Hinweis darauf, in wieweit nichtlandwirtschaftliche Erwerbstätigkeit die Wirtschafts- und Sozialstruktur und das Erscheinungsbild der Kecamatan beeinflußt haben; er ist in den Kartogrammen dargestellt. Die Kecamatan, die unmittelbar an Jakarta und Bogor anschließen (mit Ausnahme von Bek. 1 und Bog. 8) und die zwischen Jakarta und Bogor haben hohe Anteile, vielfach über 40 %.

Die Untersuchung ließe sich noch unter Heranziehung der anderen verfügbaren Indikatoren fortsetzen. Die bisher geschilderten Tatbestände dürften aber bereits als Beweis für die Existenz einer „Stadtregion" Jakarta (-Bogor) ausreichen. Dabei soll an dieser Stelle keine genaue Grenzlinie für die ja auch gar nicht genau definierte „Stadtregion" vorgeschlagen werden.

Während die „Stadtregion" Jakarta (-Bogor) sich recht deutlich von dem übrigen westlichen Java abhebt, besteht bei *Surabaya* die Schwierigkeit, daß sich nach Südwesten und Südosten Kecamatan hoher Dichte und hohen Anteils landloser Haushalte in großer Zahl anschließen, deren Zugehörigkeit zu einer „Stadtregion" Surabaya z.T. von vornherein in Zweifel gezogen werden muß.

Surabaya (1980 rd. 1,98 Mill. Einw.) ist als Ausfuhrhafen der Plantagenwirtschaft Ostjavas entstanden und mit ihr aufgeblüht. Es ist ein zentraler Ort allererster Ordnung nicht nur für die Osthälfte Javas, sondern für den ganzen Ostteil Indonesiens (Rutz 1976). Auch heute ist es als Handels- und Schiffahrtsplatz bedeutender denn als Verwaltungsmittelpunkt. Daneben ist das warenerzeugende Gewerbe mit (1974) 41 542 Beschäftigten in Betrieben mit 5 und mehr Besch. für indonesische Verhältnisse stark vertreten. Aber die Zahlen über die Industriebeschäftigten in den Kabupaten Surabaya (8 431) und Sidoarjo (15 864) deuten an, daß auch Surabaya von der „Vergewerblichung" her gesehen keine „Insel" ist. Im Norden sind in Gresik (Sur. 8) nach dem Zweiten Weltkrieg zunächst eine große Zementfabrik, dann Dünger-, Leder- und Textilfabriken angesiedelt worden. Im Süden wurden in Wonokromo (jetzt in Sur. eingemeindet) eine Ölraffinerie und in Waru (Sid. 10) zahlreiche Betriebe der Eisen- und Metallverarbeitung errichtet. Taman (Sid. 9) beherbergt Betriebe für die Fabrikation von Leder- und Emailwaren, Schuhen, Nudeln usw. und Gedangan (Sid. 11) weitere derartige Betriebe. Diese Kecamatan stehen eindeutig in enger Beziehung zu Surabaya. Etwas anders steht es aber um den Kabupatenhauptort Sidoarjo (14), wo es mehrere große Webereien, auch Zigarettenfabriken und Produktionsstätten für Biskuit und Krupuk gibt. Alle diese Unternehmen profitieren von der Nähe zu Surabaya und guten Straßen- und Bahnverbindungen dorthin. Aber es ist doch strittig, ob Sidoarjo als Teil der „Stadtregion" Surabaya angesehen werden kann. Die Webereien deuten eher auf einen Zusammenhang mit dem östlich anschließenden Textilgebiet von Pasuruan hin, das doch wohl kaum als Teil der Stadtregion, allenfalls als Teil des Wirtschaftsraums Surabaya angesehen werden darf. Ähnliches wie für Kota Sidoarjo gilt für Tungulangin (Sid. 16).

Die gewerblichen Standorte und ihre Branchenstruktur sind ausführlich gewürdigt worden, weil Bevölkerungsdichte und Anteil landloser Haushalte zur Identifizierung einer „Stadtregion" Surabaya nicht ausreichen. Im Brantastal muß schon Krian (Sid. 3) trotz 1 718 Einw. je km^2 (1971) als außerhalb einer Stadtregion angesehen werden, denn außer einer sehr intensiven Landwirtschaft auf Reis und Zuckerrohr hat nur eine große Zuckerfabrik Bedeutung. Die etwas weiter brantasaufwärts gelegene Kota Madya Mojokerto ist der Einwohnerzahl nach die kleinste Kota Madya von Ostjava. 1974 waren nur 1 371 Personen in warenerzeugenden Betrieben tätig. Ein etwaiger Einfluß vom 50 km entfernten Surabaya her war wohl eher hemmend als fördernd.

Nach den bisherigen Ausführungen kann die Besprechung der übrigen Indikatoren kurz gefaßt werden. Zu der Bevölkerungsdichte soll erläuternd bemerkt werden, daß die geringe Stärke in Sid. 10, 12, 15 und 18 durch eine breites Band von versumpften und versalzenen Tonböden verursacht wird. Die Tragfähigkeit würde noch niedriger sein, wenn nicht ein großer Teil der Kecamatanflächen, in Sid. 12 mehr als die Hälfte, in Fischteiche umgewandelt worden wäre, deren Ertrag in Surabaya gut abgesetzt werden kann. Die Bevölkerungszunahme war in Kebomas (Sur. 9) mit 49 % weit überdurchschnittlich. Die Lücke zwischen Sur. und Gresik wurde dadurch weitgehend geschlossen. Stark zugenommen hat die Bevölkerung auch in Waru (Sid. 10), Taman (Sid. 9) und Gedangan (Sid. 11). Demgegenüber war die Zunahme in den unmittelbar westlich von Sur. gelegenen Menganti (Sur. 13) und Drirorejo (Sid. 16) so gering, daß erhebliche Abwanderung angenommen werden muß. Diese Kecamatan waren schon 1971 durch relativ geringe Bevölkerungsdichte und einen niedrigen Anteil landloser Haushalte aufgefallen; 1980 galt die gesamte Bevölkerung als ländlich. Dabei liegt Dririrejo am Surabaya-Fluß und hat Bahn- und Straßenverbindung nach Surabaya.

Die Angaben über den Männerüberschuß können die bereits gewonnen Erkenntnisse nicht erweitern. Nur Kebomes und Waru haben einen solchen. In den übrigen Kecamatan überwiegen die Frauen, und zwar umso stärker, je weiter entfernt von Surabaya. Dabei dürfte sich in Bangil und Benji (Pas. 1 bzw. 2) mit knapp 930 Männern auf 1 000 Frauen die dort vorherrschende Textilindustrie ausgewirkt haben; ähnliches gilt für andere Kecamatan.

Z. T. aufschlußreich, z.T. unerklärlich ist der hohe Anteil der Kampongfläche an der Gesamtfläche der Kecamatan. In den Kecamatan südlich Sur., wo er in Sukodono (Sid. 8) 63 % und in Gedangan (Sid. 11) sogar 80 % ausmachte, kann er als Bestätigung für eine fortgeschrittene Einbeziehung dieser Kecamatan in eine „Stadtregion" Sur. angesehen werden. Warum er aber in mehreren Kecamatan südlich und östlich Mojokerto ebenfalls recht hoch liegt, ist nicht ohne weiteres zu erklären.

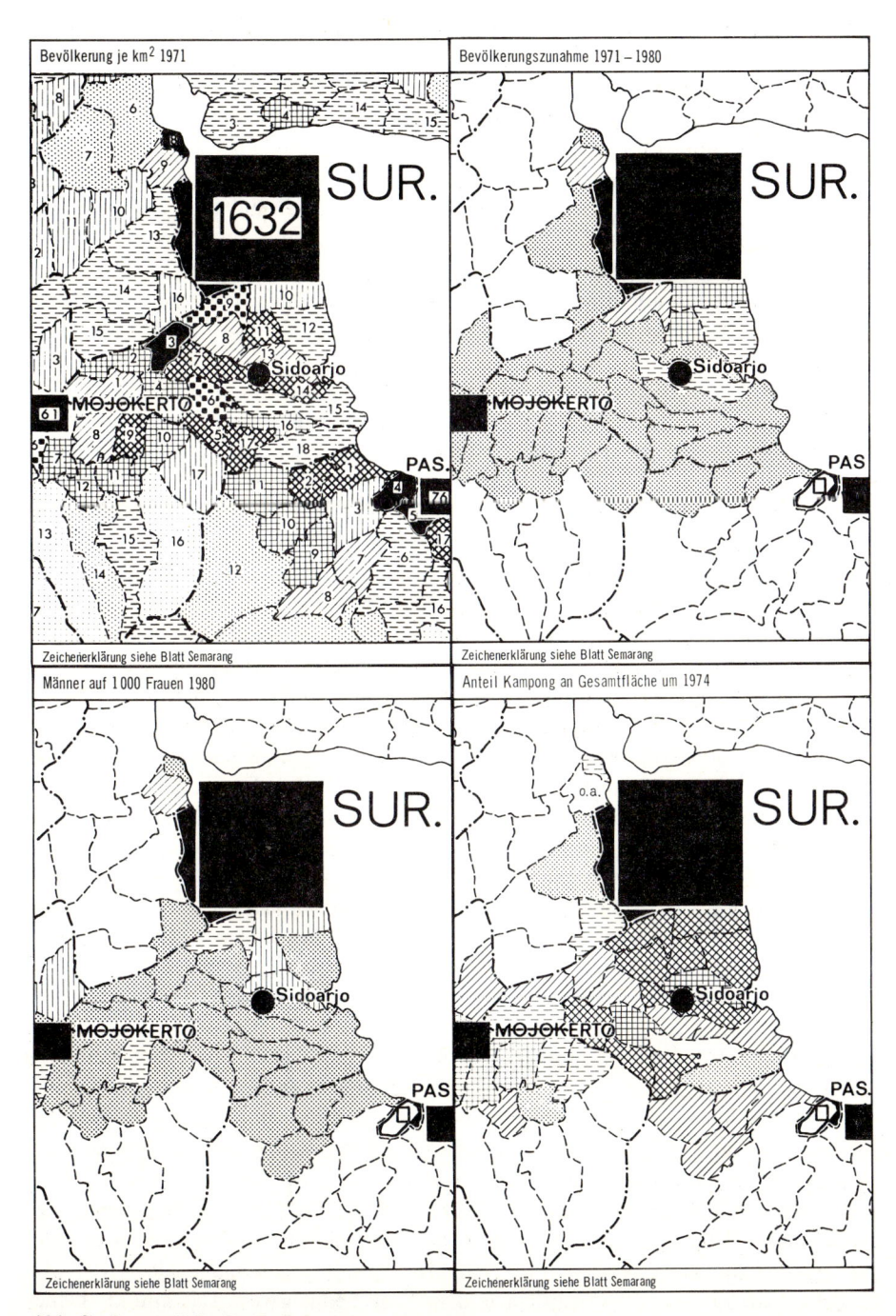

Abb. 2. Ausgewählte Indikatoren für das Umland von Surabaya

Nach den verfügbaren Indikatoren kann eine „Stadtregion" Surabaya vermutet werden, die sich von Gresik (Sur. 8) im Norden bis wenigstens Gedangan (Sid. 11) im Süden über etwa 35 km erstreckt mit einer viel geringeren O-W-Ausdehnung. 1971 lebten in diesem Gebiet außerhalb der Kernstadt (1,6 Mill. Einw.) fast 200 000 Menschen. Wenn man auch die sonstigen stärker vergewerblichten Kecamatan des Kabupaten Sidoarjo in die Region einbeziehen würde, und auch noch Pasuruan, würde diese sich weitere 50 km die Nordküste des Ostsporns entlang erstrecken und weitere 600 000 Einwohner beherbergen. Es bestehen gute Aussichten, daß sich die „Stadtregion" Surabaya in dieser Richtung konsolidiert und weiter ausdehnt, wenn die ohnehin günstigen Verkehrsverhältnisse sich durch den Bau einer vierspurigen Schnellstraße von Surabaya bis Porong südlich Sidoarjo und den Ausbau der sich anschließenden Fernverkehrsstraße bis Malang weiter verbessern werden.

Semarang, heute Hauptstadt der Provinz Mittel-Java und deren wichtigster Schifffahrts- und Handelsplatz, ist als Hafen für die Ausfuhr der Plantagenerzeugnisse des mittleren und eines Teiles des östlichen Javas groß geworden. Die 1873 von Surakarta nach Semarang gebaute Eisenbahnlinie ist die älteste Indonesiens. Semarang erhielt dann gute Bahn- und Straßenverbindungen nach allen Teilen Javas. Der Hafen allerdings war technisch nicht besonders günstig. Größere Handelsschiffe mußten weit draußen auf der Reede ankern und mittels Leichtern ent- und beladen werden. Dabei bereiteten die häufig starken Westwinde während des Regenmonsuns Schwierigkeiten. Dennoch konnte der Hafen Semarang es bis zum Zweiten Weltkrieg durchaus mit Batavia und Surabaya aufnehmen. Seitdem ist er jedoch stark abgefallen. 1970 betrug der Umschlag (in 1 000 t) in Jakarta 5 045, in Surabaya 2 491 und in Semarang 513.

Die Einwohnerzahl von Sem. betrug 1930 rd. 218 000, 1961 rd. 503 000 und nach einer weiteren Zunahme von nur durchschnittlicher Stärke, die einen Zuwanderungsüberschuß praktisch ausschließt, 1971 rd. 647 000. Die für 1980 angegebene Zahl von rd. 1,025 Mill. ist mit den anderen Angaben nicht vergleichbar, weil sich der Gebietsstand durch Eingemeindung mehrerer Kecamatan (Kec. Sem. 1, Demak 1 und 3, Kendal 13 und 15) stark verändert hat.

Im Anschluß an den Hafen hatten sich in Sem. zwar warenerzeugende Betriebe niedergelassen, doch ist es auch in dieser Hinsicht weit zurückgeblieben. 1974 hatten die Betriebe mit mehr als 5 Besch. 17 628 Beschäftigte. Allerdings gab es auch einige Betriebe dieser Art jenseits der Stadtgrenze; in Tugu und Mijen (Kend. 13 bzw. 14) mit 1 609 bzw. 864 Besch., Gunung Pati (Sem. 1) mit 1 657 und Genuk (Dem. 1) mit 1 172. Dies dürfte wohl auf eine gewisse Enge im Stadtgebiet Sem. zurückzuführen sein, denn die Küstenebene hatte kaum einige hafenverbundene Betriebe, Geschäfts- und Verwaltungsviertel und Wohngebiete aufnehmen können. Moderne Wohnviertel mußten schon in das angrenzende wellige Hügelland ausweichen. Topographisch unterscheidet sich Semarang von Jakarta und Surabaya vor allem dadurch, daß es nicht an der Mündung eines Flusses und nicht vor einer großen Schwemmlandebene liegt.

Auf dem Kartogramm Bevölkerungsdichte 1971 ist eine Bevölkerungsverdichtung im Umland von Semarang kaum zu erkennen. Die Bevölkerungszunahme 1971 bis 1980 war nur in Genuk beträchtlich und in Tugu nennenswert. Das sind die beiden jetzt eingemeindeten Kecamatan, die an der Küste östlich und westlich an Semarang anschließen. In allen übrigen an Semarang angrenzenden Kecamatan war die Bevölkerungszunahme weit unterdurchschnittlich. Man muß hier einen Abwanderungsüberschuß

Stadtregionen auf Java 155

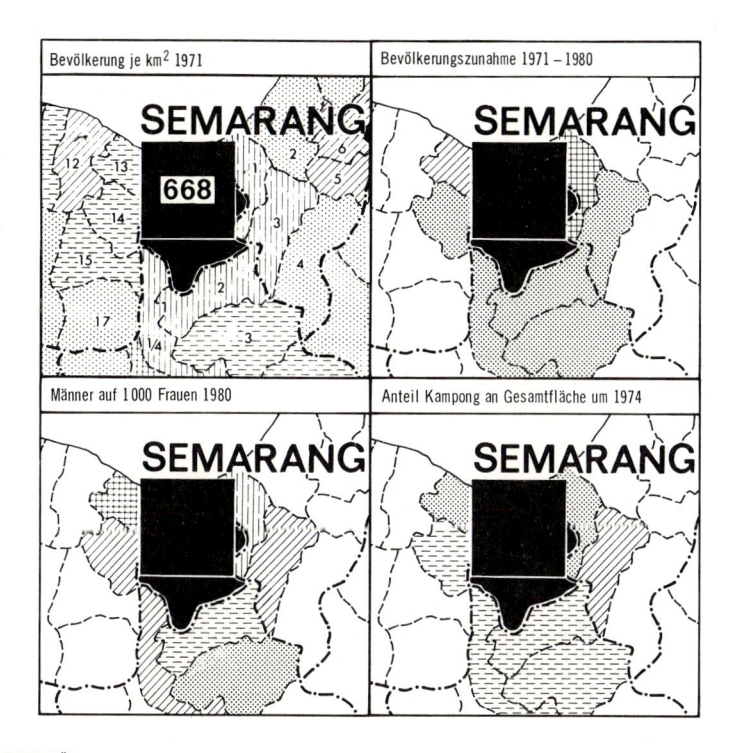

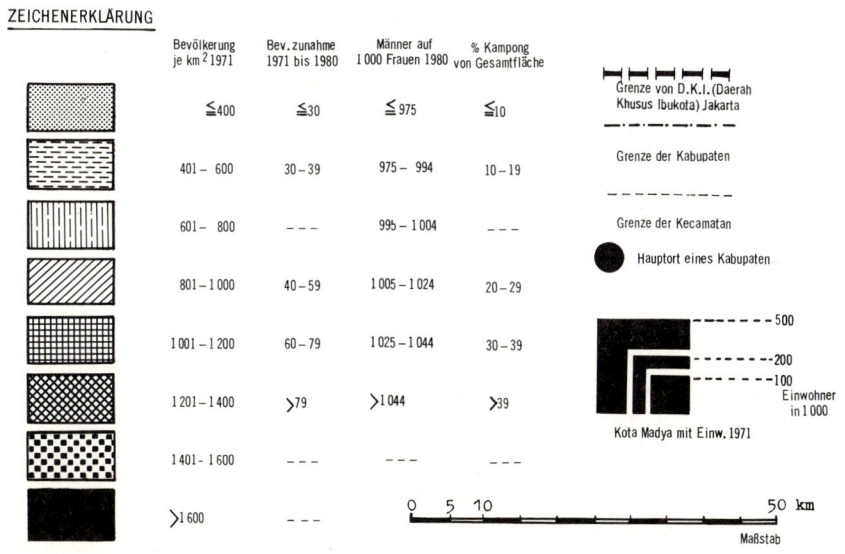

Abb. 3. Ausgewählte Indikatoren für das Umland von Semarang

annehmen, der aber kaum in das alte Semarang gegangen sein dürfte. Von den anderen benutzten Indikatoren ist die Aussagekraft der Geschlechtsproportion unklar. So haben Tugu, Mijen und Gunung Pati wohl einen Männerüberschuß, nicht aber Genuk. In allen betrachteten Kecamatan gibt es viele landlose Haushalte, jedoch übertreffen sie nirgends die Haushalte mit Land. Der Anteil der Kampongfläche an der Gesamtfläche war in allen Kecamatan niedrig.

Kecamatan Ungaran (Sem. 2) reizt zu einer besonderen Betrachtung, weil sich dort weniger als 20 km südlich eine städtische Siedlung entwickelt hat. 1980 wurden 38 % der Bevölkerung als städtisch eingestuft, und 1974 gab es 815 Besch. in der Warenerzeugung. Diese Betriebe dienten aber überwiegend der Aufbereitung von Erzeugnissen der Plantagen am Hange des Vulkans Ungaran, weniger der Produktion von Sojabohnenquark, Krupuk u. dgl. für den Markt Semarang. Nach den vorliegenden Informationen könnte Ungaran nur mit Bedenken einer „Stadtregion" Semarang zugerechnet werden.

Zusammenfassend ist für Semarang festzustellen, daß Stadt und Hafen von geringer Bedeutung geblieben sind (— um nicht zu sagen: an ihr verloren haben —) und daß sich ein Umland, das als Teil einer „Stadtregion" Semarang angesehen werden könnte, kaum entwickelt hat. Was an umliegenden Kecamatan von Semarang wirtschaftlich, siedlungsmäßig usw. beeinflußt worden war, ist Anfang der 1970er-Jahre in die Kota Madya eingemeindet worden, so daß selbst diese bescheidenen Ansätze einer Stadtregion auf dem Verwaltungswege beseitigt worden sind. Über die Gründe, warum sich bei Semarang nur ein rudimentäres Stadtumland entwickelt hatte, könnte nur spekuliert werden. Es ist besser hier darauf zu verzichten und die Antwort einer eingehenderen Untersuchung vor Ort zu überlassen.

So unvollkommen die Hilfsmittel für die erste Annäherung an das Phänomen der Stadtregionen auf Java auch sind, dürften die vorstehenden Ausführungen doch gezeigt haben, daß es „Stadtregionen" gibt. Wenn ihre Existenz zur Kenntnis genommen wird, könnte das für Planungsüberlegungen und Entwicklungsmaßnahmen neue Ansätze bieten. Allerdings wäre es nötig, daß ihre Ausdehnung, Struktur und Funktion besser erforscht werden. Die bisher verfügbaren kecamatan- oder gar nur desabezogenen Fallstudien müssen dabei durch flächendeckende Untersuchungen abgelöst werden.

BIBLIOGRAPHIE

Glaesser, H.-G. (1979), Groß-Bandung/Bandung Raya. Überlegungen zur Begrenzung einer westjavanischen Planungsregion. In: Verh. des 42. Deutschen Geographentages Göttingen

Horstmann, K. und W. Rutz (1980a), The Population Distribution on Java 1971. Inst. of Developing Economies (Tokyo), Statistical Data Series No. 29

dgl. (1980b), Die Erhöhung der Tragfähigkeit des ländlichen Javas durch nichtbäuerliche Erwerbstätigkeit. in: Gießener Geogr. Schriften, Heft 48

Hugo, G. (1977), Circular migration. In: Bull. of Indonesian Economic Studies Vol. XIII No. 3

Rutz, W. (1976), Indonesiens Gliederung nach Funktions- und Verwaltungsräumen. In: Leupold W. und W. Rutz (Hrg.): Der Staat und sein Territorium. Wiesbaden

dgl. (1977), Javas Bevölkerungsdichte dargestellt ... auf der Grundlage von Verwaltungsunterbezirken. In: Die Erde, Jg. 108

Watts, K. (1960), The Planning of Greater Djakarta. Town and Country Summer School, St. Andrews

SÜDOSTASIEN UND DIE WESTPAZIFISCHE REGION

VON ALBERT KOLB, HAMBURG

In den Diskussionen über die wirtschaftliche Zukunft Südostasiens tauchen zumeist zwei Fragenkomplexe auf. Sie betreffen die Entwicklungsmöglichkeiten dieses Wirtschaftserdteils mit der Union der Aseanländer als Kern und die Entwicklungsaussichten Südostasiens im Rahmen einer größeren Gemeinschaft wie der asiatisch-pazifischen oder der größeren, Australien und Neuseeland einschließenden westpazifischen Region. Dahinter steht bei führenden Persönlichkeiten dieses Raumes die Vorstellung „von der Abenddämmerung des weißen Mannes" und „die Vision eines pazifischen Zeitalters". In dem folgenden Beitrag, der dem Jubilar in Bewunderung für sein bisheriges wissenschaftliches Lebenswerk gewidmet ist, sollen einige Überlegungen aus wirtschaftsgeographischer Sicht die oft euphorischen Vorstellungen der Ost- und Südostasiaten über ihre wirtschaftlichen Zukunftsaussichten relativiert, zugleich aber auch die Furcht vieler Europäer vor der potentiellen Wirtschaftskraft Ost- und Südostasiens gemildert werden. Denn sie wurzelt zu einem Teil in der irrigen Annahme, daß sich Japans glanzvoller wirtschaftlicher Aufstieg auch bei den übrigen Völkern Ost- und Südostasiens mit zusammengenommen 1,5 Mrd. Menschen in absehbarer Zeit wiederholen werde.

ENTWICKLUNGSHEMMENDE HUMANFAKTOREN IN DEN ASEAN-LÄNDERN

In Südostasien wurden die einstigen Kolonialländer in einer für sie wirtschaftlich besonders schwierigen Zeit unabhängig. Über große Areale waren die Kampfhandlungen des Zweiten Weltkrieges hinweggegangen. Dazu kamen die wirtschaftlichen Folgen der harten japanischen Besetzung und nach dem Kriege Befreiungskämpfe gegen die früheren Kolonialherren und innere Wirren bis hin zu bürgerkriegsähnlichen Zuständen. Außerdem mußte man nach dem Wiederanlaufen des Außenhandels erkennen, daß man zunächst weiterhin von den einstigen Kolonialmächten abhängig war. Nur sehr langsam und in unterschiedlichem Umfange gelang in den folgenden Jahren eine gewisse Diversifizierung im Außenhandel und in den Exportprodukten. Reparationszahlungen Japans und Entwicklungshilfeleistungen der westlichen Industriestaaten unterstützten die unterschiedlichen wirtschaftlichen Anstrengungen der einzelnen Länder.

Natürlich hoffte man im Laufe der Zeit auch auf eine leistungsfördernde Zusammenarbeit einer Anzahl südostasiatischer Staaten. Bis in die Mitte der sechziger Jahre scheiterten jedoch alle in dieser Richtung gestarteten Versuche an oft kleinlichen gegenseitigen Auseinandersetzungen und Vorwürfen, aber auch an Spannungen im Gefolge territorialer Forderungen. Erst die 1967 in Bangkok gegründete Association of South East Asian Nations (Asean) erwies sich als lebensfähig. Ihr gehören Malaysia, Thailand, Singapur, Indonesien und die Philippinen an. Diese Fünfergemeinschaft zielt auf eine zunehmende Zusammenarbeit auf wirtschaftlichem und technischem Gebiet.

Sie ist jedoch weit von einem politischen oder militärischem Pakt entfernt, auch wenn neuerdings gelegentlich auf internationaler Ebene mit einer Stimme gesprochen wird.

Immer wieder sieht man in der Europäischen Gemeinschaft ein Vorbild. Für eine leistungsfähige Kopie fehlen jedoch fast alle Voraussetzungen. Denn die Nationalwirtschaften der fünf Aseanländer sind nicht komplementär und daher der gegenseitige Warenaustausch gering. Er betrug zum Beispiel 1978 bei einem Gesamtaußenhandel der Philippinen von 8,1 Mrd. $ zwischen diesen und Thailand nur 28,7 Mio. $, mit Malaysia 22,9 Mio. $ und mit Indonesien 138,6 Mio. $.

Nimmt man den Exportwert aller Aseanländer mit (1980) 35 Mrd. $ ins Visier, so zeigt es sich, daß nur 14 % auf den interregionalen Handel entfielen, 86 % der Güter aber den Regionalverbund verließen. Bei der Europäischen Gemeinschaft dagegen macht der Binnen-Warenaustausch 51 % aller Exporte aus.

Die Aseanländer sind keine durch dichten Warenverkehr eng verklammerte Wirtschaftsgemeinschaft. Sie bilden auch keinen nach außen abgeschirmten Freihandelsraum. Um die wirtschaftliche Integration durch verstärkten Warenaustausch zu intensivieren, wird unter Hinweis auf die Verhältnisse in der Europäischen Gemeinschaft ein Abbau der handelshemmenden Zölle empfohlen. Man übersieht jedoch, daß z.B. der — mit Ausnahme von Singapur — nur verhältnismäßig schmal entwickelte Industriesektor in erster Linie aus Betrieben zur Herstellung von Konsumgütern besteht, die den jeweiligen nationalen Markt beliefern. Es handelt sich zumeist um importsubstitutive Gründungen, die in vielen Fällen nur hinter Schutzzollmauern existieren können und außerdem mit ihrer Kapazität nicht auf einen größeren Markt ausgerichtet sind. Überdies würden Produktionssteigerungen in einem der Aseanländer zur Mitversorgung der Nachbarmärkte zu erheblicher Konkurrenz und als Folge davon auch zu belastenden Strukturwandlungen führen. Daher glaubt man nur beim Aufbau neuer Industriezweige vom Gesamtmarkt der Aseanländer ausgehen zu können. Es ist jedoch schwierig, Projekte dieser Art zu verifizieren, da in fast allen Staaten das Gruppeninteresse hinter dem nationalen Interesse rangiert. Das zeigen jedenfalls die bisherigen Versuche. Die Industrialisierung wird daher auch in der absehbaren Zukunft weitgehend national programmiert werden.

In dieser Grundhaltung spielt natürlich auch das in den einzelnen Aseanländern verschiedene Entwicklungsniveau eine Rolle. Hier bestehen ganz erhebliche Unterschiede. Eine gewisse Vorstellung vermitteln die stark divergierenden Pro-Kopf-Werte des Bruttosozialproduktes. Sie betrugen 1979 für Singapur 3820 US-$, Malaysia 1320 US-$, die Philippinen 600 US-$, für Thailand 590 US-$ und für Indonesien 375 US-$.

Auf jeden Fall wird sich die Bildung einer echten Wirtschaftsgemeinschaft der Aseanländer nur etappenweise innerhalb eines längeren Zeitraumes vollziehen können. Voraussetzung dafür sind stabile politische Verhältnisse. Man kann sie jedoch nicht mit Sicherheit für einen längeren Zeitraum voraussagen. Denn in allen Staaten sind politische Folgen ethnischer oder auch religiöser Unterschiede in der Bevölkerung nachteilig wirksam — auf den Philippinen angedeutet durch die immer wieder aufflackernden Kämpfe zwischen den christlichen Filipinos und den vier Millionen Moros, in Malaysia durch die Zusammenstöße zwischen dem Staatsvolk der Malaien, den Chinesen und den Indern, in Thailand durch die Spannungen der Thai mit laotischen und kambodschanischen Minderheiten und in Indonesien durch die Interessengegensätze zwischen dem dichtbesiedelten Java und den Außenprovinzen mit gelegentlichen Autonomie —

oder gar Unabhängigkeitsbestrebungen. Allen Staaten gemeinsam sind Probleme mit der jeweiligen chinesischen Minderheit.

Als Gefahrenherde für die innere Stabilität erweisen sich aber auch die oligarchen Führungsstrukturen in den einzelnen Ländern, der sich fortlaufend erweiternde Gegensatz zwischen arm und reich, der zu politisch radikalen Gruppenbildungen führt, aber auch der Sozialfeudalismus, der die von den einstigen Kolonialmächten aufgebauten Verwaltungsinstitutionen durchlöchert und Ungerechtigkeiten sanktioniert und nicht zuletzt die weithin ungesunden Besitz- und Sozialverhältnisse auf dem Lande, wo noch immer (von Singapur abgesehen) 60—70 % der Bevölkerung leben. Ohne soziale Gerechtigkeit wird es keine dauerhafte Stabilität geben.

Darüber hinaus wirken eine Reihe weiterer Faktoren hemmend auf eine von der Gesamtbevölkerung getragenen wirtschaftliche Entwicklung ein. Da ist zunächst die geringe Kapitalbildung. Sie kann in den meisten Ländern kaum entscheidend gesteigert werden. Damit bleibt man zu einem erheblichen Teil auf die Entwicklungshilfe und ausländische Direktinvestitionen angewiesen. Beide sind wesentlich mitverantwortlich für die überraschenden wirtschaftlichen Zuwachsraten, die in den letzten Jahren bei den Aseanländern zwischen 5% und 8% schwankten. Der Umfang der ausländischen Direktinvestitionen, die vor allem die billigen Arbeitskräfte nutzen, wird auf 20—25 Mrd. US-$ geschätzt. Das heißt, daß auf die Aseanländer ein Viertel bis ein Fünftel aller Direktinvestitionen in der Dritten Welt entfällt. Träger der Investitionen und Haupthandelspartner sind in erster Linie Japan und die USA. Diese einseitige Ausrichtung hat freilich auch nicht immer wünschenswerte politische Folgen.

Zu den hemmenden sozioökonomischen Faktoren gehören: der Mangel an Facharbeitern, das Fehlen ausreichend vorgebildeter Führungskräfte, der ständige brain drain von Ingenieuren, Medizinern und anderem Fachpersonal nach Angloamerika, den Erdölländern am Persischen Golf und auch nach Australien sowie die Rückständigkeit des beruflichen Ausbildungs- und Erziehungswesens. Belastend wirkt auch der hohe Anteil der Arbeitslosen und der Unterbeschäftigten, der in den einzelnen Ländern bis zu 40 % der Bevölkerung im berufstätigen Alter betragen kann.

Der größte wirtschaftlich retardierend wirkende Faktor ist jedoch das hohe Bevölkerungswachstum. Es bewegt sich zwischen 2,5 % und 3 % und zehrt damit einen großen Teil des wirtschaftlichen Fortschritts wieder auf. Denn alljährlich müssen Nahrung, Kleidung und Wohnung für die zuwachsende Bevölkerung geschaffen sowie Millionen neuer Arbeitsplätze eingerichtet werden. Hier kommt auf die Aseanländer in den nächsten zwei Jahrzehnten eine Lawine zu. Denn ihre Bevölkerung wird bis zum Jahre 2 000 von (1980) 256 Mio. Menschen auf 400 Millionen anwachsen. Bei Indonesien ist dann mit einer Bevölkerung von etwa 235 Millionen zu rechnen, bei Malaysia von 20 Millionen, bei Thailand von 68 Millionen und bei den Philippinen von 75 Millionen. Die Gesamtbevölkerung Südostasiens wird dann mit Burma, Vietnam, Laos, Kambodscha und Brunei etwa 550 Millionen betragen — mehr als die USA und die Sowjetunion heute zusammengenommen.

Südostasien wird zumeist in seiner weltwirtschaftlichen Bedeutung überschätzt. Es war 1954 mit damals 161 Mio. Menschen am globalen Export mit 3,2 % beteiligt. 1978 belief sich der Wert seiner Ausfuhren auf 41,3 Mrd. US-$ und damit auf 3,1 % des Weltexportes von 1 280 Mrd. US-$. Südostasien lag damit bei einer Bevölkerung von 350

Mio. Menschen noch hinter der Ausfuhr von Belgien/Luxemburg (44,3 Mrd. US-$) im gleichen Jahr. Im pazifischen Raume erreichte es nur einen Anteil von 6 %.

In weltwirtschaftlicher Sicht hat Südostasien (mit Ausnahme von Singapur) noch immer weitgehend eine „koloniale" Grundstruktur. Das heißt, es ist in erster Linie ein Nahrungs- und Rohstoffhilfsraum für hochentwickelte Industrieländer. Malaysia, Indonesien und Thailand erzeugen mehr als 80 % des Weltbedarfes an Naturkautschuk, der wegen der gestiegenen Erdölpreise sowie dank verbesserter Produktionsmethoden an Bedeutung gewonnen und gute Zukunftsaussichten hat. Dann muß man die Palmölausfuhr von Malaysia, Indonesien und Thailand erwähnen, die gegen 70 % der Weltexporte bestreiten. Im gleichen Umfang ist Südostasien am Weltmarkt für Kokosprodukte besonders durch die Erzeugerländer der Philippinen, Indonesiens und Malaysia beteiligt. Auch die Ausfuhren von Reis, Mais, Zucker und Gewürzen müssen erwähnt werden sowie die Produkte des Waldes, unter denen sich Teak- und Mahagoni-Hölzer herausheben. Dazu kommen dann noch hochgeschätzte bergbauliche Rohstoffe, wie Zinn und Zinnerz von Malaysia, Indonesien und Thailand, Kupfer- und Chromerz aus den Philippinen, das Bauxit Indonesiens und — immer wertvoller — das Erdöl Indonesiens und Malaysias. Bei Indonesien erreicht sein Ausfuhrwert etwa 70 % der Gesamtexporte des Landes. In diesem Zusammenhang muß man auch auf die noch nicht erschlossenen Erdöl- und Erdgaslager im Sunda-Schelfbereich hinweisen.

Die Primärproduktion prägt und trägt die Ausfuhr der Aseanländer. Der Anteil der Industriegüter am Gesamtexportwert liegt mit Ausnahme von Singapur um oder unter 10 %. Die teilweise nicht ersetzbaren Güter der Primärproduktion sind die Hauptdevisenbringer. Die „terms of trade" haben jedoch noch immer Ausbeutungscharakter. Denn während die Preise der Industriewaren — insbesondere der dringend benötigten Investitionsgüter — ständig steigen, haben die Preise der eigenen Devisenbringer mit Ausnahme des Erdöls große Schwankungsbreiten. Sie liegen z.B. gegenwärtig für agrarische Rohstoffe und einzelne Nahrungsgüter um 15 % bis 18 % unter dem Vorjahresstand. Hohe Ernten drücken regelmäßig die Weltmarktpreise, wenn nicht gleichzeitig die Nachfrage anzieht. Weitblickende Wirtschaftsplanungen sind unter solchen Umständen kaum möglich. Es wurden zwar Unctad-Rohstoffabkommen für Zinn und Kautschuk vereinbart, tatsächlich lassen jedoch die Details große Preisschwankungen zu. Stabilität kann überdies auch wegen der nichtberücksichtigten Auswirkung inflationärer Entwicklungen keinesfalls erwartet werden.

BESCHRÄNKTE VORAUSSETZUNGEN FÜR EINE
WESTPAZIFISCHE WIRTSCHAFTSREGION

Die Aseanländer suchen daher nach einem oder mehreren hilfreichen Partnern in der industriellen Welt. Allein schon aus der geographischen Lagebeziehung bietet sich das in der Luftlinie rund 4 000 km entfernte Japan für eine Partnerschaft an, von dem im westpazifischen Raum die wirtschaftliche Dynamik ausgeht. Überlegungen in der Richtung auf eine engere Zusammenarbeit werden sowohl in Südostasien als auch in Japan angestellt. Dabei taucht der Gedanke an eine asiatisch-pazifische Wirtschaftsregion auf, die auch die übrigen Länder Ostasiens (Volksrepublik China, Hongkong, Taiwan, Korea) einschließt. Von den Rohstoffbedürfnissen und agrarischen Hilfsmöglichkeiten her gesehen, wird in Japan auch an einen westpazifischen Wirtschaftsverbund unter Einschluß von Australien und Neuseeland gedacht.

Es handelt sich dabei um einen Raum, der sich über alle Klimagebiete von den subpolaren Nordbreiten bis Antarktika erstreckt. Humangeographisch gehört in diese Region die größte Bevölkerungskonzentration der Erde mit insgesamt 1,5 Mrd. Menschen in über einer Million Dörfer und vielen gefährlich schnell wachsenden Millionenstädten. Im Jahre 2 000 muß man mit über 2 Mrd. Bewohnern rechnen.

Im Weltvergleich gesehen erwirtschafteten die in der westpazifischen Region lebenden 35 % der Weltbevölkerung (1978) 19,7 % des Weltbruttosozialproduktes. Vom Weltexport bestritten die Staaten dieses Raumes 1979 nur rund 14 %. Allein die Bundesrepublik Deutschland mit 61,4 Mio. Einwohnern Erreichte im gleichen Jahr einen Anteil am Weltexport von 10,7 %, die Europäische Gemeinschaft von 35,2 %.

Die genannten niedrigen Werte der westpazifischen Region gemessen an den Werten der Europäischen Gemeinschaft sind Ausdruck des hohen Anteils an Entwicklungsländern. Nur Japan und Australien haben ein Pro-Kopf-Bruttosozialprodukt, das man mit den Werten der europäischen und nordamerikanischen Industrieländer vergleichen kann.

Dann folgen (1978) mit Ziffern um 3 000 US-$ die Stadt- und Hafenstaaten Hongkong und Singapur sowie Neuseeland (4 800 US-$). Malaysia, Südkorea und Taiwan haben Kopfwerte zwischen 1 000 und 1 500 US-$. Alle übrigen Länder mit 1,3 Mrd. Menschen oder 85 % der Einwohner der Region sind ausgesprochene Entwicklungsländer. Hierher gehören die Volksrepublik China (230 US-$) und alle Länder Südostasiens mit Ausnahme von Singapur und Malaysia — natürlich auch das politisch abgesonderte Vietnam.

Die Möglichkeiten der wirtschaftlichen Zusammenarbeit Südostasiens mit den Ländern der westpazifischen Region zeigen einen scharfen Bruch. Voran steht im Gesamtaußenhandel mit gewaltigem Vorsprung Japan mit seiner komplementären Wirtschaftsstruktur. In einem Rohstoffland wie dem volkreichen Indonesien beherrscht Japan (1978) jeweils 30 % der Ausfuhren und Einfuhren, bei Malaysia jeweils 23 % und bei Thailand 20 % der Ausfuhr und 30 % der Einfuhr. Der Außenhandel der gleichen Länder mit den übrigen Staaten Ostasiens, einschließlich der Volksrepublik China sowie mit Australien und Neuseeland bewegt sich um oder unter 2% des jeweiligen bilateralen Gesamtaußenhandels. Die überragende Stellung Japans ist unverkennbar.

Doch gerade das Verhältnis aller Länder im Südosten Asiens zu Japan wird durch die leidvolle Vergangenheit der Beziehungen stark belastet. Die Erinnerung an Japans Eintritt in den Kreis der imperialen Mächte durch die Annektion von Korea und Taiwan wirft ebenso wie die Ereignisse im Zweiten Weltkrieg samt dem gegenwärtigen, als überheblich und arrogant empfundenen Auftreten der japanischen Kaufleute und Unternehmer tiefe Schatten auf die Beziehungen zwischen der Industriemacht des Nordens und den Entwicklungsländern Südostasiens. Die Normalisierung der Beziehungen setzte nach dem Zweiten Weltkrieg erst im Anschluß an die Reparationsverhandlungen in der zweiten Hälfte der fünfziger Jahre ein. Reparationszahlungen und Entwicklungshilfe waren die Wegbereiter des Handels. Von Mitte der sechziger Jahre an kamen bedeutende Direktinvestitionen japanischer Firmen in den Aseanländern hinzu. Japan nutzt die billigen Arbeitskräfte in- und außerhalb der neuen Industrial Estates. Japanische Waren überschwemmen die nationalen Märkte der südostasiatischen Länder. Allmählich schalten sich japanische Geschäftsleute teils offen, teils verdeckt auch in den Binnenhandel der Aseanländer ein.

Ganz offenbar sind die südostasiatischen Länder in eine wachsende Abhängigkeit von Japan geraten. Nur Burma, Vietnam, Kambodscha und Laos heben sich ab. Agressive japanische Geschäftspraktiken haben ebenso wie der unsichtbare japanische Handelsprotektionismus mitgeholfen, die innere Distanz der Manschen gegenüber Japan zu vertiefen. Zudem war Tokyo nicht zu Rohstoffabkommen nach Art der Lome-Verträge bereit.

Japan hat weder in der Geschichte noch in der Gegenwart die ihm gebotenen Chancen zur partnerschaftlichen Zusammenarbeit genutzt. Die Pläne zur Schaffung einer asiatisch-pazifischen oder auch westpazifischen Regionalverband. Doch wie steht es dersproch, weil man befürchtet, daß an die Stelle der einstigen militärischen Hegemonie Japans die wirtschaftliche treten könnte und nicht die erhoffte wirtschaftliche Partnerschaft auf Gegenseitigkeit.

Die Aseanländer sind heute zu schwach, um sich gegen die wirtschaftliche Übermacht Japans in einem Regionalverbund besser behaupten zu können als unter den gegenwärtigen Verhältnissen. Das bremst die Neigung zum Eintritt in einen etwaigen asiatisch-pazifischen oder auch west-pazifischen Regionalverband. Doch wie steht es mit den anderen potentiellen Mitgliedern, mit Südkorea, Taiwan und der Volksrepublik China?

Taiwan und Südkorea starteten ihren industriellen Aufbau auf der Grundlage japanischer Kolonialleistungen. Wohl verließen Japans Techniker und Manager nach der Niederlage 1945 diese Länder. In Taiwan waren es dann die von den zwei Millionen Festland-Flüchtlingen 1949 mitgebrachten Kenntnisse und Kapitalien zusammen mit den amerikanischen Hilfeleistungen, die die Wirtschaft dieser Insel aus dem Stadium eines Entwicklungslandes herausführten. Das zunächst noch von Kriegswirren überzogene Südkorea folgte mit amerikanischer und später auch japanischer Hilfe im Abstand einiger Jahre. Für beide Staaten wäre ein Wirtschaftsverbund mit Japan mit zahlreichen Problemen nicht nur im ökonomischen Bereich sondern auch durch die Nachwirkungen kolonialer Erfahrungen belastend. Taiwan und Südkorea wickelten zwar (1979) mit Japan 33 % bzw. 31 % ihrer Einfuhren ab, die Exporte nach Japan betrugen aber nur 14 % bzw. 22 % der Gesamtausfuhren. Im japanischen Außenhandel spielen beide Länder nur eine untergeordnete Rolle. Sie beteiligen sich an der japanischen Gesamteinfuhr mit 2–3 % und an der Ausfuhr mit 4–6 %. Die Aseanländer haben nur schwache wirtschaftliche Kontakte mit beiden Ländern. Die Werte des Außenhandels erreichen im allgemeinen weniger als 2 % des Gesamtaußenhandels. Ganz ähnlich liegen auch die Verhältnisse im Handel mit Australien und Neuseeland.

So bleibt schließlich nur die Volksrepublik China als größtes Entwicklungsland der Erde. Schon die Amerikaner haben nach der Übernahme der Philippinen um die Jahrhundertwende von China als dem größten zukünftigen Markt der Erde geträumt, der natürlich ihr Markt werden sollte. Es folgte eine große Enttäuschung. Sie wiederholte sich 1978/79 nach der „Öffnung" Chinas und den dadurch ausgelösten euphorischen Vorstellungen in den Industrieländern des Westens über den sich scheinbar formenden Riesenmarkt. China ist kein Japan. Es ist kein Inselstaat mit meist zum Meer geöffneten, transportgünstig gelegenen Wirtschaftskammern, es hat nicht dessen sozioökonomische Struktur und auch nicht die Ausrichtung aller Gruppen der Gesellschaft auf Nation und Staat. Gemächlichkeit kennzeichnet in China im Gegensatz zur Landwirtschaft das Arbeitstempo in der Industrie. Gewöhnlich kommt man innerhalb einer Schicht nur auf 5–6 vollwertige Arbeitsstunden. Die Arbeitsproduktivität erreicht – verglichen mit westlichen Betrieben – etwa 50 %. Dazu kommen als weitere Hemmnisse: die mangelnde Arbeitsteilung unter den Betrieben (die Einzelbetriebe sind möglichst produktionsautark). Dann muß man auf die Lücken im oberen und mittleren Management, sowie auf den Mangel an Facharbeitern hinweisen. Dazu sei erwähnt, daß unter dem Einfluß des Krieges gegen Japan (1937–1945) und den anschließenden revolutionären Etappen vier Jahrzehnte vergangen sind, in denen es nicht zur Ausbildung einer vollen Generation von Technikern, Wissenschaftlern und Facharbeitern gekommen ist.

Weiter wirken hemmend die unmittelbare oder auch mittelbare Zentralsteuerung der Großbetriebe durch die Pekinger Überbürokratie, der Mangel an Bereitschaft zur Übernahme von Verantwortung und die geringen Kapazitäten der Schlüsselindustrien.

Wer als Außenstehender auf Japan oder auf die Leistungen der Chinesen im Inselstaat Taiwan und in den Stadtstaaten Hongkong und Singapur verweist und mit einer ähnlichen Entwicklung in Festlandchina rechnet, verkennt die hemmende. Wirkung der völlig anderen Größenordnung. Wir haben es hier mit einem kontinentweiten Flächenstaat von 9,6 Mio. km^2 mit einer Milliarde Menschen zu tun. In zwanzig Jahren werden es wohl 1,3 Milliarden sein.

Das Hauptproblem bleibt die Beschaffung von ausreichender Nahrung, von Kleidung und Wohnmöglichkeiten, von medizinischer Betreuung, von Arbeitsplätzen und Ausbildungsgelegenheiten sowie der Bereitstellung der dringendsten Basiskonsumgüter. Unvorstellbar groß sind die Forderungen nach Ausbau des heute grenzenlos unterentwickelten Transportwesens. Wer nur ein paar chinesische Städte besucht, wird kaum erkennen, daß China – gemessen an den Notwendigkeiten eines Industriestaates – eigentlich ein weitgehend kommunikationsloses Land ist. Außerdem wird von den flüchtigen Betrachtern kaum jemals an die Energiefrage gedacht.

China verfügt nämlich nicht über jene Masse wirtschaftlich verwertbarer Energiereserven, die für eine Industrialisierung nach dem Vorbild Japans oder auch Taiwans auf längere Sicht ausreichen würde. Bei einem Energieverbrauch pro Kopf der Bevölkerung wie im heutigen Japan würden die gegenwärtig wirtschaftlich verwertbaren chinesischen Reserven nur für etwa 30 Jahre, im Falle des pro-Kopf-Verbrauches in der Höhe des heutigen Taiwan etwa 50 Jahre ausreichen. Auch hier besteht also eine deutliche Sperre.

Den Schlußstrich unter die übertriebenen Wachstumsvorstellungen ziehen die vielen Hunderte von Dollarmilliarden, die für den Ausbau der Infrastruktur eines potentiellen Industrielandes ebenso notwendig sind wie für den Import moderner Technik im erforderlichen Umfang. Diese Summen aber können weder durch Ausfuhrüberschüsse noch durch Lieferungen aus neuen Fabriken und bergbaulichen Revieren oder durch ausländische Kredite in der erforderlichen Höhe beschafft werden. Zudem liegt die Außenhandelsbasis Chinas, von der aus die Modernisierung betrieben wird, ungewöhnlich tief. Der Anteil der Volksrepublik China an der Weltbevölkerung beträgt heute 22 %, der Anteil am Weltaußenhandel jedoch nur 1 % (1979). Das entspricht einem Drittel des belgisch-luxemburgischen Anteils.

Nein, China wird nicht zu einem kontinental großen Hongkong oder Japan werden. Es wird sich auch nicht in einen wie immer gearteten wirtschaftlichen Regionalverbund eingliedern und mehrheitlichen Beschlüssen unterordnen. Eher schließt es sich in Autarkie ab, bleibt eine handwerklich orientierte Reparaturgesellschaft und lebt nach den uralten Erfahrungen und Intuitionen der Sinozentrik. Es wird daher auch kaum zu einem zukünftigen Haupthandelspartner der Aseanländer werden. Angesichts der chinesischen Minderheiten und der doppelgleisigen chinesischen Außenpolitik gegenüber den Aseanländern beherrscht Vorsicht deren Verhalten zu China. Der „Han-Chauvinismus" erscheint ihnen gefährlicher als die Politik der Sowjetunion und des von ihr gestützten Vietnam — dem südostasiatischen Prellbock gegen China. Nur Thailands gegenwärtige Haltung gegenüber Vietnam ist davon verschieden.

DAS FAZIT

Die Entstehung einer asiatisch-pazifischen oder einer westpazifischen Wirtschaftsregion nach dem Vorbild der Europäischen Gemeinschaft halte ich nicht nur wegen Chinas traditioneller Einstellung auch auf längere Sicht für unwahrscheinlich. Denn die in Frage kommenden Staaten unterscheiden sich in vielen konfliktpotentiellen Bereichen, zu denen auch das verschiedene Entwicklungsniveau, die nachwirkende Vergangenheit, die Einwanderungspolitik, die unterschiedlichen Religionen, Ideologien und Kulturinhalte, die sozioökonomischen und politischen Strukturen sowie die Grundströmungen der Mentalität gehören. Überdies bestehen schon heute über zahlreiche Fragen erhebliche Meinungsverschiedenheiten, so auch über die staatliche Zugehörigkeit von Inseln in den erdölhöffigen Gebieten des westpazifischen Randmeerkorridors, wie z.B. der Spratlys, der Paracel- und der Tiaoyutai-Senkakuinseln. Außerdem darf man die unterschiedlichen Interessen und Einwirkungen der raumfremden Mächte USA, Sowjetunion und Westeuropa in Südostasien auf wirtschaftlichem und zum Teil auch auf militärstrategischem Gebiet nicht übersehen, ebensowenig wie die Unterschiedliche weltpolitische Ausrichtung der möglichen Mitglieder eines Regionalverbundes.

Eine tiefreichende Bedrohung der europäischen Welthandelsstellung ist daher kaum zu erwarten. Über ein allmählich noch verbreitertes Aktionszentrum der Weltaußenwirtschaft hinaus wird sich der asiatisch-pazifische oder auch der westpazifische Raum unter den gegenwärtigen Verhältnissen nicht entwickeln. Denn China bleibt mit seinen Menschenmassen und seinem Rohstoffreichtum ein subkontinental großer Staat, der sich ähnlich wie die Vereinigten Staaten und die Sowjetunion wegen seines immensen Binnenbedarfes stets nur mit wenigen Prozenten seines Bruttosozialproduktes auf allerdings niedriger Entwicklungsebene am Welthandel beteiligen wird.

Rückblickend erkennt man auch, daß ein westpazifischer ebenso wie ein asiatischpazifischer Wirtschaftsverbund für die Aseanländer keine wesentlichen Vorteile bringen würde. Nur eine gleichberechtigte, partnerschaftliche Zusammenarbeit mit Japan könnte Erfolge versprechen. Unter den gegenwärtigen Umständen erscheint jedoch die handelsgeographische Diversifikation unter Betonung des Warenaustausches mit den Industrieländern eine einigermaßen optimale Lösung, deren Nachteil vor allem im Übergewicht Japans besteht. Auch ein weiterer wirtschaftlicher Aufstieg von Taiwan und Südkorea würde keine wesentlichen Anregungen bringen, zumal die Industriesektoren einiger südostasiatischer Länder in Teilbereichen als werdende Konkurrenten angesehen werden müssen. Und einer engeren Zusammenarbeit mit der Volksrepublik China stehen kaum zu überwindende vielfältige Schwierigkeiten auf beiden Seiten entgegen.

ZENTRALE ORTE UND ENTWICKLUNGSZENTREN IN IHRER BEDEUTUNG FÜR DIE REGIONALE ENTWICKLUNGSPLANUNG IN LÄNDERN DER DRITTEN WELT – DAS BEISPIEL DER PHILIPPINEN

VON DIRK BRONGER, BOCHUM

MIT 2 FIGUREN UND 2 KARTEN

1. PROBLEMSTELLUNG UND ZIELSETZUNG

„Die Armen werden immer ärmer, und die Reichen werden immer reicher!" Im Unterschied zu dieser Erkenntnis von *Karl Marx,* gewonnen aus seinem (damals) abendländischen Gesichtskreis, ist die entsprechende Einsicht über die wachsende Kluft zwischen Industrie- und Entwicklungsländer nicht 130, sondern allenfalls 30 Jahre alt – nur: sie ist ungleich gravierender! Mitte der 60er Jahre standen der Hälfte der Weltbevölkerung allenfalls 100 $ pro Kopf im Jahr zur Verfügung. Das durchschnittliche Jahreseinkommen der Bewohner der reichsten Industrieländer lag damals um das Fünfzigfache höher. Heute, gerade 15 Jahre säter, liegt dieses Verhältnis bereits bei 1 : 100!

Für den Abbau dieses „Nord-Süd-Gefälles" (eine die brutale Wirklichkeit eher verharmlosende Bezeichnung) sind von Seiten der *Forschung* in der Zwischenzeit eine Vielzahl von Entwicklungsstragtegien entwickelt worden[1]. Die von den verantwortlichen *Politikern* vertretenen Strategiekonzepte lassen sich, sehr vereinfacht, in zwei Richtungen kategorisieren:
1. basierend auf der Prämisse der gegenseitigen (welt)wirtschaftlichen Abhängigkeit kann diese Kluft nur durch eine ständig zu erweiternde und vertiefende Integration der Dritten Welt in die internationale Ökonomie überwunden werden. In einem weitgehenden Gegensatz dazu steht
2. die Auffassung, daß sich diese Länder nur durch die Eindämmung der wirtschaftlichen und politischen Fremdbestimmung, konkret: sich nur über eine Abkopplung auf Zeit, sowohl wirtschaftlich als auch sozial auf eigene Beine stellen können. Die VR China, Albanien und Tanzania haben sich diesem „autozentrierten"[2] Entwicklungsweg verschrieben.

Nahezu allen diesen Strategiekonzepten ist gemeinsam:[3]
– die großräumliche Bezugsebene: sie sind auf den internationalen, allenfalls nationalen (gesamtstaatlichen) Rahmen bezogen.
– die (überwiegend) theoretische Betrachtungsebene: die Strategiekonzepte zur Überwindung der Kluft zwischen arm und reich tragen in starkem Maße den Charakter

---
1 Vgl. u.a. die Zusammenstellung bei Kebschull, S. 134–157.
2 Näheres s. Senghaas, 1978.
3 Bei der folgenden summarischen Darstellung sind Pauschalurteile nicht zu vermeiden.

von Strategietheorien. Schärfer formuliert: in ihrer Mehrzahl sind es weniger Entwicklungsstrategien als vielmehr Theorien der Unterentwicklung.
— die monodisziplinäre Blickrichtung: sie sind überwiegend (mono) sektoral konzipiert. M.a.W.: es steht. zumindest bis Mitte der 70er Jahre war dies eindeutig der Fall, in allererster Linie das ökonomische Wachstum im Vordergrund der Überlegungen. Kurz: es wurden nur Strategien für einzelne Teilbereiche entwickelt.

Zusammengefaßt ergibt sich bereits aus dem hohen — theoretischen wie räumlichen — Abstraktionsgrad dieser Strategietheorien, daß sie zwar für die gesamtnationale Entwicklungsplanung eine Hilfestellung leisten, für die regionale Entwicklunsplanung jedoch keinerlei oder doch nur ein sehr untergeordnete praktische Bedeutung haben. Diese Behauptung gründet sich auf den nicht zu leugnenden Tatbestand, daß zwar die ökonomischen wie gesellschaftlichen Strukturen der Länder der Dritten Welt Gegenstand kaum noch zu zählender Forschungspublikationen waren und sind, daß aber die zur Kennzeichnung der Entwicklungsländer ebenso wesentlichen *raum*strukturellen Merkmale bis heute sträflich vernachlässigt wurden[4]. Diese räumliche Dimension läßt sich in drei, miteinander in engem wechselseitigem Zusammenhang stehenden Phänomenen charakterisieren:[5]
1. eine ausgeprägte *Metropolisierung*, nicht allein im demographischen, sondern in noch viel stärkerem Maße im politisch-administrativen, wirtschaftlichen, sozialen und kulturellen Bereich (primacy). Die Folge: es hat vielfach nur eine *punktuelle* Entwicklung, nicht nur im quantitativen und qualitativen (Eliten), sondern auch im räumlichen Sinne stattgefunden, denn sie blieb in erster Linie auf die jeweilige Hauptstadtregion beschränkt.
2. die Existenz signifikanter regionaler Entwicklungsgefälle *innerhalb* dieser Länder, also auch innerhalb der Peripherregionen und
3. eine *Dynamisierung* dieser beiden Phänomene im negativen Sinne gerade in jüngster Zeit mit für die betr. Staaten gefährlichen Folgewirkungen: Landflucht, soziale und wirtschaftliche Marginalisierung immer breiterer Bevölkerungsschichten bis hin zur Existenzgefährdung des betr. Staates als polistische Einheit.

Die wachsende Kluft im *regionalen* Entwicklungsgefälle, für die Mehrzahl der Länder der Dritten Welt zumindest ebenso unmittelbar wie das globale Nord-Süd-Gefälle, ist, im Unterschied zu diesem, bislang kaum ins allgemeine Bewußtsein gerückt, woran nicht zuletzt die genannte weitgehende Vernachlässigung der räumlichen Dimension der genannten drei Phänomene seitens der Entwicklungsländerforschung ihren — erheblichen — Teil dazu beigetragen hat. Der andererseits nicht zu bestreitende Tatbestand, daß diese Problematik auch seitens der politischen Entscheidungsträger lange Zeit nur geringe Aufmerksamkeit fand (der regionale Aspekt im Sinne des Abbaus der regionalen Entwicklungsgefälle als Strategiekonzept findet in den Entwicklungsplänen der meisten Länder insgesamt doch nur geringe Berücksichtigung) entbindet die Forschung keinesfalls von ihrer gesellschaftlichen Verantwortung. Will die Entwicklungs-

---

4 Es wird leicht übersehen, daß diese Merkmale noch zu Beginn dieses Jahrhunderts für die Mehrzahl der Industrieländer ähnlich kennzeichnend waren und es z.T. bis heute geblieben sind.
5 Näheres s. Bronger, 1982.

länderforschung ihrer zentralen Aufgabe, den Planern und Politikern gerade auch der betreffenden Länder echte Entscheidungshilfen an die Hand zu geben, gerecht werden, muß sie damit beginnen, die aus unserem Kulturkreis-Denken heraus entwickelten theoretischen Konzeptionen zur Raumordnung auf ihre Anwendbarkeit als Planungsinstrument zur regionalen Entwicklung auch in den Ländern der Dritten Welt, an Hand von möglichst soliden Analysen der genannten Raumstrukturen, zu überprüfen und nach Möglichkeit weiter zu entwickeln. Im nachfolgenden Beitrag soll dies für die Theoriekonzepte der Zentralen Orte und der Wachstumspol-Strategie am Beispiel der Philippinen versucht werden.

2. ZENTRALE ORTE UND ENTWICKLUNGSZENTREN IN IHRER BEDEUTUNG ALS REGIONALE ENTWICKLUNGSSTRATEGIE-KONZEPTE: DER THEORETISCHE RAHMEN DER UNTERSUCHUNG.

2.1 Regionale Entwicklung – aber wie? (Vorbemerkung)

Die Notwendigkeit, neben der nationalen eine, mit dieser zu integrierende, regional orientierte Entwicklungsplanung in Angriff zu nehmen, ist nicht nur seitens der Forschung, sondern auch von verantwortlichen Politikern der betr. Staaten schon seit längerem erkannt und anerkannt worden. Die grundlegende Zielsetzung einer solchen regionalen Entwicklungsplanung, Abbau der interregionalen Entwicklungsgefälle im allgemeinen sowie der überragenden primacy der Hauptstadtregion im besonderen, ist allerdings erst in jüngerer Zeit konkret in das Bewußtsein gerückt.

Bei der Frage, mit welcher Strategie dieser Abbau erreicht werden soll, stehen sich, in sehr vereinfachender Darstellung, zwei Grundauffassungen gegenüber:[6]

1. die Strategie einer räumlich möglichst gleichmäßigen Entwicklung *aller* Landesteile. Für ihre Verfechter steht hierbei der soziale (in kommunistischen Staaten gleichzeitig der politisch-ideologische) Gesichtspunkt im Vordergrund, garantiert doch dieser Weg in ihren Augen nicht allein eine gerechtere Gesamtentwicklung, sondern es soll damit – und vor allem! – der abnorme Konzentrationsprozeß von Besitz und Einkommen abgebaut (bzw. beseitigt) werden.
2. die Strategie einer räumlich polarisierten Entwicklung. Für deren Befürworter besteht die bestmögliche Realisierung der o.g. Zielsetzung darin, die knappen Investitionsmittel in einer begrenzten Anzahl von sog. „Wachstumspolen" räumlich zu konzentrieren in der gleichzeitigen Annahme, daß von einem solchen Zentrum Entwicklungsimpulse auf die umliegende Region ausgehen.

Gedanklich basieren diese beiden Stratgegiekonzepte sowohl auf die ökonomische Streitfrage der 50er Jahre: gleichgewichtiges versus ungleichgewichtiges Wachstum als auf – zeitlich noch weiter zurückreichenden – politisch-ideologischen Grundauffassungen, die wiederum sehr verschiedenen Wurzeln entstammen (Gandhi – Mao)[7].

---

[6] Näheres: ibid.
[7] Dabei ist jedoch darauf hinzuweisen, daß bei beiden Richtungen der Abbau der wirtschaftlichen bzw. sozialen Disparitäten im Vordergrund stand; der des regionalen Entwicklungsgefälles spielte dagegen nur eine untergeordnete Rolle.

Meiner Auffassung nach können nur durch die Integration *beider* Strategiekonzepte die o.g. Zielsetzungen erreicht werden. Hierfür sollen an dieser Stelle nur die wichtigsten Gründe genannt werden:

Auf der einen Seite werden diese Staaten mit Beschäftigtenproblemen von für uns unvorstellbaren Dimensionen, primär ausgelöst durch deren Bevölkerungsexplosion der letzten 30 Jahre, konfrontiert. In Indien bedeutet dies z.B. derzeit 6–6,5 Millionen neu zu schaffende Arbeitsplätze pro Jahr! Da der Tertiäre Sektor bereits übersetzt ist und von der Entwicklung des industriellen Sektors weder eine rasche noch eine alleinige Lösung dieses Problems erwartet werden kann (s.u.) erfordert diese Zwangslage ein Umdenken in Richtung auf die Implementierung von integrierten ländlichen Regionalentwicklungsprogrammen. Um die Landflucht zu stoppen und damit die Metropolisierung in den Griff zu bekommen, bedeutet dies in erster Linie die Notwendigkeit zur Intensivierung der Landwirtschaft, wodurch nicht nur die Ernährung der sich alle 25–30 Jahre verdoppelnden Bevölkerung auch für die Zukunft gesichert, sondern auch ein großer Teil der freien Arbeitskräfte in den Produktionsprozess dieses volkswirtschaftlich noch auf lange Zeit wichtigsten Sektors eingebunden werden können. Das indische „Package-Programm" ist ein überzeugendes Beispiel dafür, daß in dem primären Sektor der Länder der Dritten Welt noch gewaltige, sowohl Produktivitäts- als auch Beschäftigungsreserven vorhanden sind.

Auf der anderen Seite ist es, ausgehend von dem nicht zu leugnenden Tatbestand, daß „Entwicklung" nicht gleichgewichtig, sondern räumlich polarisiert stattfand und stattfindet, aufgrund der sehr begrenzt zur Verfügung stehenden Investitionsmittel (das Budget der Philippinen mit ihren 50 Mill. E. hat nicht einmal ganz den Umfang des der Stadt Hamburg, das des Subkontinentalstaates Indien – 700 Mill. E. – ist kaum größer als das von Nordrhein–Westfalen!) unumgänglich, einen Teil der Ausgaben in die Entwicklung von bestehenden Regionalzentren zu konzentrieren. Kurz: auf eine Integration einer ländlichen Regionalentwicklungsstrategie mit einer regional polarisierten Entwicklungsstrategie kann nicht verzichtet werden. Dabei dürfte kein Zweifel darüber bestehen, daß schon aufgrund der sehr divergierenden gesamtstrukturellen (politischen-wirtschaftlichen-sozialen) Voraussetzungen eine solche Integration nicht nur von Land zu Land, sondern auch von Region zu Region unterschiedlich praktiziert werden muß. – Nachfolgende Ausführungen beziehen sich lediglich auf den Aspekt des polarisationstheoretischen Konzeptes.

2.2 Die konzeptionellen Mängel der Wachstumspol-Strategie.

In der theoretischen Einleitung zu seiner bekannten, im Jahre 1966 erschienenen, Studie zur Regionalentwicklung von Venezuela schrieb *John Friedmann*: „Nationale ökonomische Entwicklung ist in weitgehendem Maße identisch mit der Entwicklung von Wachstumspolen"[8]. Und konkret fährt er fort: „Zwischen einem Viertel und einem Drittel der nationalen Investitionen sollten dort getätigt werden und das aus

---

8 Im Original heißt es „core regions" (Friedmann, 1966, S. 67), die der Autor jedoch mit „growth poles" gleichsetzt (ibid, S. XV).

gutem Grund. Denn Wachstumspole verkörpern eine entscheidende Rolle im Industrialisierungsprozeß"[9]. Und als einer der ersten für ein Land der Dritten Welt entwickelte er eine — wenn auch nicht sehr ausgewogen erscheinende — 4-stufige Hierarchie von Wachstumpolen[10]. Damit hatte sich *Friedmann* vollinhaltlich der insbesondere auf *Hirschman* zurückgehenden These angeschlossen, daß sich das Wirtschaftswachstum räumlich nicht gleichmäßig, sondern in urbanen Zentren einer Region, in sog. Wachstumspolen räumlich konzentriert und sich von dort in die sie umgebende Peripherie ausbreitet.

In seiner 13 Jahre später publizierten Studie „Territory and Function" unterzog der gleiche Autor das „growth pole" — Strategiekonzept einer umfassenden[11], ja, man muß sagen vernichtenden Kritik, die in dem Satz gipfelte: „Zusammengefaßt ist die Growth Center — Doktrin ein völlig nutzloses Instrument für Regionalentwicklung"[12]. Bereits vier Jahre vorher, auf einem dieser Thematik gewidmeten Kongreß in Nagoya/Japan im Jahre 1975 hatte sich *Friedmann* sehr skeptisch zu diesem Strategiekonzept geäußert[13] und mit seinem „agropolitan development" — Konzept eine inhaltlich absolute Gegenposition bezogen[14].

Wie ist dieser „Umfall" zu erklären?

Die m.E. Hauptursache klingt unwirklich — einfach: Zwar kann man schon seit geraumer Zeit nicht mehr von einer eindeutigen „geschlossenen" Theorie der Wachstumspole sprechen[15]. Jedoch in einem — entscheidenden — Punkt herrscht Übereinstimmung: bis heute ist das „Growth Pole"-Strategiekonzept lediglich in seiner ursprünglichen, allzu wörtlichen Bedeutung begriffen d.h., als *Wachstums*pol-Konzept interpretiert worden. Schärfer formuliert: Es ist in den allermeisten Fällen in ganz engem Sinne als *sektorales* Wachstumspol-Konzept, der Pol als *Industriepol* aufgefaßt worden[16]. Und in eben diesem Sinne hat es auch in den Entwicklungsplänen einer großen Anzahl von Dritte-Welt-Länder im Verlauf der 70er Jahre Eingang gefunden[17].

Die Kritik, die seitens der Entwicklungsländer bereits vor 1970[18], zuerst in Lateinamerika[19], einsetzte, ist m.E. *nur* unter dieser Prämisse berechtigt. Folgende Überlegungen sollen diese Behauptung, der von Anbeginn bestehenden konzeptionellen Mängel dieser Strategietheorie, stützen:

---

9 ibid., S. 67.
10 ibid., S. 218 f., insbes. Karte 11 (S.220/21).
11 Friedmann/Weaver, 1979, S. 172 ff.
12 ibid., S. 175.
13 Friedmann/Douglass, 1976/1978, S. 163 ff.
14 ibid., S. 182 ff.
15 So bereits Darwent, 1968/1969; vgl. den ausführlichen Forschungsbericht von Schilling-Kaletsch, 1976.
16 Aus der deutschsprachigen Literatur seien genannt — aus wirtschaftswissenschaftlicher Sicht: Klemmer, 1972; Buttler, 1973; — aus geographischer Sicht jüngst noch: Rauch, 1980.
17 Thailand: The Fourth National Economic and Social Development Plan (1977–1981), 1976, S. 224 ff.; Indonesien: REPELITA III (Summary), S. 60, Philippinen: Zusammenstellung in: Bronger, 1980 c, S. 187–191.
18 Grundsätzlich skeptisch zu den unterstellten „spread-effects" hatte sich ja bereits Myrdal geäußert (Myrdal, 1957/1974, S. 31 ff.).
19 Vgl. die Zusammenstellung bei: Sandner, 1975.

1. Selbst, wenn man einem Industriepol in der Theorie positive Ausbreitungseffekte unterstellt, so ist eine positive Auswirkung eines sektoralen Pols auf die Gesamtentwicklung, im Sinne von soziokulturellen *und* politischen *und* ökonomischen Veränderungen der betr. Region bereits theoretisch außerordentlich unwahrscheinlich. Empirische Untersuchungen etwa von Industriekomplexen in Süd-Korea oder Industriepolen im ruralen Bereich Indiens, um Beispiele aus dem süd- und ostasiatischen Bereich zu nennen, haben dies auch seit langem aufgezeigt[20].
2. Das „Growth Pole"-Konzept mußte auch deshalb unter Beschuß geraten, weil — bis heute — grundsätzliche Fragen ungelöst geblieben sind — woran m.E. nicht zuletzt auch der zur großen Anzahl theoretischer Arbeiten im eklatanten Mißverhältnis stehende Mangel an empirischen Arbeiten verantwortlich ist. Hier können nur einige genannt werden (die grundlegenden sprachlichen „Mißverständnisse" — „growth pole" als Standort, Siedlung, Stadt oder Region[21] — sollen unberücksichtigt bleiben):
— welche Kriterien sind zur Bestimmung von solchen Zentren maßgebend? Wie können wir die zu fördernden Zentren von den übrigen unterscheiden?
— welche (Minimal) Größe sollen derartige Zentren haben? Wieviele Zentren sollen und können zur gleichen Zeit gefördert werden? Inwieweit hängt diese Frage vom Entwicklungsstand der betr. Region ab?
— Wie verläuft der räumliche Diffusionsprozeß? Konkreter: Wie können möglichst breite Schichten des Umlandes in möglichst optimaler Weise von den im Pol konzentrierten Investitionen und Impulsen profitieren?

Nicht nur der Mangel an empirisch fundierten Regionalstudien erschwert eine Beantwortung dieser konzeptionellen Probleme. Dazu trägt nicht zuletzt, und das muß an dieser Stelle hinzugefügt werden, der Umstand bei, daß das „Growth Pole"-Konzept in den Entwicklungsplänen der betr. Regierungen zwar propagiert, als flächendeckendes Instrumentarium zur Regionalentwicklung meines Wissens jedoch in keinem einzigen Land der Dritten Welt implementiert worden ist[22].

2.3 Von der Wachstumspol- zur Entwicklungszentren-Strategie (Zwischenergebnis)

Die Lösung, man muß sagen die Voraussetzung zur Lösung dieser gravierenden konzeptionellen Mängel kann nur dann erfüllt werden, wenn man sich bei der Diskussion um eine möglichst optimale Konzeption auf die *zentrale* Zielsetzung zurückbesinnt: dieses Ziel heißt *Entwicklung*. „Entwicklung" aber ist ein höchst komplexer Begriff, der sich keineswegs auf den Aspekt des wirtschaftlichen Wachstums beschränkt, sondern die anthropologischen, soziologischen und psychologischen Dimensionen miteinbezieht[23]. Zu dieser die gesamte Kultur umfassenden Funktion kommt noch eine weitere, ebenfalls von *Behrendt* bereits vor zwei Jahrzehnten betonte *dynamische* Dimension hinzu:

---

20 s. Kim, 1976, S. 117 ff. (für Südkorea); Feldsieper, 1968 (für Indien).
21 dazu bereits: Darwent, 1968/1969; vgl. auch Friedmann, 1976.
22 Unter diesem Aspekt erscheint die Kritik an diesem Strategiekonzept eigentlich weder berechtigt noch verständlich.
23 Behrendt, 1968, S. 101.

bei dem Phänomen „Entwicklung" handelt es sich außerdem – und vor allem! – um das Zusammenwirken soziokultureller, politischer und ökonomischer *Veränderungen*, kurz: um die möglichst umfassenden Veränderungen in der gesamten Gesellschaftsstruktur[24] – gerade auch im qualitativen Sinne. In einem 4 Jahre später erstmals veröffentlichen Beitrag definiert er „Entwicklung" als „entschiedenen dynamischen Kulturwandel . . ., welcher sich in den drei Dimensionen der Technik, der Wirtschaft und der Gesellschaft abspielt"[15]. Es muß hier angemerkt werden, daß diese Arbeiten von der Strategieforschung offensichtlich nicht zur Kenntnis genommen worden sind.

Ein derartig komplex verstandener Entwicklungsbegriff bedeutet nicht nur, sondern zwingt die Forschung, dieses Strategiekonzept ganz wesentlich zu erweitern: Wachstumspole („growth poles") müssen zu Entwicklungszentren („development centers") werden. Konkret bedeutet das: In Entwicklungszentren sollten nicht allein die notwendigen Einrichtungen des sekundären Sektors, sondern nach Möglichkeit, sämtlicher Lebensbereiche konzentriert sein. Darüber hinaus muß die *Dynamik* dieser Zentren erfaßt werden, denn dieser Aspekt bildet eine wichtige Entscheidungsgrundlage, welches von den bestehenden Regionalzentren als regionales Entwicklungszentrum gefördert werden soll. – Bevor wir auf die, sich aus dieser Begriffsbestimmung ergebenden Konsequenzen eingehen, wollen wir prüfen, ob andere Raumtheorien Lösungsansätze zu den o.g. offenen Fragen anbieten.

2.4 Die Theorie der Zentralen Orte – ein Instrument zur Regionalentwicklung?

In diesem Zusammenhang stößt man zwangsläufig auf die von *Christaller* entwickelte Zentrale Orte-Theorie. Es verwundert daher nicht , daß diese Thematik bereits seit längerer Zeit auch von der „Growth-Pole" Theoriediskussion aufgegriffen wurde[26]. Die Beantwortung der Frage, welche Erkenntnisse und Anwendungsmöglichkeiten die Zentrale Orte-Theorie als Regionalentwicklungskonzept bietet, fällt deshalb nicht leicht, weil
1. der überaus großen Zahl, nicht nur der theoretischen Weiterentwicklungen, sondern – gerade auch – der empirischen Überprüfungen in den Industrieländern, eine minimale Anzahl solcher in den Entwicklungsländern gegenübersteht[27]. Diese Aussage ist im unmittelbaren Zusammenhang zu sehen mit der o.g. weitgehenden Vernachlässigung der spezifischen Raumstrukturen in den Ländern der Dritten Welt.
2. man sich bei uns ungeachtet dieser großen Anzahl von empirischen Befunden bei der Beantwortung nach der Praxisrelevanz dieses theoretischen Konzeptes bis heute – man ist versucht zu formulieren: heute weniger Übereinstimmung denn je besteht[28].

---

24 Behrendt, 1961, S. 231.
25 Behrendt, 1968, S. 101.
26 Am profundesten wohl bei Hermannsen, 1972, S. 30 ff.; Ders, 1972 a, S. 165 ff.
27 Nicht von ungefähr bleibt dieser Aspekt in der jüngsten zusammenfassenden Darstellung von Heinritz praktisch unberücksichtigt.
28 Vgl. insbes. Uhlmann, 1979.

In Anbetracht dieser Prämissen möchte ich die gestellte Frage wie folgt beantworten:[29] Der Wert der Christaller'schen Theorie besteht grundsätzlich darin, daß sie sowohl räumlich wie auch kausal bestimmte und erklärbare Gesetzmäßigkeiten von bestehenden Siedlungssystemen aufzeigt. Die räumliche Konzentration der zentralen Funktionen unterschiedlicher Reichweiten (und damit unterschiedlicher zentraler Bedeutung) impliziert eine hierarchische Ordnung dieser Standorte in Zentralitätsstufen. Das Ergebnis ist eine räumliche Ordnung von zentralen Orten, in welcher ein zentraler Ort unterer Ordnung mit seinem Einzugsbereich zur Versorgung mit Gütern höherer Ordnung in der Regel innerhalb des Einzugsbereichs eines zentralen Ortes höherer Ordnung zugeordnet ist. — Praxisrelevant ist in diesem Zusammenhang

1. das *Christaller*'sche Versorgungsprinzip, wonach die Gesamtheit aller individuellen Standortentscheidungen zu der Herausbildung einer optimalen und zugleich flächendeckenden Versorgung der Bevölkerung mit der geringstmöglichen Anzahl zentraler Orte führt.
2. Die Erfassung der hierarchischen Struktur des Zentralitätssystems ermöglicht die Ermittlung von räumlichen Versorgunslücken mit zentralen Gütern. Diese Erkenntnisse bilden wiederum eine wichtige Entscheidungshilfe für die Standortwahl neu zu schaffender zentralen Einrichtungen in den Peripherregionen. Damit wird theoretisch die Möglichkeit geschaffen, *sektoral* mit dem geringsten Aufwand einen optimalen Einsatz der (knappen) Infrastrukturinvestionen zu erzielen und zugleich *räumlich* das interregionale Entwicklungsgefälle abzubauen.

Von den besonders in den vergangenen 15 Jahren diskutierten Unzulänglichkeiten der Theorie in ihrer Anwendung als Instrument der Regionalentwicklung ist in erster Linie ihre à priori erfolgte Einengung auf den Bereich der Versorgung mit zentralen Gütern und Diensten, mithin auf den tertiären Sektor zu sehen. Damit bleiben, wie zu Recht betont wurde[30], die Standortinterdependenzen zwischen den Einrichtungen des tertiären Sektors und der gewerblichen Wirtschaft, insbesondere der Industrie, besonders in Hinblick auf Agglomerationseffekte, die wiederum Entwicklungsimpulse auslösen können (bzw. sollten), unberücksichtigt. Die notwendige Fusion der Theorie der zentralen Orte mit der Thorie der Industriestandorte[31] sowie der Diffusionstheorie zu einer geschlossenen raumwirtschaftlichen Theorie steht bis heute noch aus. Die spezifische Bedeutung einer Verbesserung gerade auch der theoretischen Grundlagen, um Entwicklungen zuverlässiger prognostizieren zu können[32], gilt sicherlich in ganz besonderem Maße für die Länder der Dritten Welt, da hier nicht allein den „Versorgungslücken" des tertiären Sektors, sondern — vor allem — den Infrastrukturlücken im all-

---

29 Dem hier gestellten Thema entsprechend soll dies im Hinblick auf die agrarisch bestimmten Länder der Dritten Welt erfolgen. Frühe Kritik als Raumordnungsprinzip für Industrieländer ist insbesondere von wirtschaftswissenschaftlicher Sicht geäußert worden (Vgl. insbes.: Dietrichs, 1966; Müller/Klemmer, 1969).
30 Dietrichs, 1966; Müller/Klemmer, 1969; Deiters, 1976 u.a.
31 ibid.; vgl. auch Hermannsen (Anm. 26).
32 So: Deiters, 1976, S. 113.

gemeinen sowie dem Arbeitsplatzbeschaffungs- und damit Abwanderungsproblemen im besonderen begegnet werden muß[33].

Mit diesem Aspekt der Relevanz der Zentrale Orte-Theorie als Konzept zur Regionalentwicklung im unmittelbaren Zusammenhang steht weiterhin der Tatbestand, daß das *Christaller*'sche System der zentralen Orte das Ergebnis einer statischen Modellbetrachtung ist[34]. Der für die Planung so unentbehrliche Aspekt der *Dynamik* der Siedlungssysteme — in den allermeisten Ländern vollzog sich die Entwicklung der Zentren sowohl regional als auch im nationalen System sehr ungleichmäßig — bleibt unberücksichtigt. Erst die Einbeziehung der historischen Dimension, d.h. die Prozeßbetrachtung ermöglicht uns, die kausalen Kräfte, welche für die Entwicklung und damit für das gegenwärtige Bild des Siedlungssystems verantwortlich waren, gewahr zu werden und sie zu erklären. Diese Erkenntnisse der *Prozeß-* und der *Kausalforschung* wiederum bilden eine wesentliche Voraussetzung für den erfolgreichen Einsatz jeglicher Theorie der polarisierten Entwicklung als Instrument zur Regionalentwicklung. Konkret bedeutet dies

— im allgemeinen: welches unter den spezifischen Umständen die optimale Raumstruktur ist bzw. sein müßte, um die nationalen Entwicklungsziele — Abbau der regionalen Disparitäten und Integration der Einzelregionen in den gesamtstaatlichen Verband[35] — verwirklichen zu können.

— im besonderen: welche unter den derzeit bestehenden Regionalzentren diejenigen mit hinreichend eigenständigen Entwicklungsansätzen und genügend Entwicklungspotential sind, mithin als regionale Entwicklungszentren vorrangig gefördert werden sollten.

An dem konkreten Beispiel eines Entwicklungslandes — den Philippinen — soll nunmehr versucht werden, eine Antwort auf diese Fragen zu finden, bzw., bescheidener formuliert, ihr doch zumindest näher zu kommen.

3. DAS SYSTEM DER ENTWICKLUNGSZENTREN IN DEN PHILIPPINEN: DIE EMPIRISCHE ANALYSE

3.1 Methodische Probleme und Zielsetzung

Zentrales Anliegen der empirischen Analyse ist die Bestimmung des hierarchischen Systems der Regionalzentren sowie die Überprüfung ihrer eigenständigen Entwicklungsansätze. Eine Antwort auf die Frage nach der Relevanz des Entwicklungszentren-

---

[33] Die aktuelle Brisanz dieser Problematik sei kurz verdeutlicht: Bekanntlich kommt bei der notwendigen Bereitstellung von Arbeitsplätzen die Ansiedlung von arbeitsintensiven Industrien außerhalb der größeren Zentren eine besondere Bedeutung zu. Bislang blieben jedoch die Erfolge derartiger Beschaffungsprogramme außerordentlich bescheiden: der Anteil der tatsächlich geschaffenen Arbeitsplätze/Jahr an der Gesamtzahl der jährlich neu auf den Arbeitsmarkt drängenden Personen dürfte im ruralen Bereich der meisten Länder der Dritten Welt unter 1 % liegen!

[34] Müller/Klemmer, 1969, S. 19; Hermannsen, 1972 a, S. 165, 179; Hansen, 1972, S. 106; Bartels, 1979, S. 126 u.a.

[35] Näheres hierzu habe ich ausgeführt in: Bronger, 1976, S. 20–26.

Strategiekonzeptes als Instrument der Regionalentwicklung ist jedoch ohne die Untersuchung der genannten übrigen Raumstrukturen nicht möglich. Das bedeutet konkret: Die Erfassung des gegenwärtigen Bildes des regionalen Entwicklungsgefälles sowie des Ausmaßes der Metropolisierung einschließlich der Dynamik beider Phänomene muß Bestandteil einer solchen Analyse sein. – Die Hinwendung zu einem konkreten Beispiel erhält deshalb über den Einzelfall hinausgehende Bedeutung, weil die eingangs genannten räumlichen Grundmuster zwar in der Mehrzahl der Entwicklungsländer nachweislich anzutreffen sind, diese Strukturen dennoch von Land zu Land und Region zu Region bedeutsame Unterschiede aufweisen. Umso mehr bilden derartige empirische Fallstudien – wie sie nachfolgend erstmalig für ein asiatisches Entwicklungsland versucht wird – einer möglichst großen Anzahl dieser Länder, die unabdingbare *Voraussetzung*, um die angestrebte Überprüfung und Weiterentwicklung, auch der theoretischen Grundlagen, erreichen zu können.

Der ·ausgesprochene Mangel an solcher, für die regionale Entwicklungsplanung so unentbehrlichen, Analysen hat mehrere Ursachen, die z.T. wiederum in wechselseitigem Zusammenhang miteinander stehen. Das betrifft zunächst die
— *begriffliche* Ebene: bereits bei der inhaltlichen Ausdeutung des Zentralbegriffes „Entwicklung" besteht bis heute unter den an dieser Forschungsrichtung „Entwicklungsländerforschung" beteiligten Disziplinen keineswegs Übereinstimmung[36]. Das hier zugrundegelegte mehrdimensional aufgefaßte Konzept „Entwicklung" (s. Kap. 2.3) führt ferner zwangsläufig zu Problemen auf der
— *Informations*ebene. Die inhaltlich notwendige grundsätzliche Ausweitung des Begriffes „Entwicklungszentrum" über den des „Zentralen Ortes" als einer Standortkonzentration des tertiären Sektors auf der einen, sowie des „Growth Pole" als eines räumlichen Clusters von Industriebetrieben auf der anderen Seite, hinaus, benötigt zu ihrer Erfassung einschließlich des dynamischen Aspektes entsprechend umfassende Informationen[37].

Um der gewiß anspruchsvollen Zielsetzung einer, sowohl in quantitativer als auch in qualitativer Hinsicht, möglichst soliden Analyse der räumlichen Organisation der Regionalzentren einschließlich deren Entwicklungsansätze als Enstscheidungsgrundlage für eine Regionalpolitik, gerecht werden zu können, sollten folgende grundsätzliche Kriterien Bestandteil dieser Analyse sein:[38]
1. bei dem komplexen Begriffsinhalt „Entwicklungszentrum" sollten nach Möglichkeit alle wichtige *Daseinsgrundfunktionen* mittels Indikatoren abgedeckt sein.
2. da *Entwicklungspotential* und *Entwicklungsdynamik* als wichtige Entscheidungsgrundlagen für die Auswahl von regionalen Entwicklungszentren aus der Gesamtzahl der Regionalzentren anzusehen sind, sollten zu ihrer Charakterisierung darüber hinaus möglichst vielfältige Indikatoren Berücksichtigung finden. Damit im Zusammenhang steht

---

36 Näheres hierzu s. Behrendt, 1968, S. 100 f., Bronger, 1977, S. 245 f.
37 Was die Philippnen anbetrifft, so bin ich auf den Aspekt der Datenproblematik (Verfügbarkeit, Erhebungsmethoden, Quellenwert) bereits an anderer Stelle näher eingegangen: Bronger, 1980, S. 20 f.; Ders., 1979, S. 28–32 (für den industriellen Sektor).
38 Näheres, s. Bronger, 1980, S. 20 f.

Fig. 1 Indikatoren zur Erfassung des hierarchischen Systems der Regionalzentren – Philippinen

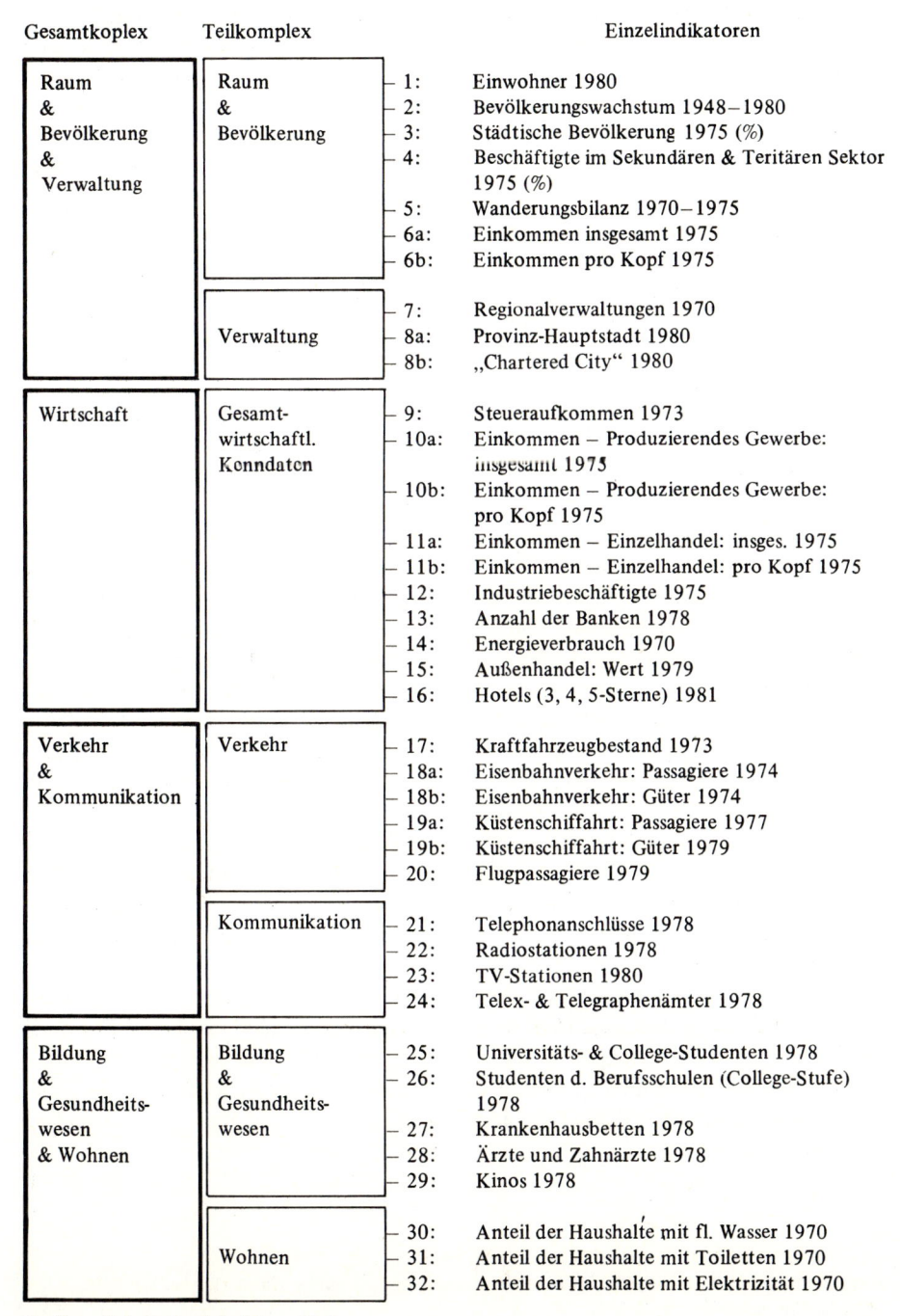

Gesamtkoplex	Teilkomplex		Einzelindikatoren
Raum & Bevölkerung & Verwaltung	Raum & Bevölkerung	1: 2: 3: 4: 5: 6a: 6b:	Einwohner 1980 Bevölkerungswachstum 1948–1980 Städtische Bevölkerung 1975 (%) Beschäftigte im Sekundären & Teritären Sektor 1975 (%) Wanderungsbilanz 1970–1975 Einkommen insgesamt 1975 Einkommen pro Kopf 1975
	Verwaltung	7: 8a: 8b:	Regionalverwaltungen 1970 Provinz-Hauptstadt 1980 „Chartered City" 1980
Wirtschaft	Gesamt-wirtschaftl. Kenndaten	9: 10a: 10b: 11a: 11b: 12: 13: 14: 15: 16:	Steueraufkommen 1973 Einkommen – Produzierendes Gewerbe: insgesamt 1975 Einkommen – Produzierendes Gewerbe: pro Kopf 1975 Einkommen – Einzelhandel: insges. 1975 Einkommen – Einzelhandel: pro Kopf 1975 Industriebeschäftigte 1975 Anzahl der Banken 1978 Energieverbrauch 1970 Außenhandel: Wert 1979 Hotels (3, 4, 5-Sterne) 1981
Verkehr & Kommunikation	Verkehr	17: 18a: 18b: 19a: 19b: 20:	Kraftfahrzeugbestand 1973 Eisenbahnverkehr: Passagiere 1974 Eisenbahnverkehr: Güter 1974 Küstenschiffahrt: Passagiere 1977 Küstenschiffahrt: Güter 1979 Flugpassagiere 1979
	Kommunikation	21: 22: 23: 24:	Telephonanschlüsse 1978 Radiostationen 1978 TV-Stationen 1980 Telex- & Telegraphenämter 1978
Bildung & Gesundheitswesen & Wohnen	Bildung & Gesundheitswesen	25: 26: 27: 28: 29:	Universitäts- & College-Studenten 1978 Studenten d. Berufsschulen (College-Stufe) 1978 Krankenhausbetten 1978 Ärzte und Zahnärzte 1978 Kinos 1978
	Wohnen	30: 31: 32:	Anteil der Haushalte mit fl. Wasser 1970 Anteil der Haushalte mit Toiletten 1970 Anteil der Haushalte mit Elektrizität 1970

Quellen: B 4, 5; (1–5 (s. Lit. – Vz.)

3. die Notwendigkeit, bei den Indikatoren soweit als möglich *qualitative* Angaben zugrunde zu legen. Auch für die Philippinen ist kennzeichnend, daß die wirtschaftlichen, sozialen und kulturellen Einrichtungen häufig außerordentliche Unterschiede in Größe, Ausstattung etc. aufweisen. — Last but not least darf an dieser Stelle nicht vergessen werden, daß
4. zur Erreichung der genannten Zielsetzungen eine möglichst umfassende Landeskenntnis, d.h. des Raumes *und* seiner Bewohner als wesentliche Voraussetzung angesehen werden muß.

Aus der Gesamtzahl der zur Verfügung stehenden Kenngrößen wurden die zur Bestimmung des hierarchischen Systems der Regionalzentren am wichtigsten erscheinenden 32 Gesamt- (37 Einzel-) Indikatoren berücksichtigt. Ihre hierarchische Gliederung nach 7 Teilkomplexen, die sich wiederum in 4 Gesamtkomplexe zusammenfassen lassen, ist aus *Fig. 2* zu entnehmen. Andere, für die genannte Zielsetzung wesentlich erscheinende Kenngrößen konnten demgegenüber nicht herangezogen werden, da sie entweder nicht nach Städten („municipalities") aufgeschlüsselt vorliegen (BIP, Unterbeschäftigung, Investitionsangaben etc.) oder deren Genauigkeit sehr zu wünschen übrigen ließ (Erwerbstätige im „cottage industry" — Bereich, Anzahl der permanenten Marktstände u.a.). Da im Rahmen dieser Studie auf eine faktorenanalytische Auswertung der Variablen verzichtet werden mußte, stellt das Problem der *Gewichtung* der Einzelindikatoren zweifellos ein generelles methodisches Problem dar. Um hier eine möglichst befriedigende Lösung zu finden, sind die 4 Hauptbereiche mit jeweils der gleichen Anzahl von Indikatoren (je 8) repräsentiert. Um bei ihrer quantitativen Auswertung eine Vergleichbarkeit herzustellen, wurde der Indikator mit dem höchsten Wert = 100 gesetzt und die übrigen Werte proportional umgerechnet. Bei insgesamt 32 Indikatoren beträgt der theoretisch höchstmögliche Wert für ein Zentrum somit 3 200.

Das Ergebnis dieser Analyse (Karte 2) ist ein 6-stufiges hierarchisches System der Regionalzentren, die wiederum in je 4 Entwicklungs (Ausstattungs-) stufen unterteilt sind: vollfunktional, semi-funktional (einer der vier Hauptbereiche weist < als 10 % der Gesamtpunktzahl auf), sub-funktional (2 Hauptbereiche < 10 %) und nicht-funktional (3 Hauptbereiche < 10 %)[39]. Im Rahmen dieser Untersuchung konnten nur die Zentren mit > 250 Punkten Berücksichtigung finden. — Das erwartete besondere Problem stellt die Erfassung der eigenständigen Entwicklungsansätze der einzelnden Regionalzentren dar. Dies liegt bereits in dem Tatbestand begründet, daß bei einer Reihe wichtiger Kenngrößen die zur Erfassung der Eigendynamik notwendigen Zeitreihen entweder unvollständig, nur für einen (zu) kurzen Zeitraum oder überhaupt nicht verfügbar sind. Hier kommt den — jahrelangen — Einzeluntersuchungen[40] eine besondere Funktion zu. Immerhin gaben zumindest 8-jährige Zeitreihen von 9[41] der 32 Indikatoren wichtige zusätzliche Aufschlüsse zu diesem Problem.

---

39 Diese unterste Stufe tritt jedoch nur in einem einzigen Fall auf (s. Karte 2).
40 In den Jahren 1974–1981.
41 Dies betrifft die folgenden Indikatoren (in Klammern das frühere Bezugsjahr; vgl. Fig. 2): Nr. 2, 3, 10 (1966), 12 (1967), 15 (1969), 16 (1972), 19 a + b (1967), 20 (1967) und 25 (1969).

3.2 Regionales Entwicklungsgefälle und Metropolisierung — Hypothek der regionalen Entwicklung

Bevor wir in die Interpretation der in *Tab. 2* zusammengestellen und in *Karte 2* räumlich präsentierten Ergebnisse der empirischen Untersuchungen zum hierarchischen System der Entwicklungszentren eintreten, muß dieser eine kurze Darstellung der beiden übrigen raumstrukturellen Phänomene des regionalen Entwicklungsgefälles sowie der Bedeutung der Metropolisierung vorangeschickt werden, da sie von vornherein bereits wesentlich Möglichkeiten und Notwendigkeiten der Anwendung dieses Konzeptes als Regionalentwicklungsstrategie mitbestimmen.

3.2.1 Das regionale Entwicklungsgefälle (Karte 1)

Die für unsere Fragestellung relevantesten wichtigsten Ergebnisse[42] der, auf vergleichbaren methodischen sowie datenmäßigen Grundlagen beruhenden, Untersuchungen seien in folgenden 3 Punkten zusammengefaßt:
1. Es hat eine ausgesprochen *punktuelle* Entwicklung stattgefunden, die sich in allererster Linie auf die Hauptstadtregion beschränkt hat. Damit sind gegenüber der „capital region" eigentlich alle übrigen Landesteile unterentwickelt.
2. *Unter den Peripherregionen* existieren *ausgeprägte Stufen im Entwicklungsstand*. Dieses regionale Entwicklungsgefälle zwischen den beiden Polen, dem Ostteil der Insel Samar und der Provinz Bulacan ist, relativ betrachtet, sogar ausgeprägter (1:4) als zwischen dieser und der Hauptstadtregion (1:2).
3. Was den Aspekt des *Entwicklungsprozesses* anbelangt, so deuten eine Reihe von Indikatoren[43] darauf hin, daß die schon bedenkliche Kluft im Entwicklungsstand zwischen der Hauptstadtregion und den meisten der übrigen Landesteile sogar noch ständig zunimmt.

Bereits dieses, die komplexe Wirklichkeit zwangsläufig sehr vereinfachende, Resumée zeigt, im Hinblick auf den *theoretischen* Aspekt, daß das vereinfachende, darüber hinaus die Wirklichkeit vielfach verfälschende Zweiregionen-(„Zentrum-Peripherie")-Modell neu zu überdenken und sicherlich wesentlich zu differenzieren ist. Das betrifft weniger den internationalen, als den nationalen und regionalen Rahmen. Die Zusammenfassung der allermeisten, sehr häufig außer der Hauptstadtregion sogar sämtlicher, Landesteile zu einem einzigen Regionaltyp ist, da sie nicht der Wirklichkeit entspricht, für die Praxis der regionalen Entwicklungsplanung und -politik zwangsläufig ohne jeden Nutzen.

Was den Aspekt der Relevanz dieser Ergebnisse für die *Praxis* anbelangt, so vermittelt uns das räumliche Bild bereits erste wichtige Erkenntnisse für den gezielten Einsatz raumwirksamer Maßnahmen zur Strukturverbesserung der stärker zurückgebliebenen Regionen im Hinblick auf die strategische Zielvorstellung des Abbaus der gravierenden regionalen Disparitäten innerhalb des Landes: Da, bereits aufgrund der begrenzten

---
42 Für nähere Ausführungen s. Bronger, 1980, S. 21–28; Ders., 1980 b, Karte 2–7.
43 Außer den Genannten (Anm. 41) betrifft dies die folgenden: Anteil am BIP (1947–1979); Anteil an der Bruttowertschöpfung nach Sektoren (1971–1979); vgl. auch Tab. 1 B.

Fig. 2 Indikatoren zur strukturräumlichen Erfassung des Entwicklungsstandes der Philippinen (nach: Bronger, 1980, S. 22).

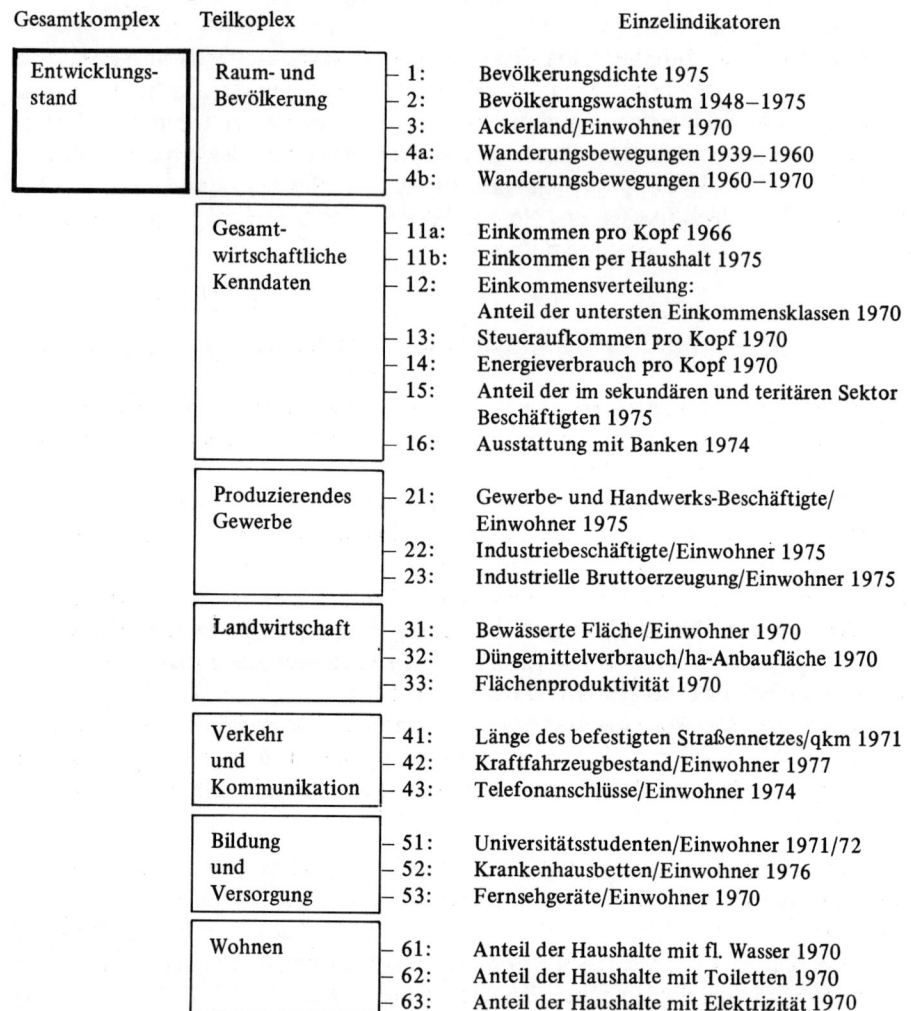

Gesamtkomplex	Teilkoplex		Einzelindikatoren
Entwicklungsstand	Raum- und Bevölkerung	1:	Bevölkerungsdichte 1975
		2:	Bevölkerungswachstum 1948–1975
		3:	Ackerland/Einwohner 1970
		4a:	Wanderungsbewegungen 1939–1960
		4b:	Wanderungsbewegungen 1960–1970
	Gesamtwirtschaftliche Kenndaten	11a:	Einkommen pro Kopf 1966
		11b:	Einkommen per Haushalt 1975
		12:	Einkommensverteilung: Anteil der untersten Einkommensklassen 1970
		13:	Steueraufkommen pro Kopf 1970
		14:	Energieverbrauch pro Kopf 1970
		15:	Anteil der im sekundären und teritären Sektor Beschäftigten 1975
		16:	Ausstattung mit Banken 1974
	Produzierendes Gewerbe	21:	Gewerbe- und Handwerks-Beschäftigte/Einwohner 1975
		22:	Industriebeschäftigte/Einwohner 1975
		23:	Industrielle Bruttoerzeugung/Einwohner 1975
	Landwirtschaft	31:	Bewässerte Fläche/Einwohner 1970
		32:	Düngemittelverbrauch/ha-Anbaufläche 1970
		33:	Flächenproduktivität 1970
	Verkehr und Kommunikation	41:	Länge des befestigten Straßennetzes/qkm 1971
		42:	Kraftfahrzeugbestand/Einwohner 1977
		43:	Telefonanschlüsse/Einwohner 1974
	Bildung und Versorgung	51:	Universitätsstudenten/Einwohner 1971/72
		52:	Krankenhausbetten/Einwohner 1976
		53:	Fernsehgeräte/Einwohner 1970
	Wohnen	61:	Anteil der Haushalte mit fl. Wasser 1970
		62:	Anteil der Haushalte mit Toiletten 1970
		63:	Anteil der Haushalte mit Elektrizität 1970

Mittel, sich eine gleichzeitig-allseitige Entwicklung sämtlicher Landesteile von vornherein verbietet, muß aus der Gesamtzahl der „Zielregionen" eine endgültige Auswahl der „Aktionsregionen" (im Sinne Thelens)[44] getroffen werden. Die zusätzlich zur strukturräumlichen Untersuchung vorgenommene funktionsräumliche Großgliederung des Landes in 15 Hauptregionen[45] (Karte) zeigt, zusammen mit der strukturräumlichen Untersuchung, daß die Ausweisung der den niedrigsten Entwicklungsstand aufweisenden Hauptregionen VI, X, XI u. XIV als „Aktionsregionen" oberste Priorität in der regionalen Entwicklungsplanung zukommen sollte.

44 Thelen, 1972, S. 243.
45 Zur Methode: s. Bronger, 1980 a, S. 71 f.

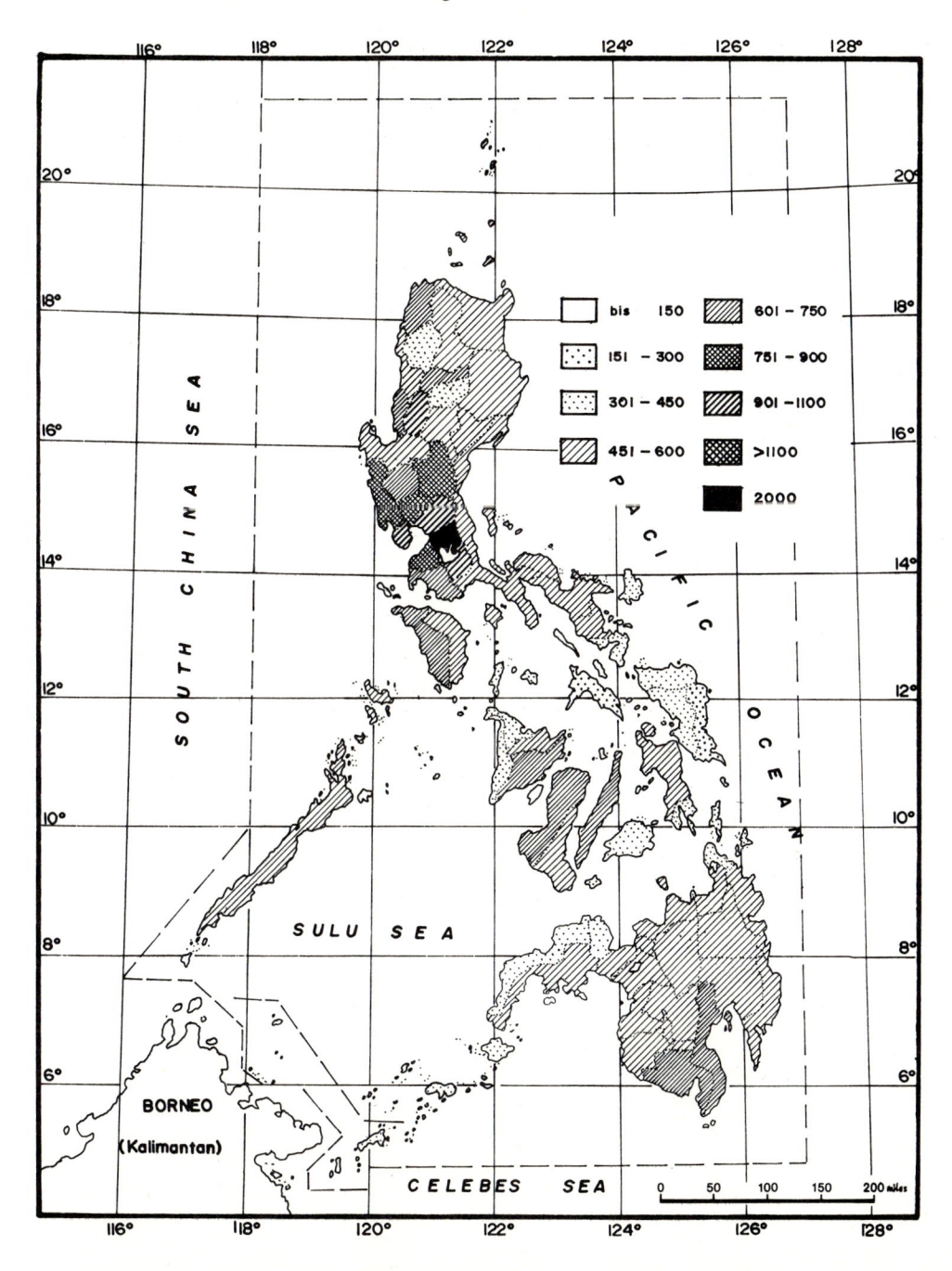

Karte 1   Das regionale Entwicklungsgefälle

3.2.2 Metro Manila: Primacy und ihre Dynamisierung (Tab. 1A u. B)

Die ausgeprägte Primacy einschließlich ihrer Dynamisierung — Metro Manila wird hierin im süd-, südost- und ostasiatischen Raum lediglich von Bangkok übertroffen — ist aus den in *Tab. 1A u. B* zusammengestellten Indikatoren ersichtlich:

Tab. 1A: Primacy von Metro Manila

Indikator	Bezugsjahr	Anteil (%)
Fläche	1971	0,28
Einwohner	1980	13,7
Kraftfahrzeuge	1977	46,5
davon: Autos	1977	55,0
Telephonanschlüsse	1977	69,6
Fernsehapparate	1970	72,0
Krankenhausbetten	1976	41,0
Bettenkapazität der Hotels (3, 4 & 5 Sterne)	1981	66,2
davon: Luxus-Hotels (5 Sterne)	1981	90,1
Universitäten (Anzahl)	1977	34,4
Universitätsstudenten	1977	61,8
Energieverbrauch	1976	ca. 60,0
Industrie — Arbeitsplätze	1975	61,3
Industrie — Bruttoproduktionswert	1975	65,7
Privatinvestitionen im Bausektor	1975–79	ca. 70,0

Tab. 1B: Metro Manila — Dynamisierung der Primacy

Indikator	Bezugsjahr	Anteil (%)
Bevölkerungsentwicklung	1948	9,0
	1960	9,9
	1970	11,9
	1980	13,7
Anteil am BIP	1947	23,0[1]
	1966	28,0[1]
	1971	26,8[2]
	1979	32,2[2]
Anteil an der Bruttowertschöpfung		
— sekundärer Sektor	1971	38,4
	1979	47,8
— tertiärer Sektor	1971	37,7
	1979	39,3
Industrieentwicklung		
— Beschäftigte	1961	64,8
	1975	61,3
— Brutto-Erzeugung	1961	62,3
	1975	65,7

Quellen: s. B 4; C 1–5 (s. Lit. Vz.)
[1] MMa & Rizal [2] MMA: 0.21 % d. Fläche; 12 % d. Bev. (1980)

Dieser, insbesondere seit der Jahrhundermitte zu beaobachtende, Prozeß hat ganz wesentlich die o.g. Verschärfung der regionalen Ungleichgewichte bewirkt. Die Relevanz dieser gefährlichen Entwicklung als eine à priori belastende Hypothek für das Entwicklungszentren-Konzept als Instrument zur Gegensteuerung, sei kurz aufgezeigt:
Erstens bewirken diese, sich aus der — größenteils exogen verursachten — Dominanz ergebenden, Agglomerationsvorteile gravierende Standortnachteile für alle übrigen Zentren, die sich aufgrund der Dynamisierung zudem noch ständig verstärken. Ein Beispiel: Die für die Ansiedlung von Industrien hohen zusätzlichen (weil in der Hauptstadtregion vorhandene) Infrastrukturausgaben birgt, im Zusammenhang mit den begrenzten Mitteln, die Gefahr in sich, daß ein Teil dieser Industrien doch wieder in der Hauptstadtregion angesiedelt wird, zumal sich auch hier die notwendigen Fachkräfte sehr viel eher finden lassen. Tatsächlich entfielen von den im Zeitraum 1967–1975 neu hinzugekommenen Arbeitsplätzen 55 % auf Metro Manila; absolut waren es 10 mal so viel wie in dem nächstwichtigsten Standort Metro Cebu. — Die Dynamisierung bewirkt *zweitens*, daß die, ebenfalls ständig ansteigenden, Folgekosten für die Instandhaltung der Einrichtungen, für den aufgeblähten Regierungs- und Verwaltungsapparat etc. außerordentlich hoch sind — Mittel, die wiederum für die Entwicklung der übrigen Regionen fehlen. — Eine *dritte* Auswirkung der überragenden Primacy, hier im Sinne der überragenden Attraktivität bzw. dem kaum vorstellbaren Attraktivitätsvorsprung der Hauptstadt, besteht darin, daß Manila von breiten Bevölkerungsschichten zunehmend als ein nationales Symbol empfunden wird. Diese Mentalität trägt ebenfalls erheblich zu diesem sich selbstverstärkenden Effekt der Primacy bei: der Studienplatz in Bacolod, Legaspi oder Puerto Princesa wird als nicht adäquat angesehen, es muß ein College in Manila sein. Das Regionalzentrum wird übersprungen, die Entwicklungsimpulse bleiben aus. — Für die regionale Entwicklungs*planung* kann die generelle Folgerung nur lauten: Dem Abbau der Primacy muß höchste Priorität zuerkannt werden.

3.3. Das hierarchische System der Entwicklungszentren — Aspekte der Relevanz für Theorie und Praxis.

Die Betrachtung der beiden raumstrukturellen Phänomene, des regionalen Entwicklungsgefälles und der Primacy der Hauptstadtregion, haben im Hinblick auf die Verwirklichung des Entwicklungszentren-Strategie-konzeptes bereits eine Reihe von vornherein belastenden Hypotheken aufgezeigt. Diese sollen nun im Zusammenhang mit dem gegenwärtig bestehenden hierarchischen System der Entwicklungszentren diskutiert werden.

3.3.1 Merkmale der Raumstruktur (Tab. 2 u. 3; Karte 2)

Die Ergebnisse der empirischen Analyse seien in den folgenden drei Punkten zusammengefaßt:
1. Das herausragendste Merkmal ist die außerordentliche *Heterogenität* des Zentrengefüges. Das betrifft sowohl die hierarchische Struktur, ihre räumliche Ordnung als auch ihr Entwicklungspotential. Im Einzelnen ist festzuhalten (Tab. 3):

Tab. 3: Hierarchisches System der Regionalzentren – Raumstrukturen

Zentrum	Region						
	Luzon (+Mindoro & Palawan)						
Stufe	I	II	III	IV	V	VI	VII
1							
2							
3		1		1			
4	3			6	3	2	
5	1		1	3	4		1
6	4	2	5	4	3	6	
Total	8	3	6	14	10	8	1

Zentrum	Region							
	Visayas			Mindanao				Philippines
Stufe	VIII	IX	X	XI	XII	XIII	XIV	Total
1		1						1
2	1					1		2
3	1			1	1			5
4		2	1		1	1	1	20
5	1	1	1	4	3	2	1	23
6	8	2	5	3	3	2	2	49
Total	11	6	7	8	8	6	4	100

– ein ausgewogenes, hierarchisches System hat sich bislang weder auf nationaler noch auf regionaler Ebene herausgebildet. Vor allem für den *nationalen* Rahmen war und ist in erster Linie sicherlich die alles überschattende Dominanz von Metro Manila verantwortlich zu machen: mit Ausnahme der beiden, als Spezialfälle anzusehenden Zentren, der „Sommerhauptstadt" Baguio sowie von Angeles, das seine rasche Entwicklung nahezu allein seiner Lage am Großstützpunkt Clark Air Base verdankt, konnten sich in Luzon nur Zentren der drei untersten Stufen (4–6) entwickeln.
– Als überhaupt einziges Zentrum, das wenigstens eine tw. überregionale Bedeutung erlangen konnte, ist das historisch gewachsene Cebu zu nennen. Eine besondere an Manila heranreichende Rolle spielt Cebu jedoch lediglich für den interinsularen Schiffs- und Flugverkehr; in allen übrigen Bereichen ist jeglicher Vergleich geradezu abwegig. Die Bedeutung der beiden einzigen Zentren der nächsthöchsten Stufe, das seit Kriegsende rasch wachsende Davao sowie die alte Handels- und Hafenstadt Ilo Ilo bleibt ausschließlich auf die jeweilige Region – Davao: Region XIII – bzw. auf

die betr. Teilregion – die Insel Panay – beschränkt. Mit Ausnahme von Zamboanga und Baguio – und hier auch nur in Teilbereichen – ist bereits der Einfluß sämtlicher übriger Zentren auf die jeweilige Provinz begrenzt. Dieses, vor allem auch in der Inselstruktur begründete, für die genannten entwicklungspolitischen Zielsetzungen ungünstige Bild verdüstert sich noch, wenn wir

— die *regionale* Komponente mit in die Betrachtung einbeziehen. In der Zentrenausstattung der, außer Manila, 14 Regionen, bestehen ausgeprägte regionale Ungleichgewichtigkeiten: Die Ursachen hierfür sind sowohl in der ungleichen natur- und wirtschaftlichen Ausstattung verbunden mit der sehr divergierenden Bevölkerungsverteilung als auch in der historischen Entwicklung zu suchen. Darüber hinaus weist keine einzige dieser Regionen eine ausgewogene hierarchische Zentrenstruktur auf: über 40 % – 29 der, außer der Hauptstadtregion, 70 Provinzen – verfügen lediglich über Zentren der untersten Stufe, davon 6 sogar nicht einmal über ein solches. Von den Zentren dieser untersten Kategorie der verbleibenden 23 Provinzen erreichen nicht einmal die Hälfte – 11 – die semifunktionale Entwicklungs-(Ausstattungs-)stufe, kein einziges die vollfunktionale Stufe. Insgesamt erscheinen die Regionen II, III, VII, X und XIV besonders unterentwickelt.

2. Stellen wir diese Ergebnisse nun in den Zusammenhang mit denen zum regionalen Entwicklungsgefälle (Karte 1) so können wir feststellen, daß die Resultate in einer Reihe von Regionen miteinander korrelieren. Am augenfälligsten ist dies im Falle der Regionen X und XIV, fast ebenso deutlich bei Region II (außer der „Enklave" Baguio), III und VII. Sehr viel geringere Übereinstimmung herrscht dagegen bei den, einen niedrigen Entwicklungsstand aufweisenden, Regionen VI und IX. Das Gleiche trifft auch, für eine ganze Reihe von Provinzen, besonders der unteren Entwicklungsstufen zu: auch hier divergieren Entwicklungsstand und der des hierarchischen Systems recht häufig. Für die *Theorie*diskussion ist daraus zu folgern, daß das prinzipiell sehr einleuchtende stufentheoretische Modell von *Friedmann* sicherlich wesentlich zu modifizieren ist: Die für die Philippinen zutreffenden beiden unteren Entwicklungsstufen – „präindustriell" und „transitional" – existieren *nebeneinander* und dies z.T. unabhängig von ihrer Entwicklungsstufe. Das bedeutet: Die Raumstrukturen sind wesentlich komplexer als es nach dieser Typologie den Anschein hat. Es wäre sicherlich eine wichtige Aufgabe gerade der geographischen Entwicklungsländerforschung durch regional vergleichende Studien hier zur Verbesserung der theoretischen Grundlagen beizutragen.

3. Das heterogene, wenig ausgewogene, kurz: in den meisten Landesteilen auf niedriger Entwicklungsstufe stehende Zentrengefüge deutet darauf hin, daß in vielen Gebieten bis heute vielfach nur lokale, höchstens jedoch regionale Beziehungskreisläufe vorherrschen – ein Tatbestand, der in erster Linie für die, verkehrsmäßig bis heute kaum erschlossenen Berg- und Gebirgslandschaften, dem dominanten Formelement des Inselstaates, seine Gültigkeit hat. Diese, im Hinblick auf die genannte entwicklungspolitische Zielsetzung, der Integration der Landesteile, ebenfalls negative Bilanz wird durch die Analyse der eigenständige Entwicklungsansätze der Zentren keineswegs gebessert. Die Untersuchungsergebnisse (Karte 2, Tab. 2. Sp. 16) zeigen, daß

Tab. 2: Indikatoren zur Erfassung der Hierarchie der regionalen Entwicklungszentren der Philippinen (Quellen: s. Fig. 2)

Gesamtkomplex	I			II			III			IV			Total	Rang	Rang-stufe	Ent-wick-lungs-stufe	Dy-namik
Teilkomplex	A	B	C	A	B	C	A	B	C	A	B	C					
1	2	3	4	5	6	7	8	9	10	11	12	13	14	15	16			

Luzon (+ Mindoro & Palawan)

Region 1																	
Dagupan	217	107	324	136	55	63	118	256	124	380	958	9	4	I		
Laoag-San Nicolas	180	100	280	72	31	30	61	111	102	213	626	25	4	II		
S. Fernando-Bauang	151	57	208	124	52	55	107	75	92	167	606	28	4	I		
Vigan	206	50	256	65	16	12	28	36	127	163	512	36	5	II		
Bangued	122	50	172	10	6	10	16	33	89	122	320	67	6	III		
San Carlos	114	50	164	46	23	5	28	44	26	70	308	73	6	II		
Lingayen	137	50	187	28	21	5	26	10	56	66	307	74	6	III		
Urdaneta	120	–	120	42	26	5	31	31	50	81	274	87	6	I		
Region II																	
Baguio-La Trinidad	260	136	396	229	43	179	222	228	203	431	1 278	5	3	I	‡‡	
Tabuk	155	50	205	14	3	7	10	16	24	40	269	89	6	III		
Bontoc	97	50	147	10	1	2	3	12	89	101	261	92	6	III		
Lagawe	120	50	170	9	–	2	2	7	17	24	205	110	–	–		
Region III																	
Tuguegarao	133	100	233	45	21	28	49	90	68	158	485	42	5	II		
Bayombong	170	50	220	21	11	13	24	46	66	112	377	58	6	III		
Ilagan	131	79	210	22	29	11	40	29	35	64	336	65	6	II		
Basco	91	50	141	13	1	2	3	6	149	155	312	72	6	III		
Cabarroguis	179	50	229	14	5	4	9	5	1	6	258	95	6	IV		
Aparri	105	–	105	36	1	6	7	40	64	104	252	99	6	II		
Cauayan	128	–	128	37	–	11	11	25	24	49	225	104	–	–		
Region IV																	
Angeles	278	50	328	139	122	42	164	223	170	393	1 024	8	3	I	++	
Olongapo	353	50	403	88	33	40	73	104	220	324	888	12	4	III		
San Fernando	245	107	352	137	65	26	91	86	119	205	785	16	4	I		

Zentrale Orte und Entwicklungszentren in Ländern der Dritten Welt

	+							‡	‡				‡
Malolos	228	50	278	77	43	20	63	98	150	248	666	22	4	II
Cabanatuan	173	100	273	80	36	27	63	114	98	212	628	24	4	I
Tarlac	171	57	228	96	79	26	105	109	82	191	620	26	4	I
Mariveles	257	–	257	232	–	4	4	12	107	119	612	27	4	II
Baliwag	227	–	227	90	27	11	38	58	115	173	528	35	5	II
Balanga	174	50	224	44	25	6	31	69	133	202	501	37	5	III
Guagua	212	–	212	73	–	8	8	40	110	150	443	46	5	II
San Jose	118	50	168	31	8	6	14	34	56	90	303	77	6	II
Iba	117	50	167	24	11	9	20	29	45	74	285	83	6	III
Gapan	122	–	122	39	20	8	28	20	68	88	277	86	6	I
Masinloc	135	–	135	19	–	6	6	15	70	90	250	100	6	III
Baler	85	50	135	6	–	2	2	27	84	99	242	102	–	III
Munoz	126	–	126	19	6	2	8	15	35	62	215	106	–	–
Camiling	123	–	123	16	–	2	2	15	57	72	213	107	–	–
Region V														
Lucena	245	100	345	119	57	44	101	127	171	298	863	13	4	I
Batangas	153	100	253	224	66	24	90	123	85	208	775	17	4	I
San Pablo	172	50	228	117	45	30	75	89	130	219	639	23	4	III
Sta. Cruz	234	50	284	55	19	4	23	80	104	184	546	32	5	II
Lipa	156	50	206	117	23	15	38	56	80	136	497	38	5	II
Calapan	136	50	186	43	37	9	46	102	79	181	456	45	5	II
Calamba	190	–	190	73	9	4	13	27	116	143	419	50	5	II
San Jose	152	–	152	45	12	13	25	32	32	64	286	82	6	II
Romblon	103	50	153	32	5	2	7	13	53	66	258	94	6	II
Boac	113	50	163	13	7	3	10	15	54	69	255	97	6	III
Mamburao	138	50	188	8	3	2	5	12	33	45	246	101	–	–
Silang	136	–	136	27	–	2	2	10	65	75	240	103	–	–
Region VI														
Naga	212	129	341	96	119	71	190	170	149	319	946	10	4	I
Legaspi-Daraga	188	136	324	130	67	82	149	227	69	296	899	11	4	I
Sorsogon	136	50	186	25	6	26	32	55	96	151	394	54	6	III
Iriga	102	50	152	37	45	38	83	53	47	100	392	55	6	II
Tabaco	138	–	138	96	13	6	19	39	89	128	381	57	6	II
Daet	161	50	211	47	8	25	33	61	22	83	374	59	6	II
Virac	120	50	170	15	10	12	22	28	71	99	306	75	6	III
Masbate	100	50	150	39	10	9	19	32	63	95	303	76	6	II
Region VII														
Puerto Princesa	183	100	283	40	16	13	29	33	51	84	436	47	5	II

(Zusammenfassung)

	I			II		III			IV			Total	Rang	Rang-stufe	Ent-wick-lungs-stufe	Dy-namik
	A	B	C	C	A	B	C	A	B	C						
1	2	3	4	5	6	7	8	9	10	11	12	13	14	15	16

Visayas & Mindanao

	I A	I B	I C	II C	III A	III B	III C	IV A	IV B	IV C	Total	Rang	Rang-stufe	Entwicklungsstufe	Dynamik
Region VIII															
Ilo Ilo	287	179	466	230	161	158	319	363	148	511	1 526	3	2	I	‡
Bacolod	321	129	450	186	134	223	357	252	128	380	1 373	4	3	I	
Roxas	153	100	253	83	42	32	74	76	54	130	540	34	5	II	
Kalibo	145	50	195	42	13	17	30	65	66	131	398	52	6	II	
La Carlota	145	50	195	30	–	3	3	28	100	128	356	60	6	III	
San Jose	137	50	187	42	7	16	23	35	58	93	345	63	6	II	
Cadiz	157	50	207	63	–	12	12	25	33	58	340	64	6	II	
Silay	114	50	164	37	18	8	26	32	62	94	321	66	6	II	
San Carlos	139	50	189	30	18	11	29	31	36	67	315	71	6	III	
Sagay	163	–	163	54	–	2	2	32	45	77	296	79	6	II	
Bago	126	50	176	30	6	3	9	17	29	46	261	91	6	II	
Kabankalan	144	–	144	15	–	4	4	41	20	61	224	105	–	–	
Region IX															‡
Metro Cebu	474	200	674	656	279	400	679	500	125	625	2 634	1	1	I	
Tagbilaran	235	100	335	94	31	35	66	81	170	251	746	18	4	II	
Dumaguete	150	100	250	88	47	34	81	123	150	273	692	20	4	I	
Toledo	202	50	252	49	32	6	38	25	57	82	421	48	5	II	
Bais	136	50	186	40	6	8	14	16	59	75	315	70	6	II	
Danao	108	50	158	24	–	5	5	20	72	92	279	85	6	III	
Region X															‡
Tacloban	208	129	337	102	36	57	93	129	163	292	824	14	4	I	
Ormoc	131	50	181	67	20	14	34	45	79	124	406	51	5	II	
Catbalogan	131	50	181	61	7	20	27	48	66	114	383	56	6	II	
Maasin	114	50	164	18	15	7	22	27	85	112	316	69	6	III	
Catarman	138	50	188	21	5	12	17	32	22	54	280	84	6	III	

Zentrale Orte und Entwicklungszentren in Ländern der Dritten Welt 187

Calbayog	103	50	153	31	5	18	23	27	35	62	269	88	6	II		
Borongan	108	50	158	37	3	12	15	15	28	43	253	98	6	II		
Region XI																
Zamboanga	234	93	327	245	95	156	251	186	93	279	1102	7	3	I	++	
Ozamis	149	50	199	92	22	27	49	114	89	203	543	33	5	II		
Dipolog	164	100	264	45	17	15	32	61	95	156	497	39	5	III		
Pagadian	187	100	287	69	13	15	28	36	68	104	488	41	5	II		
Jolo	142	50	192	34	16	16	32	38	164	202	460	44	5	III		
Oroquieta	110	100	210	30	12	7	19	53	86	139	398	53	6	III		
Dapitan	147	50	197	17	4	6	10	14	27	41	265	90	6	III		
Isabela	77	50	127	22	30	10	40	26	45	71	260	93	6	II		
Tangub	121	50	171	12	2	2	4	16	7	23	210	108	–	–		
Bongao	109	50	159	16	3	7	10	16	–	16	201	111	–	–		
Region XII																
Cagayan de Oro	218	186	404	230	87	118	205	220	141	361	1200	6	3	I	++	
Iligan	174	100	274	127	48	63	111	170	136	306	818	15	4	I		
Butuan	176	114	290	75	39	37	76	88	50	138	575	30	5	I		
Surigao	173	100	273	78	24	29	53	55	111	166	570	31	5	II		
Bislig	271	–	271	48	3	21	24	46	79	125	468	43	5	II		
Malaybalay	162	50	212	32	15	19	34	24	44	68	346	62	6	III		
Tandag	155	50	205	21	10	5	15	12	49	61	302	78	6	III		
Gingoog	115	50	165	39	6	9	15	27	42	69	288	80	6	II		
Prosperidad	135	50	185	5	–	2	2	8	7	15	207	109	–	–		
Region XIII																
Davao	349	143	492	427	158	219	377	275	72	347	1643	2	2	I	+++	
General Santos	272	100	372	106	38	53	91	64	46	110	679	21	4	I		
Tagum	211	50	261	59	20	13	33	74	69	143	496	40	5	II		
Digos	186	50	236	57	16	17	33	48	46	94	420	49	5	II		
Mati	178	50	228	31	9	16	25	44	25	69	353	61	6	III		
Koronadal	138	–	138	40	13	8	21	54	34	88	287	81	6	II		
Region XIV																
Cotabato	214	57	271	96	37	67	104	87	142	229	700	19	4	I		
Marawi	221	100	321	79	4	13	17	57	112	169	586	29	5	II		
Kidapawan	113	50	163	28	13	11	24	51	51	102	317	68	6	III		
Isulan	140	50	190	29	–	2	2	25	10	35	256	96	6	II		

Entwicklungsstufen: I – voll-funktional; II – semi-funktional; III – sub-funktional; IV – nicht-funktional
Entwicklungsansätze: ++ – Zentren mit überdurchschnittlicher Dynamik
                     + – Zentren mit monokausaler Dynamik

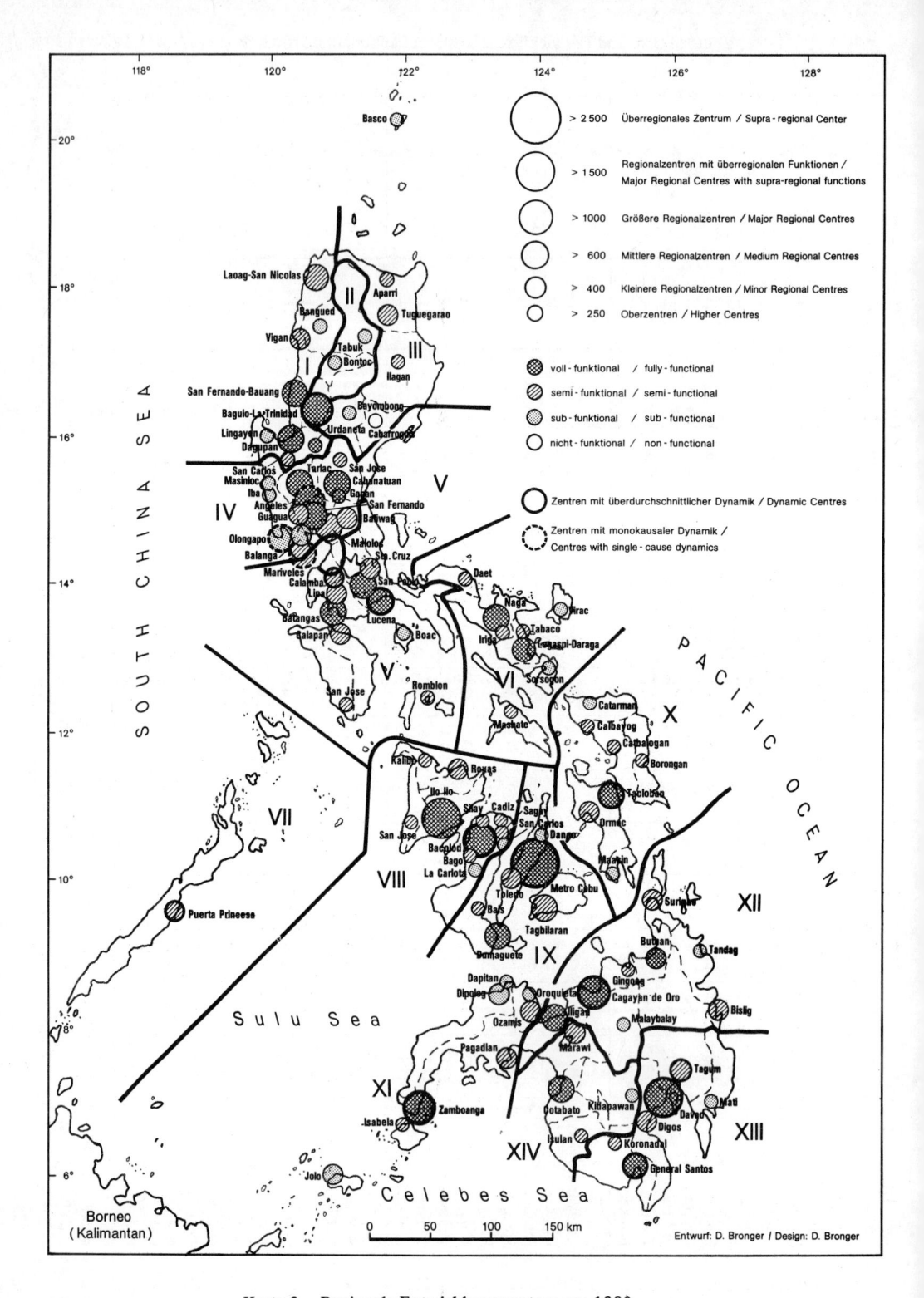

Karte 2   Regionale Entwicklungszentren um 1980

- gemessen an der Gesamtzahl, nur sehr wenige Zentren eine eigenständige, überdurchschnittliche Dynamik aufweisen[46]
- selbst unter den verbleibenden Zentren kein einziges das Entwicklungstempo der Hauptstadtregion, als dem alleinigen Zentrum tatsächlicher wirtschaftlicher Aktivität, erreicht, vielmehr
- bei der ganz überwiegenden Mehrzahl von den 28 Zentren der höchsten Stufen 1–4 bislang eine nennenswert über dem Landesdurchschnitt stehende Eigendynamik nicht zu erkennen ist.

3.3.2 Aspekte der Regionalen Entwicklungsplanung

Wir kommen damit abschließend auf das Problem der Anwendungsmöglichkeiten des Entwicklungszentren-Strategiekonzeptes für die regionale Entwicklungsplanung. Im Rahmen dieser Untersuchung können nur einige Leitlinien aufgezeigt werden.

Fassen wir zusamen: Die empirische Analyse hat eine Reiche von, für die Verwirklichungsmoglichkeiten ungünstige Voraussetzungen aufgezeigt: ein zur Hauptstadtregion ausgeprägtes regionales Entwicklungsgefälle bei gleichzeitig sehr divergierendem Entwicklungsstand innerhalb der Peripherregionen, ferner ein außerordentlich heterogenes, dazu wenig ausgewogenes Zentrengefüge, das zu der alles überschattenen Dominanz von Metro Manila in krassem Gegensatz steht. Diese, die zukünftige regionale Entwicklungsplanung außerordentlich vorbelastenden Strukturen sind verursacht sowohl durch die genannten geographischen Faktoren, die fast 400-jährige Kolonialherrschaft aber auch durch die Versäumnisse einer 35-jährigen philippinischen Regionalpolitik: die Regionalzentren wurden weiterhin vernachlässigt[47], Manila dagegen als „Schaufenster der Nation" und der Selbstdarstellung der Regierung weiter ausgebaut. Die mittlerweile erreichte, überaus bedrohliche Dimension der Primacy läßt eine Alternative zum Entwicklungszentren-Strategiekonzept nicht mehr zu: der Abbau dieser Dominanz, als der vorrangigen Aufgabe, ist in erster Linie nur durch die Stärkung des Netzes der Entwicklungszentren zu erreichen. Die eingangs genannten wirtschaftlichen, sozialen und damit letzlich politischen Folgen könnten, im Zusammenwirken mit der Bevölkerungsexplosion, sonst schon sehr bald unkalkulierbar werden.

Dieser schwierigen Situation kann nur durch eine differenzierte, ausgewogene und flexibel gehandhabte Anwendungsstrategie des Entwicklungszentren-Konzeptes begegnet werden. Einige Leitgedanken hierzu seien zum Schluß skizziert; die spezifisch regionalen Aspekte[48] müssen in diesem Rahmen unberücksichtigt bleiben:

1. Das Hauptziel, den Abbau der Dominanz der Hauptstadtregion einschließlich der, insbesondere seit Mitte der 60er Jahre ständig anschwellenden, und sich in erster Linie in die Hauptstadtregion ergießenden, Landflucht wenigstens mittelfristig in

---

46 Gerade auch unter dem Gesichtspunkt, daß man dabei diejenigen mit monokausaler Dynamik (Angeles, Olongapo, Mariveles), sowie die beiden in unmittelbarem Einzugsbereich zur Hauptstadtregion bzw. zu Davao gelegenen Calamba und Tagum in Abzug bringen muß.
47 The World Bank, 1976, S. 69.
48 Näheres hierzu habe ich ausgeführt in: Bronger, 1980 c, S. 199 ff.

den Griff zu bekommen, kann m.E. am ehesten durch die Inangriffnahme einer *Drei-Ring-Strategie* verwirklicht werden:
- eine innere „Barriere" im Radius von 75—150 km Entfernung zur Hauptstadt mit dem Städtekomplex San Fernando — Angeles (z.Zt. ca. 400 000 E.) im N. und Lucena im S. als den beiden wichtigsten Entwicklungszentren
- einem mittleren Ring in 500—600 km Entfernung mit Metro Cebu als dem Hauptzentrum sowie Ilo Ilo und Bacolod, zukünftig auch noch Tacloban als den wichtigsten Zentren, und schließlich
- einem Außenring in 900—1 000 km Entfernung mit Davao, Cagayan de Oro und Zamboanga als Hauptzentren.

2. Dieses Primärziel muß mit der zweiten wesentlichen Aufgabe im Zusammenwirken gesehen werden: dem Abbau der bestehenden ausgeprägten Entwicklungsgefälle, sowohl zur Hauptstadtregion insgesamt als auch unter den Peripherregionen selbst. Das bedeutet:
- Die konsequente Förderung einer nur geringen Zahl von Hauptzentren muß kombiniert werden mit einer ergänzenden Anzahl von Entwicklungszentren nach einem flexiblen[49] Verdichtungskonzept. Dabei muß diese Zahl in infrastrukturell schwach entwickelten ländlichen Gebieten — Beispiel: Samar — sicherlich höher angesetzt werden als in solchen mit einer demgegenüber sehr viel besseren Erreichbarkeit — etwa Zentralluzon. Insgesamt wird dabei den Zentren der untersten Stufe in erster Linie die Funktion des Versorgungs- und Dienstleistungszentrums („Zentraler Ort") sowie eines sozialen Integrationspunktes, den der höheren Stufen die von Innovationen und Entwicklung generierende Zentren, ferner der eines auch wirtschaftlichen Integrationsfaktors zukommen[50].
- der Abbau hat in den „Aktionsregionen" VI, X, XI und XIV zu beginnen.

3. Beide Programme, und das muß abschließend nochmals ausdrücklich betont werden, haben jedoch nur Aussicht auf Erfolg, wenn sie mit gleichzeitigen komplementären Maßnahmen eines integrierten ländlichen Entwicklungsprogramms kombiniert werden.

LITERATURVERZEICHNIS

A: *Methodologische Literatur*

1 Bartels, D. (1979): Theorien nationaler Siedlungssysteme und Raumordnungspolitik, in: Geographische Zeitschrift, 67/2, Wiesbaden, S. 110—146.
2 Behrendt, R. F. (1961): Entwicklungsländer. Soziologische Problematik, in: Handbuch der Sozialwissenschaften, Bd. 3, Stuttgart, Tübingen, Göttingen, S. 230—242.
3 Behrendt, R. F. (1968): Gesellschaftliche Aspekte der Entwicklungsförderung, in: Fritsch, Br. Ed.), Entwicklungsländer, Köln, S. 95—118. (Original: 1965).
4 Bronger, D. (1976): Formen räumlicher Verflechtung von Regionen in Andhri Pradesh/Indien als Grundlage einer Entwicklungsplanung. Ein Beitrag der Angewandten Geographie zur

---

49 Vgl. dazu Uhlmann, 1979 a, S. 55. Der Vf. verwendet hierzu den Begriff des „pragmatischen" Verdichtungskonzeptes.
50 Vgl. dazu für Indien: Misra, 1972, S. 158 f.

Entwicklungsländerforschung, Paderborn, 267 S. (Bochumer Geographische Arbeiten, Sonderreihe: Bd. 5).

5 Bronger, D. (1977): The Dilemma of Developing Country – Research, in: Intereconomics, 9/10, pp. 245–250.

6 Bronger, D. (1982): Regionalentwicklungsstrategien in Süd-, Südost- und Ostasien. Probleme ihrer Relevanz und Anwendbarkeit. Eine Zwischenbilanz, in: Die Erde, (im Druck).

7 Buttler, F. (1973): Entwicklungspole und räumliches Wirtschaftswachstum. Untersuchungen zur Identifikation und Inzidenz von Entwicklungspolen. Das spanische Beispiel 1964–1971, Tübingen, 379 S.

8 Christaller, W. (1933/1968): Die zentralen Orte in Süddeutschland. Eine ökonomisch-geographische Untersuchung über die Gesetzmäßigkeit der Verbreitung und Entwicklung der Siedlungen mit städtischen Funktionen, Jena (Repr. Darmstadt 1968), 331 S.

9 Darwent, D. F. (1968): Growth Poles and Growth Center Concepts: A Review, Evaluation and Bibliography, Berkeley, 32 pp. (mimeo); später veröffentlicht unter dem Titel: Growth Poles and Growth Centers in Regional Planning: A Review, in: Environment and Planning, Vol. 1, No. 1 (1969), pp. 5–31.

10 Deiters, J. (1976): Christallers Theorie der Zentralen Orte, in: Engel, J. (Hrsg.). Von der Erdkunde zur raumwissenschaftlichen Bildung, Bad Heilbrunn, S. 104–115.

11 Dietrichs, B. (1966): Die Theorie der zentralen Orte. Aussage und Anwendung heute, in: Raumforschung u. Raumordnung, 24, S. 259–267.

13 Friedmann, J. (1966): Regional Development Policy – A Case Study of Venezuela, Cambridge/Mass. and London, 279 pp.

14 Friedmann, J. (1976): Summary of Asian Experience, in: UNCRD (Ed.), pp. 175–178.

15 Friedmann, J./Douglass, M. (1976/1978): Agropolitan Development: Towards a New Strategy for Regional Planning in Asia, in: Lo/Salih (Ed.) (1978), pp. 163–192. (Original: 1976).

16 Friedmann, J./Weaver, C. (1979): Territory and Function. The Evolution of Regional Planning, London, 234 pp.

17 Hansen, N. M. (1972): Criteria for a Growth Centre Policy, in: Kuklinski, A. (Ed.) Growth Poles and Growth Centres in Regional Planning, Paris, The Hague, pp. 103–124.

18 Heinritz, G. (1979): Zentralität und zentrale Orte. Eine Einführung, Stuttgart, 179 S. (Teubner Studienbücher Geographie).

19 Hermansen, T. (1972): Development Poles and Development Centres in National and Regional Development. Elements of a Theoretical Framework, in: Kuklinski, A. R. (Ed.), Growth Poles and Growth Centres in Regional Planning, pp. 1–68.

20 Hermansen, T. (1972a): Development Poles and Related Theories: A Synoptic Review, in: Hansen, N. M. (Ed.) Growth Centers in Regional Economic Development, New York, London, pp. 160–203.

21 Kebschull, D./Fasbender, K./Naini, A. (1975[2]): Entwicklungspolitik. Eine Einführung, Opladen 298 S. (Studienbücher zur Sozialwissenschaft 26).

22 Klemmer, P. (1972): Die Theorie der Entwicklungspole – strategisches Konzept für die regionale Wirtschaftspolitik?, in: Raumforschung und Raumordnung, 30., S. 102–107.

23 Misra, R. P. (1972): Growth Poles and Growth Centres in the Context of India's Urban and Regional Development Problems, in: Kuklinski, A. (Ed.) Growth Poles and Growth Centres in Regional Planning, pp. 141–168.

24 Müller, J. H./Klemmer, R. (1969): Das theoretische Konzept Walter Christallers als Basis einer Politik der zentralen Orte, in: Zentrale Orte und Entwicklungsachsen im Landesentwicklungsplan, Hannover, S. 13–20 (Veröff. d. Akad, f. Raumforschung und Landesplanung, Forschungs- und Sitzungsberichte, Bd. 56).

25 Myrdal, G. (1957/1974): Ökonomische Theorie und unterentwickelte Regionen. Weltproblem Armut, Frankfurt/M. 1974, 198 S. (Original: Economic Theory and Underdeveloped Regions, London 1957).

26 Sandner, G. (1975): Wachstumspole und Regionale Polarisierung der Entwicklung im Wirtschaftsraum. Ein-Bericht über lateinamerikanische Erfahrungen, in: Der Wirtschaftsraum. Festschrift für E. Otremba, Wiesbaden. (Erdkundliches Wissen. H. 41), S. 78–90.

27 Schilling-Kaletsch, I. (1976): Wachstumspole und Wachstumszentren. Untersuchungen zu einer Theorie sektoral und regional polarisierter Entwicklung, Hamburg, 206 S. (Arbeitsberichte und Ergebnisse zur wirtschafts- und sozialgeographischen Regionalforschung 1).
28 Senghaas, D. (1978): Gibt es eine entwicklungspolitische Alternative für die Dritte Welt?, in: Aus Politik und Zeitgeschichte. B 7/1978 (Beilage zur Wochenzeitung „Das Parlament").
29 Thelen, P. (1972): Abgrenzung von Regionen als Grundlage für eine raumbezogene Politik, in: Jahrbuch für Sozialwissenschaft, Bd. 23, S. 227–249.
30 Uhlmann, J. (1979) Zentrale Orte heute, in: Zentrale Orte und ihre Folgen. Anspruch und Wirklichkeit, Hamburg, S. 19–28 (Material zur Angewandten Geographie 2).
31 Uhlmann, J. (1979 a): Entwicklungszentren-Stabilisierung oder „Gefährdung" des zentralörtlichen Systems?, in: Zentrale Orte und ihre Folgen. Anspruch und Wirklichkeit, Hamburg, S. 55–57 (Material zur Angewandten Geographie 2).
32 UNCRD (ED.) (1976): Growth Pole Strategy and Regional Development Planning in Asia. Proceedings of the Seminar or Industrialization Strategies and the Growth Pole Approach to Regional Planning and Development: The Asian Experience, Nagoya, Japan 4–13 November 1975, Nagoya, 455 pp.

B: *Regionale Literatur*

1 Bronger, D. (1979): Die Industrie der Philippinen. Geschichte – Struktur – Entwicklungsprobleme, Hamburg, 211 S. (Mitteilungen des Instituts für Asienkunde, Nr. 108).
2 Bronger, D. (1980): Zum Problem der Bestimmung, Abgrenzung und Typisierung von Peripherregionen in Ländern der Dritten Welt – Das Beispiel der Philippinen, Ein methodischer Versuch, in: Geographie und ihre Grenzen (Gedenkschrift H. Boesch), Zürich, S. 19–37.
3 Bronger, D. (1980 a): Problems of Regionalization in the Philippines. Aspects of Regional Planning in Developing Countries I, in: Philippine Geographical Journal. Vol. XXIV, No. 2, pp. 65–82.
4 Bronger, D. (1980 b): Regional Disparities in the Philippines. Aspects of Regional Planning in Developing Countries II, in: Philippine Geographical Journal, Vol. XXIV, No. 3, pp. 102–126.
5 Bronger, D. (1980 c): The Relevance of the Development Center Strategy to the Philippines. Aspects of Regional Planning in Developing Countries III, in: Philippine Geographical Journal, Vol. XXIV, No. 4, pp. 175–208.
6 Feldsieper, M. (1968): Zur Problematik der Entwicklung und Förderung des kleinindustriellen Sektors in Entwicklungsländern (Untersuchungen am Beispiel Indiens) Heidelberg, 282 S. (Dissertationsreihe des Südasien-Instituts der Universität Heidelberg, No. 4).
7 Kim, An-Jae (1976): Industrialization and Growth Pole Development in the Republic of Korea. A Case Study of Ulsan Industrial Complex in the Context of Regional Development in the Southern Coastal Area, in: UNCRD (Ed.), pp. 107–126.
8 Rauch, Th. (1980): Wachstumszentren in unterentwickelten Ländern – eine Analyse aus dependenz-theoretischer Sicht am Beispiel Nigeria, in: Verhandlungen des Deutschen Geographentages, Bd. 42, Wiesbaden, S. 515–518.
9 The World Bank (Ed.), (1976): The Philippines. Priorities and Prospects for Development, Washington. (Philippine Edition: NEDA (Ed.), The Philippines. Priorities and Prospects for Development, Manila 1977, 573 pp.).

C: *Publikationen: Regierung, Institutionen, Statistiken. Unveröffentliche Unterlagen*
(die in B 2–5 bereits zitierte Literatur ist hier nicht noch einmal angeführt)

1 Ministry of Human Settlements (Ed.) (1980): Settlement Profile (by Provinces) 1978 updated, Manila, 73 Vols.
2 Ministry of Tourism (1981): Philippine Hotel Directory 1981, Manila (mimeogr. unpubl.).

3 NCSO (1979–1981): 1975 Integrated Census of the Population and its Economic Activities, Phase II, No. 250–373, Manila.
4 NEDA (Ed.) (1981): The Regional Income Accounts of the Philippines CY 1971–1979. Revised Estimates as of November 1980, Manila (mimeogr.; unpublished).
5 NEDA/NCSO (Ed) (1981): Philippine Yearbook 1981, Manila 990 pp.

LAND USE AND ENVIRONMENT IN HONG KONG

BY R. D. HILL, HONG KONG

WITH 3 MAPS AND 2 FIGURES

With a population of approximately 5,1 million concentrated upon about 1 060 km², Hong Kong is one of the world's more densely populated regions. Despite this, the territory contains significant areas, mainly of very steep and broken hill country, which are virtually empty of permanent inhabitants. Some of this terrain is forested or is scrubland and grassland, and these lands form water-supply catchments which occupy about 32 per cent of Hong Kong's land area. Scrub and grassland also occupies lowland and terraced slopes, formerly used for growing rice or sweet potato, now devoid of cultivation and only used as pasturage by cattle kept by the elderly in the remoter rural villages from which most of the able-bodied have emigrated. In contrast, the urban areas are amongst the most densely populated in the world, with densities exceeding 1 000 persons per hectare in both high-rise commercial and residential areas and low-rise residential areas made up of 'informal' (squatter) housing. In an intermediate position, in terms of densities, are rural lowland areas, comprising both long-established villages and more recently-established detached homes, where the growing of vegetables for urban markets in the rule. Here, population densities are around 2–5 person per hectare, rising well above this on the fringes of villages. The variety of land used and land use processes within this small space mean that Hong Kong is a microcosm readily amenable to study.

Despite Hong Kong's reputation as a bastion of unbridled capitalism, government control over the alienation and use of land is controlled by legislation and this is generally enforced. With few exceptions, all land belongs to the Crown under the Torrens System of tenure, widely used in the Asian parts of the Commonwealth. Consequently 'owners' are in reality tenants of the Crown. This tenurial arrangement allows government to control land use, and all land held on lease may be used only for the purposes stated in the lease document. Enforcement of land use provisions is now much more strict than in the tumultuous days of the early 1950s when migrants from China squatted on both Crown and 'private' lands and built their shacks. The legal position of such areas has since been regularized to some degree by the designation of 'permitted' and 'cottage' areas, but outside these the Housing Department and district administrations mount regular patrols against illegal squatting whether by householders, private (often gangster-controlled) 'corporations' of hut-builders or the owners of small factories looking for sites in rural areas at low rent. Land use within the

---

* An earlier version of this paper was presented at a Workshop on Land Transformation, Veszprém, Hungary, 14–18 October, 1981.

broad categories of agricultural, mining, residential, commercial and industrial, is thus well-controlled. The government, as the territory's 'landlord' is itself responsible for producing land of which the leasehold is for sale to private developers. In order to maximize its revenue from this source (roughly 15 % of the total government revenue), production proceeds at a pace to ensure high land values, which in turn require high intensities of use to meet the overall cost[1]. These considerations have resulted in very sharp population density gradients, the juxtaposition of developed urban land occupied at high densities and land entirely unused. Only on the margins of some towns in the New Territories is an urban fringe zone well-developed (Yuen Long is an example).

MONITORING LAND USE AND ENVIRONMENT

The monitoring of land use is facilitated by the small size of the territory, and this, coupled with its relative wealth (GNP estimated at U. S. $ 3 040/person/yr in 1980) means that Hong Kong is not a particularly good model for other developing regions. Monitoring began on a regular basis following aerial photography of the whole region in 1954. For earlier periods, it would be possible to reconstruct use from various topographical maps. Since 1954, the Department of Agriculture and Fisheries has been responsible for the preparation of detailed estimates of rural land use, while the Crown Lands and Survey Office produces more general figures for the territory as a whole (see Figs. 1 and 5). The production of land use estimates has been facilitated by regular aerial photography, though individual surveys have not necessarily covered the whole area. Details are given in Table 1. (Photographs are freely available for public use. Keys are available in the Map Library, University of Hong Kong).

Table 1: Aerial Photograph Surveys of Hong Kong

Year	Agency Responsible	Area Covered
1924	Royal Air Force	Scattered pairs in New Territories and Guandong (China)
1954	Royal Air Force	Built-up Areas facing Victoria Harbour, whole of New Territories except north central area
1956	Royal Air Force	Whole territory
1963	Public Works Dept.	Virtually whole territory
1967	Hunting Surveys	Whole built-up area, part of southern Hong Kong Island
1968–70	Public Works Dept.	All built-up areas, islands, lowlands
1975–78	Public Works Dept.	Whole of urban Kowloon and Hong Kong, a few runs over southern Hong Kong Island

1 Site formation costs (levelling and drainage) average about U. S. $ 0,15 million/ha in the urban areas of Kowloon and Hong Kong, though these are now 'full' given present costs. In the New Territories costs range from U. S. $ 0,2–1,4 million/ha, with an average of about 0,35 million/ha.

So far as is known, aerial photography has not yet been used to study environmental features other than in broad categories of land use. It is only within the last 15 years or so that detailed measurements of water quality (other than that at water treatment intakes) and air quality have been made, and even then, many of the measurements have been made on a short term basis. The surveillance of inshore waters is on a regular basis, necessarily, since these receive about 6 000 tons/day of substantially untreated human sewage, but the intervals between successive observations is rather long. The coverage of hydrometeorogical stations is excellent, largely because of the need to monitor water supplies, there being 105 rainfall stations to give an average density of one per 10 km^2. Temperature, however, is observed at only five stations. Details of regular environmental observations are given in Table 2.

Table 2: Environmental Observation Networks

Agency	No. of stations	Environment measured	Comments
Labour Dept.	6	Air	Particulates and SO_2. Daily
Public Works Dept. Drainage Works Division	9	Fresh water	On R. Sutlej only, near sewage treatment plant
Public Works Dept., Drainage Works Div.	59	Harbour water	Sampled bimonthly or quarterly
–	39	Sewage outfalls	ditto
–	29	Bottom sediments	ditto
–	53	Beach water	Sampled 3 times a month with increased frequency during summer
–	20	Typhoon shelters (small boat anchorages)	Sampled every 4 months at low tide

The number of determinations made on marine samples varies but includes salinity, BOD (biochemical oxygen demand) and coliform bacterial counts.

CHANGES IN LAND USE

The analysis of land use change is somewhat hampered by changes in definition, but the general patterns are clear. Since 1954 there has been a striking increase in the area devoted to urban uses, a notable decrease in the amount used for agriculture (though that still used is used more intensively) and a striking increase in the amount of woodland as the result of a vigorous programme of tree-planting in the mid-1960s. The general pattern of land use change is shown in Figure 1 and the spatial dimension is indicated in Figures 2–4. The current land use situation is shown in Table 3.

Table 3: Land Use by Major Category, 1981

	Area (km²)	Per cent
Urban areas	166	15,7
Woodland	125	11,8
Grass and scrubland	624	58,8
Badlands (eroded granite)	46	4,3
Swamp and mangrove	1	–
Agricultural land	81	7,7
Fish ponds	18	1,7
Totals	1 061	100,0

Source: H. K. Govt. Annual Report, 1981

Table 4: Used and Unused Land in 19 Urban Secondary Planning Units

Use	Km²	Per cent
Residential	11,15	20,1
Commercial and residential (mixed)	,11	0,2
Commercial and business offices (mixed)	,55	1,0
Industrial	3,08	5,6
Warehouses and storage	,95	1,7
Institutional and community	2,97	5,4
Educational	2,26	4.1
Car Parking	,39	0,7
Roads	9,32	16,8
Squatter areas (mainly residential)	1,49	2,7
Alloted vacant land	6,50	11,7
Public open space	3,02	5,4
Private open space	1,24	2,2
Railway	,26	0,5
Agricultural	3,44	6,2
Military	4,81	8,7
Airport	1,11	2,0
Others	2,80	5,0
	55,45	100,0
Unused		
Water bodies	1,96	
Unused (grass & scrubland)	81,20	
	83,16	

Source: recalculated from Kalma, Johnson and Newcombe, 1978, Table 3

Urban Land Uses

Urban land uses are every much those of any large city, though with some peculiarities. In an analysis based upon administrative units containing the bulk of the contiguous built-up land, Kalma Johnson and Newcombe (1978) indicate that 81,2 km² of a total of 138,6 km² was 'unused'. Fuller details are given in Table 4 which has been recalculated from their data. (The method of determining land use is not stated by these authors but it would appear to have been computed either from aerial photographs or perhaps from available topographical maps on scales of 1: 2 000 or 1: 500).

The area in urban land uses has doubled since 1965, and has been particularly affected by the construction of public housing in new towns at Tsuen Wan, Kwun Tong, Castle Peak (Tuen Mun) and Sha Tin. At Kwun Tong, for example, the population grew from 81 000 in 1961 to 575 000 in 1976, of which 78 per cent is in public housing. In the territory as a whole, two million people occupy public housing. The area in urban uses has increased more rapidly than the population. The very high densities which characterized the older areas adjoining the central business districts have fallen somewhat, though are still high. The mean population density in urban areas (as defined by government) fell from 478 persons/ha in 1965 to 310 persons/ha by 1981. However, these values hide considerable ranges. A survey undertaken in 1973—4 showed that of the 3 925 households interviewed, 14 per cent occupied 'extra-residential space' at low densities (below 250 persons/ha) with the rest being exactly divided between medium densities (250—1 000 persons/ha) and high densities (over that figure). The planned density at a New Town now under construction, Sha Tin, is approximately 290 persons/ha.

Within residences, densities were also high, the same survey showing that 23 per cent occupied dwellings with more than 6,5 m²/person, 26 per cent with 3,7—6,5 m²/person and 51 per cent less than 3,7 m²/person (Boyden, 1979). In some squatter areas and in the oldest government resettlement housing, densities within residences are about 2 m²/person (Millar, 1976).

A further noteworthy feature of the urban land uses is their three-dimensional geometry. High-rise buildings are the norm, in many cases even for light industries and car-parks. Moreover, they extend to the water's edge along the coast, thus hindering the free circulation of air. The urban area generally, excepting the limited areas of public and private open space, thus has a high degree of surface roughness, and this together with heat reflection from walls and heat generated with the area itself leads to a 'heat island' effect.

Woodland

Woodland areas comprise three basic formations: planted woods generally monospecific in composition, *Pinus,* (especially the South China pine, *P. massoniana*) and *Acacia* spp. being the most common; naturally regenerated scrub-with-trees, (the trees most being *P. massoniana* and the scrub comprising various broadleafs); very small areas, of broadleaf forest for example in the Pokfulam catchment.

The statistical series relating to the area of woodland do not entirely match, but it is clear that the early 1960s saw a considerable expansion of the forest area. This resulted from concerns that water-supply reservoirs were being silted up too rapidly, especially as the hill vegetation, already degraded by generations of burning and collection of domestic fuel had suffered further damage during the war and subsequently from the foraging of squatters.

Table 5: Area under Woodland, Selected Years (ha)

Year	Planted Area (estimated)	New Plantings (over previous 5 years)	Re-planting on fire-damaged areas (over previous 5 years)	Area damaged by fire (over previous 5 years)
1958	2 347	969	n.a.	n.a.
1963	5 842	3 349	n.a.	535
1968	6 176	389	477	1 410
1973	6 073	523	245	477
1978	4 050	257	126	2 042

Source: H. K. Dept. of Agriculture and Fisheries Annual Reports

Grass, Scrub and Badlands

Grass, scrub and badlands may conveniently be considered together. They occupy just under two-thirds of the total land area, but economically are of little consequence, though grasslands may be used for rough grazing by cattle near villages. (The problems of dry-season water supply and the low quality of pasturage at that season probably explain much of this limited use). The species composition varies greatly from area to area, with a marked tendency for damper valley bottoms to contain woody rather than herbaceous species. In the badland areas developed on deeply-weathered granite substantial areas are entirely bare. In the grassland, *Arundinella, Cyperus* and *Imperata* spp. are dominant. All recover fairly rapidly from fires which are common in the dry season. Where fire is less common, woody species, mainly *Baeckea frutescens, Rhodomyrtus tomentosa* and *Melastoma* spp., dominate, while the fern *Dicanopteris linearis* is common to both scrub and grassland. In those limited areas where there has probably not been fire for some decades, the flora is more diverse, often containing the indigenous *Pinus massoniana* and a mixture of broadleafs amongst which *Aporusa* spp. are notable. Where agricultural land has been abandoned, the initial seral vegetatation comprises various grasses, but within about five years, and in the absence of burning, woody plants including the indigenous *Melastoma* spp. and the introduced *Lantana* are common components. On such land, guava (*Psidium guajava*) a garden escape, once established will persist despite fire.

Change in the area of grass and scrub derives from several sources. First is reduction by continued urban growth. The quantum of this is not known precisely but, with the exception of the conversion of some swamp land to urban uses, it may be assumed that almost all urban land has been converted from grass and scrub, not from cropland.

Second is the addition of abandoned agricultural land to the scrub and grassland category. Abandoned agricultural land comprised about 1 000 ha in 1961, and this has now risen to about 5 000 ha. It is ironical that abandonment has come about at all, but it derives from basic changes within the economic system. Prior to the influx of refugees which was triggered off by events in China, villagers in all but the urban fringe areas led a semi-subsistence life in which the growing of rice (two crops annually) was supplemented by fishing or rearing pigs. In urban fringe areas vegetables for urban markets were the major crops. With rapid population growth and rising living standards came growth in demand for pigs, poultry and vegetables. Many of the immigrants were experienced producers and by buying or leasing land were able to meet this demand. But this could occur only in areas where rapid transportation to urban markets could be assured. The economic base in less accessible areas was thus undermined as labour demand in the city was high and emigration to Britain (in particular) was easy. The result was that persons in the working age groups migrated, leaving the elderly (and sometimes young children in their care) to stay in the villages. There was thus insufficient labour to support the village economy, irrigation works fell into disrepair and once a lower threshold of about 10 families was breached, disintensification of agriculture ensued with the rearing of a few cattle replacing more intensive forms. The culmination of this process is abandonment of villages and their lands as the elderly die.

Yet the rights in land of now-absent owners do not lapse and the fact of owners' absence makes control of squatting and putting land to other uses quite difficult. Much of this class of land is used for recreational purposes by visitors, whose number has recently increased by about 40 per cent yearly. Thus arise problems of visitor control, including rubbish generation and disposal and comes the question of how to retain the amenity value of often scenically-beautiful rural landscapes where the rural economy which contributes to the maintenance of such landscapes is to all intents moribund.

Changes in the area of cultivated land are shown in Figures 5 and 6. Notable is the decline in rice to the point that it now occupies only about 40 ha. Similarly, field crops (such as sweet potato) and orchards have shown both absolute and relative declines. From 1961, the area under vegetables tended to expand, especially where measured in relative rather than absolute terms (Figure 5) but since 1977 this has contracted, particularly under the impact of competition with imports produced at lower cost across the northern border. Rising wages in unskilled or semi-skilled urban activities have tended to push up costs on vegetable farms and on pig and poultry farms. Attempts by farmers to hold down labour costs, for example by employing overhead irrigation, by hosing down pig-sties or by using artificial rather than natural fertilizers on their crops have led to major environmental problems.

THE EMPACTS OF LAND USE CHANGE UPON PEOPLE AND ENVIRONMENTAL SYSTEMS

The impacts of land use change upon environmental systems are complex and interlocking. Moreover, only the most obvious impacts have received attention from scholars. In this section, examples are given of the manner in which changes within and amongst land use systems impinge upon the human population and certain environmental systems.

Microbiological and Biomedical Systems

Measurement of the effects of land use change upon the microbiological and biomedical systems is difficult. Amongst the human population press reports suggest that the incidence of disorders of dirt such as tuberculosis or ascarid worms are substantially higher in squatter areas than in public housing. The lowering of population densities through public housing, together with the improved sanitation and water supply represented by public housing have undoubtedly had beneficial results upon health, even though estate residents consider their estates physically insecure at night. Boyden (1979) shows that 55 per cent of his survey respondents considered their area 'quite unsafe' or 'very unsafe' at night, compared with 28 per cent in these categories together during the day.

Other social investigators have suggested that families tend to become excessively inward-looking. (The Housing Authority claims that on average, there is less crime on its estates than in the territory generally). Certainly there are significant economic gains: rents are a lower proportion of income, the cost of living is said to be lower and residents have access to cheap schools, low cost clinics and to libraries and community centres (Choi and Chan, 1975). Nevertheless, such has been the rate of population increase that squatter areas and pest-holes such as certain boat anchorages, where 'boat people' live, continue to exist. Pockets of disease and poor health survive. For example, during the cholera epidemic of the early 1960s, boat people were found to have a 25 percent contact carrier rate, compared with three per cent amongst those living on land (H. K. Medical and Health Dept. Ann. Rept. 1961).

Despite improvements, including the construction of 35 000 units of public housing annually, urban residential densities are still high, especially in the older tenement areas fringing the central business areas. The effects of such densities are difficult to assess, though it has been suggested that one person in five suffers psychological impairment as a consequence. An attitudinal survey by Boyden and his associates (Millar, 1976; Boyden, 1979) showed that 25 per cent of their survey population was 'very tolerant' of high densities, with a further 44 per cent 'moderately tolerant'.

Amongst the human population it is likely that attempts to disentangle crowding from other factors in the occurence of pathogenic conditions will always be near-impossible. The downward trend of the incidence of major diseases may reflect lower population densities, but it also reflects improved nutrition and better delivery of health care now available at very low cost (Table 6).

Table 6: Changes in the Incidence of Certain Notifiable Infectious Diseases and Suicide, Selected Quinquennia (notified cases/100 000 people)[1]

Quinquennia	Bacillary Dysentry	Typhoid & Paratyphoid	Tuberculosis	Suicide[2]
1958–62	22	28	445	13
1963–67	20	22	348	11
1968–72	16	13	244	11
1973–77	8	10	44	13

Source: Compiled from H. K. Dept. of Medical and Health Services Annual Reports

1 The changes are probably even more striking than indicated because of improved reporting.
2 Figures for 1958–62 and 1963–67 are estimates based on the assumption that half of the 'violent deaths' are suicides.

Some effects of land use changes upon the microbiology of animal populations (and in turn on human populations) are indirect and relate to changes in livestock numbers and agricultural practices rather than to land use as such. For example, the practices of raising poultry on the battery system and pigs entirely indoors may go some way towards explaining the rapidity with which epidemics may spread amongst animals. The effects upon man may be of some importance. For example, Wong (1971) showed a high rate of excretion of *Escherichia coli* by pigs which may also carry *Salmonella* spp. The levels of *E. coli*, of both animal and human derivation may become extremely high in streams and coastal waters. Hodgkiss (in Morton, 1975) reported counts of 92 000/100 ml at Tolo harbour, against United Nations standards for swimming of 1 000/100 ml, and counts of 1 000–5 000/gm in the flesh of shellfish, compared with U. N. levels of 15/gm. Ducks are suspected of playing a role in the maintenance and mutation of influenza viruses (Shortridge, pers. comm.).

One significant change in agricultural practice has been the change from the use of organic fertilizers such as prawn dust, poultry and pig manure and human faeces (carefully matured in vats to reduce its disease-transmission capacity). Until the late 1950s the total input of these fertilizers were at rates up to about 80 t/ha/yr, but nowadays the overwhelming majority of farmers uses artificial fertilizers, though about one-tenth of the poultry manure is used agriculturally. Newcombe (1977) has suggested that the trend away from applying organic matter to crop land reflects a change in farmers' attitudes. Rather, it reflects increasing specialization by which pig-rearing and vegetable-growing became separate activities and it also represents an attempt to reduce the high labour cost involved in handling natural fertilizers which contain much water and relatively little nutrient. (Pig faeces, for instance, are more than 80 per cent water). An undoubled consequence has been an increased input of such wastes to the hydrological system. The total daily output of pig and poultry faeces is now estimated at 1300 t and that of human faeces at about 7 400 t (based on Newcombe, 1977).

Atmospheric System

Studies of the effects of land use change upon the atmospheric system scarcely exist, though the territory's main meteorological observatory has reported a long-tern upward drift of mean temperature deriving from increasingly dense urban development in its vicinity. A number of studies, for example, Kalma, Johnson and Newcombe (1978), Kyle (1980, 1981), have demonstrated the existence of 'heat islands' in the urban areas on both shores of Victoria Harbour. The analysis by Kalma et al. was based upon estimates of artificial heat generation (excluding metabolic heat which in densely populated areas was estimated as six per cent of the extrasomatic energy use). From a computer-based simulation for cloudless days employing one-dimensional energy budget models (i.e. neglecting horizontal transportation of heat and advection), it was concluded that there is "... no evidence to suggest that the importance of surface characteristics applicable to particular land use is proportional to the relative surface area occupied by that particular land use". However, they also reported temperature maxima over car-parks and roads 1,5°C higher in winter and 4,5°C higher in summer than the corresponding maxima in rural areas. They indicate that artificial heat increases mean minimum temperatures in the urban area by 0,5°C in both seasons. Artificial heat generation (as measured by fuel type and end-use as related to population) accounted for flows of 8 to in excess of 24×10^8 MJ/km^2/yr over the main built-up area. (Kalma et al. 1978, 63–64, 71). Kyle's work (1980) based on measurement, while confirming the general dimension of the heat island modelled by earlier workers, has shown that public open space in a heavily built-up area is in fact cooler than its surroundings. The urban/rural microclimate gradient has not been investigated in detail though Li (1980) has compared an open site in the New Territories with one in a highly-congested area of inner-suburban Kowloon. At the intra-residential level, Ko (1980) has recently made a pioneer micrometeorological study.

The entry of pollutants into the atmospheric system has not been monitored over a sufficiently long period or with a sufficiently dense network to produce conclusive results. Kalma et al, (1978, 33) estimated a total output (by weight) of 255 000 t/yr, comprising SO$_x$ (44 per cent), CO (30 per cent), NO$_x$ (16 per cent), particulates (6 per cent) and hydrocarbons (4 per cent). Sulphur dioxide (SO$_2$) concentrations reflect localized emissions from oil-fueled power stations in the vicinity of which levels may exceed 900 μg/m^3 yr. (Stations are required to switch to low-sulphur fuels when the local atmospheric circulation is slow). Carbon monoxide (CO) levels are high (over 1 000 μg/m^2/yr) in urban Kowloon, central Hong Kong and Tsuen Wan. Generally, the spatial distribution of atmospheric pollutants follows the population distribution, traffic distribution and the level of industrial and commercial activity.

From an economic veiwpoint, the (mainly public) costs of pollution are probably large. Carr (1973), on the basis of the value of lowering morbidity and mortality rates by reducing pollution in polluted areas by 50 per cent — that is, bringing the air and other factors half-way towards the levels prevailing in the cleaner urban areas — estimated direct health costs (in terms of income foregone) of over one hundred million H. K. dollars annually, say 20 million U. S. dollars at the then prevailing rate.

Fresh-water and Marine Hydrological Systems

Since the ecologies of fresh waters (in Hong Kong largely rivers and streams) and coastal waters are closely linked, it is desirable to consider them together. Hodgkiss (in Morton, 1975; 1981 has reviewed stream pollution while the various contributors to Morton (1975) have provided details of coastal ecology.

The effects of vegetation change upon water quality and rates of erosion have not received wide attention though an admirable case-study by Lam (1980) has shown major differences between two catchments in badland terrain on one hand (A and B) and a wooded (*Pinus massoniana*) catchment (C) on the other. The former two catchments were 40 and 24 per cent barren respectively while such vegetation as existed was scrub and grass. The soils (Oxisols derived from granite) were uniform. Observations over a 15-month period showed total dissolved solids from catchments A and B of 19–20 ppm compared with 29 ppm from catchment C. The values for suspended sediments were strikingly different at 5 336, 3 652 and 131 ppm for the respective catchments. It thus seems reasonable to suppose that badland reclamation results in a major improvement in water quality. The replacement of scrub and grass by woodland can be expected to have similar, though less striking results.

The hydrological system has also been significantly modified by the use of all major catchments for water supply purposes. (Hong Kong is about 70 per cent self-sufficient in water). An elaborate system of catchwaters constructed in the upper courses of hundreds of streams has reduced total run-off and this causes premature dumping of stream sediments. This in turn lowers the rate of sediment delivery to the shore and, probably, in the shrinkage of beaches (Pitman and Peck in Morton, 1975).

Water quality in the streams of the New Territories has been surveyed in 1965–67 and again in 1972 (see Hodgkiss in Morton, 1975; in press). The latter showed that 240 km of stream, mainly upper courses, was 'clean', 96 km 'moderately polluted' and 64 km 'grossly polluted'. The main contributions were pig and poultry effluent (68 per cent), industrial effluent (22 per cent) and domestic sewage (10 per cent). In addition solid wastes (industrial and domestic) contributed 0,5 per cent, but because they are liable to block streams, their effects are disproportionate to their quantity. On the basis of a pig producing the same amount of excrement as two people and 10 chickens the same as one person, the daily output, most of it into streams, is estimated at about 1 300 t/day or the equivalent of 1,7 million people. Hodgkiss (1981) has quoted estimates that by 1984 the total stream effluent load will be just over 34 000 kg BOD/day, of which 68 per cent will be agricultural. His own calculations, however, suggest that a total of about 55 000 kg BOD/day are more likely. Given general low water flows, severe oxygen depletion occurs in the lower courses of many streams, especially during the dry season, when they become little more than open sewers.

Oxygen depletion is also a significant feature of coastal waters. Virtually all domestic sewage is discharged either by seawall or submarine outfalls, without any treatment beyond comminution. Current levels of BOD (biological oxygen demand) are roughly equivalent to those from a city of 7,2 million people. This is based upon a current human population of 5,1 million, 0,55 million pigs, 6,76 million poultry and 0,87 million ducks, together with industrial effluents, those from the dyeing and bleaching industry alone having a BOD roughly equal to sewage from one million people. In addition to the high levels of coliform bacteria mentioned earlier, levels of heavy metals are also high, the daily input into coastal waters being estimated at two tonnes. Concentrations of lead and cadmium have been reported as 160 and 180 times those normally found in seawater (Hodgkiss in Morton, 1975), though the implications of these levels for human health is a matter of dispute.

Behavioral Change and Land Use

In the last decade or so, two significant changes in recreational behaviour, especially amongst the young, have taken place. In 1968, the annual number of visitors to gazetted beaches was estimated at one million, and this had risen to 15 million in 1973/74 (Young in Morton, 1975). The impact of visits is, however mainly upon the transportation system and the beaches themselves where the main environmental impact is litter.

From the standpoint of land use, the second change in recreational behaviour, visiting the countryside to walk, picnic or camp has more widespread consequences. Large increases in the number of visitors have taken place. For example, in 1978/79, 5,15 million people visited the 40 833 ha of gazetted country parks, and this rose to 7,12 million in the following year (H. K. Dept. of Agriculture and Fisheries, Ann. Rept. 1979/80). In 1967/68 concern was expressed that there was a steady growth of an already serious litter problem. Taking Wholey's figure of 0,3 kg litter per visitor per visit (Wholey in Hill and Bray, 1978), the litter generated in country parks alone is around 2 100 t/yr most being generated near the 360 picnic sites. Nevertheless, visual evidence suggests that along paths, at unserviced picnic spots and in villages, significant accumulations of rubbish occur. An important component of this is tin cans which provide admirable breeding grounds for mosquitoes, which fortunately are not malarial.

A second apparent impact upon the open countryside would at first sight appear to be an increased number of fires. The average number reported over the past 25 years by the Fire Service of the Agriculture and Fisheries Department is 558 each year. In the first two quinquennia of the period the annual average was under 350 compared with 660–680 in the second decade and 883 in the last five years, which coincidentally saw a large increase in visitors to the countryside. However, in reality, the control area has enlarged (from about 170 km^2 in 1967 to around 210 km^2 in 1976 and almost 410 km^2 in 1980). Rough estimates, based upon quinquennial means centred on 1967, 1976 and 1979, suggest that the incidence of fires has fallen by about one-third to average 2,2 fires/km^2 controlled area/yr. The incidence has fallen despite an increase in the number of visitors of about 40 per cent annually. This success is obviously related to better visitor control and the provision of fire-places. The remaining fires reported often start outside controlled areas and are caused by careless burning-off by villagers or result from fires escaping from religious ceremonies performed at scattered graves.

Thus change in recreational behaviour has apparently not resulted in greater environmental change by fire, at least in controlled areas. Nevertheless, there are significant countryside areas not controlled and these include islands where inaccessibility and lack of water (except from the sea) make fire control impossibly expensive. Here environmental damage will continue for the foreseeable future unless the community decides that the cost of preserving and improving such amenities is worth bearing.

ACKNOWLEDGEMENTS

The assistance of Dr. J. J. Hodgkiss, Department of Botany, University of Hong Kong and Mr. J. Wholey of the Country Parks Division, Department of Agriculture and Fisheries, Hong Kong is gratefully acknowledged. Financial assistance to attend the Veszprém Workshop was gratefully received from the United Nations University and the Rural Development Commission of the International Geographical Union.

BIBLIOGRAPHY

Boyden S., 1979, An integrative ecological approach to the study of human settlements, Paris. (This report summarizes the methods and some of the results of the Hong Kong Human Ecology Project undertaken in the mid-70s).

Carr, N., 1973?, Hong Kong environment, an economic perspective, Hong Kong.

Choi, C. Y. and Chan, Y. K., 1975, Housing policy and internal movement of population: a study of Kwun Tong, a Chinese New Town in Hong Kong, Hong Kong.

Hodgkiss, I. J., 1981, 'Stream pollution in Hong Kong — an appraisal'. Environmental conservation 8 (2), 119—124.

Hong Kong, Department of Agriculture and Fisheries, Annual reports, 1948/49-.

—, Medical and Health Department, Annual reports, 1957/58-.

—, Annual reports, 1965, 1980-.

Kalma, J., Johnson, M. and Newcombe, K., 1978, 'Energy used and the atmospheric environment in Hong Kong. Part I Inventory of air pollutant emissions and prediction of ground level concentrations of SO_2, CO. Part II Waste heat, land use and urban climate' Urban ecol., 3, 29—57; 59—83.

Ko Sau Ying, V., 1980, An investigation of the microclimate within an apartment building under hot-humid climatic conditions, Unpub. B. A. diss., University of Hong Kong.

Kyle, W. J., 1980, 'Spatial and temporal variations in the microclimate of Tsim Sha Tsui' Annals of the G. G. A. S., 8, 18—26.

—, 1981, Investigating microclimate, Hong Kong.

Lam Kin Chey, 1980, Differences in stream water quality in relation to catchment vegetation in Tai Lam Chung, Hong Kong.

Li Siu Wah, J., 1980, A comparative study of micrometeorology at two sites — Yuen Long and Mongkok, Unpub. B. A. diss., University of Hong Kong.

Millar, S. E., 1976, Health and well-being in relation to high density living in Hong Kong, Unpub. Ph. D. diss., Australian National University, Canberra.

Morton, B. (ed.), 1975, The future of the Hong Kong seashore, Hong Kong.

Newcombe, K., 1977, 'Nutrient flow in a major urban settlement. Hong Kong', Human ecol., 5 (3), 179—208.

Nichols, E. H., 1976, 'The development of agriculture and fisheries in Hong Kong, post 1946, Agriculture Hong Kong, 1 (5), 377—396.

Wholey, J. W., 1978, 'The Hong Kong countryside and its importance to the community', in Hill, R. D. and Bray, J. M. (eds.) Geography and the environment in Southeast Asia, Hong Kong, 345—352.

Wong, C. T., 1978, 'Urbanization and agriculture: the impact of agricultural and town development on the rural environment of Hong Kong', in Hill and Bray, 165—183.

Wong, F. S. F., 1971, 'Salmonellosis in Hong Kong pigs', Agric. sci. Hong Kong, 1 (5/6), 217—229.

Fig. 1 Hong Kong Land Use Changes, 1961-1981

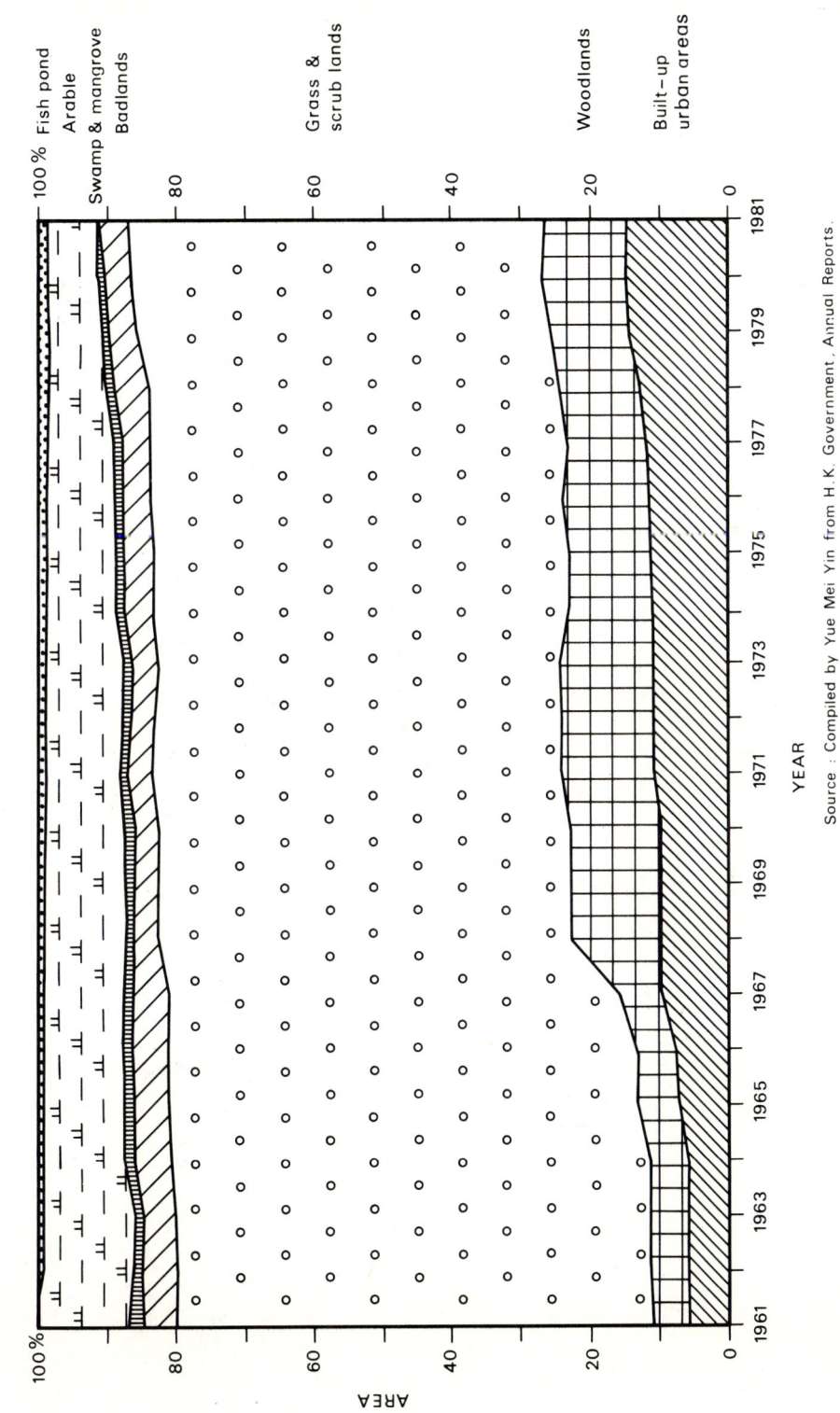

Source: Compiled by Yue Mei Yin from H.K. Government, Annual Reports.

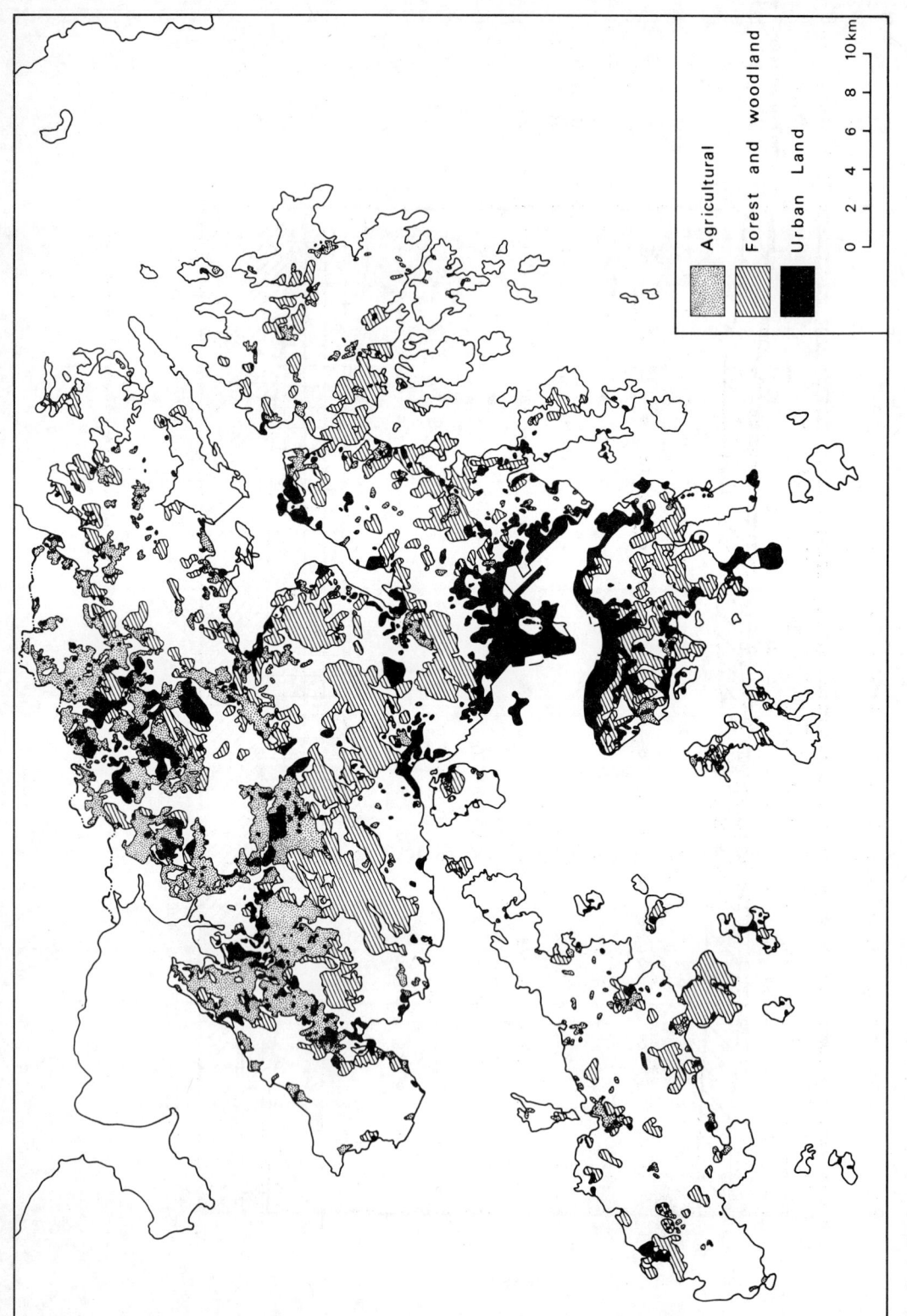

Map 1 Agricultural, urban land, forest and woodland, 1954

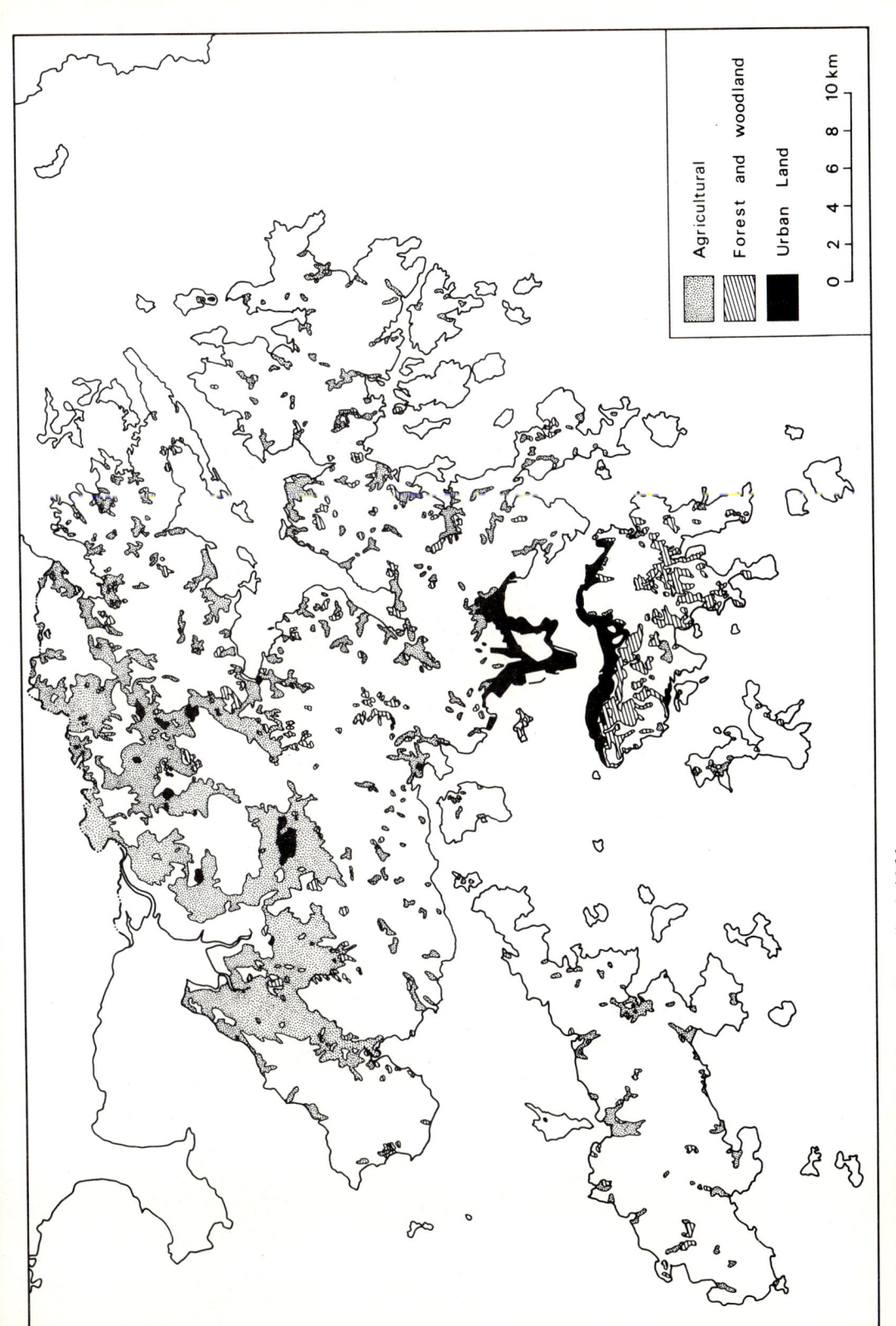

Map 2 Agricultural, urban land, forest and woodland, 1966

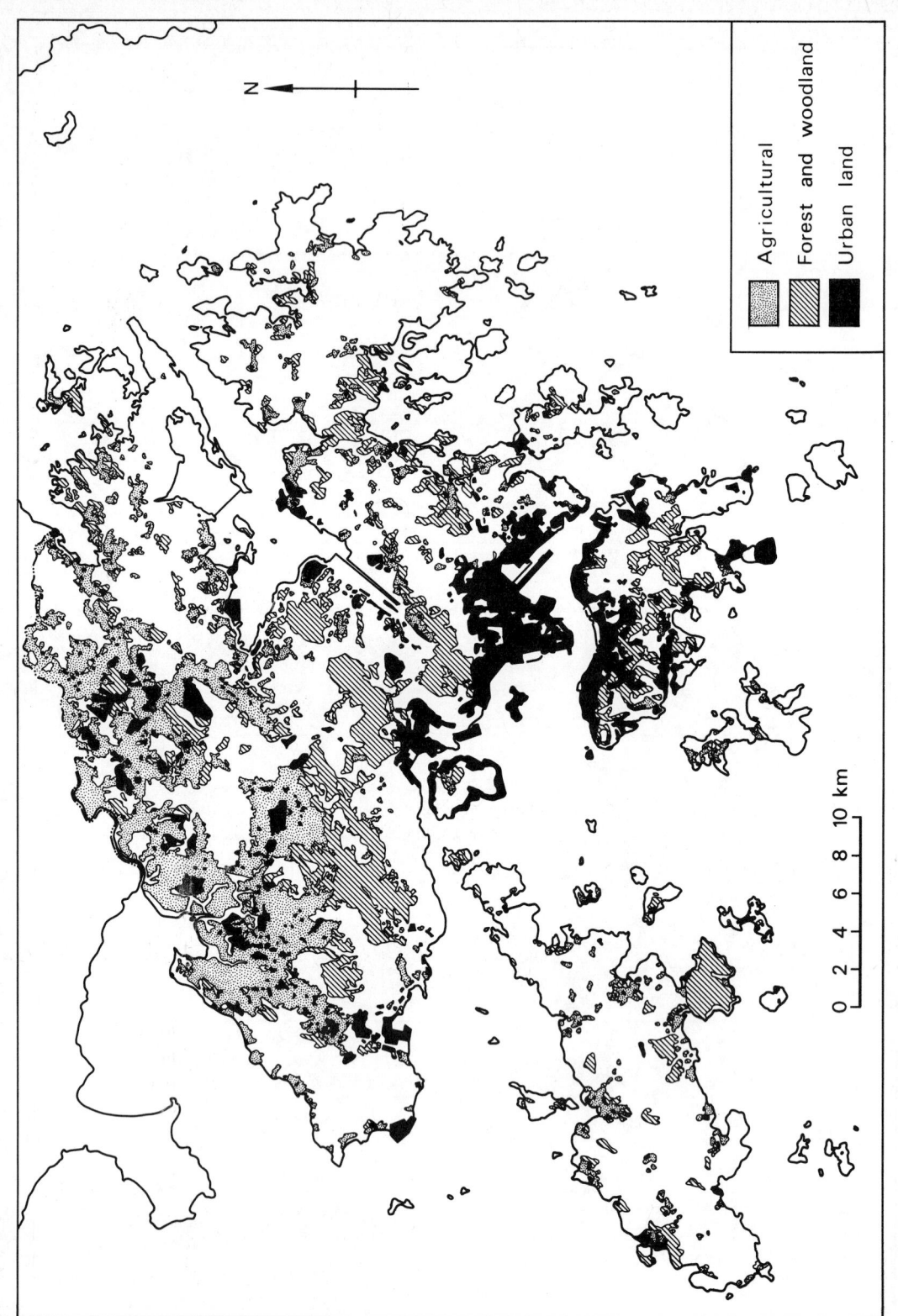

Map 3 Agricultural, urban land, forest and woodland, 1979

Fig. 2 Hong Kong Rural Land Use, changes by Type, 1961–1979 (Area)

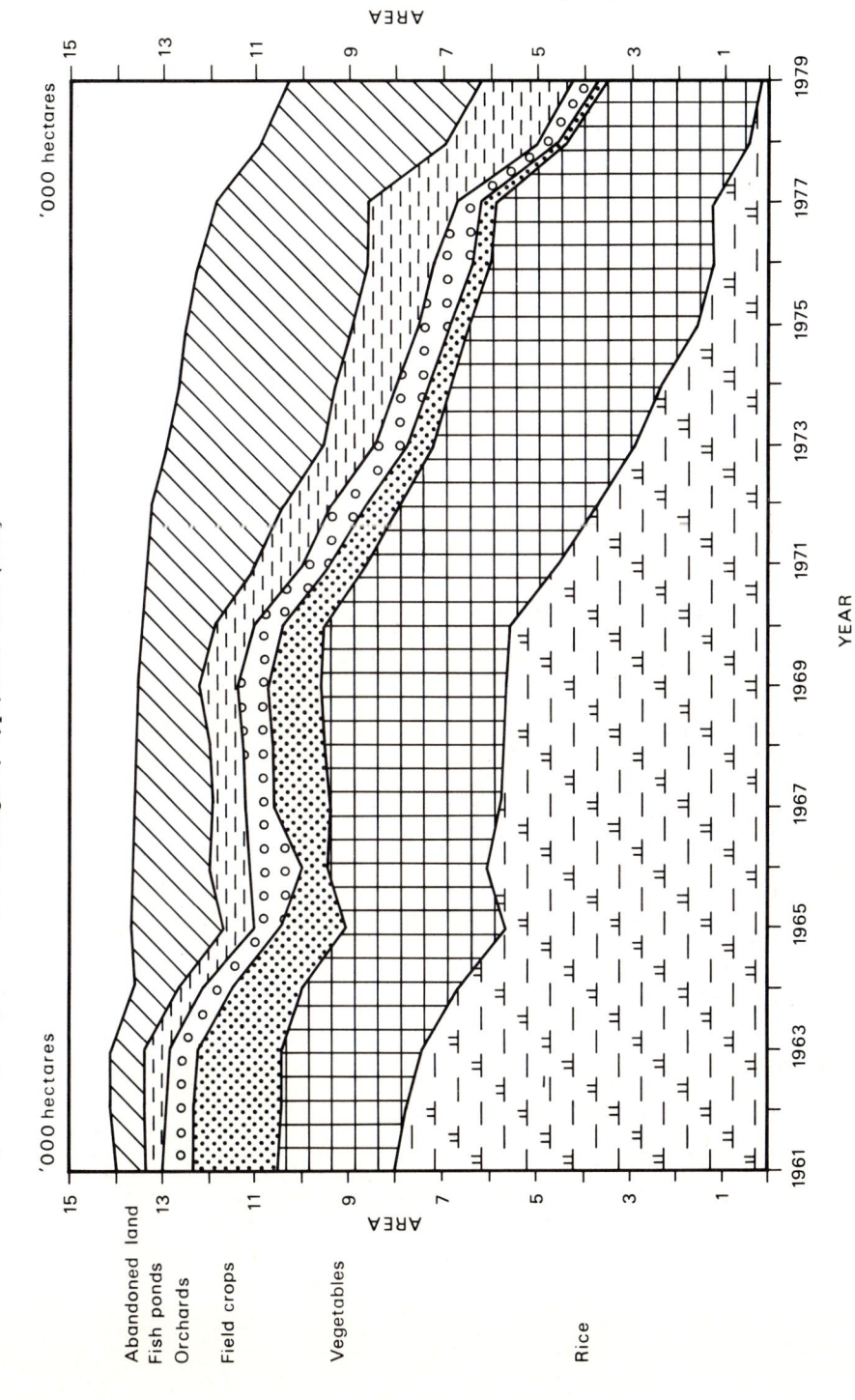

Source: Compiled by Yue Mei Yin from H.K. Government, Agricultural and Fisheries Dept., Annual Reports.

Fig. 6 Hong Kong Rural Land Use, Changes by Type, 1961-1979 (Percentages)

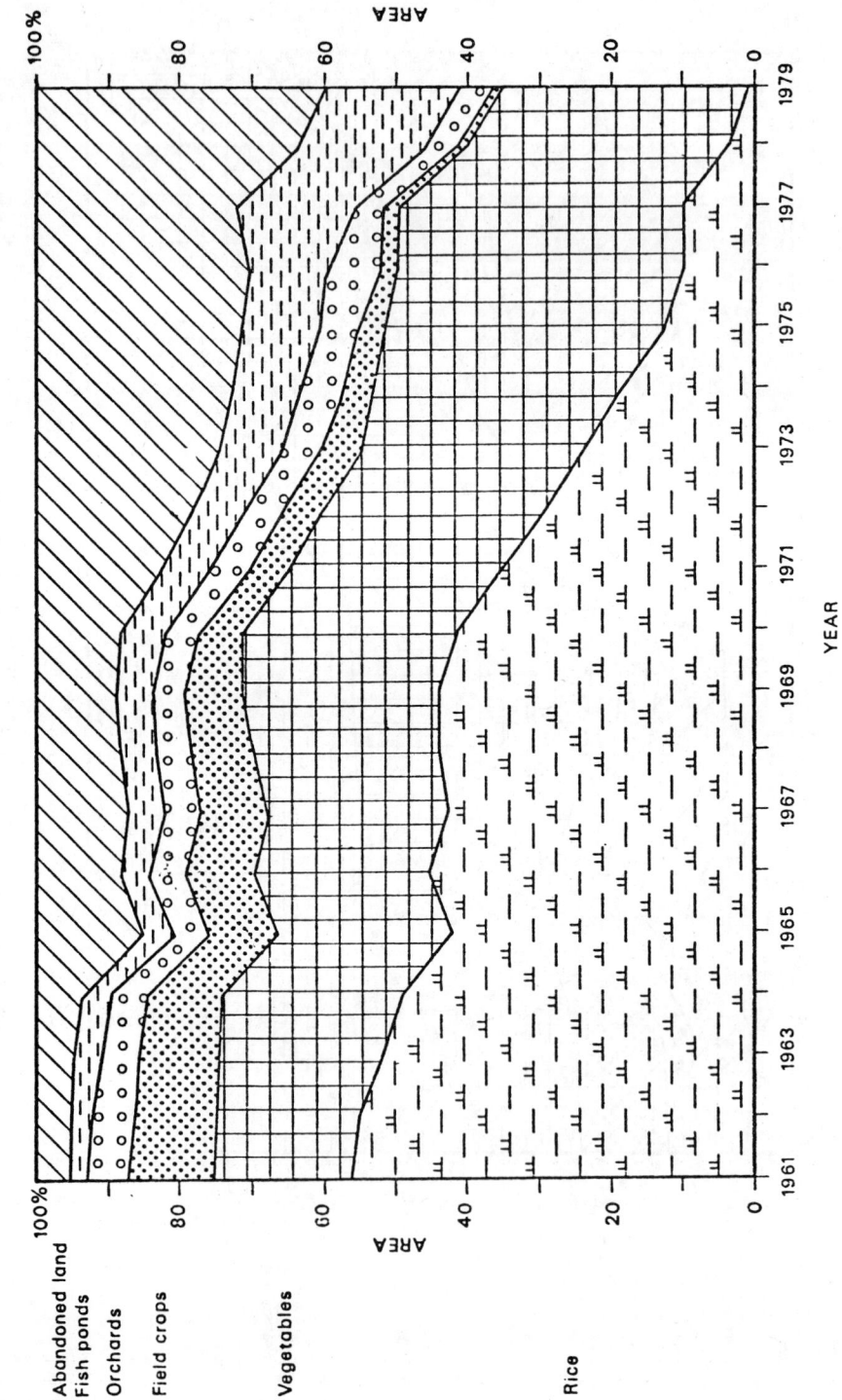

Source: Compiled by Yue Mei Yin from H.K. Government, Agricultural and Fisheries Dept., Annual Reports.

GESCHICHTE DER KARTOGRAPHIE VON THAILAND *

VON ULRICH FREITAG, BERLIN

MIT 9 ABBILDUNGEN

In den letzten Jahrzehnten sind von thailändischen, amerikanischen und deutschen Autoren wichtige Beiträge zu einer Geschichte der Kartographie von Thailand veröffentlicht worden. Das Königlich Thailändische Vermessungsamt in Bangkok, das die Bearbeitung und Herausgabe eines Topographischen Atlas von Thailand begonnen hat, hatte beabsichtigt, diese Beiträge zu sammeln und in den systematischen Zusammenhang eines kurzen Abriß der Geschichte der Kartographie von Thailand zu stellen, der den Topographischen Atlas einleiten sollte.

Betrachtet man die Geschichte der Kartographie Thailands nur unter dem Aspekt der topographischen Genauigkeit der Karten, so umfaßt diese Geschichte weniger als 100 Jahre, begann doch die topographische Landesaufnahme Thailands mit den Methoden der Dreiecksmessung und der Meßtischkartierung erst zu Beginn unseres Jahrhunderts. Aber selbst die ältesten erhaltenen thailändischen Karten, die Karten aus den Thraiphum-Handschriften, die keinen Anspruch auf topographische Genauigkeit erheben, sind nur 200 Jahre alt. Auf der anderen Seite kennen wir topographisch genaue Karten und Pläne der Stadt Ayutthaya und des Unterlaufs des Maenam Chao Phraya, die von holländischen und französischen, deutschen und englischen Kapitänen und Reisenden mehr als 100 Jahre früher angefertigt worden sind. Und selbst ein Jahrtausend früher waren den griechischen und chinesischen Geographen die relative und absolute Lage von Handelsstädten in Südostasien bekannt und wahrscheinlich auf verlorengegangenen Karten verzeichnet, zu einer Zeit also, als die von Norden einwandernden Thais noch nicht die Küste des Golfes von Siam erreicht hatten.

Diese Tatsachen werfen zahlreiche Fragen auf, die beantwortet werden müssen, bevor eine umfassende und zufriedenstellende Geschichte der Kartographie von Thailand geschrieben werden kann. Soll eine solche Geschichte nur die kartographischen Ausdrucksformen berücksichtigen, die in Thailand selbst entstanden sind? Oder soll die Geschichte der Kartographie Thailands eine Geschichte der Kenntnis Thailands im Bild der Karten der verschiedenen Kulturkreise sein? Soll eine solche Geschichte sich nur mit den kartographischen Ausdrucksformen beschäftigen, die von den Thais entworfen und ausgeführt worden sind? Oder soll die Geschichte die Einflüsse ausländischer Karten und das Wirken fremder Kartographen in Thailand berücksichtigen? Kann sich die Geschichte der Kartographie von Thailand allein auf die wenigen in Thailand erhaltenen

---

* Der Aufsatz ist eine Zusammenfassung der Arbeit „The History of Cartography of Thailand – A Study in Comparative Cartography", Manuskripte zur Theoretischen und Praktischen Kartographie, Berlin 1982.

kartographischen Denkmäler stützen? Oder soll sie prüfen, ob die räumlichen Vorstellungen der Thais andere Ausdrucksformen gefunden haben als gerade kartographische? Soll die Geschichte der Kartographie Thailands dementsprechend bei den ersten erhaltenen Dokumenten einsetzen, oder soll sie spekulativ weiter in die Vergangenheit zurückgehen? Soll die Geschichte in der Gegenwart aufhören, oder soll sie in die Zukunft weitergeführt werden? Soll die Geschichte der Kartographie von Thailand allein die Erscheinungformen der Karten darstellen, oder sollte sie versuchen, Verbreitung und Wirkung der Karten innerhalb der thailändischen Gesellschaft darzustellen?

Die Mehrzahl der genannten Fragestellungen ergibt sich aus der gegenwärtigen Entwicklung der geographischen und kartographischen Wissenschaft. Die Betonung sozialwissenschaftlicher Forschungsansätze in beiden Wissenschaften, die Entwicklung empirisch-sozialwissenschaftlicher Fragestellungen und Methoden, die Entwicklung des Vergleichs als Methode der Erforschung interkultureller Beziehungen, die Entwicklung der Konzepte der subjektiven Räume und geistigen Landkarten, all das führt dazu, daß unter den Fragen als besonders wichtig jene empfunden werden, die nach größeren Zusammenhängen und nach psychologisch-gesellschaftlichen Beziehungen fragen.

Einer sachlichen Beantwortung der umfassenden und oft mehrschichtigen Fragen steht aber die Tatsache entgegen, daß diese Fragen für bestimmte kartographische Ausdrucksformen, für bestimmte Zeitpunkte der Kartengeschichte und für bestimmte Gruppen von Kartenherstellern und Kartenbenutzern bisher nicht gestellt worden sind. Die bisherigen Quellen zur Geschichte der Kartographie von Thailand reichen nicht aus, um in jedem Fall eine befriedigende Auskunft zu belegen. Daher können die nachfolgenden Abschnitte nicht den Anspruch erheben, die Zusammenfassung eines umfangreichen Tatsachenmaterials und zahlreicher tiefgreifender wissenschaftlicher Abhandlungen unter neuen wissenschaftsgeschichtlichen Aspekten zu sein. Vielmehr verstehe ich sie als eine Skizze, die das bisherige Material zusammenstellt und in Reproduktionen vorstellt, Hinweise auf Tendenzen und kartographische Ausdrucksformen aus anderen Kulturkreisen hinzunimmt und auch vor Spekulationen nicht zurückschreckt, die Tatsachen und Prozesse erklären können oder wahrscheinlich machen.

Wenn wir in verschiedenen Kulturkreisen der Erde den engen Zusammenhang zwischen der staatlichen Organisation und der Entwicklung der Kultur sehen, wenn wir in den mesopotamischen und ägyptischen Hochkulturen die Herstellung von Routenkarten, Stadtplänen und religiös-spekulativen Weltkarten als Ausdruck der kulturellen Leistung dieser Völker verstehen, so können wir in der Übertragung auf Südostasien erwarten, daß auch dort die differenzierten Gesellschaften der hinduisierten Staaten kartographische Ausdrucksformen zur Wiedergabe ihrer räumlichen Vorstellungen hervorgebracht haben. Bisher sind aber keine Landkarten oder kartenähnliche Wiedergaben der kosmologischen Doktrinen dieser Staaten bekannt. Es zeigt sich hier eine auffällige Übereinstimmung mit der Geschichte der Kartographie Indiens, die in der Geographie der Puranas zwar eine ausreichende Beschreibung des indischen Subkontinents enthält, aber frei ist von kartographischen Ausdrucksformen. In den letzten Jahren sind zahlreiche Karten aus Korea und Japan beschrieben und reproduziert worden, die die Welt der fünf Indien als Weltkarte buddhistischer Mönche und Lehrer enthalten, doch ist die kartographische Fixierung der geographischen Kenntnisse über das Heilige Land des Buddhismus wohl eher chinesischen Pilgern zuzuschreiben als den indischen Besuchern Ostasiens. Die Beiträge zu einer Geschichte der Kartographie

Indiens sind noch sehr lückenhaft und berücksichtigen in starkem Maße den Einfluß der arabischen und der europäischen Kartographie auf Indien, doch läßt der sehr starke Einfluß der religiösen Dogmen auf die Sozialstruktur und auf die Weltanschauung der indischen Gesellschaften vermuten, daß die kosmologischen Anschauungen der heiligen Schriften der verschiedenen Religionen allgemein akzeptiert, über Jahrhunderte tradiert wurden und die geographische Erforschung und objektive Wiedergabe der neu gewonnenen räumlichen Erfahrungen und Erkenntnisse in Karten nicht begünstigten. So fanden die kosmologischen Anschauungen des Hinduismus und des Buddhismus wohl ihren Niederschlag in zahlreichen großartigen Bauwerken Südostasiens, die eigene Welterfahrung der südostasiatischen Gesellschaften wie auch die der zahlreichen Pilger zu den heiligen Stätten in Indien aber nicht ihren Niederschlag in Land- oder Seekarten.

Die südostasiatischen Staaten wurden nicht nur von Indien aus erreicht, wobei die Frage nach den Trägern und der Organisation des Verkehrs unbeantwortet bleiben muß, sondern auch von Ostasien aus. In China hat die Kartographie eine lange Tradition und Geschichte; der früheste Bericht ist die Erzählung über den Gebrauch einer Karte bei einem Mordanschlag auf den Begründer der Chhin-Dynastie im Jahre 227 v. Chr. Unter der Han-Dynastie begründete Chang Heng die wissenschaftliche Tradition der chinesischen Kartographie durch die Verbindung zwischen geographischen und astronomischen Beobachtungen, zur gleichen Zeit, als in Alexandria Ptolemaios (85–160) alle erreichbaren geographischen Angaben sammelte, kritisch bearbeitete und in Koordinatenverzeichnissen zusammenstellte. Eine ähnliche Leistung wie die des Ptolemaios für die europäische Kartographie vollbrachte wenig später der Minister für öffentliche Arbeiten der Chhin-Dynastie, Phei Hsiu (224–271) für die chinesische Kartographie. Von beiden Autoren sind uns die Texte und Tabellen bekannt, nicht aber die Karten, die sie wahrscheinlich angefertigt haben. Aufgrund der überlieferten Quellen haben zahlreiche Autoren später versucht, die entsprechenden Karten zu rekonstruieren. Die Rekonstruktion der Karte des Phei Hsiu durch A. Hermann zeigt die interessante Tatsache, daß der größte Teil der Weltkarte vom chinesischen Reich eingenommen wird, daß im Westen des Reiches zahlreiche Orte und Landschaften genannt werden, auch Gandhara und Indien, aber kein Hinweis auf eine Örtlichkeit in Südostasien enthalten ist.

Den außerordentlich großen Anteil des chinesischen Reiches an der gesamten Welt zeigen auch die chinesischen Weltkarten bis ins 16. Jahrhundert. Dabei lassen sich deutlich zwei Traditionen unterscheiden. Die Karten in der Tradition der „Karte der Wege des großen Yü" sind Karten des chinesischen Reiches und seiner engsten Randgebiete aufgrund der traditionellen, durch die Routen des legendären Yü vorgegebenen Reichsgeographie; ihr Inhalt wurde immer reicher und detaillierter, ihr Rahmen aber wurde nie gesprengt. Demgegenüber stehen die Weltkarten in der Tradition der „Karte von China und der Länder der Barbaren", die nicht die gleiche topographische Genauigkeit erreichte wie der vorgenannte Kartentyp, dafür aber die neuerschlossenen oder bekannt gewordenen Gebiete am Rande der Länder der Barbaren am Rande der Karte anfügte. Die älteste erhaltene Karte dieses Typs stammt vermutlich aus dem Jahre 1040 und ist in Sian in eine Steinplatte geritzt worden; von Südostasien zeigt sie nur die Küste von Annam und den Roten Fluß. Ein späterer Höhepunkt dieses Kartentyps ist die Weltkarte des Chu Ssu-Pen (1273–1337), die zwar auch nicht in ihrer ursprünglichen Form überliefert wurde, wohl aber in einer revidierten und erweiterten Fassung

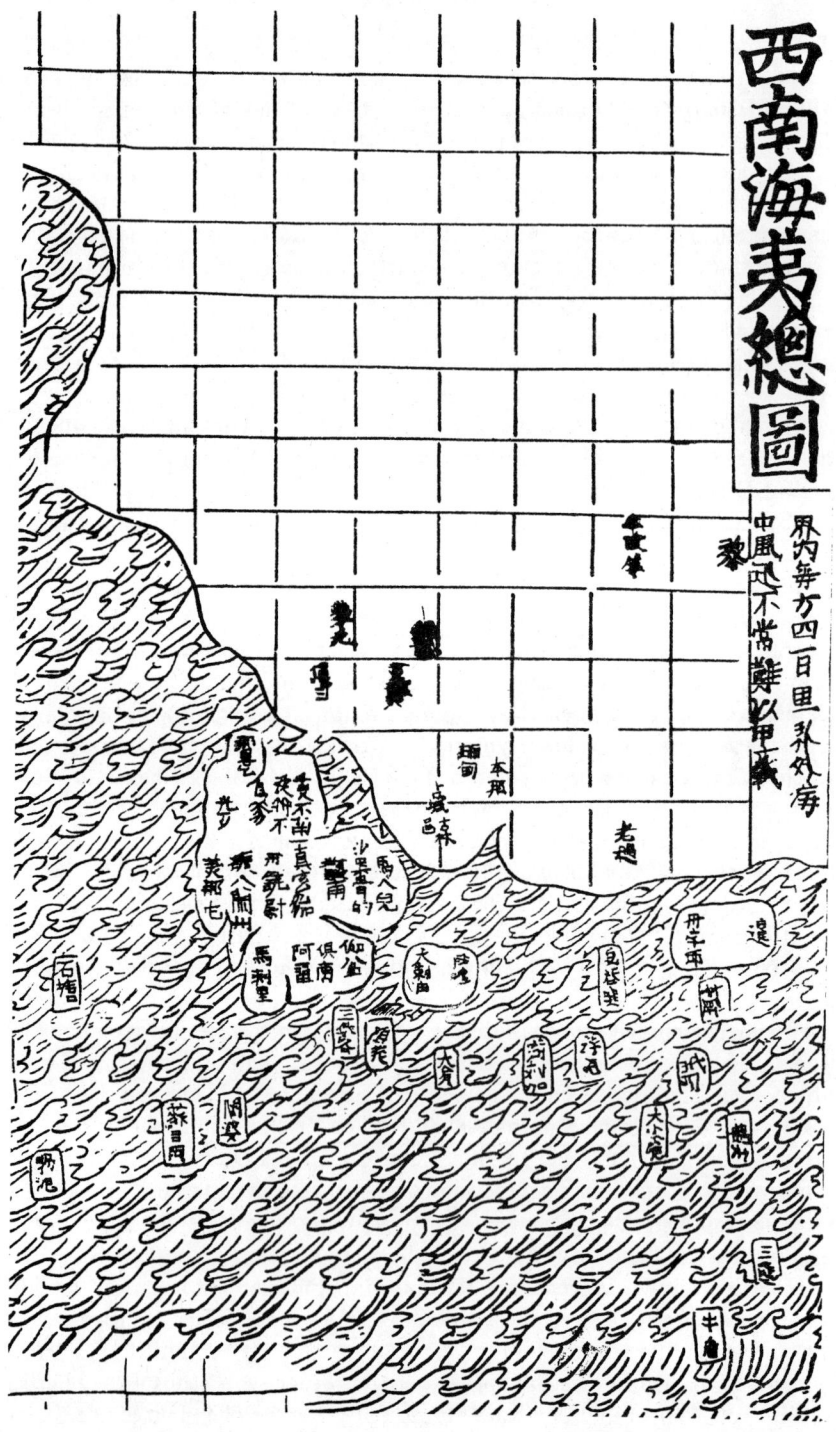

Abb. 1 Karte der Barbaren der südwestlichen Meere in der Kopie von 1564 des Atlas des Chu Ssu-Pen (Ausschnitt nach Rockhill 1914)

von Lo Hung-Hsien (1504–1564) in Form eines Atlas. Schon die erste Auflage des Atlas von 1541 enthielt zwei Karten von Südost- und Südwestasien, die als Charakteristika das Gitternetz auf dem Festland und die bewegte Wellenzeichung im Meeresgebiet enthielten, die Küstenlinien aber sehr schematisch und die Inseln in ungenauer Lage und mit ungenauen Bezeichnungen enthielten (s. Abb. 1). Auch die großartige Weltkarte des Li Hui und Chhüan Chin von 1402, die das europäische Mittlemeer und Afrika in ihrer Gestalt annähernd korrekt wiedergibt und für Europa rund 100 Ortsnamen enthält, zeigt Süd- und Südostasien ähnlich unvollkommen wie die Karte des Chu Ssu-Pen. Eine Erweiterung der chinesischen geographischen Kenntnisse im südostasiatischen Raum erfolgte erst im 15. Jahrhundert durch eine Reihe bemerkenswerter chinesischer See-Expeditionen, die bis an die Ostküste Afrikas führten. Die landeskundlichen Beschreibungen der aufgesuchten Städte und Gebiete wurden in mehreren umfangreichen Büchern veröffentlich, von denen aber keines irgendwelche Karten enthalten hat. Der jüngste Reisebericht von Huang Sheng-Tsheng (1520) enthält allerdings Hinweise auf die Benutzung von Segelanweisungen. Wahrscheinlich entsprachen diese Segelanweisungen in ihrer Form den chinesischen Küstenkarten, die aus dem 17. Jahrhundert erhalten sind: Sie enthalten auf einer langen Rolle die gestreckte Küstenlinie des Südchinesischen Meeres und des Indischen Ozeans mit der Angabe der wichtigen Häfen und Handelsstationen sowie der Entfernung zwischen ihnen und weitere Hinweise für die Küstenschiffahrt. Sie entsprechen in ihrer Form frühen Portolanen der europäischen Küstenschiffahrt im Mittelmeer. Inzwischen hatten aber europäische Schiffe mit Hilfe von Portolankarten und arabischen Navigatoren Kalikut, Malakka und Kanton erreicht und den Beginn direkter wirtschaftlicher und kultureller Beziehungen zwischen Europa und Ostasien eingeleitet.

Die unzulängliche graphische Darstellung Südostasiens in den bisher bekannt gewordenen chinesischen Karten – der höfischen, administrativen wie auch seemännischen Kartographie – ist deshalb besonders bemerkenswert, weil durch archäologische und schriftliche Quellen belegt ist, daß chinesische Händler die Häfen am Golf von Siam schon vor dem 13. Jahrhundert besuchten, ehe die Thais diese Küsten erreichten, und daß chinesische Bergleute den Zinnabbau auf der malayischen Halbinsel schon im 14. oder 15. Jahrhundert aufgenommen hatten. Neben diesen Wirtschaftsbeziehungen gab es politische Beziehungen: Seit der Begründung des ersten größeren thailändischen Königreiches im 13. Jahrhundert suchten die thailändischen Könige von Sukhothai und später Ayutthaya ihre politische Stellung durch die Anerkennung durch den chinesischen Hof zu festigen; sie begannen 1296 mit der ersten Gesandtschaft des Königs Ramkamhaeng von Sukhothai an die Mongolenherrscher in Peding und setzten sich im unregelmäßigen Austausch von Gesandtschaften bis in die Mitte des 19. Jahrhunderts fort. Im Rahmen dieser Beziehungen erfolgte auch der Austausch von Handwerkern und Kunsthandwerkern und die wechselseitige Übernahme von einzelnen Stilelementen in den bildenden Künsten; doch scheint es weder eine Übernahme chinesischer kartographischer Aufnahme- und Darstellungstechniken noch eine Aufnahme der räumlichen Vorstellungen der Thais in der chinesischen Kartographie gegeben zu haben.

Chinesische Stilelemente sind auch in den beiden frühesten erhaltenen thailändischen Karten zu finden, die in den ersten Jahrzehnten nach der Zerstörung des Königreiches von Ayutthaya im Jahre 1767 angefertigtworden sind: Die Wellenzeichung im Seegebiet auf der einen Karte, die Darstellung der Berge auf der anderen Karte. Auch erin-

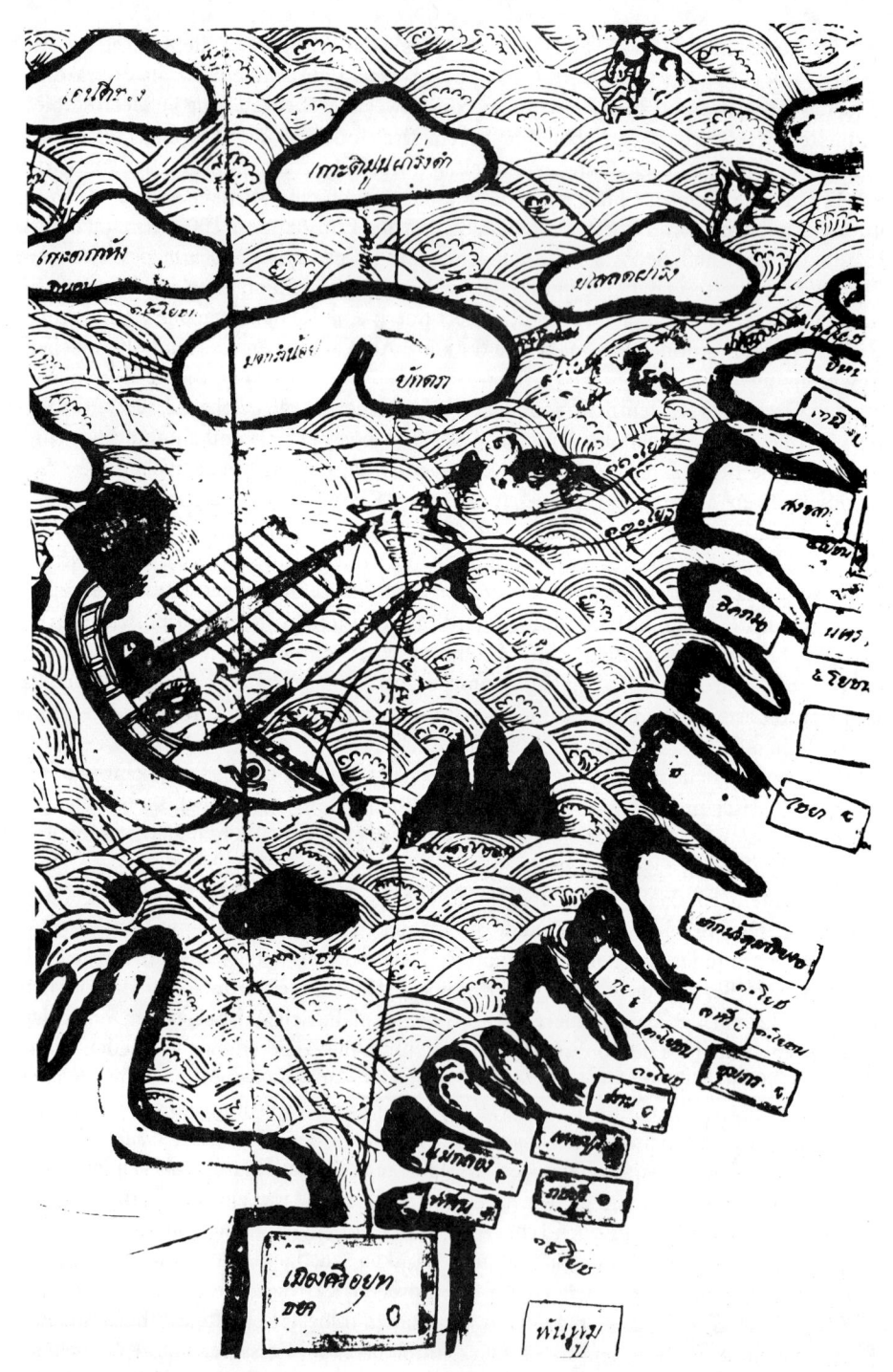

Abb. 2: Karte der irdischen Welt in der Traiphum-Handschrift von 1776 (einfarbiger verkleinerter Ausschnitt nach einem Negativ des Indischen Museums Berlin)

nern andere Elemente der Karten an ältere ostasiatische Vorbilder, doch sind beide Karten eigenständige thailändische Schöpfungen, die im Rahmen der höfischen Kartographie unterschiedliche Ziele verfolgten und auf unterschiedlichen Quellen beruhten.

Die ältere Karte findet sich in mehreren Exemplaren der Bilderhandschrift Traiphum, die von König Taksin 1776 in Auftrag gegeben wurde. Diese Bilderhandschrift sollte ausdrücklich eine Sammlung von kanonischen Texten des Buddhismus auf der Grundlage von Pali-Quellen sein und durch Bilder ergänzt werden. Neben den imaginären Landkarten der Hierarchie der Welten der buddhistischen Kosmographie gibt es eine Landkarte der realen Welt. Sie zeigt auf mehreren Blättern der Bilderhandschrift — ähnlich den chinesischen Rollenkarten — die Küsten Asiens von Korea bis nach Indien. Die nach Süden orientierte Manuskriptkarte zeigt die zerstörte Hauptstadt Ayutthaya in der Mitte des unteren Kartenrandes (s. Abb. 2). Von hier aus erfolgt die Darstellung der Küsten in stark schematisierter Form, wobei zum Rande der Karte hin die Verzerrung größer und der Inhaltsreichtum kleiner wird. Zahlreiche Hafenstädte sind benannt und durch Land- oder Seerouten mit Entfernungsangaben verbunden. Solche Routen führen auch zu den ungenau gelegenen, durch wolkenkissenähnliche Zeichnung dargestellten Inseln der Insulinde, die schon lange von den Holländern als Kolonien regiert wurden. Obwohl diese Karte die einzige Wiedergabe konkreter Räume in den Traiphum-Handschriften ist, kann sie nicht als vollständige Wiedergabe der räumlichen Vorstellungen der Thais aufgefaßt werden, denn es fehlen in ihr die nördlichen Landesteile, die in der Auseinandersetzung mit den Burmesen eine so wichtige Rolle gespielt haben, und es fehlt auch Europa, von dem aus zahlreiche Mächte Handelsflotten und politische Missionen nach Thailand geschickt worden waren.

Während die Karten der Traiphum-Handschriften im Vergleich mit zeitgenössischen Karten anderer Kulturen zahlreiche Unzulänglichkeiten aufweisen, stellt die zweite bekanntgewordene Manuskriptkarte thailändischen Ursprungs den Nordosten des Landes mit einer erstaunlich hohen relativen Genauigkeit und großen Detailliertheit dar. Nach der Analyse von V. Kennedy handelt es sich dabei um eine Regionalkarte, die militärische Nachrichtendienste als Quellen benutzte und der Wiedergabe der militärischen Operationen der thailändischen Armeen im Jahre 1827 gegen den aufständischen Prinzen Anuwongse von Vientiane diente. Sie zeigt das durch ein Netzwerk von Straßen verbundene System befestigter und unbefestigter Siedlungen des Isan, die internen und benachbarten Systeme der großen Flüsse sowie zahlreiche Berge und Gebirgszüge. Diese aus Routenaufnahmen kompilierte Karte mit dem militärischen Zentrum Nakhon Ratchasima im Mittelpunkt war, trotz der zum Rande hin auftretenden Verzerrungen, die genaueste Karte eines Landesteiles Siams bis zum Beginn der thailändischen Landesaufnahme mit englischer Hilfe Ende des 19. Jahrhunderts.

Die englische Mitarbeit bei der topographischen Landesaufnahme des Königreiches Thailand und das erste Ergebnis, die 1900 veröffentlichte Karte des Königreiches Siam von James McCarthy, können als ein Markstein der Geschichte der Kartographie von Thailand angesehen werden: Sie kennzeichnen den Beginn der geometrisch exakten Kartographie Thailands durch Thailänder und das Ende eines Zeitalters, in dem die gedruckten europäischen Karten die genauesten Darstellungen Südostasiens waren.

Schon die ältesten bekannten europäischen Karten von Südostasien sind gekennzeichnet durch den Versuch, die Lage der Orte, der Küstenlinie, der Flüsse und der Gebirge in ihrer geometrisch richtigen Lage zu verzeichnen. Am bekanntesten sind

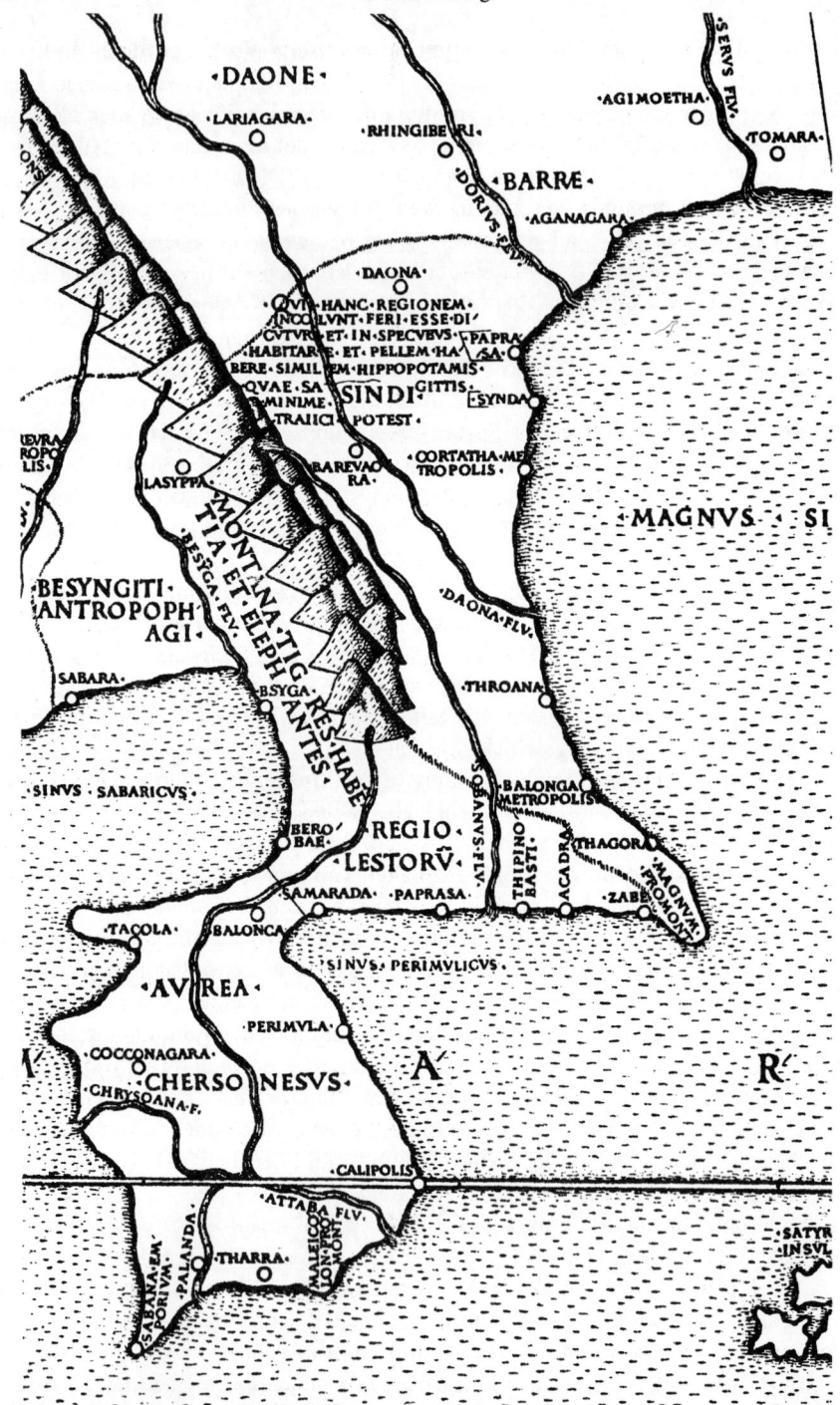

Abb. 3: Karte von Asien in der Geographie des Ptolemaios, Rom 1490 (Ausschnitt aus der Faksimile-Ausgabe von 1973)

die geographischen Koordinatenverzeichnisse des Ptolemaios von Alexandria, die zahlreiche Autoren zur Rekonstruktion seiner Weltkarte und seiner Asienkarte während des Mittelalters und der Zeit der Renaissance in Europa geführt haben. In Verbindung mit der Entwicklung und Ausbreitung des Buchdruckes und der allgemeinen Bildung in Europa wurden zahlreiche Ausgaben der Karten des Ptolemaios in Atlasform gedruckt; die ersten Atlanten erschienen als Kupferstichausgaben 1477 in Bologna und 1478 in Rom (s. Abb. 3). Durch den unveränderten Nachdruck und erneute Rekonstruktionen trugen die Karten des Ptolemaios zur Prägung und langen Erhaltung eines europäischen Weltbildes bei, das schon nach den Reiseergebnissen des Marco Polo, des Odorico da Pordenone und des Niccolo Conti in Südostasien nicht mehr mit den neuen geographischen Erkenntnissen übereinstimmte und in der ersten Hälfte des 16. Jahrhunderts insbesondere durch die Entdeckungsfahrten portugiesischer und spanischer Seefahrer seine Unzulänglichkeiten und Mängel zeigte.

Wesentliche Korrekturen des ptolemaischen Weltbildes in Süd- und Südostasien wurden notwendig, nachdem Vasco de Gama auf seiner ersten Reise 1497–1499 Indien erreicht und Stützpunkte des portugiesischen Handels und der portugiesischen Herrschaft begründet hatte. Hilfsmittel bei der Planung und Durchführung der Reise um den afrikanischen Kontinent waren Vasco de Gama ebenso wie seinen Vorgängern und Nachfolgern die zunächst im Mittelmeerraum entwickelten Portolankarten, die in der Folgezeit auf die neu entdeckten Gebiete und auf die ganze Welt ausgedehnt wurden. Diese Portolankarten waren aber nicht nur Navigationshilfsmittel. Sie wurden durchaus als Informationsspeicher angesehen, die der Sicherung eines wirtschaftspolitischen Monopols oder eines territorialpolitischen Anspruchs dienen konnten; die Anzahl und der Gebrauch dieser Manuskriptkarten war daher sehr stark eingeschränkt. Dennoch drangen die Nachrichten über die neu entdeckten Seewege, Handelsstützpunkte und Handelsziele auf verschiedenen Wegen an die Öffentlichkeit. Ein Beispiel hierfür ist die sogenannte Cantino-Planisphäre, die um 1502 für ein ansehnliches Bestechungsgeld von einem portugiesischen Kartographen für den Herzog von Ferrara angefertigt worden war. Auf dieser dekorativen Großkarte sind die ptolemaische Auffassung von Südostasien mit den neuen, meist aus arabischen Quellen stammenden Kenntnissen Südwestasiens vereint; auf der weit nach Süden vorspringenden südostasiatischen Halbinsel ist aber Malakka klar gekennzeichnet mit all den Handelsgütern, die von dort aus in die indischen Handelsstädte gebracht wurden. Es ist die erste moderne europäische Karte, die den Maenam Chao Phraya verzeichnet und an seinem Unterlauf eine Handelsstadt Cerener, die zweifellos mit Ayutthaya identisch ist. Wenige Jahre später, 1511, eroberte der portugiesische Vizekönig von Indien d'Albuquerque die Stadt Malakka, sandte im folgenden Jahr auf dem Landweg einen Botschafter an den Hof des Königs von Ayutthaya und schloß mit ihm 1516 einen Vertrag, der den Portugiesen Handelsrechte in Ayutthaya, Ligor, Pattani, Tenasserim und Mergui sicherte. 1517 erreichte die erste portugiesische Flotte den südchinesischen Hafen Kanton, 1520 eine Delegation der portugiesischen Krone von Kanton aus auf dem Landweg die chinesische Hauptstadt Peking. 1521 hatte Fernando Magallanes von Osten her die Philippinen erreicht, damit den Beweis für die Kugelgestallt der Erde erbracht und den Spaniern einen anderen Weg als die von den Portugiesen beherrschte Afrika-Route zu den Gewürzinseln und nach China gewiesen. Die große Fülle der Entdeckungen in Südostasien und in anderen Teilen der Welt fan ihren Niederschlag in den portugiesischen und spanischen Manuskriptkarten und Manuskriptatlanten. Genannt seien nur die Weltkarten des Diego Ribeiro von 1525, 1527 und 1529, der Atlas des Gaspar Viegas von 1537, in dem der Golf von Siam erstmals als eine tiefe Meeresbucht deutlich verzeichnet ist, die Weltkarte des Alonso de Santa Cruz von 1542, die Weltkarte des Diego Homen von 1554 und seine Atlanten von 1561 und 1568 und schließlich die Atlanten des Fernao Vaz Dourado von 1570 und 1580, in denen dekorative Elemente die Genauigkeit der Karte ungünstig beeinflussen, in denen aber erstmals die Landesbezeichnung Siam neben der Bezeichnung Siam für die Hauptstadt Thailands auftaucht (s. Abb. 4).

Ein wirklich neues Asienbild entstand in Europa jedoch vor allen Dingen durch das Wirken von Kartographen außerhalb der Iberischen Halbinsel, die ihre Karten nach der kritischen Prüfung verschiedenartiger Quellen entwarfen und als Einzelblätter, Blätter eines Atlas oder Blätter in einem Buch veröffentlichten. Genannt sei hier die vierblättrige Karte von Asien, die Giacopo Gastaldi als Kosmograph der Republik von Venedig in den Jahren 1559 bis 1564 schuf. Sie war das unmittelbare Vorbild für die große Karte von Asien, die Abraham Ortelius im Jahre 1567 in Amsterdam veröffentlichte. In verkleinerter und durch die Entdeckungen der Holländer verbesserter Form wurde sie in den ersten modernen Atlas aufgenommen, den Ortelius 1570 unter dem Titel „Theatrum Orbis Terrarum" veröffentlichte und der mehreren Generationen von Kartenmachern als Vorbild diente. Die kleinmaßstäbige und stark generalisierte Übersichtskarte des östlichen Asiens ist genauer und detailreicher als jede andere zeitgenössische Karte (s. Abb. 5). Sie zeigt deutlich, in welchem Maße die Form und die Größe des asiatischen Festlands und seiner Inseln in Europa bekannt waren, sie läßt durch die reiche Gliederung der Küstenlinie und die Beschriftung zahlreicher Küstenstädte erkennen, daß sich diese Kenntnisse auf einen mehr oder weniger breiten Küstensaum beschränkten, und sie zeigt durch die geringe Beschriftung im Binnenland und die Darstellung des imaginären Chyamai-Sees als Quellgebiet der großen hinterindischen Ströme die Unsicherheit der europäischen Kenntnisse über das Innere Asiens.

In den folgenden Jahrzehnten wurden von den europäischen Kartenmachern, insbesondere in den Niederlanden, die Ergebnisse der portugiesischen, holländischen, französischen und englischen Handels- und Entdeckungsfahrten gesammelt und in Karten veröffentlicht, die die Küstenlinien und die Küstensäume Südostasiens immer genauer und immer detaillierter wiedergaben. Die Kenntnisse über das Landesinnere nahmen demgegenüber nur in geringem Umfang zu, obwohl das Königreich Ayutthaya, insbesondere seine Hauptstadt, während der Regierungszeit des Königs Narai (1656–1688) vorübergehend zu einem Brennpunkt europäischer Machtpolitik wurde. Im Rahmen dieser Auseinandersetzungen wurden von verschiedenen Europäern Landkarten und Stadtpläne aus dem Bereich der unteren Maenam Chao Phraya-Ebene angefertigt und veröffentlicht. Erwähnt seien hier die Karten vom Unterlauf des Maenam von Engelbert Kaempfer und von Isaak der Graaf (beide um 1690), die Stadtpläne von Ayutthaya und Lopburi im Bericht des französischen Botschafters de la Loubère über seine Reise an den Hof des Königs von Siam (1687/88), die Stadtpläne von Ayutthaya von einem französischen Ingenieur (1687) und von Engelbert Kaempfer (1690) sowie der anonyme Plan, der die Belagerung von französischen Truppen in der Festung Bangkok durch thailändische Truppen im Jahre 1688 zeigt.

Seit dieser Zeit weisen die europäischen Karten Asiens innerhalb Thailands einen reicheren Inhalt aus: Neben den Hafenstädten werden regelmäßig die Städte Lopburi

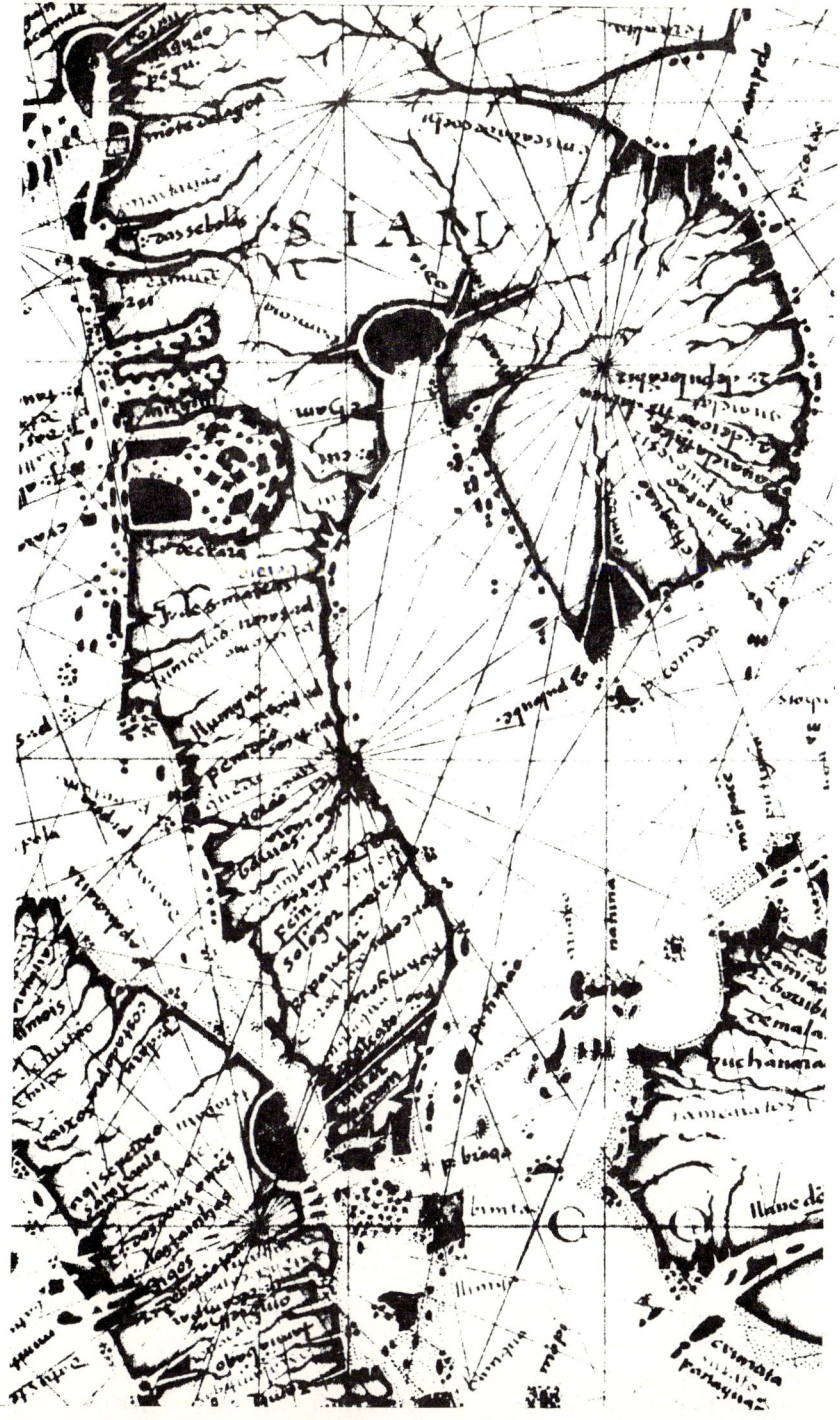

Abb. 4: Karte von Südostasien im Atlas des Fernao Vaz Dourado von 1570 (Ausschnitt des verkleinerten einfarbigen Faksimile nach Cortesao 1960)

(Louvo), Chainat, Nakhon Sawan, Pitchit, Phitsanulok (Porselouc), Kamphaeng Phet, Sukhothai und Sawankalok (Sankelouc) durch Signatur und Namen ausgewiesen. Die absolute und relative Lage der Orte war aber von Karte zu Karte verschieden, da ihre Lage nur aus mündlichen Berichten bekannt war, ebenso wie die Richtung und Länge der Flüsse, an denen sie gezeigt wurden, und ebenso wie die Art, Länge und Richtung der Gebirgszüge im Inneren Thailands.

Ein erster Versuch zur Beseitigung der Willkürlichkeiten in den europäischen Karten, die durch die Wertschätzung dekorativer Elemente während des Zeitalters des Barock und Rokkoko ebenso gefördert wurden wie durch die Entwicklung frühkapitalistischer Herstellungs- und Vertriebsmethoden in der Kartographie, stellt die große Karte von Asien dar, die 1752 von Jean Baptiste Bourgignon d'Anville in Paris veröffentlicht wurde (s. Abb. 6). Im Vergleich zu anderen zeitgenössischen Karten, aber auch im Vergleich mit anderen Teilen der Asienkarte wirkt das Gebiet von Thailand merkwürdig leer: Es enthält nur die geographischen Informationen, die d'Anville nach kritischer Prüfung aller Quellen als gesichert ansehen konnte. Das Streben nach geometrischer Genauigkeit und wissenschaftlicher Exaktheit in den Karten, das in den europäischen Ländern durch die Einführung neuer geodätischer Meßverfahren für die topographische Landesaufnahme ihren Ausdruck fand, beherrschte die europäische Kartographie bis in das 20. Jahrhundert. Ein deutsches Beispiel für dieses Streben nach Genauigkeit und vollständiger Auswertung der Quellen ist die Karte von Hinterindien im Maßstab 1: 4 000 000, die Heinrich Berghaus 1832 im Rahmen seines Asien-Atlas veröffentlicht hat. Berghaus weist die Vielzahl seiner Quellen durch die Ortsbeschriftung nach, doch weist er durch Texte und leere Flächen in der Karte darauf hin, wie unvollkommen die Kenntnisse der europäischen Kartographen über das Innere Thailands waren.

Seit dem Opiumkrieg und der Einrichtung der ersten europäischen Vertragshäfen 1842 an den Küsten Chinas begannen mehrere europäische Mächte ihr Interesse an der wirtschaftlichen Erschließung und handelspolitischen Ausnutzung Chinas, insbesondere Südchinas, zu zeigen. Dadurch stellte sich den interessierten europäischen Mächten die Aufgabe, die verschiedenen Wege von den Seeküsten aus entlang der großen Ströme in das Landesinnere zu den Rohstoffen und Märkten Südchinas zu erforschen und in einem späteren Schritt durch die Übernahme der Schutzherrschaft auch zu sichern. Die Ansprüche der britischen Schutzmacht auf Teile der malayischen Fürstentümer, verkleinerte das Staatsgebiet Thailands im Süden, bis im Jahre 1909 etwa der heutige Grenzverlauf hergestellt wurde. Im Westen Thailands war das Gebiet von Tenasserim schon 1826 dem britischen Reich eingegliedert worden, dem 1852 das kleine Königreich Pegu folgte und 1886 Oberburma mit der Hauptstadt Mandalay. Im Osten von Thailand begannen die Franzosen 1858 ihre Kolonialpolitik, die zu einer ständigen Erweiterung des französischen Schutzgebietes und der späteren Kolonie Indochina auf Kosten Thailands führte; 1893 mußte Thailand die Kontrolle des linken Ufers des Maenam Maekhong an Frankreich abtreten, 1904 das Gebiet von Paklai und Champasak und 1907 das Gebiet von Battambang und Srisiphon. Zur Sicherung der neuen Grenzen führten gemeinsame thailändisch-europäische Kommissionen die Vermessung der Grenzgebiete durch und die Vermarkung des Grenzverlaufes auf topographischen Karten, die vielfach eigens zu diesem Zweck angefertigt wurden. Zur wirtschaftlichen Erschließung der neu gewonnenen Gebiete mit modernen Verkehrsmitteln, zum Aufbau einer hierarchischen Verwaltung und für die Aufgaben der militärischen

Abb. 5: Karte von Asien im Atlas des Abraham Ortelius von 1570 (Ausschnitt aus der Faksimile-Ausgabe von 1964)

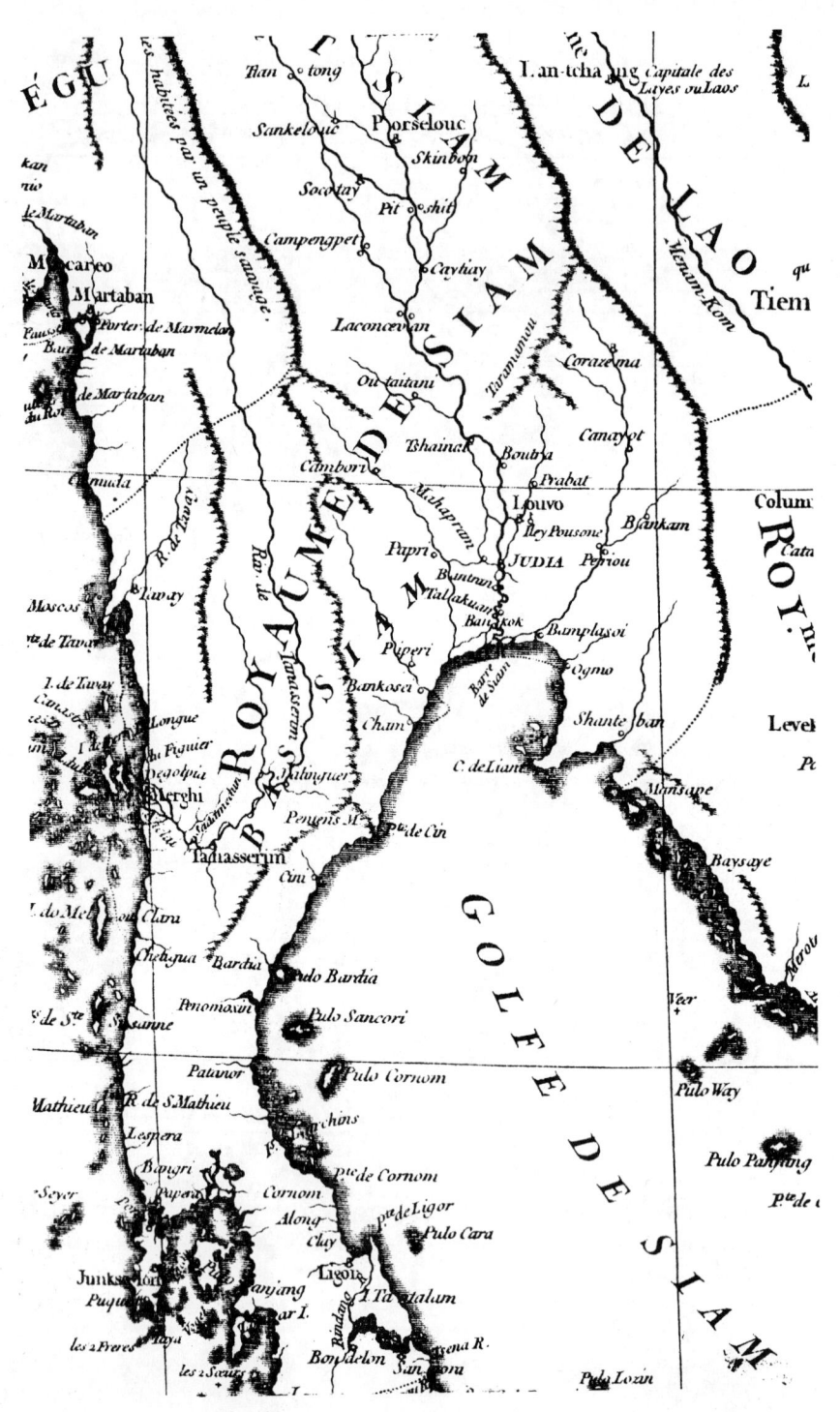

Abb. 6: Karte von Asien von Jean B. B. d'Anville von 1752 (Ausschnitt der Kupferstichkarte, c. 1: 7 500 000, Staatsbibliothek Preußischer Kulturbesitz, Berlin, Kartenabteilung)

Kontrolle führten die europäischen Mächte in ihren neu gewonnenen Kolonialgebieten sehr früh systematische topographische Kartenaufnahmen durch, wobei die in Europa entwickelten und erfolgreichen Aufnahme- und Reproduktionsmethoden angewandt wurden. Im Rahmen der Dreiecksmessungen, die vom Survey of India in Burma durchgeführt wurden, erfolgte auch die Einmessung und genaue Verortung zahlreicher Berge im burmesisch-thailändischen Grenzgebiet.

Während dieser Zeit der Auseinandersetzung der europäischen Mächte im südostasiatischen Raum wurde Thailand von den Königen Mongkut (1851–1868) und Chulalongkorn (1868–1910) regiert. Beide Könige verstanden es nicht nur, ihrem Lande die Unabhängigkeit zu erhalten, sie veranlaßten auch zahlreiche Reformen, durch die der Bestand und die weitere Entwicklung des Landes im Rahmen der Weltpolitik und der Weltwirtschaft gesichert wurden. Durch ein Dekret vom 3. September 1885 ordnete König Chulalongkorn die Einrichtung eines Vermessungsamtes für das Königreich an; es war der Beginn der modernen amtlichen Kartographie von Thailand. Der erste Direktor dieses Vermessungsamtes wurde Phra Wiphak Bhuwadol, mit englischem Namen James McCarthy, der bereits an der Vermessung der burmesisch-thailändischen Grenze teilgenommen hatte. Sein Ziel war die systematische topographische Landesaufnahme auf der Grundlage einer geschlossenen Dreiecksmessung für das ganze Land. Die Aufgaben der Kartierung aktueller Krisengebiete und der Mangel an ausgebildetem Personal waren die wichtigsten Ursachen für das Scheitern seines großen Planes. Er hat aber alle Dreiecksmessungen und alle anderen ihm zur Verfügung stehenden Daten zur ersten genauen Übersichtskarte von Thailand benutzt, der 1900 in London veröffentlichten „Map of the Kingdom of Siam" (s. Abb. 7). Wegen der notwendigen Feinheit der Gravur dieser kleinmaßstäbigen Kupferstichkarte mußten die technisch-kartographischen Arbeiten noch in Europa ausgeführt werden; zur gleichen Zeit wurden aber die ersten großmaßstäbigen Karten, Katasterkarten aus der Umgebung der Hauptstadt Bangkok, bereits in Thailand selbst ausgeführt. In dieser Zeit entstanden auch die ersten thailändischen Stadtpläne der Hauptstadt Bangkok (s. Abb. 8), die sich heute als überaus wichtige Quellen der siedlungsgeographischen Forschung erweisen. Die systematische topographische Landesaufnahme wurde von dem Königlich Thailändischen Vermessungsamt 1909 begonnen. Das Ziel war die Sicherung der geodätischen Grundlagen und die Herstellung von genauen Kartenwerken in den Maßstäben 1: 50 000 und 1: 100 000 sowie einer Übersichtskarte im Maßstab 1: 200 000. Die Arbeiten wurden durch den 1. Weltkrieg, die Weltwirtschaftskrise und den 2. Weltkrieg behindert und eingeschränkt. 1952 waren daher nur etwa 42 % der Landesfläche kartiert. 1952 begann ein neuer Abschnitt der topographischen Kartierung Thailands durch das Abkommen zwischen Thailand und den Vereinigten Staaten, die Kartierung gemeinsam mit Hilfe aerophotogrammetrischer Aufnahmemethoden durchzuführen. Schon 15 Jahre später lagen die mehr als 1200 Blätter der neuen topographischen Karte 1: 50 000 vor. Sie gleichen in Inhalt und Stil völlig dem Vorbild der amerikanischen Militärkarten. Das gleiche gilt für andere topographische Kartenwerke, die topographische Übersichtskarte von Thailand im Maßstab 1: 250 000 und die Stadtkarten im Maßstab 1: 12 500. Alle Karten sind zwar als Militärkarten konzipiert und hergestellt worden, doch stehen sie auch anderen Ministerien und Dienststellen für regionale Planungsaufgaben zur Verfügung.

Abb. 7: Karte von Siam von James McCarthy von 1900 (Ausschnitt der mehrfarbigen Karte 1: 2 000 000, Staatsbibliothek Preußischer Kulturbesitz, Berlin, Kartenabteilung)

Abb. 8: Stadtplan von Bangkok um 1900 (Ausschnitt der einfarbigen Karte, c. 1: 12 000, Königlich Thailändisches Vermessungsamt, Bangkok, Kartensammlung)

Selbständige Karte und Kartenwerke werden auch von anderen thailändischen Dienststellen herausgegeben. Der Hydrographische Dienst wurde schon 1913 begründet, doch erfolgte die Ausgabe der ersten selbständig aufgenommenen Seekarte erst 1921; seither sind zahlreiche weitere Seekarten erschienen. Das Katasterkartenwerk des Amtes für Grund und Boden hatte von 1901 bis 1965 zur Aufnahme von rund 20 000 km^2 bewirtschafteter Fläche geführt. Seit 1965 wurden auch für die Katasteraufnahme aerophotogrammetrische Verfahren eingesetzt und zur Herstellung von kombinierten Luftbild-Linienkarten in den Maßstäben 1: 2 000 und 1: 4 000 verwandt; bis 1985 sollen die Eigentumsverhältnisse der gesamten landwirtschaftlichen Nutzfläche mit Hilfe von neuen Katasterkarten geregelt sein. Weitere amtliche Karten werden z.B. vom Landentwicklungsamt (Bodenkarten, Landnutzungskarten), vom Amt für Mineralische Rohstoffe (geologische Karten) und vom Amt für Bewässerung (hydrologische und wasserbautechnische Karten) hergestellt und veröffentlicht. Zu den Aufgaben der amtlichen thailändischen Kartographie gehört auch die Zusammenstellung, Bearbeitung und Herausgabe von thematischen und technischen Karten und Kartenwerken, die in anderen Ländern von wissenschaftlichen Institutionen und Organisationen, Wirtschaftsverbänden oder der Privatkartographie durchgeführt werden. Der sehr geringe Umfang nichtamtlicher kartographischer Tätigkeit ist eines der Kennzeichen der gegenwärtigen Lage der Kartographie in Thailand. Neben Kleinstverlagen in einigen Städten, die Stadtpläne und Umgebungskarten für Touristen sowie Straßenkarten einfachster Art herausgeben, ist vor allen Dingen der Verlag Thai Watana Panich in Bangkok zu nennen, der zahlreiche Wandkarten, Umrißkarten und Schulatlanten eigener Herstellung in seinem Vertriebsprogramm hat. Die Veröffentlichung zahlreicher neuer wissenschaftlicher Zeitschriften, in denen auch thematische Karten unterschiedlichen Inhalts und unterschiedlicher Ausführung erschienen sind, läßt heute erkennen, daß die thematische Karte als adäquater Datenspeicher, als Darstellungs- und als Forschungsmittel erkannt worden ist und in Zukunft für viele Wissenschafts- und Wirtschaftsbereiche eine größere Rolle spielen wird.

Die Anfänge der thematischen Kartographie Thailands können in die Regierungszeit König Chulalongkorns datiert werden, der für die wirtschaftliche Erschließung seines Landes zahlreiche fremde Ingenieure und Wissenschaftler zur Mitarbeit einlud. Geologische Beobachtungen entlang der Trassen der neuen Straßen und Eisenbahnen, meteorologische und hydrologische Beobachtungen im Zusammenhang mit den Entwässerungsarbeiten in der Ebene des unteren Maenam Chao Phraya, vegetationskundliche Profile und Karten der Verkehrsnetze standen am Anfang der thematischen Kartierung Thailands. Eine erste systematische Zusammenfassung in kleinmaßstäbigen Übersichtskarten erfuhren diese Beobachtungen und Messungen in der landeskundlichen Darstellung „Siam – Das Land der Tai" (1935) von Wilhelm Credner. Als Beispiele für die neuen Karten in seinem Buch seien die morphologische Übersichtskarte, die Karte der Wirtschaft und Hauptgüterbewegungen sowie die Karte der Bevölkerungsverteilung (s. Abb. 9) genannt. Eine spätere Zusammenfassung und Neubearbeitung der bisher erschienenen thematischen Karten in kleinem Maßstab ist die 1962 veröffentlichte Landeskunde von Robert L. Pendleton „Thailand – Aspects of Landscape and Life", die besonders anschauliche physiographische Karten enthält. Die stark wirtschaftsgeographisch ausgerichtete Landeskunde Thailands von Sawat Senanarong (1973) enthält 32 einfarbige Karten vorwiegend wirtschaftsstatistischen Inhalts. Als jüngstes Beispiel

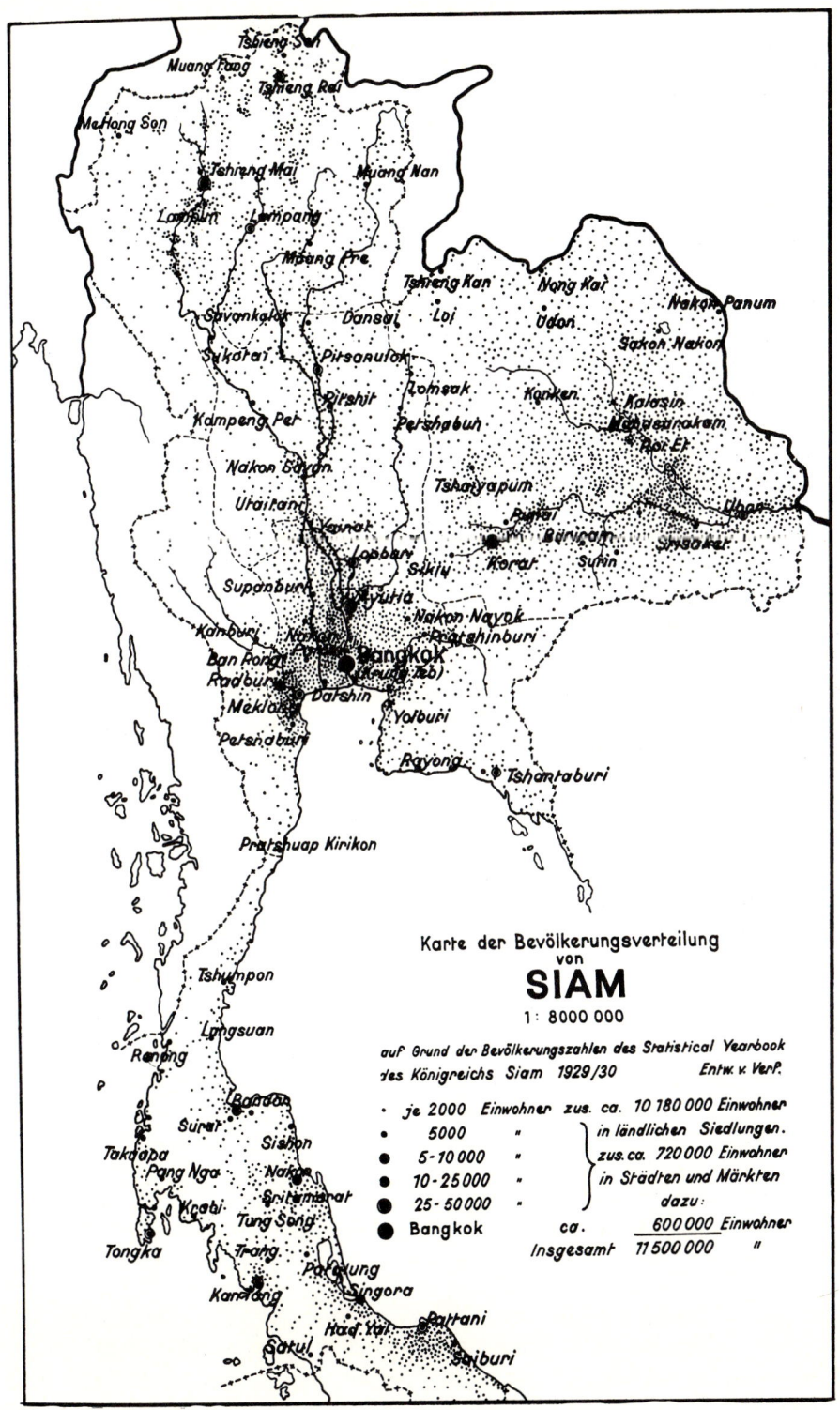

Abb. 9: Karte der Bevölkerungsverteilung von Siam um 1928 von Wilhelm Credner (einfarbige Karte, 1935)

einer landeskundlichen Darstellung sei das Buch von Larry Sternstein „Thailand — The Environment of Modernisation" (1976) genannt, das als Karten- und Bilderbuch konzipiert ist und mehr als 200 zweifarbige Karten enthält; die kleinen und kleinmaßstäbigen Karten zeigen in eindrucksvoller Vereinfachung eine Fülle von Tatsachen mit dem Ziel der räumlichen Analyse. Dem Ziel der Demonstration und Regionalanalyse dienten auch die ersten Ausgaben des „National Resources Atlas of Thailand", die 1961 im Maßstab 1: 1 000 000 und 1964 im Maßstab 1: 2 500 000 vom Königlich Thailändischen Vermessungsamt herausgegeben wurden. Die seit 1974 erscheinende 4. Auflage dieses Atlas ist inhaltlich gegenüber seinen Vorgängern wesentlich erweitert worden; darüberhinaus zeigen die mehrfarbigen Karten und Diagramme zahlreiche Merkmale, die einerseits das Lesen und Verstehen des Karteninhalts erleichtern und andererseits dazu dienen sollen, die Zusammenhänge und Beziehungen zwischen verschiedenen Gegebenheiten in einer Region erkennbar zu machen.

In welchem Maße die genannten Bücher und Atlanten ihr Ziel erreichen können, die interessierten und betroffenen Menschen in Thailand über die Zustände, Zusammenhänge und Entwicklungstendenzen der räumlichen Gegebenheiten ihres Landes zu informieren, hängt in starkem Maße davon ab, ob und in welchem Maße diese Karten den Benutzern zugänglich und verständlich sind. Die Geschichte der Kartographie von Thailand hat gezeigt, daß Karten als Mittel der räumlichen Orientierung und Information für die thailändische Gesellschaft jahrhundertelang sicher keine große Rolle gespielt hat. In der Gegenwart aber — und auch in der Zukunft — werden die gesteigerten Anforderungen einer wachsenden Bevölkerungszahl an alle Gegebenheiten ihrer Umwelt notwendigerweise zur räumlichen Planung führen; ihre Voraussetzung ist die räumliche Information mit Hilfe von Karten.

BEWÄSSERUNGSSYSTEME IM SEMIARIDEN SÜDOSTINDIEN – DAS BEISPIEL DES TAMBRAPARNI-GEBIETES

VON H.-J. NITZ, GÖTTINGEN

MIT 6 KARTEN UND 1 ABBILDUNG

Die in den vergangenen Jahren immer wieder aufgetretenen Probleme in der Nahrungsversorgung Indiens führen leicht zu dem Eindruck, daß die Landwirtschaft auf einem primitiven technischen Standart stagniert. Berücksichtigt man jedoch die bereits erreichte Bevölkerungsdichte (1971: 182 E/km², gebietsweise jedoch 300–500, ja 1 000, so in Kerala) und das starke Bevölkerungswachstum sowie die bisher geringen Möglichkeiten für Indien, über Fertigwarenexporte Nahrungsmittelimporte zu finanzieren, so müßte man eigentlich eher von einem „indischen Wunder" sprechen, daß es bisher gelungen ist, diese gewaltige Bevölkerungsmasse, wenn auch vielfach nur knapp, zu ernähren.

Daß dies gelungen ist, muß ohne Zweifel zu einem erheblichen Teil den modernen agrartechnischen Verbesserungen zugeschrieben werden: neuen ertragreicheren Sorten und der zunehmenden Verwendung von Kunstdünger. Bei dieser Produktionssteigerung stehen die Bewässerungsgebiete ganz an der Spitze – 1971 waren es 31 Mill. ha Bewässerungsfläche von insgesamt 136 Mill. ha Anbaufläche, also ein knappes Viertel. Die große Rolle der Bewässerungsgebiete bei der Steigerung der Erntemengen ergibt sich unter einem wechselfeuchten subtropischen bis tropischen Klima daraus, daß nur bei reichlicher Wasserversorgung die auf Mineraldünger angewiesenen neuen Hochleistungssorten ihre Ertragfähigkeit voll zur Geltung bringen können. Bei hohen Verdunstungsraten ist dies im Trockenfeldbau entweder nicht gewährleistet, oder aber doch risikoreicher.

Die Bewässerungssysteme und die mit ihrer Hilfe praktizierten Formen einer intensiven Landwirtschaft aber sind in Indien keine Neuerungen der jüngsten Zeit, sondern wurden zu einem großen Teil bereits in vorkolonialer Zeit entwickelt und seither ständig verbessert. Unter britischer Kolonialherrschaft wurden die alten Bewässerungssysteme z. T. noch ausgebaut und in Nordindien neue in großem Umfang errichtet, vor allem im Panjab. Seit der Selbstständigkeit Indiens führen dessen Bewässerungsbehörden diese Ausbauarbeiten noch weiter und konnten die Bewässerungsfläche noch einmal um volle 50 % vergrößern. Doch um es noch einmal zu betonen: Dieser moderne Ausbau führt eine alte Tradition weiter: Kanalsysteme, Stauteiche und Brunnen gibt es bereits seit vielen Jahrhunderten (vgl. hierzu den Beitrag von H.-G. Bohle in diesem Band, S. 58).

Die Bewässerungswirtschaft Indiens darf man nach Umfang und Qualität m. E. ohne Zögern an die Seite derjenigen Chinas und Südostasiens stellen. Man würde also das Bild Indiens verzeichnen, wenn man betont nur die Merkmale der Unterentwicklung der Landwirtschaft in den Vordergrund rückt, die zweifellos vorhanden sind – zu kleine Betriebe, primitive Ackergeräte, ungerechte Verteilung des Landeigentums, Überbesatz mit unproduktiven Rindern usw.. Diesen Hindernissen für eine rasche Entwicklung sollten korrekterweise aber auch die vorhandenen Aktiva gegenübergestellt werden, und zu diesen gehört die Bewässerungslandwirtschaft.

Ein schon seit alter Zeit hoher Entwicklungsstand der Bewässerungstechnik und des davon abhängigen bewässerten Anbaus ist für Südindien zu verzeichnen, wo es wohl am ausgeprägtesten zur historischen Form einer „hydraulischen Zivilisation" im Sinne Wittfogels[1] kam. Hier entstanden seit den vorchristlichen Jahrhundert unter den verschiedenen Königs- und Fürstendynastien von diesen organisierte große Bewässerungsanlagen in Form von Stauwehren in den Strömen und Flüssen mit davon abzweigenden Kanalsystemen, die in den Flußebenen und Deltas eine kontrollierte, ausreichende Bewässerung ermöglichten, auf deren Grundlage vor allem der Naßreisbau aufblühte und diese Bewässerungsgebiete zu Kornkammern des Landes wurden. Auf der Grundlage der Steuerabgaben dieser leistungsfähigen Agrarräume entstanden die Fürsten- und Tempelstädte, die noch heute mit ihren planmäßigen Grundrissen und den großartigen Tempelanlagen die Macht und Organisation der damaligen Landesherren demonstrieren. Diese bereits vor vielen Jahrhunderten geschaffenen Bewässerungssysteme sind bis heute in voller Funktion. Ihr weiterer Ausbau unter den Briten und der indischen Regierung folgt weiterhin in prinzipiell den gleichen Formen, wenn auch technisch modernisiert. Echte Neuerungen sind hohe Staumauern und gebohrte Tiefbrunnen bis in >100 m Tiefe (engl. tubewells).

I. RAUMTYPEN DER SÜDOSTINDISCHEN BEWÄSSERUNGSWIRTSCHAFT

Als regionales Beispiel für solche bereits jahrhundertealten Flußbewässerungssysteme wird das Tambraparni-Tal im äußersten Südosten Indiens vorgestellt[2]. Der Reiz dieses Gebietes für agrargeographische Forschungen liegt darin, daß hier auf kleinstem Raum die wichtigsten Raumtypen der südostindischen Bewässerungslandwirtschaft auftreten (Karte 1)

1. Die 5–6 km breite Talebene des Tambraparni und seines Nebenflusses Chittar mit flußgespeisten Kanalsystemen und einer zusammenhängenden, mehr als 200 Gemarkungen übergreifenden Bewässerungsfläche, auf denen zwei Reisernten im Jahr erzielt werden können. Hier erreicht die Bevölkerungsdichte 500–600 EW/km². Damit ist das Tambraparni-Tal ein kleiner Vertreter der kanalbewässerten Fluß- und Delta-Ebenen Südost-Indiens, deren bedeutendsten die der Flüsse Cauveri, Krishna, Godavari und Mahanadi sind.

---

[1] K. A. Wittfogel, Die orientalische Despotie. Köln/Berlin 1962
[2] Mit Harald Uhlig teile ich seit langen Jahren nicht nur das regionale Interesse am indo-asiatischen Raum; wie der Jubilar habe ich mich hier in besonderem Maße mit agrargeographischen Forschungsproblemen befaßt, und gemeinsame Schwerpunkte bilden dabei die Zelgenwirtschaft, die Bewässerungslandwirtschaft und der Reisbau. In Diskussionen mit ihm und aus seinen Arbeiten habe ich wertvolle Anregungen für meine eigenen Forschungen erfahren. Vielleicht kann dieser Festschriftbeitrag noch einen weiteren, wenn auch nur kleinen Baustein zur Geographie des Reisbaus liefern, deren monographische Darstellung aus der Feder Harald Uhligs wir erwarten. Außer auf eigene Feldforschungen im Winter 1971/72 stützen sich die folgenden Ausführungen auf die Monographie von Emmanuel Adiceam, La géographie de l'irrigation dans le Tamilnad. Paris 1966.

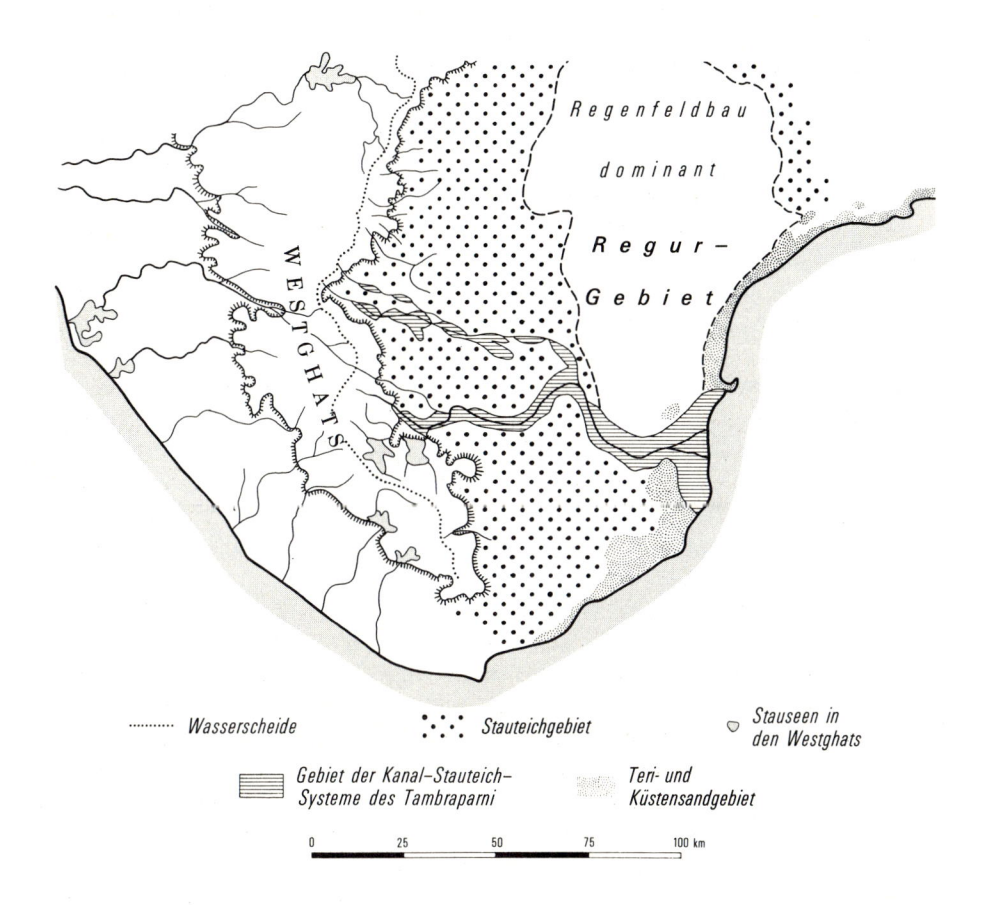

Karte 1   Gebiete spezifischer Bewässerungstypen und Grundwasserverhältnisse im südöstlichsten Indien

2. Auf der von Rotlehm bedeckten Rumpffläche in den Flachmuldentälern kombinierte Stauteich-Brunnen-Bewässerung mit meist inselhaften Bewässerungsfluren einzelner Dörfer, umgeben von Trockenfeldland und Naturweiden[3]. Die etwas geringere agrarische Tragfähigkeit spiegelt sich in Bevölkerungsdichtewerten von 400– 200. Dieser räumliche Typ reicht über weite Teile Südostindiens nach Norden – man kann ihn geradezu als Stauteich-Landschaft bezeichnen.
3. Ein Raumtyp tritt in den küstennahen Flugsand- und Dünengebieten auf: Es sind inselhafte Fluren und Einzelparzellen mit intensiver Brunnenbewässerung, umgeben

[3] Sehr eindrucksvolle Karten mit Eintragung der Stauteiche und -seen bei O. H. K. Spate und A. T. A. Learmonth, India and Pakistan. London 1967, S. 777 und bei N. Krebs, Vorderindien und Ceylon. Stuttgart 1939, S. 61.

von ausgedehntem Trockenland, das mit Palmyra-Palmen und Dornendickichten überzogen ist. Die Bevölkerungsdichtewerte liegen hier um 250.

4. Der südostindische Raumtyp ist durch die Verbreitung der schwarzen Regur-Tonböden bestimmt, wo der Anteil des Bewässerungsfeldbaus auf 10 % und weniger zurückgeht und der Regenfeldbau mit nur einer Ernte im Jahr dominiert, und dementsprechen sinkt die Tragfähigkeit: die Bevölkerungsdichte liegt im südlichsten der indischen Regurgebiete — im Nordwesten des Tambraparni — bei 130.

Die folgenden Ausführungen befassen sich nur mit dem ersten und dem dritten Raumtyp, zunächst und am ausführlichsten mit dem Flußbewässerungssystem des Tambraparni, an dem der hohe Standard der bereits in historischer Zeit entwickelten Bewässerungskunst, die Fähigkeit zur Nutzung der Möglichkeiten des natürlichen Potentials bis an seine Grenzen demonstriert werden soll.

Es sind dies natürliche Bedingungen, zu denen W. Weischet in seinem 1977 veröffentlichten Buch über „Die ökologische Benachteiligung der Tropen" feststellt (S. 27 ff.), daß sie wegen der außerordentlich weiten und zugleich flachen Täler im Bereich der Rumpfflächen den Bau großer Bewässerungsstaudämme und Stauseen extrem kostspielig und damit wenig rentabel machen. Daß die Inder und die Singhalesen Ceylons schon vor vielen Jahrhunderten andere, praktikable Lösungen gefunden haben, wird im folgenden zu zeigen sein.

Am zweiten Beispiel der Bewässerungslandwirtschaft im küstennahen Sandgebiet läßt sich demonstrieren, wie in jüngster Zeit — erst in den 60er Jahren — in einem wegen seiner durchlässigen Böden extrem schwierigen, zugleich aber wegen der reichen Grundwasservorräte potentiell hoch leistungsfähigem Raum durch eine agrartechnische Neuerung dieses Potential nun doch stärker als bisher in Wert gesetzt werden kann.

Um die Möglichkeiten und Grenzen der Bewässerungslandwirtschaft in diesem Teilraum Südindiens verständlich zu machen, wird zunächst die naturgegebene Seite des Raumpotentials kurz skizziert. Das Tambraparni-Gebiet (Abb. 1) liegt nahe der Südspitze Indiens, im Westen begrenzt vom Westghat-Gebirge, das Höhen bis über 1 500 m erreicht und mit einem abrupten Steilabfall zur vorgelagerten Rumpffläche abbricht. Diese setzt in ungefähr 250 m Höhe am Fuß des Berglandes an und dacht sich auf einer Distanz von etwa 100 km zur Küste hin ab. Von entscheidender Bedeutung für die Landwirtschaft ist hier wie überall in Indien der jahreszeitliche Ablauf der Regenzeiten und Trockenzeiten (Karte 2). Vom hochsommerlichen SW-Monsun, dem Hauptregenbringer Indiens, hat dieser Raum unmittelbar wenig. Hier fallen die Hauptregen in den intermonsunalen Übergangszeiten zwischen SW-Monsun und winterlichem NO-Passat, worauf vor allem Domrös hingewiesen hat[4]. Eine erste kleine Regenzeit fällt in die Monate März bis Mai, wenn sich der Übergang von der Oststömung zur SW-Strömung vollzieht und zugleich bei hohem Sonnenstand — das Tambraparni-Gebiet liegt auf 9° nördlicher Breite — und hoher Strahlungsintensität es zu Konvektionalniederschlägen kommt. Sobald sich jedoch die südwestmonsunale Strömung durchsetzt, ab Ende Mai,

---

4 Vgl. hierzu den von M. Domrös in Form einer großformatigen Kartenserie der Zahl der Regentage in den einzelnen Monaten vorgelegten Rainfall Atlas of the Indo-Pakistan Subcontinent based on rainy days. In: U. Schweinfurth, H. Flohn, M. Domrös, Studies in the Climatology of South Asia. Wiesbaden 1970.

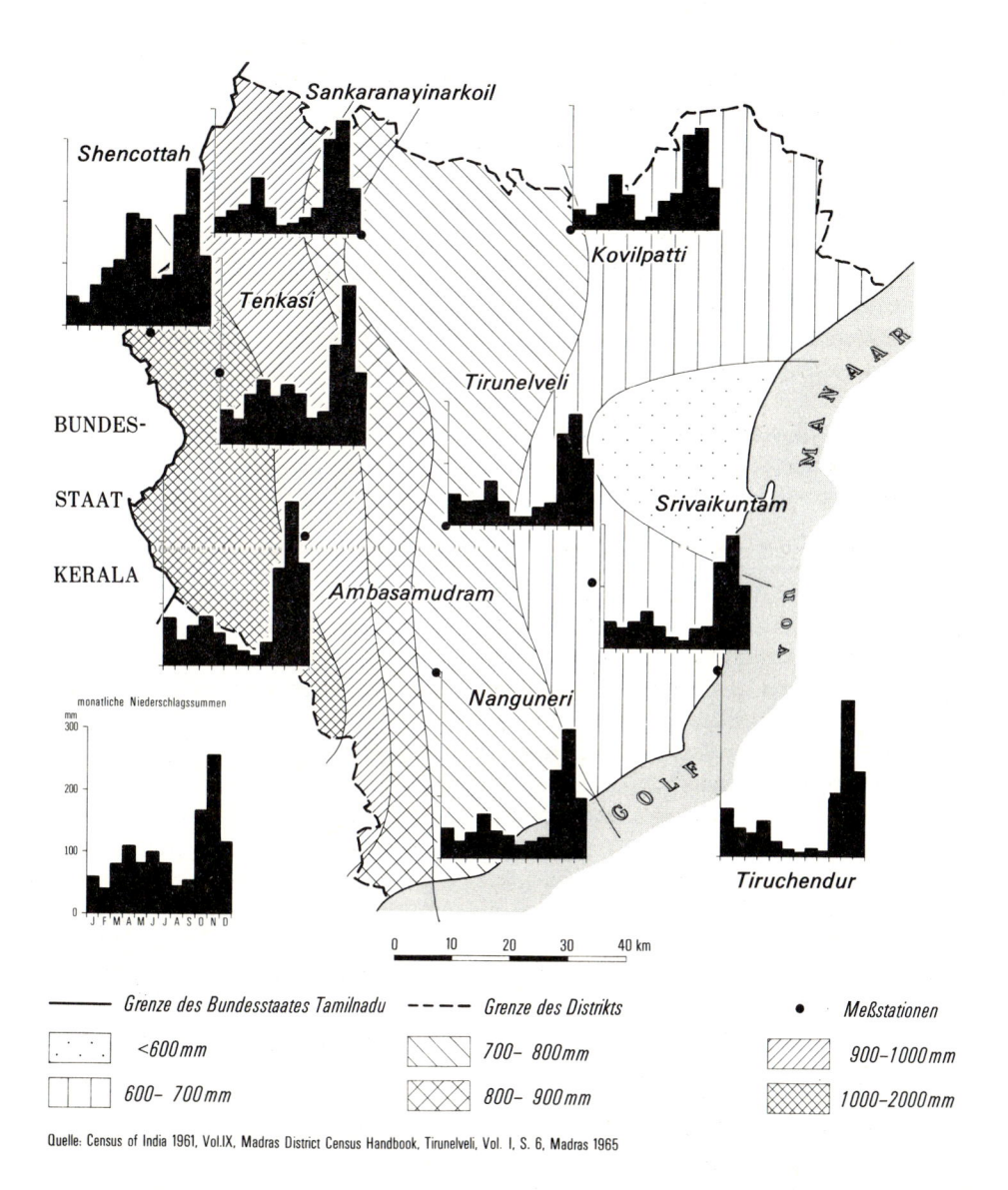

Bewässerungssysteme im semiariden Südostindien 237

Karte 2 Jahresgang der Niederschläge im Distrikt Tirunelveli (Südostindien)

Angang Juni, gerät das südöstliche Indien in den Regenschatten der Westghats. Von Juni bis August, dem Höhepunkt des SW-Monsuns, fallen hier nur 100–200 mm. Insgesamt reichen die Frühjahrs- und Sommerregen für einen Anbau nicht aus. Doch indirekt sind die im westlichen Bergland im Wasserscheidenbereich fallenden hohen Stauniederschläge für unser Gebiet von größter Bedeutung. Denn dort entspringen die Quelläste des Tambraparni und seiner Nebenflüsse sowie eine Reihe größerer Bäche, die in die regenarme östliche Ebene fließen. Die Wasserscheide liegt im Süden weiter im Inneren des Gebirges, und hier liegen die Quelläste des Tambraparni. Weiter nach Norden rückt die Wasserscheide ganz an den Ostrand des Berglandes heran, mit der Folge, daß das verkleinerte Einzugsgebiet nur noch Bäche speisen kann. Mit dem aus dem SW-Monsun stammenden Wasser der aus dem Bergland herabkommenden Flüsse und Bäche — man könnte geradezu von Fremdlingsflüssen sprechen — kann in Tambraparnital fast bis zur Küste Naßreis angebaut werden.

In den kleineren Flachmuldentälern der Gebirgsfußzone, die nur kurze Gebirgszuflüsse haben oder weiter im Vorland nur die lokalen Niederschläge erhalten, reicht demgegenüber das in den Stauteichen sich sammelnde Oberflächenwasser nicht aus. Die Stauteichbewässerung wird im Sommer gar nicht erst in Betrieb gesetzt. Jedoch wird durch die geringen Regenfälle des SW-Monsuns der Grundwasservorrat soweit aufgefüllt, daß wenigstens mit Brunnenbewässerung im Sommer wasseranspruchslose Fruchtarten wie Baumwolle und Erdnüsse angebaut werden können.

Das Regenfeldland bleibt während dieser wenig ergiebigen Frühjahrs- und Sommerzeit brach.

Die Hauptregenzeit des südöstlichen Indien fällt in die Übergangszeit nach Rückzug des SW-Monsuns, wenn sich die Strömung des Nordostpassates allmählich wieder durchzusetzen beginnt. Aus dem Golf von Bengalen wandern ab Oktober bis in den Dezember niederschlagsbringende tropische Depressionen und Zyklonen aus östlicher Richtung landeinwärts und bringen über zwei Drittel der Jahresregenmenge. Dies ist die Regenzeit des sog. Nordostmonsuns.

Wenn sich jedoch dessen passatische stabile Schichtung durchsetzt, gehen die Regenmengen im Dezember, Januar langsam immer mehr zurück, obwohl der über See wehende Passat durchaus noch ein regenbringender Wind ist.

Erwartungsgemäß steigen infolge der Stauwirkung der Westghats gegenüber dem NE-Monsun die Regenmengen von der Küste zum Gebirge hin an, in den drei Herbstregenmonaten von 400 mm an der Küste auf über 600 mm am Gebirgsrand, und entsprechend die Jahresniederschlagssummen von 600 mm an der Küste auf über 900 mm am Gebirgsrand. Im Gebirge selbst dürften im hochgelegenen Quellgebiet der Tambraparni-Zuflüsse über 2 000 mm Jahresniederschlag erreicht werden. Allerdings gibt es dort in den Höhengebieten keine Meßstationen. So erhält also das Tambraparni-Tal zusätzlich zu den lokalen Niederschlägen aus dem Bergland noch ein Vielfaches an zusätzlichem Flußbewässerungswasser. Der Fluß führt auch noch nach Ausklingen der Regenzeit bis ins Frühjahr hinein Wasser, so daß die ertragreichen Langzeitsorten von Naßreis angebaut werden können.

Außerhalb des Flußtales sind die günstigsten Bewässerungsbedingungen in der Gebirgsfußzone mit den höchsten Niederschlägen und zusätzlichem Bachwasser aus dem Bergland gegeben. Hier erreicht der Anteil des Bewässerungslandes am gesamten Feldland bis zu 70 % — bewässert aus Stauteichen und Brunnen. Dieser Anteil sinkt mit zunehmender Entfernung vom Gebirgsrand im Bereich der Rotlehmböden bis auf 30 % ab. Im gleichen Maße vergrößert sich nicht nur der Anteil des Regenfeldlandes, sondern auch der Umfang der Brachflächen und der Naturweideflächen, da die Böden zunehmend leichter werden im Vergleich zu den schweren fruchtbaren kolluvialen Lehmböden am Gebirgsfuß.

Ausgesprochen edaphisch bedingt sind die hydrographischen Verhältnisse im Regur- und im Sandgebiet (Abb. 1). Der schwarze Regur-Tonboden hat eine sehr gute Wasserhaltekapazität im Oberboden, so daß hier beste Bedingungen für den Regenfeldbau gegeben sind für ertragreiche Feldfrüchte wie Baumwolle und Sorghum-Hirse, die auch im Regur-Gebiet des Dekkan weiter im Norden dominieren. Allerdings liegt das Regur-Gebiet im Bereich der geringsten Niederschlagsmenge (<600 mm). Demgegenüber scheint der Oberflächenabfluß für die Anlage von Stauteichen nicht zu genügen, und auch die Möglichkeiten der Brunnenbewässerung für eine zweite Ernte werden kaum genutzt.

Das Sandgebiet der Küstenzone, dessen spezielle Probleme der Brunnenbewässerung im zweiten Teil dieses Beitrags angesprochen werden, ist nicht ausschließlich marinen Ursprungs. Landeinwärts liegen große Dünenareale aus leuchtend roten Sanden, mit stellenweise bis zu 70 m hohen Dünen. Es handelt sich dabei um Sande aus dem Binnenland, die aus den roten Böden der Rumpffläche ausgeblasen wurden von den Winden des sommerlichen SW-Monsuns, die im Lee der Westghats als trockene föhnartige Fallwinde auftreten und das ausgeblasene Material in Richtung Küste transportieren, wo es dann im Stau der Seebrise etwas landeinwärts bereits abgelagert wird[5].

In diesen Dünengebieten versickert der gesamte Niederschlag und tritt am Rande als Grundwasser wieder zu Tage, füllt hier sogar Seen und kann in Tälern und Senken durch Brunnen leicht erschlossen werden, die einen ganzjährigen Anbau ermöglichen, sofern nur der Boden lehmig genug ist. Die Randzone aber ist ebenfalls sandig. Die Durchlässigkeit des Sandbodens, der obendrein recht arm an Nährstoffen ist, bildet einen Grenzfaktor, der auch durch das reichliche Grundwasser nicht aufgewogen werden kann. Wie das Problem inzwischen gelöst wurde, wird im Abschnitt III dargestellt.

II. DAS BEWÄSSERUNGSSYSTEM DES TAMBRAPARNI-TALES

Nach diesem Gesamtüberblick wird als erstes das Bewässerungssystem des Tambraparni-Tales vorgestellt, an dem sich zeigen läßt, wie man das von Weischet mit Recht herausgestellte Problem der überlangen Staudämme umgehen kann, die man in einem tropischen Flachmuldental eines größeren Flusses anlegen müßte, wenn man einen das ganze Tal übergreifenden Stausee schaffen will. Staudammlängen von 5 km bis über 10 km sind in der Tat bei modernen Projekten weiter im Norden der indischen Halbinsel erreicht worden.

Auch das Tal des vergleichsweise kleinen Flusses Tambraparni ist ein solches weitgespanntes Flachmuldental, dessen Breite gar nicht exakt anzugeben ist, weil ein durchgehender Talrand nicht vorhanden ist. Eine anthropogene Grenze innerhalb der Talmulde aber wird durch den Bewässerungsbereich markiert: durch den Verlauf der am weitesten vom Fluß entfernt geführten Kanäle (Karte 2). Im Mittel- und Unterlauf erstreckt sich das so definierte „Bewässerungstal" über eine Breite von 5—6 km, im Oberlauf von 3 km und setzt hier ziemlich unvermittelt am Gebirgsrand ein, während im Bergland selbst das Tal sich sogleich verengt. Das Gefälle des Tales ist wie bei allen tro-

---

[5] N. Krebs, Vorderindien und Ceylon, Stuttgart 1939, S. 190

pischen Flachmuldentälern gering, im Oberlauf 1 m auf 1 000 m, im Unterlauf 1/2 m[6]. Das nur 100—400 m breite Niedrigwasserbett ist nur wenige Meter eingetieft, so daß im Naturzustand des Flusses jedes stärkere Monsunhochwasser die Talebene kilometerweit überflutete. Zu dem in historischer Zeit entwickelten System einer kontrollierten Wasserwirtschaft gehörten daher zunächst einmal Uferdeiche, die das Hochwasserbett auf eine wenig über das Niedrigwasserbett hinausgehende Breite einengten. Erst 1944 und 1958 wurden kurz vor dem Austritt der Quelläste aus dem Gebirge zwei Rückhalteseen angelegt, die die Hochwassergefährdung mindern.

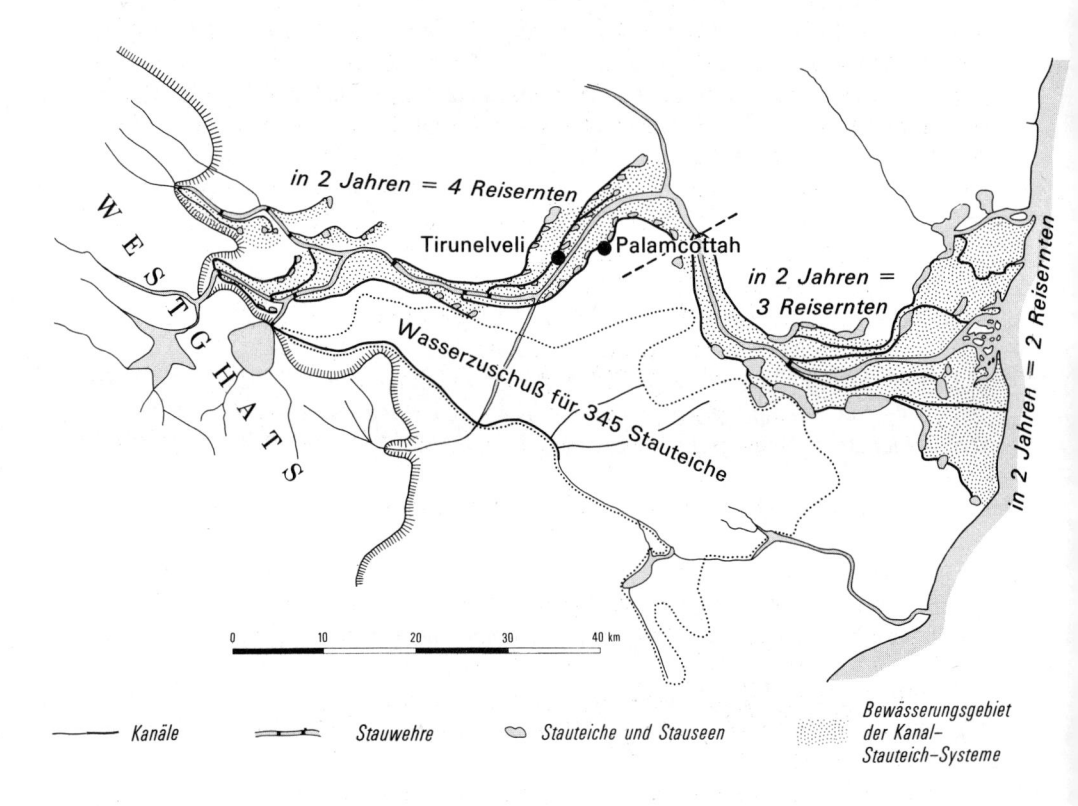

Karte 3   Das Tambraparni-Bewässerungssystem

Das Tambraparni-Tal hat, wie bereits erwähnt, den großen Vorzug, daß seine Quelläste im Westghat-Bergland von beiden Regenzeiten gespeist werden, wobei der herbstliche Nordostmonsun kräftiger wirkt. Diese beiden Regenzeiten im Bergland machen mit Hilfe der Flußbewässerung im Tal zwei Reisbauperioden im Jahr möglich, die erste von Juni bis September mit Kurzzeitreissorten (Wachstumszeit 100—110 Tage), die zweite von Oktober bis Februar/März mit Langzeitreissorten (Wachstumszeit 135—145 Tage).

6 Adiceam, S. 125 (wie Anm. 1)

Für die optimale Nutzung des natürlichen Wasserdargebots waren zwei Aufgaben zu lösen: 1. das Flußwasser möglichst weit über das Tal zu verteilen, und 2. vom überreichlichen Wasserdargebot der Niederschlagsspitzen des Berglandes im Juni/Juli und Oktober/November wenigstens einen Teil als Vorrat für die wasserärmeren Monate zurückzuhalten. Auf den Bau eines das ganze Tal querenden Dammes im Oberlauf wurde verzichtet. Statt dessen wurde das Problem der räumlichen und zeitlichen Wasserverteilung wie folgt gelöst: An sieben Stellen queren den Fluß Überlaufwehre, in Tamil als Anikats bezeichnet, die nichts anderes als einfache aufgeschüttete Steindämme von max. 5–7 m Höhe sind. Die Briten fügten später eine 8. Sperre in Form einer Staumauer mit Schleusen hinzu (Karte 3).

An den Wehren zweigen Kanäle ab, die in der flachen, nach außen ganz allmählich ansteigenden Talmulde so geschickt geführt werden, daß sie schließlich in bis zu 4 km Abstand parallel zum Fluß verlaufen (Abb. 4). Die optimale Vorratshaltung des Wassers wird im Mittel- und Unterlaufbereich des Flusses durch eine Vielzahl von kleineren und größeren Stauteichen erreicht, die von den Kanälen gefüllt werden. Die größeren mit Flächen von mehreren Quadratkilometern sind eigentlich Stauseen, nicht Stauteiche. Im folgenden wird der in der indischen und englischsprachigen Literatur eingeführten Ausdruck Tank verwendet[7].

Wie die Karte 2 erkennen läßt, ist das Gesamtsystem des Tambraparni aus mehreren Teilsystemen aufgebaut: Jedes Teilsystem besteht aus einem stauenden Anikat, dem an dieser Stelle abzweigenden Kanal und einer Kette hintereinandergeschalteter Tanks. Die Bewässerung erfolgt im oberen Abschnitt des Teilsystems direkt vom Kanal aus mit kleinen Schleusen in das unterhalb liegende Land, im unteren Abschnitt des Kanals indirekt vom Tank aus, ebenfalls über Schleusen mit einem daran angehängten Netz von Bewässerungsgräben.

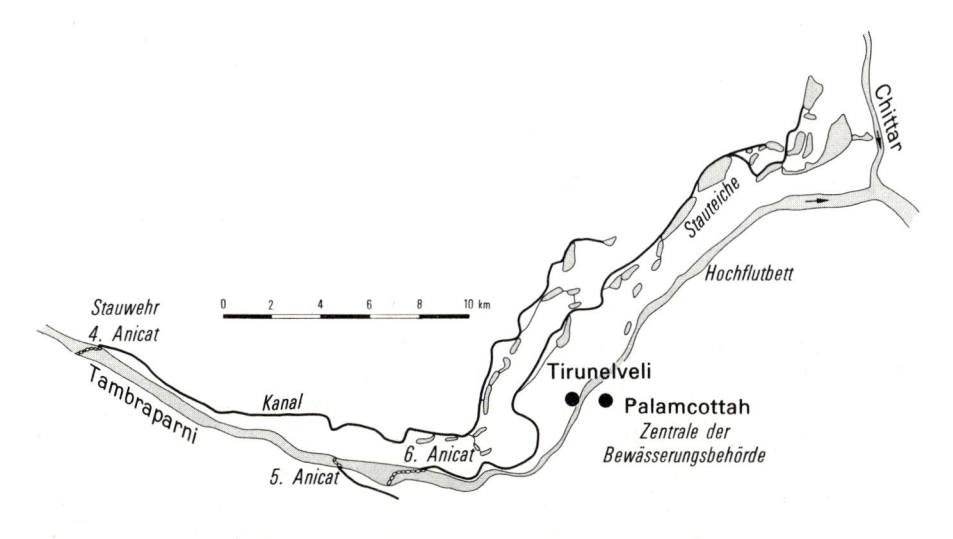

Karte 4   Das 4. und 6. Teilsystem mit höhenlinienparalleler Kanalführung

7 Die Tamil-Bezeichnung ist „Kulam".

Vom oberen zum unteren Flußabschnitt verschiebt sich das Verhältnis von direkter Kanalbewässerung immer mehr zur indirekten Tankbewässerung. Der Kanal des zweitobersten Anikat hat überhaupt keine Tanks, beim 1. und 3. Anikat-System erfolgt die Bewässerung noch zu ¾ direkt vom Kanal aus. Je weiter flußab, desto sorgfältiger muß mit dem weniger werdenden Wasser gehaushaltet werden, desto wichtiger wird damit die Speicherung in den Tanks.

So stehen nach einem Fünftel der Flußstrecke beim 4. Anikat-System Kanal- und Tankbewässerung bereits im Verhältnis 1 : 1, beim 6. ist es bereits 1 : 2, beim 7. und 8. schließlich 1 : 3. Damit nimmt natürlich auch die Zahl und Größe der Tanks zu. An den unteren Kanälen hängen jeweils über 20 Tanks.

Die alten vorbritischen Anikat-Systeme sind technisch alle ähnlich konzipiert: Quer durch den Fluß bis etwa zur Mitte liegt der stauende Teil des Wehrs, das dann Richtung Kanal abknickt und als Leitdamm das Wasser trichterförmig in die Kanalmündung lenkt. (Abb. 1) Diese Mündung des Kanals ist durch eine Einlaßschleuse zu schließen, denn in den Monaten geringerer Flußwasserführung werden die Kanäle in einer Rotation nacheinander bedient.

Vom 2.–6. Wehr zweigt abwechselnd links und rechts je ein Kanal ab (Abb. 5c). Das 1. und 7. Wehr mit zwei Kanälen ist in der Konstruktion abgewandelt, nämlich zweiflügelig-U-förmig gegen die Strömung gebaut (Abb. 5b). Das von den Briten 1869 massiv gebaute letzte 8. Wehr läuft demgegenüber als Staumauer quer durch den Fluß.

Die Kanäle haben Längen von 20 bis über 40 km. Das kleinste System im Oberlauf bewässert nur etwa 1 000 ha, die beiden Kanäle des untersten Staudamms, die weite Teile des Deltas versorgen, nehmen mit jeweils 5 000 ha zusammen fast ein Drittel der Gesamtbewässerungsfläche des Tambraparni ein.

Anordnung und Linienführung der Kanäle erstreben eine maximale Ausdehnung der Bewässerungsfläche in der weitgespannten Talmulde. Wie auf der Karte Abb. 4 die Teilsysteme 4 und 6 besonders klar erkennen lassen, wird jeder Kanal mit dem geringstmöglichen Gefälle schräg weg vom Fluß immer weiter in die Talebene geführt, bis er nahezu höhenlinienparallel verläuft. Sobald ein größerer Abstand vom Fluß erreicht ist, beginnt die Kette der Tanks. Trotz des außerordentlich geringen Geländeanstiegs der Talmulde kann auf der flußabgewandten Seite des Kanals nur noch ein schmaler Streifen bewässert werden, und dies manchmal auch nur durch Hinaufschöpfen. So folgt also jenseits der Kanäle und der Tankkette fast unmittelbar das Trockenfeldland und Weideland (Karte 6).

Die Karte 4 läßt erkennen, daß sich die Kanal-Tankketten-Systeme auf einer längeren Strecke überlappen. Dies hat den Vorzug einer besonders rationellen Ausnutzung des Wassers: Aus dem am Außenrand verlaufenden System fließt das Irrigationswasser dem Gefälle folgend über die Reisfelder in Richtung auf das parallel laufende tiefere System. Dieses tiefere System nimmt das Überschuß- bzw. Drainagewasser wieder auf und führt es erneut der Bewässerung zu. Der Fluß selbst schließlich fungiert als Vorfluter für das flußnahe System, dessen Drainagewasser am nächsten Anikat wieder in einen Kanal eingespeist wird. Auf diese Weise wirken der Fluß und die hintereinandergeschalteten und einander überlappenden Kanal-Tankketten-Systeme als ein Gesamtsystem zusammen.

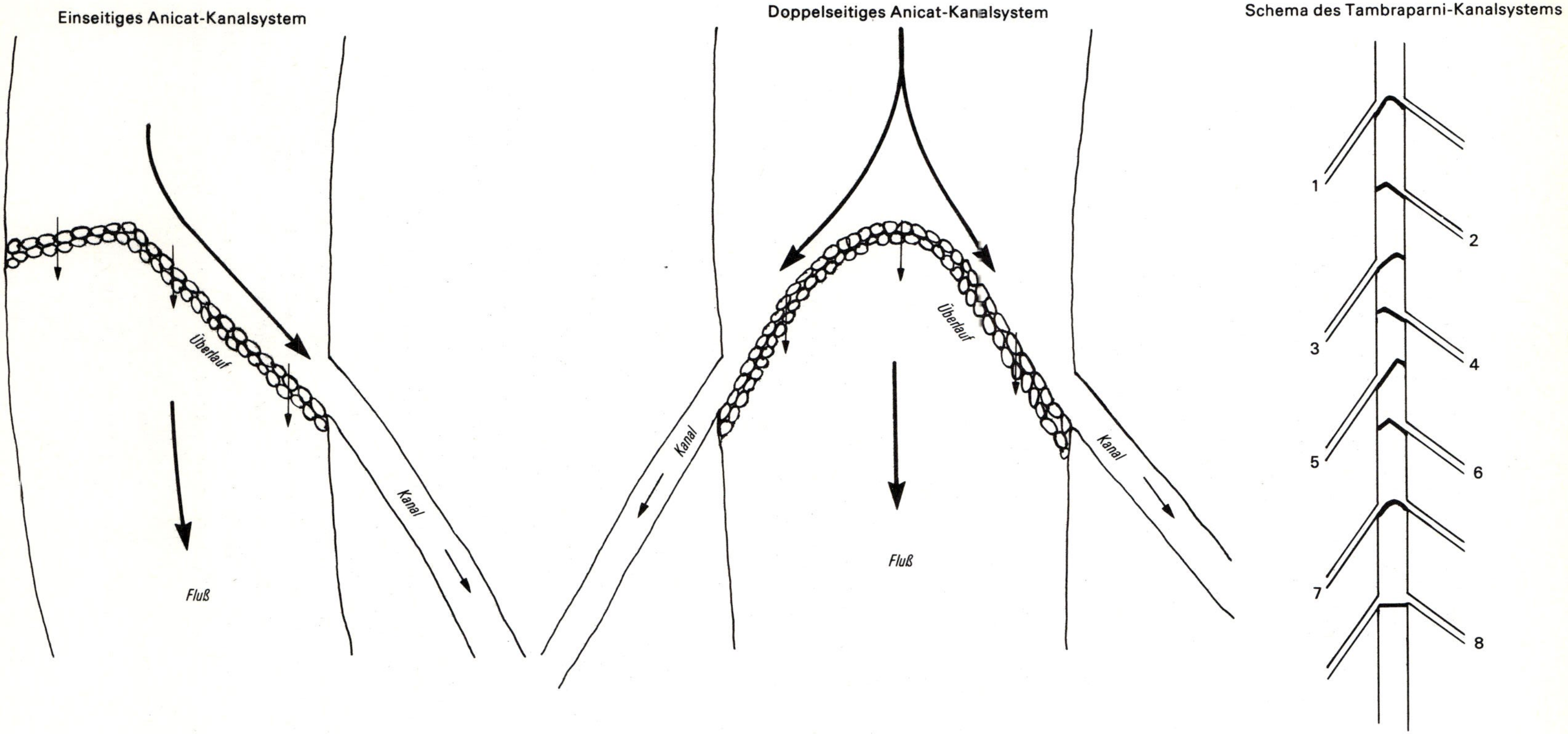

Abb 1a–c Gemeinsamer Titel „Schematische Darstellung der Anicat-Systeme des Tambraprarni"

Alle Kanal-Tankketten-Systeme werden in der Tat als Gesamtsystem von einer Bewässerungszentrale am Sitz der Distriktverwaltung in Palamcottah gesteuert, heute über Telefonverbindungen zu allen Anikats, Tanks und Kanalschleusen, so daß ständig eine genaue Kenntnis des Wasserdargebots und des Bedarfs an den verschiedenen Punkten des Gesamtsystems besteht. Ingenieure und Bewässerungswärter kontrollieren und bedienen das System auf zentrale Weisungen bis hin zum letzen Tank und kleinsten Kanalauslaß. Die Reisbauern mit ihren Reisparzellen in den genau festgelegten Bewässerungseinzugsbezirken der Feldfluren werden über ihre Bewässerungszeiten durch die Zeitung und Dorfbeamte informiert. Man könnte sagen, das ganze raum-zeitliche Bewässerungssystem funktioniert wie eine riesige Bewässerungsmaschine.

Der englische Geograph R. Chorley hat 1973 in einem Aufsatz mit dem Titel „Geography and human ecology"[8] den Gedanken entwickelt, man müsse den Systemansatz über die naturökologischen „environmental systems" hinaus ausweiten auf die „manmade environments" und diese müßten analysiert werden wie ein „man-machine-system". „Im geographischen Zusammenhang besteht die ‚Maschine' aus solchen Systemstrukturen des physischen und biologischen Environments, die der Mensch in zunehmendem Maße in der Lage ist zu manipulieren (beabsichtigt oder unbeabsichtigt), und den mit diesen zusammenwirkenden gegenständlichen Erzeugnissen des menschlichen Tuns und Handelns, z. B. Bauwerke, künstliche Seen, verunreinigte Luft usw." (S. 166, dt. Übersetzung des englischen Textes).

Mit dem Tambraparni-Flußnetz und dem Talraum haben wir solche manipulierten Systemstrukturen des physischen Environments, die mit künstlichen Systemstrukturen wie Kanal-Tankketten und dem Steuerungsapparat der Bewässerungsbehörden zu einem „man-machine-system" im Sinne Chorleys zusammengefügt sind.

Zwar ist das Klima mit dem wechselhaften Monsunablauf noch nicht zu manipulieren, aber die Bewässerungsmaschine kann dem wechselnden natürlichen Wasserdargebot angepaßt werden. In Zeiten starker Wasserführung infolge kurzfristig sehr hoher Niederschlagsmengen während des Herbstmonsuns können alle Kanäle gleichzeitig geflutet und alle Tanks gefüllt werden. Überschüssiges Wasser aus dem Bergland wird in den beiden dortigen Rückhalteseen gespeichert, und was darüber noch hinausgeht, kann ins Meer abfließen. Abgesehen von den seltenen Niederschlagsextremen wird das gesamte Wasser im Bewässerungssystem verbraucht. Die Mündungsarme im Delta sind die meiste Zeit trocken. Bei abnehmender Wasserführung setzt eine genau berechnete Rotation der elf Kanalsysteme ein, die nacheinander bedient werden. Diese Rotation gilt auch für die Tanks. Diese werden bei Einsetzen des Herbstregens zuerst gefüllt, ehe die direkte Bewässerung vom Kanal aus beginnt. Im Verlauf der Anbauperiode Oktober – März werden sie mehrfach nachgefüllt.

Einer geregelten raum-zeitlichen Ordnung unterliegt das Gesamtsystem auch im Jahresablauf. Im regenreicheren Herbstmonsun kann das gesamte System mit allen Bewässerungsflächen ausreichend mit Wasser versorgt werden. Während des Sommermonsuns jedoch reicht das Wasser nur für die obere Hälfte des Tales mit den sechs kleineren Anikats. Daraus ergeben sich Konsequenzen für das Anbausystem – das ja gewissermaßen

---

[8] R. Chorley, Geography as human ecology. In: Ders. (ed), Directions in Geography. London 1973, S. 155–170.

als „Anbaumaschine" von der „Bewässerungsmaschine" bedient oder angetrieben wird, um im Bild zu bleiben.

Die Benachteiligung der unteren beiden großen Anikat-Systeme zeigt sich bereits während des Herbstmonsuns. Die oberen Anikat-Systeme haben die Priorität des Beginns der Bewässerung, erst nach deren Versorgung kommen die nächst tieferen an die Reihe. Darin spiegelt sich möglicherweise auch das Alter der Systeme, in der Weise, daß die älteren oberen Systeme gewissermaßen das Erstgeburtsrecht der frühesten Wassernutzung und damit der frühesten Bestellung der Reisfelder haben. Das hat zur Folge, daß man im Bereich des letzten Systems am Schwanzende („tail end"), wie es in der Sprache der Bewässerungsingenieure heißt, erst drei Wochen später mit der Bewässerung, der Feldvorbereitung und dem Auspflanzen beginnen kann. Auch bei unterdurchschnittlicher Ergiebigkeit der Regen kommen die unteren Systeme schlechter weg. Noch ausgeprägter ist dieser tail-end-Effekt in der Jahreszeit des stets weniger ergiebigen Sommermonsuns. Früher kam das Wasser in dieser Zeit fast ausschließlich dem oberen Tal zugute. So mußten das untere Tal und das Delta auf eine Sommerernte überhaupt verzichten und hatten nur eine einzige Winter-Reisernte. Das Land blieb im Sommer brach oder wurde unmittelbar nach der Reisernte im Frühjahr mit wasseranspruchslosen Fruchtarten wie Hülsenfrüchten oder Sesam bestellt, die mit der restlichen Bodenfeuchte bei raschem Wachstum noch reifen, aber im Wert hinter einer zweiten Reisernte natürlich weit zurückstehen.

So gab es eine deutliche räumliche Gliederung in ein älteres besser bewässertes Zwei-Reisernten-Gebiet im oberen und mittleren Tal und ein benachteiligtes tail-end-Gebiet im unteren Tal und Delta mit nur einer Naßreisernte und nachfolgender Brache oder Hülsenfrüchten.

Die Briten hatten sich von dem Neubau des 8. Stauwehres mit seinen zwei Kanälen sicherlich mehr versprochen, denn alle von ihnen angelegten größeren Kanalsysteme in Indien wurden mit Staatsanleihen finanziert und mußten daher eine Rendite abwerfen, um die Zinsen zu bezahlen. Daher wurden alle Projekte vorher genau durchkalkuliert. Beim unteren Tambraparni-Anikat-Kanal-System mußten sie jedoch in den ersten 14 Jahren ein Defizit hinnehmen, das einen Verlust von 18 % auf das eingesetzte Kapital bedeutete[9].

Allerdings gab es für eine begrenzte Fläche der beiden unteren Anikat-Systeme – ca 3 500 ha von fast 18 000 ha – eine Sonderlösung: Während der Monate April bis Anfang Juni herrscht zwischen den beiden Reisbauperioden im oberen und mittleren Tal eine Anbaupause, in der die Bewässerungsanlagen stillgelegt und überholt werden. In dieser Zeit führt der Fluß noch etwas Wasser, zumal in dieser Zeit die ersten kräftigeren Konvektonsregen im Bergland auftreten. Dieses Wasser kam nun ausschließlich den benachteiligten unteren Anikat-Systemen zugute und reichte im Durchschnitt für etwa 1/5 der Fläche. Durch den 1944 vollendeten Bau des ersten der beiden Rückhalteseen im Bergland kann inzwischen ein zusätzlicher Wasservorrat aus dem Herbst-Winter-Monsun gespeichert werden, der ebenfalls nach der Frühjahrsernte ab März ausschließlich den beiden unteren Systemen vorbehalten ist, so daß dort heute wenigstens die Hälfte der 18 000 ha, in regenreichen Jahren sogar 60 %, eine Frühjahrsbewässerung erhalten

---

9 Madras Manual of Administration II, 1885, S. 388

Reisanbau:
- 1 Ernte
- 2 Ernten

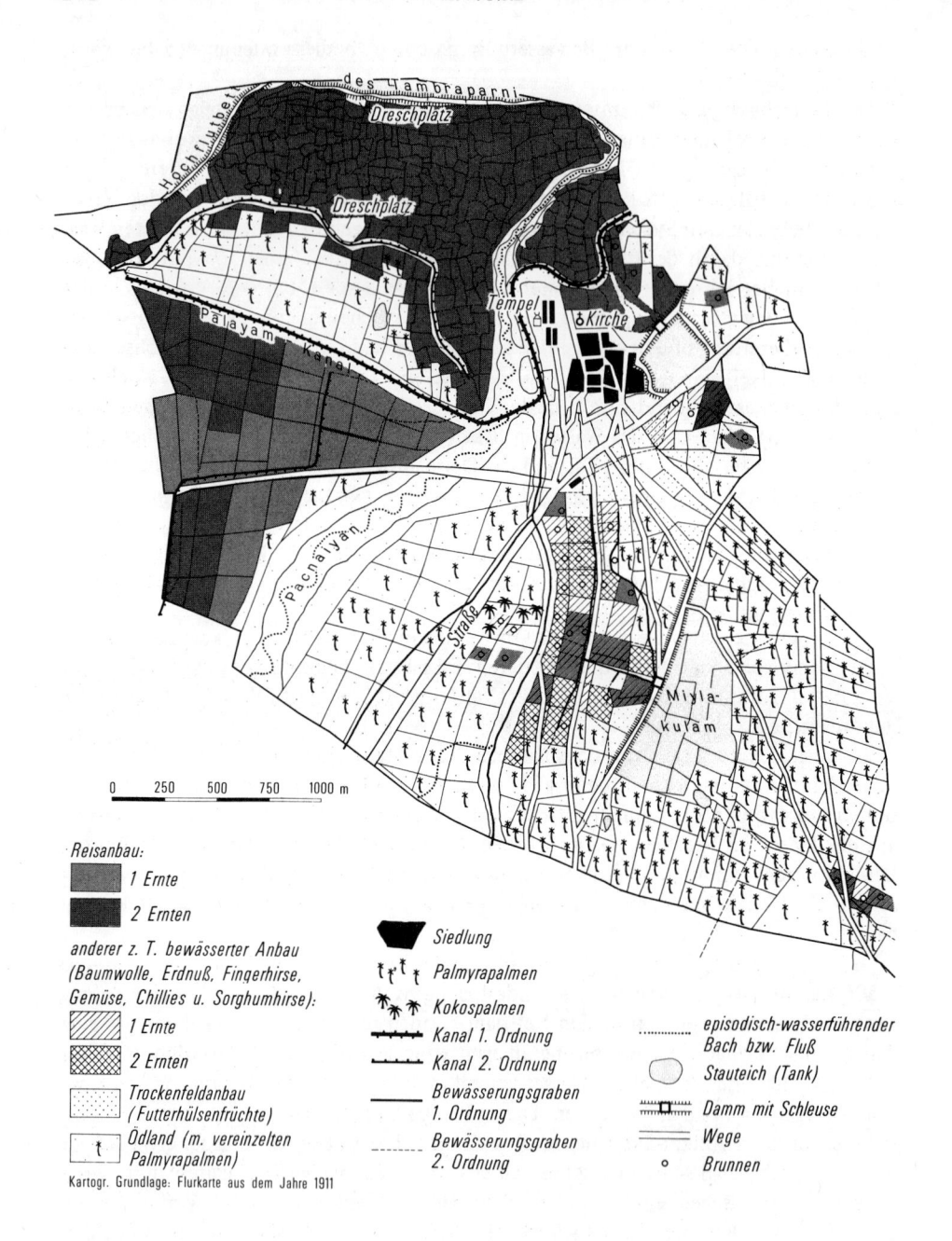

anderer z. T. bewässerter Anbau
(Baumwolle, Erdnuß, Fingerhirse,
Gemüse, Chillies u. Sorghumhirse):
- 1 Ernte
- 2 Ernten
- Trockenfeldanbau
  (Futterhülsenfrüchte)
- Ödland (m. vereinzelten
  Palmyrapalmen)

- Siedlung
- Palmyrapalmen
- Kokospalmen
- Kanal 1. Ordnung
- Kanal 2. Ordnung
- Bewässerungsgraben
  1. Ordnung
- Bewässerungsgraben
  2. Ordnung

- episodisch-wasserführender
  Bach bzw. Fluß
- Stauteich (Tank)
- Damm mit Schleuse
- Wege
- Brunnen

Kartogr. Grundlage: Flurkarte aus dem Jahre 1911

Karte 5 Gemarkung Taruvai (Taluk Tirunelveli). Landnutzung im landwirtschaftlichen Jahr 1969/70 können. Damit kann auch hier eine zweite – frühsommerliche – Naßreisernte mit schnellreifenden Sorten bestellt werden, die nur von April bis Anfang Juni bewässert wird: dann wird dem unteren Tal und Delta gewissermaßen der Wasserhahn zugedreht und nur die oberen 6 Systeme werden für deren Sommeranbau bedient.

Da im Frühsommer Wasser nur für die Hälfte der Anbaufläche im unteren Tal verfügbar ist, wechselt die Bewässerung Jahr für Jahr zwischen der rechten und linken Flußseite. Daraus ergibt sich hier folgende Fruchtfolge:
1. Jahr Herbst/Winter: Langzeitreis
   Frühjahr   : Kurzzeitreis
2. Jahr Herbst/Winter: Langzeitreis
   Frühjahr   : Brache oder Hülsenfrüchte.

Schließlich gibt es im äußersten Delta einen kleinen Bereich, der in diesen regelmäßigen Wechsel nicht mehr einbezogen ist und nur in sehr regenreichen Jahren Frühjahrswasser erhält, sich also normalerweise mit der Fruchtfolge Reis-Hülsenfrüchte bescheiden muß.

So folgen also entsprechend dem Wasserangebot vom oberen Tal bis zum äußeren Delta drei Anbauzonen aufeinander (Karte Abb. 3): die des oberen und mittleren Tales mit 4 Reisernten in je zwei Jahren, die des unteren Tales und inneren Deltas mit 3 Reisernten in zwei Jahren, und die des äußeren Deltas mit 2 Reisernten in zwei Jahren.

Hier werden also die Grenzen der Kapizität des Tambraparni-Systems erkennbar: die Grenzen der Flußbewässerung. Es gibt aber auch einen Grundwasserstrom im Tal. Dieser kann in geringer Tiefe, in 1,50 m bis 2 m durch Brunnen angezapft werden. Neben gemauerten Schächten begnügen sich viele Bauern in der Regel damit, in jedem Frühjahr im Feld ein Loch bis zum Grundwasser zu graben und einen einfachen Ziehbrunnen zu

Karte 5
„Beispiel einer Gemarkung mit Anteil am Tambraparni-System mit direkter Kanalbewäserung Interpretation: Der am 5. Anicat abzweigende Palayam-Kanal durchzieht etwa höhenlinienparallel die Gemarkung. Direkte Bewässerung durch ihn erfolgt nur nördlich des Dorfes, sonst dient er nur als überörtlicher Wasserzuführungskanal. Von ihm zweigt im Westen der Gemarkung ein zur direkten Bewässerung des Großteils des Naßreislandes von Taruvai dienender Kanal 2. Ordnung zur Flußseite hin ab. Eine kleingekammertes Parzellen-und Grabennetz ist typisch für altkultivierte Reisland-Flurteile, eine schematische-großparzellige Einteilung für die jüngeren Flurteile (19. Jh.?). Die unbewässerbaren Flächen können bis heute z.gr.T. nur extensiv durch wildwachsende, aber auch nachgepflanzte Palmyrapalmen genutzt werden. Eine intensivere Nutzung wurde erst durch den Bau von Stauteichen (Tanks) möglich. Der nur durch lokalen Zufluß gefüllte Milya-Kulam und Brunnen im Grundwasserbereich seines Vorlandes erlauben einen zweifachen Anbau wasseranspruchsloserer Früchte, nur vereinzelt auch Reisbau. Die große Reisfläche im SW liegt auf jungkultivierten Flächen, die erst seit dem Ausbau des zweiten Reservoirs im Bergland (Abb. 3) und der daraus über einen Kanal erfolgenden Zusatz-Füllung der Tanks im südlichen Hinterland des Tambraparni-Tales von dorther eine Bewässerung erhalten."

installieren, mit dem man eimerweise das Wasser heraufholt. Damit kann natürlich nur eine kleine Fläche von vielleicht 10 Ar bewässert werden, und es reicht nicht für Naßreis, sondern nur für Hirse.

Die Einrichtung von Motorpumpen auf diesen Brunnen scheint noch nicht rentabel zu sein, da man sie ja im inneren Delta nur in jedem zweiten Jahr benötigen würde, wenn man kein Frühjahrswasser erhält. Der Aufwand, auch für das gemauerte Pumpenhaus, zahlt sich offenbar nicht aus. Vom Grundwasserpotential her sind aber noch erhebliche Reserven vorhanden. Nur in der meeresnahen äußeren Zone des Deltas, die es am nötigsten hätte, weil sie keine Frühjahrsbewässerung erhält, ist die Gefahr des Eindringens von Salzwasser in den Grundwasserhorizont gegeben.

Insgesamt bewertet darf das Tambraparni-System auch bereits in seiner vorkolonialen Form als eine bemerkenswerte Leistung seiner Konstrukteure gelten, die es verstanden haben, die von Weischet angesprochenen Schwierigkeiten beim Bau extrem langer talquerender Staudämme zu umgehen, imdem sie eine hintereinandergeschaltete Sequenz kleiner nur flußquerender Wehre mit Kanal-Tankketten-Systemen schufen. Diese sind vermutlich effektiver als ein großer Stausee im Oberlauf. Eine Vergleichsberechnung liegt allerdings nicht vor.

Das gleiche Anikat-Prinzip wurde in allen südostindischen Tälern angewendet. Das Tambraparni-System ist mit 35 000 ha Bewässerungsfläche nur eines der kleineren. Das System des Cauveri-Flusses 300 km weiter nördlich umfaßt 740 000 ha Bewässerungsland, verfügt jedoch auch über den sehr großen Mettar-Stausee im Bergland (s.d. Beitrag von Bohle in diesem Band). Dennoch gilt das kleine Tambraparni-System als eines der rationellsten in ganz Südindien. Darüber hinaus ist es gegenüber den nördlicher gelegenen Systemen durch die zwei Monsunregenzeiten in seinem Quellgebiet mit der Möglichkeit von zwei Reisernten im Jahr im oberen und mittleren Tal entschieden begünstigt.

Daß das Tambraparni-System schon vor 200 Jahren das relativ ertragsreichste Südindiens war, stellten die Briten bereits zu Beginn ihrer Kolonialherrschaft um 1800 fest und waren wegen der Steuereinnahmen aus der Landwirtschaft an der weiteren Förderung dieses hochproduktiven Raumes sehr interessiert. In den ersten 70 Jahren fanden sie jedoch keinen Anlaß, daß gut funktionierende System auszubauen, ehe sie das untere und letzte Wehr 1869 errichteten.

Nachdem Indien selbstständig geworden war, setzte der Staat den Ausbau der Bewässerungsanlagen kontinuierlich fort. Auch am Tambraparni war das Wasserpotential noch nicht völlig erschöpft. Im Herbst gingen immer noch Hochwasserspitzen ungenutzt ins Meer. So stellte man 1958 ein zweites Rückhaltebecken am südlichen Hauptzufluß im Bergland fertig (Karte 3). Dessen Wasservorrat kommt neben der Stromgewinnung jedoch nicht nur dem Tambraparni-Tal zugute. Über einen Kanal wird das Wasser auf die südlich des Tales liegende Rumpffläche geleitet und dient dazu, 345 Dorftanks zu versorgen, die ihr Wasser bisher ausschließlich aus lokalem Zufluß bezogen, jetzt aber am Ende der Herbstregenzeit mit zusätzlichem Wasser aus dem Gebirge beliefert werden. Dadurch konnte die Reisbaufläche hier auf 8 000 ha ausgeweitet werden und zugleich die Reisernte auf eine etwas sicherere Basis gestellt werden (vergl. hierzu auch den Text zu Karte 6).

Auch dies ist ein Beispiel, das nicht für eine ökologische Benachteiligung der Tropen im Bereich des Spülmuldenreliefs der Rumpfflächen spricht, sondern eher das Gegenteil anzuzeigen scheint. Denn nur in einem solch extrem flachwelligen Relief ist es möglich, ein Kanalnetz außerhalb der Flußtäler anzulegen. Allerdings muß ein Kanalnetz gespeist werden — ein benachbartes Bergland ist daher Voraussetzung, und die ökologische Gunst ist damit auf die gebirgsnahen Vorländer beschränkt.

III. DIE INNOVATION DER REISFELDER MIT KÜNSTLICHER UNTERGRUNDABDICHTUNG

Die Wasserzufuhr aus dem Tambraparni in die Tanks der Rotlehmebene endet an der Grenze zur Sandzone entlang der Küste. Deren Binnengrenze liegt etwa 12–15 km landeinwärts. Diese Sandzone zeigt recht eigenartige Möglichkeiten und Grenzen der Bewässerungslandwirtschaft. Seeseitig ist sie aus den hellen Meersanden aufgebaut, landseitig geht sie in die roten, aus dem Binnenland stammenden sog. Teri-Sande über, die in der Berührungszone mit der Seebrise zu mächtigen Dünen aufgeweht sind. Hydrologisch betrachtet ist dieses Dünengebiet eine reine Versickerungszone. Die Dünen sind locker mit wildwachsenden Palmyra-Palmen (Borassus-Palmen) besetzt, jeglicher Feldbau ist ausgeschlossen. Die Teri-Dünengebiete sind daher bis heute Staatsbesitz und unterstehen der Forstverwaltung.

Etwas günstiger ist die Situation in der flachen Außenzone des Sandgebietes. Sie ist neben Palmyras weithin mit dornigen Akaziendickichten bedeckt (Abb. 7). Dies zeigt auf den ersten Blick, daß auch hier der Landnutzung Grenzen gesetzt sind, die vor allem in dem sehr porösen, vor allem auch nährstoffarmen Sandboden liegen. Ein wertvolles Potential bildet jedoch das in geringer Tiefe liegende Grundwasser, das aus den im Teri-Dünengebiet versickernden Niederschlägen stammt. Dieses tritt am Außensaum des Sandgebietes in einer Quellzone zutage und füllt während der Regenzeit sogar einige natürliche Seen, die mit der Bezeichnung Taruvai (Tamil) von den künstlichen Stauseen — Kulam — unterschieden werden (Karte 7).

Von der Quellenzone in Richtung Dünen sinkt der Grundwasserhorizont allmählich relativ zur Oberfläche ab. Dementsprechend zeigt die Landnutzung mit Grundwasserverwendung eine charakteristische Zonierung entsprechend der Verfügbarkeit des Wassers.

Die Landnutzung in der vom Verfasser näher untersuchten Gemarkung Udangudi, die von der Küste etwa 5 km ins Sandgebiet hineinreicht, zeigt folgende Gliederung (Karte 6).

1. Am Rande des Taruvai-Quellsees wird das in nur wenigen Dezimetern Tiefe liegende Grundwasser durch den Anbau von Kokospalmen und Bananen als Dauerkulturen genutzt. Diese reichen mit ihren Wurzeln in den feuchten Untergrund. Daß am Seeufer Naßreisbau fehlt, ist darin begründet, daß hier bei der dann notwendigen stärkeren Wasserentnahme durch Brunnen im Untergrund Salzwasser vom Meer her eindringt. Auch der Taruvai selbst hat bereits brackiges Wasser. Die schematische Parzellierung läßt erkennen, daß dieses Gebiet erst unter britischer Verwaltung als Allmende oder Staatsland aufgeteilt wurde. Unter den Landbesitzern dominieren die mohammedanischen Kaufleute aus Udangudi und zwei Nachbargemeinden, die das Land mit Lohnarbeitern bewirtschaften.

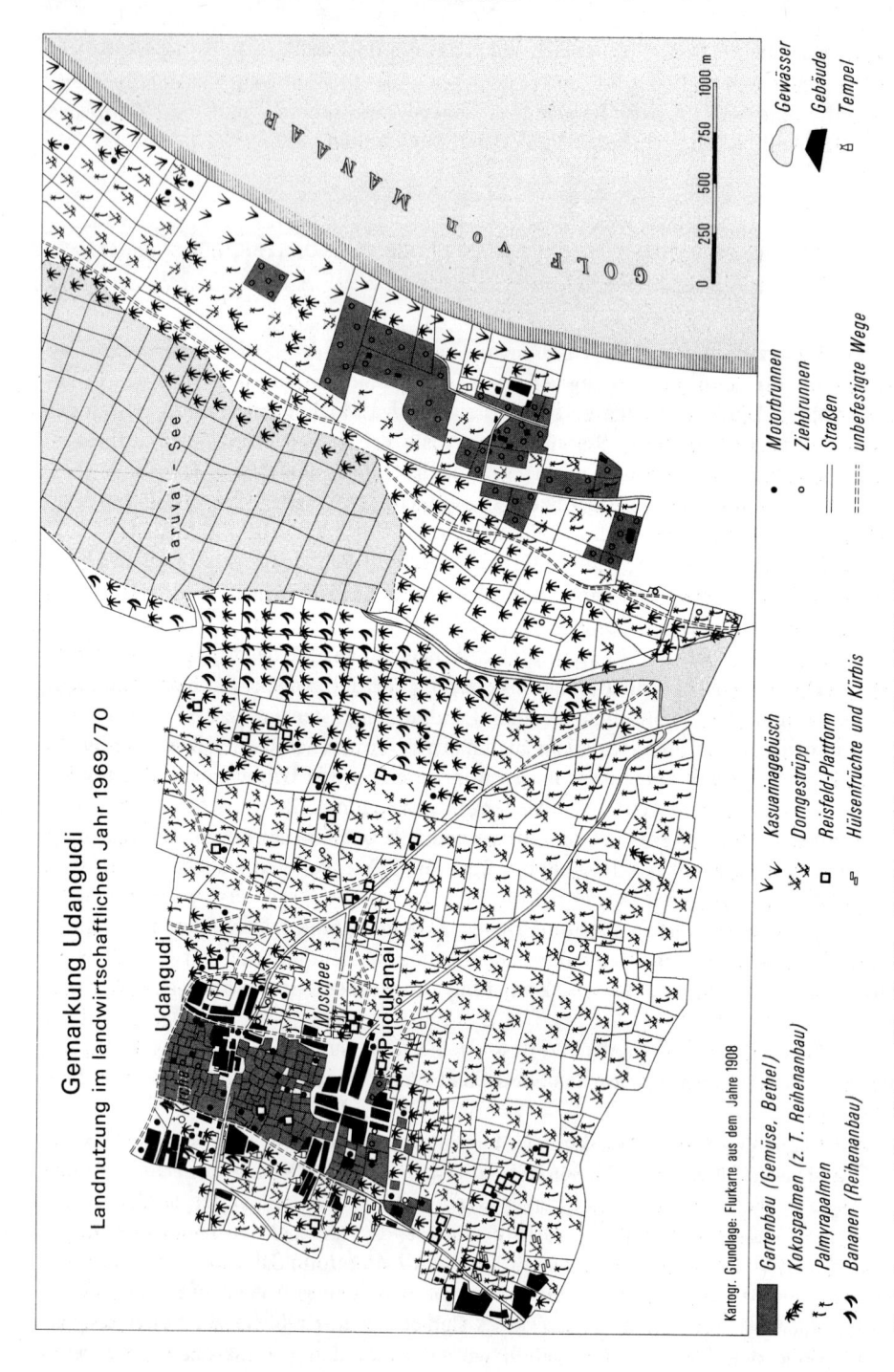

Karte 6 Gemarkung Udangudi im Teri-Sandgebiet mit künstlichen Reisfeld-Plattformen

2. Ein Gebiet mit intensivem bewässertem Gemüsebau schließt sich im Südosten an den See an. Der für den Gemüsebau viel zu magere und trockene Sandboden wurde künstlich durch Humus und Lehm verbessert, den man aus Tanks vom benachbarten Tambraparni-Gebiet oder Rotlehmgebiet heranholte, wo Stauteiche längerfristig von den hineingespülten Sedimenten gereinigt werden müssen. Die Gemüsebauern sind sämtlich Angehörige der in der Hindu-Ordnung ganz unten rangierenden Nadar-Kaste, die zum großen Teil Pachtland bewirtschaften. Die kleingliedrige Pachtparzellierung der Gemüsegärten ist nicht eingetragen. Bewässert wird aus sehr flachen Ziehbrunnen, so daß hier keine Versalzungsgefahr besteht. Wegen der künstlichen Bodenbildung halte ich es für möglich, daß der Gartenbau am beliebiger Stelle um den See herum hätte entstehen können. Hier handelt es sich also um lokale Bedingungen der Standortwahl: In der unmittelbaren Nachbarschaft der Gemüsegärtnersiedlung liegt eine stillgelegte Zuckerfabrik, die Palmyra-Saft verarbeitete. Die Gemüseanbauer sind z. gr. Teil ehemalige Arbeiter der Fabrik, die, als sie arbeitslos wurden, auf den Gemüsebau umgestiegen sind.
3. Eine weitere inselhafte intensiv bewässerte kleinparzellige Gartenbauflur liegt landeinwärts beim Hauptdorf Udangudi. Hier haben wir es mit einer Quellmulde zu tun, wo die Brunnen sehr reichlich Wasser spenden. Auch hier ist der Boden künstlich verbessert worden. Angebaut wird vor allem Betel-Pfeffer, eine an Stangen hochwachsende Pflanze, deren aromatische Blätter zusammen mit Betelnuß als Genußmittel gekaut werden. Auch hier sind die Gemüsebauern ausschließlich Angehörige der Nadar-Kaste als Pächter einer zahlenmäßig kleinen rentenkapitalistischen muslimischen Grundbesitzerschicht.
4. Das übrige ausgedehnte Gelände ist mit Palmyra-Palmen und Akaziennniederwald bedeckt. Die zwei bis acht Hektar großen Parzellen befinden sich ebenfalls überwiegend im Besitz der muslimischen Oberschicht des Dorfes. Die Nutzung der Palmyras erfolgt durch Verpachtung an Nadars, die den zuckerreichen Saft des Blütenstandes abzapfen und die Palmwedel abschlagen, die dann im Dorf von Handwerkern zu Matten verarbeitet werden. Der Palmsaft wird zu Zucker (Jaggery) verarbeitet oder – heute offiziell verboten, aber lukrativer – zu Alkohol (Toddy) vergoren.

Der Akaziennniederwald zwischen den Palmen wird in einer Art Feld-Wald-Wechselwirtschaft genutzt. Die 4–10 jährigen Akazienbestände werden geschlagen und als Brennholz, zur Holzkohlenherstellung und an Papierfabriken verkauft. Das Gestrüpp wird an Ort und Stelle verbrannt. Die sich anschließende Feldnutzung erfolgt mit Hilfe flacher provisorisch gegrabener Brunnen mit Ziehvorrichtung. Angebaut werden Bananen, die man jedoch nur ein Jahr nutzt. Dann ist die Bodenfruchtbarkeit bereits weitgehend erschöpft. Im zweiten Jahr kann man, vorausgesetzt, es fallen im Herbst genügend Regen, noch Rohrkolbenhirse, die trockenheitsresistenteste der Hirsearten, oder Erdnuß anbauen. Der Anbau ist aber nur auf ganz ebenen Flächen möglich. Auf fast 3/4 der Fläche läßt man nach dem Holzeinschlag sofort wieder den Niederwald aufwachsen, dessen durch die Landnutzung reduzierten Bestand man durch Einsaat oder durch Schafe einbringt, die man mit den unverdaulichen Akaziensamen füttert und auf dieser Fläche einpfercht.

Die Nutzung ist also sehr extensiv, und trotzdem zeigt der bewässerte Bananenanbau das große Grundwasserpotential, das durchaus für einen kontinuierlichen Bewässerungsfeldbau reichen würde – auch die inselhaften Gemüsebaufluren weisen nachdrücklich auf dieses Potential hin. Der begrenzende Faktor ist der poröse und nährstoffarme Sandboden.

In den sechziger Jahren hat nun eine Erfindung durch einen einfallsreichen, zugleich aber auch kapitalkräftigen Landbesitzer weiter im Norden der Küstenrandzone die Nutzung des Grundwassers der Sandgebiete für den Naßreisbau möglich gemacht. Dazu wird ein künstlich wasserdicht gemachter Untergrund geschaffen. Der poröse Sanduntergrund wird 30 cm tief ausgehoben und dann die Oberfläche mit Zement abgedichtet. Die Fläche – einige Hundert bis zu 4 000 Quadratmeter groß – wird dann mit einer 60–90 cm hohen Seitenwand umgeben. Auf dieses riesige „Zementtablett" wird dann lehmiger Boden gebracht, den man in Lastwagen aus Stauteichen der Umgebung holt. Auf 1 000 m² Zementboden werden ca 25 Lastwagenladungen aufgebracht und mit Sand vermischt. Daneben wird ein gemauerter Brunnenschacht oder ein Rohrbrunnen gebaut und darauf eine Motorpumpe gesetzt. Damit ist das künstliche Reisfeld fertig – eine Miniatur-Oase.

Diese Innovation hat sich in der Sandzone entlang der Küste unter unternehmerischen Landbesitzern rasch ausgebreitet. Die Adaptoren aber sind auf die Schicht der wohlhabenden Landbesitzer begrenzt, jedenfalls bis zum Jahre 1972, als der Verfasser seine Erhebungen anstellte. Denn die Investionskosten für ein solches künstliches Reisfeld sind für indische Verhältnisse sehr hoch. Die Kosten für Baumaterial, Transport und Löhne belaufen sich nach einer dem Verfasser zugänglich gemachten Ingenieursberechnung für eine 4 000 m²-Fläche (aus dem Jahre 1971) auf 8 000 Rupien, zu denen noch die Kosten von Brunnen und Pumpe mit 5 000 Rupien kommen. Bei den indischen Lohn- und Preisgegebenheiten muß man diese Summe von 13 000 Rupien mindestens 13 000 DM gleichsetzen. Der Staat gewährt zwar kreditwürdigen Leuten eine Anleihe von 5 000 Rupien, aber nur der wohlhabende Landbesitzer kann zusätzlich mehrere Tausend Rupien aus eigener Tasche aufbringen.

Findige Leute sind inzwischen darauf verfallen, statt mit teurem Zement die Abdichtung des Untergrundes einfach mit Tanklehm vorzunehmen, also eine gestampfte Lehmtenne anzulegen. Trotzdem ist der Bau eines solchen künstlichen Reisfeldes immer noch zu kapitalaufwendig für den kleineren Bauern.

Auf diesen Flächen sind bei ganzjähriger reichlicher Wasserversorgung drei (!) Reisernten pro Jahr möglich, die ununterbrochen aufeinander folgen. Die optimale Wasserversorgung, die der Brunnenbesitzer dem Bedarf des Feldes entsprechend regulieren kann, die Verwendung von Hochleistungssorten, Kunstdünger und Pflanzenschutzmitteln lassen höchste Ernteerträge erzielen. Sie erreichen bis zu 180 dz/ha und Jahr. Die Kosten der Anlage lassen sich bei solchen Erträgen innerhalb von wenigen Jahren amortisieren.

Angesichts dieser Rendite ist es verständlich, daß sich die Neuerung bei finanziell potenten Landbesitzern rasch durchsetzte. In dem vom Verfasser untersuchten Dorf Udangudi war auf dem dafür geeigneten Sandgebiet bereits im Jahr 1971 auf jeder 5. Parzelle ein solches künstliches Reisfeld entstanden, wobei natürlich das Reisfeld nur einen Bruchteil der Flächen einnimmt (Karte 6).

Wo die hydrologischen Grenzen für die weitere Ausdehnung dieser Form der Reisfelder liegen, war 1971 auch den Experten noch nicht klar. Mit gebohrten Tiefbrunnen hatte man inzwischen einen bis dahin ungenutzten tieferen Quellhorizont erreicht.

Der Ausbau war gerade erst wenige Jahre im Gange und die Adaption der Neuerung bei weiteren Landbesitzern zu erwarten.

An diesem Beispiel wird also deutlich, daß für die Nutzung des natürlichen Potentials, hier der Wasservorräte für die Reisbewässerung, nicht allein der jeweils erreichte Stand des agrartechnischen Wissens eine Voraussetzung bildet. Ihnen gegenüber bilden die finanziellen Anforderungen, diese Agrartechnik sich nutzbar zu machen, einen begrenzenden Faktor, und diese Grenzen sind in Indien viel schärfer als in unserer westlichen Welt an die sozialen Schichten gebunden, die im ländlichen Raum traditionell noch immer und beinahe unentrinnbar kasten- und religionsbestimmt sind. Eine Untersuchung dieser sehr wesentlichen Seite der mit der Bewässerungslandwirtschaft verbundenen ländlichen Gesellschaft ist lohnend und notwendig, konnte aber im Rahmen dieser Studie nicht geleistet werden[10].

---

10 H.-G. Bohle, Bewässerung und Gesellschaft im Cauvery Delta. Eine geographische Untersuchung über historische Grundlagen und jüngere Ausprägung struktureller Unterentwicklung. Geographische Zeitschrift, Beihefte, 57 (1981).